中央民族大学青年提升计划：民族高校学生语言自主学习能力研究
（2023QNTS79）成果之一

Research on Human Language Competence

人类语言能力研究

陈子冰　著

中央民族大学出版社
China Minzu University Press

图书在版编目（CIP）数据

人类语言能力研究 = Research on Human Language
Competence/ 陈子冰著 . —北京：中央民族大学出版
社，2024. 8. -- ISBN 978-7-5660-2380-3

Ⅰ. H0

中国国家版本馆 CIP 数据核字第 2024CR3732 号

人类语言能力研究

著　　　者	陈子冰
责任编辑	黄修义
责任校对	陈小红
封面设计	舒刚卫
出版发行	中央民族大学出版社

北京市海淀区中关村南大街 27 号　　邮编：100081

电话：（010）68472815（发行部）　传真：（010）68933757（发行部）
　　　（010）68932218（总编室）　　　　　（010）68932447（办公室）

经 销 者	全国各地新华书店
印 刷 厂	北京鑫宇图源印刷科技有限公司
开　　本	787×1092　1/16　印张：29.25
字　　数	433 千字
版　　次	2024 年 8 月第 1 版　2024 年 8 月第 1 次印刷
书　　号	ISBN 978-7-5660-2380-3
定　　价	98.00 元

序

语言是人类社会历史发展的智慧结晶，使用语言、具有语言能力是人的本质属性之一。语言能力是人类语言得以产生、运用、发挥独特作用的创造性能力，是人类在先天语言本能基础上经由后天学习的结果。当代社会的全面发展，日益依赖于人们高度发展的语言能力。

陈子冰的《人类语言能力研究》一书，将人类语言能力问题视为一个相对独立的研究领域，汇聚人类学、语言学、社会学、心理学、教育学、符号学、人体解剖生理学，以及文学艺术等多方面的学科知识，对人类语言能力进行了比较系统的研究，提出了若干有学术价值的创新性见解。

该书前半部分，阐述了人类语言能力研究的重要性，概括性地论述了语言能力的生理器官系统和语言能力得以存在的文化环境系统，比较详细地剖析了语言能力，尤其是语言学习能力的系统结构。在讨论语言能力结构时，作者引入了黑箱理论，阐明了语言能力器官系统的总体架构，把言语感知到言语输出分析为"外—内系统""中枢系统"和"内—外系统"，是对已有语言生理器官系统研究很好的概括总结。在"语言能力的系统结构"一章中，以语言及语言能力的起源为开端，提出了从生理心理结构、心智机能结构到心理行为结构、社会文化知识结构的语言能力嵌套结构模型，是具有鲜明整合研究特点的系统观成果。

书中对语种能力、术语能力、职业语言能力、教育语言能力、特殊语言能力、翻译语言能力、语言艺术能力进行了专章讨论，对于外语教育、科技教育、职业教育、特殊教育、文学艺术教育均有一定的理论指导意义和实践教学意义，具有很强的应用性。

可贵的是书中对人类语言美德及个性语言能力进行了比较充分的探讨，既指明了个人语言才能的发展方向，又把语言能力与思想品德教育结合起来。与语言美德相对应的是语言暴力问题，作者把语言暴力区分为显性语言暴力和隐性语言暴力，并较好地揭示了语言暴力的深层机制，这对当代精神文明建设、网络文化治理具有重要实际意义。

书中对语言能力既有个体微观的研究，也有宏观社会层面的研究，如"国家语言能力"一章，综述了近十几年我国语言学界关于国家语言能力研究的成果，提出了国家国际语言能力和国本语言能力的观点。

该书的写作以马克思主义的唯物辩证法和历史唯物主义的基本原理为指导思想，突出了多学科交叉和综合的方法论特点，既涉及自然科学的遗传学、人体解剖生理学、脑科学、行为科学及系统论和信息论，又涉及哲学、逻辑学、心理学、符号学、语言学、术语学、社会学、教育学，还涉及文学和艺术。这种学术素养对于一个中青年大学教师是难能可贵的。

从现实意义上看，《人类语言能力研究》符合中国共产党第二十次全国代表大会提出的"高举中国特色社会主义伟大旗帜，为全面建设社会主义现代化国家而团结奋斗"精神，与"科教兴国战略""人才强国战略""教育大计""构建人类命运共同体"相联系，具有基础性、应用性研究的特点。

如果把"人类语言能力"作为一个相对独立的研究领域，研究者尚"任重而道远"，《人类语言能力研究》是一个好的开端。书中不深刻、不完善之处有待今后的继续努力。

是为序。

苏　德

2024年6月6日

序者简介

苏德，中共党员，博士，二级教授，博导，"宝钢优秀教师特等奖"获得者、荣获"首都劳动奖章"、享受国务院特殊津贴专家、"国家民委突出贡献专家""国家民委领军人才支持计划人选"、北京学联"'启智润心'大先生",国家社科基金重大项目首席专家。主要研究领域为教育人类学、中华民族共同体教育、民族教育学、跨文化心理与跨文化教育等。出版著作20多部,在《教育研究》《英国教育研究》《光明日报》等国内外刊物发表论文120多篇。主持完成了国家社科基金重大项目、重点项目和一般项目、教育部重大项目,以及国家民委、中央统战部、科技部人才项目等各类课题项目约30项。曾获得第二届、第四届、第六届全国教育科学优秀成果一等奖、二等奖、三等奖,一项成果荣获北京市高校优秀教育教学成果一等奖,国家民委人文社科优秀成果一等奖、三等奖,2022年被北京市评为"北京高校优秀本科育人团队"。苏德教授不仅在学术上取得丰硕成果,还积极参与社会服务和学术交流,为推动民族地区教育的发展和文化交流做出了重要贡献。他的工作和研究得到了学术界和社会的广泛认可和尊重。

前　言

　　本书的主题是尝试对人类语言能力近乎立体的多维视角的综合探讨。

　　人与动物的本质区别之一是人有强大的语言能力，语言能力是使人类成为万物之灵的要素之一。对此，古希腊先贤大哲亚里士多德说"人在本质上是个语言存在物"；法国启蒙思想家卢梭说"人是语言的动物"。语言能力是人在先天潜能基础上，经过后天社会化学习形成的具有精致结构和多重功能的社会性心智行为能力，对它的研究涉及众多学科知识的综合和交叉，既包括人体解剖生理学、遗传学、脑科学，又包括哲学、心理学、逻辑学、符号学、语言学、社会学、教育学，还包括文学艺术。在研究对象上，人类语言能力研究以个体语言能力研究为基点，还包括对群体语言能力、社会语言能力、国家语言能力的研究。从研究目的上看，人类语言能力研究既包括纯学术的理论研究，又包括丰富多彩的现实研究和应用研究。

　　本书共十八章，前五章在概论之后讨论了语言能力的生理器官系统、语言能力形成的环境系统、语言能力及语言学习能力的系统结构；第六章概括介绍了国家语言能力；第七章至第十三章分别讨论了语种能力、术语能力、职业语言能力、教育语言能力、特殊语言能力、翻译能力和语言艺术能力；第十四、十五章分述了语言美德和语言暴力问题；第十六章概览了语言能力障碍诸问题；第十七章阐述了对个性语言能力问题的独到性见解；第十八章以语言考试为重点，以语言能力，尤其是语言人格特质测评为特点，讨论了语言能力测量与评价问题。

　　笔者认为，人类语言能力研究应该是一个相对独立的研究领域，该领域研究具有重要的学术意义和现实实用意义，同时也是一个有魅力和有趣的研究领域。

　　本书著述得到了苏德教授、常永才教授、刘正发教授的指导帮助，对他们致以诚挚的谢意！作为本书的序者，苏德教授以其敏锐的洞察力和丰富的学术经验，对作品有深刻的理解和独到的见解。对苏德教授在百忙之中为本书撰写序言表示衷心的感谢！本书的知识积累很大程度上来源于博士在读期间老师们的谆谆教诲和敦促，感谢曲木铁西教授、高兵教授、吴明海教授、史大胜教授、夏仕武教授、朱靖江教授、程春华教授、乌小花教授、王朝晖教授等诸位老师！对参考、引用诸多文献的作者致谢！对预科教育学院的领导和同事们致谢！对一直以来默默支持的家人和朋友们致以诚挚的谢意！

目 录

第一章　语言能力概论

语言能力是人类最重要的能力之一。它既人人皆有、处处所见、时时所用，又显得机理深奥、神秘莫测。它以语言、言语、话语三个概念为基础，所以我们试从这三个概念的讨论开始，界定出语言能力的一系列特性。

第一节　语言·言语·话语·能力

一、语言

语言（Language）是一种社会现象，是社会上一种约定俗成的符号系统。它是以语音或字形为物质外壳，以词汇为构筑材料，以语法为结构而构成的体系。

语言是人类社会历史上最伟大的发明和创造之一，是人类智慧的结晶。语言是随着人类的进化、社会的发展而产生和进化的人际交流工具、是人类高级心理机能（尤其是思维）的工具、是人类文化的主要承载形式、是人类社会存在和运行不可缺少的因素。

语言具有民族性和国家性。世界上的语言"约5000种，不过这几千种语言中大多数说的人极少，其中使用人口在100万以上的语言有117种，而在5000万以上的语言则只有17种"①。语言具有民族性，在大多数情况下是一个民族使用一种语言，语言是民族的重要标志，或者说语言就是根据民族来划分的。一般来说，一个国家大多以某一种民族语言（也有一种以上的）为官方语言或国家通用语言，所以说语言也是国家的标志。当然，"语言、民族、国家"三者关系比较错综复杂，需专门的研究。

从本质和特点来说，语言是一种符号（sign）。"人的精神，人的社会，整个人类世界，浸泡在一种很少有人感觉到其存在却没有一刻能摆脱的东西里，这种东西叫符号。"②有一门方兴未艾的学科叫"符号学"（semiotics），专门研究符号问题。"在所有的符号中，语言符号是最重要的、最复杂的一种。"③语言符号的最大特点是它的音和义的结合是任意的，由社会约定俗成规定。语言符号的第二个特点是它的线条性，"语言符号只能一个跟着一个依次出现，在时间的线条上绵延，不能在空间的面上铺开"④。从语言符号的系统性上看，语言具有层级体系，并具有一定的组合关系和聚合关系规则。

"语言是一种社会现象，具有交际功能、思维功能和记录功能；也是一种自然现象，具有生理特性、心理特性和物理特性；更是一种系统现象，具有构造形式、意义网络和运行方式。"⑤这就使专门研究语言现象的语言学形成了一个学科群，有20多个分支学科。

二、言语

言语（spoken language）是一种心理行为现象。"它是人的一种心理活动。……语言是人们进行交际的工具，人们利用它来表达思想，达到相互了解的目的。而言语则是人们利用这种工具去进行交际、交流思想的过

① 沈阳编.语言学常识十五讲[M].北京：北京大学出版社，2005：3.
② 赵毅衡.符号学——原理与推演（修订版）[M].南京：南京大学出版社，2016：1.
③ 叶蜚声，徐通锵.语言学纲要[M].北京：北京大学出版社，1997：29.
④ 叶蜚声，徐通锵.语言学纲要[M].北京：北京大学出版社，1997：30.
⑤ 沈阳编.语言学常识十五讲[M].北京：北京大学出版社，2005：22.

程。"① 换句话说，言语是人运用某种语言，通过聆听和口头说出，或者用文字阅读和书写等方式所进行的心理和行为活动。由于语言与言语相互依存，不可分割，所以人们常常用语言这个概念泛指包括语言和言语在内的意思。

言语活动过程包括三个阶段或三种形态：

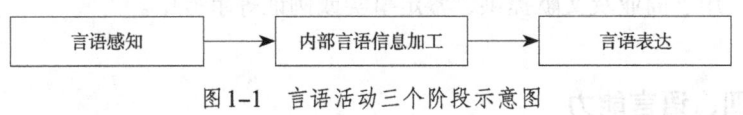

图1-1　言语活动三个阶段示意图

第一阶段包括对话语的听和看，第二阶段包括对话语的理解、思考、评判，并产生思想，进而形成表达意向、表达计划，最后在第三阶段形成表达话语。通常我们语言教学说的听、说、读、写"四会"的要求，就是言语活动能力的表观行为。

专门研究言语活动的学科有心理语言学、神经语言学、社会语言学等，其中以心理语言学的研究为主。

三、话语

话语（utterance）是指人运用某种语言通过言语过程而产生的有具体内容的"言语作品"，其构造单位是句子及大于句子的结构化语言产物，可通俗地称之为"话"，属于个体的言语创作。用书面语言记载下来的话语，又称之为文本（text），从"文学角度说，通常是具有完整、系统含义（Message）的一个句子或多个句子的组合。一个文本可以是一个句子（Sentence）、一个段落（Paragraph）或者一个篇章（Discourse）。广义'文本'：任何由书写所固定下来的任何话语"（词条·话语）。

更广义地说，由说者和听者头脑中记忆下来的、以文字记录下来的、以录音录像保存下来的话语，都应称之为文本。

---

① 荆其诚，林仲贤.心理学概论[M].北京：科学出版社，1988：346-347.

文献（document）是指有历史意义或研究价值的文本，如图书、期刊、典章等。文献学（Bibliography）是研究文献的特点、功能、类型、生产和分布、发展规律、整理方法等内容的学科。文献的搜集整理、诠释、利用是我国传统文化研究的重要方法，西方学界在bibliology一词基础上产生了bibliography，中文译作文献学，后又出现了更广义的documentation一词，用于商业及文献提供、鉴定事实或例证等事务中。

四、语言能力

语言能力（Language abilities/Language capacity/Language aptitude）是人类个体（每个人）与群体（一个民族、一个国家）所具有的掌握语言知识、运用语言进行言语活动，创造性地产生高质量话语的能力。

从概念上说，语言能力是语言、言语、话语三个概念互相交叠形成的特殊领域，图示如下：

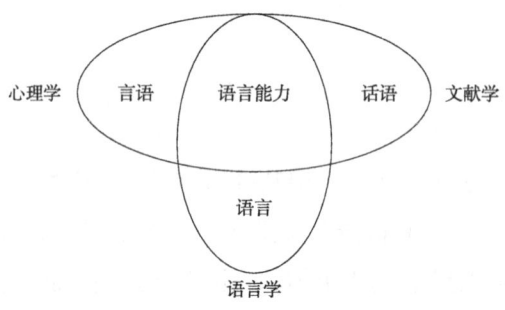

图1-2　语言能力的概念区域

语言是一种社会存在，但它依赖于无数个人的语言能力而存活，学习和使用语言形成的言语能力是绝大多数人类个体所具有的根本性和基础性的能力。人类由于有了语言能力，充分发挥了语言的特有功能，才使人类社会有效地运行和发展，由言语能力产生的话语文本，更是承载了人类的海量文化宝藏。这些文化宝藏一代人又一代人传承下来，形成了人类社会发展进步源源不断的动力。

第二节 语言能力的形态

人类语言能力存在多种形态，可从以下五个方面讨论。

一、个体形态与群体形态

人类的基本单位是个人，个人是人类社会的"细胞"，个人之间相互结合，则构成群体，小群体又构成大群体。语言就是人与人、人与群体、群体与群体相互交流交际、协同活动产生的，所以语言能力也表现为个体形态和群体形态。

个体语言能力是群体语言能力的构成单位，具有相对的独立性和个人性，是进行言语活动的主体，也是我们研究人类语言能力的重点。就像"世界上没有两片完全相同的树叶"一样，人类的每个人都是独一无二的个体，这使个体语言能力具有了个体性和言语个性化的特点。任何一个人都要通过获得和学习来形成某种语言系统，通过言语活动来表达自己的思想和情感，运用语言工具来实现交际的目的，这使个体语言能力具有了主体性或者主观性。每个人都有自己特点的语音语调、语法习惯，并有言语的个人方式和风格，这在一个人所产生的话语中能够充分体现出来。

由于语言能力又有人类群体的共同性（在一个群体中，大家使用同一套语音规则、语法规则、词汇和语义规则的同一种语言，使相互交流、交际成为可能），就形成了群体语言能力。最大的群体语言能力是"国家语言能力"（National Language Capacity），国家语言能力是一个国家处理国内外事务所具备的语言能力，对此将有专章予以讨论。民族语言能力则是某一民族群体使用本民族语言进行社会活动和社会生活所形成的语言能力。此外，不同行业、不同职业的群体也具有群体特征的语言能力，如医学的诊断治疗用语、国防建设中的军事语言能力等。

群体语言能力反映了语言的社会性、统一性和强迫性，个体语言能力反映了语言的主观性、个人性和能动性及创造性。

二、潜能形态与实能形态

人类语言能力以潜在能力状态和实际能力状态存在。

人并不是生而会说话的，而是在出生后经过习得和学得过程，才有了语言能力，这是以人类漫长历史进化而形成的生物遗传为前提实现的。对此，美国著名语言学家史蒂芬·平克（Steven Pinker）明确提出了语言能力是人的一种本能的"语言本能论"。他写道："语言并不是文化的产物，语言能力的获得不同于一般的学习模式（如学习辨认时钟或了解美国联邦政府的运作模式）。相反，语言是人类大脑组织中的一个特殊构件。一个人在儿童时期就能掌握语言这门复杂精专的技能，不用刻意学习，也无需正规教导。人们可以自如地运用语言，而不必了解其背后的逻辑和原理，而且每个人的水平都大致相当，没有质的区别，这显然有别于其他一些常见的信息处理或智能操作的能力。"① 他接着写道："我更喜欢这个古朴的字眼'本能'（instinct）。它所转述的意思是，人类懂得如何说话，如同蜘蛛懂得如何结网。"

在论证自己观点时，史蒂芬·平克列举了其他科学家相似的见解。如认为达尔文是最早将语言认定为一种本能的学者，认为人类有一种说话的本能倾向。达尔文的追随者威廉·詹姆斯（Willian James）认为人具有动物所具有的一切本能，不仅语言是一种本能，思维也是一种本能。20世纪，著名语言学家诺姆·乔姆斯基（Noam Chomsky）认为，儿童必然拥有某种先天机制，它符合世界上所有语言的语法原则，即所谓"普遍语法"（Universal Grammar），它能帮助儿童从父母的言语中悟出句法模式。

我们认为，人的语言能力必须有先天的遗传条件为前提是客观事实，但它仅是先天条件，是一种潜在的可能，必须经由后天的学习才能形成语言能力。为此，我们可以把人的语言能力分为语言学习能力和实际语言能力。语言本能是语言学习能力的最初状态，没有家庭生活教育是形不成实际语言能力的。

---

① [美]史蒂芬·平克.语言本能——人类语言进化的奥秘[M].欧阳明亮，译.杭州：浙江人民出版社，2015：5.

在一个人语言能力的发展进程中，语言能力的潜在状态经由学习不断转化为实际能力，而新形成的实际能力又成为继续学习的潜在能力。例如，儿童经由先天语言本能在语言习得的关键期（6岁以前）形成了实际语言能力，用于家庭和幼儿园生活中的人际交流，这阶段的实际能力又成为儿童进入小学接受正规学校教育的潜在学习能力。依此类推，初中形成的语言实际能力又形成了高中语言学习的潜在能力，高中所形成的实际语言能力又成了接受高等教育的潜在学习能力。

有研究表明，人的一生都处在不断地语言学习中（正式的和非正式的），"已学"成为"未学"的前提条件，是基本的学习机制。

三、表层形态与深层形态

人的语言能力分为表现在外——日常所见的表层形态，与支撑表层形态的内在、深层次的生理心理形态。后一形态是不能直接观测的"灰箱"和"黑箱"形态。

表层形态，我们可以认为是外在言语行为能力，如听懂别人讲话，回答别人提出的问题；阅读一本书，写一封信或一份论文，翻译一段英文诗歌等。在语文教育、外国语教育中，一般规定在一定水平上的听、说、读、写四会，并通过专门的考试（如高考中的语文科目、普通话标准考试、外国语四、六级考试等）来评定考生的语言能力。这些都是外在的、可观测的。

深层次形态比较复杂，有不少语言学家进行了探索。如诺姆·乔姆斯基认为，不能将语言视为一种简单的"刺激—反应"系统，大脑拥有一套指令或程序，可以用有限的词语制造出无限多的句子，史蒂芬·平克将这个程序称为"心理语法"（mental grammar）。进而平克写道："语言的工作机制是，每个人的大脑中都包含了一部词典，它囊括了所有词语及其代表的概念，即'心理辞典'（mental dictionary），此外还包含了一套遣词造句的规则，以便传达各个概念之间的逻辑关系，即'心理语法'（mental grammar）"（史蒂芬·平克，2015，P78），并认为大脑是语言的核心器官。

生理心理学家对语言能力的深层形态从另一个视角进行了研究。如苏联心理学家A.P.鲁利亚在五十多年前的神经心理学研究中，把语言能力分为"印入性言语机制"和"表现性言语机制"，认为"表现性言语，它开始于表述的动机、一般的思想，后者再借助于内部言语进行编码而形成言语图式，这些言语图式在'生成性的'或'发生性的'语法的基础上转化为展开的言语"。而"印入性言语，它经历着相反的道路从知觉别人的言语流及其解码开始，通过分析、分出重要的因素，并把所感知的言语表述压缩为某个言语图式，这种言语图式再借助于内部言语而转化为表述一般的思想以及隐藏在其中的弦外之音。这条复杂的道路以对表述后面的动机进行解码而告结束。"①

这与本章图1-1.言语活动三个阶段原理上是一致的，其过程可概括为图1-3：

印入性言语	内部言语		内部言语	表达性言语

图1-3 鲁利亚言语活动的心理结构图

图中斜线部分，可视为一个黑箱，是更深层次的心理因素与心理活动机制，其核心可能是言语和思维的合成体，同时涉及动机、经验、记忆、情绪情感、计划性、意志性等因素。

四、知识形态与能力形态

知识一词，大家都熟悉，但对其内涵则缺欠学术性了解。

哲学上认为知识是人类认识的成果；心理学的认知结构主义认为知识是由主体与环境或思维与客体相互交换而导致的知觉建构，是语义知识、程序性知识和策略性知识三种结构成分组成的"内部事态"；教育学认为

① [苏]A.P.鲁利亚.神经心理学原理[M].汪青，译.北京：科学出版社，1983：291-292.

知识是与学生发展过程相关联的知识再生产，是关于学生成长的价值性问题。

相对于知识来说，能力是人获得知识、运用知识解决问题、将知识转化为行动程序和行动技能的身心条件。英国心理学家斯皮尔曼（Charles Spearman，1863 — 1945）在1904年就提出了能力的二因素论（two-factor theory of intelligence），认为能力包括两种因素：一般因素（general factor）简称G因素，也是智力测验所测量的东西；特殊因素（specific factor）简称S因素，代表的是特殊能力，与具体的活动相关。[①] 特殊能力（又称具体能力）以一般因素（多指智力）为基础。人与人在G因素上是大致相同的，但在S因素上千差万别。

我们本节讨论语言能力的知识形态和能力形态，知识和能力二词都有特定的含义：知识是指语言知识，能力是指运用语言进行言语并产生话语的能力。

语言学知识是研究人类语言现象所产生的理论知识体系，本书所论的语言知识则是指关于某种语言（如汉语、英语、俄语、蒙古语等）的语言实体知识，语言理论知识可以帮助我们更好地认识语言实体知识，但它代替不了实体知识。同样，语言能力也是具体的能力，如会说汉语普通话、会说维吾尔语等，在能力理论中是特殊能力（S因素），或者更通俗地说是具体能力、特定能力。一般来说，特殊能力是在G因素基础上加之具体知识和具体技能形成的专门能力，语言能力就是一种学习某种语言、掌握某种语言知识、并运用这一语言进行思维、言说、交际的特殊或具体的能力。因此，从不同的角度看，语言能力既具有知识形态，又具有能力形态。

前已述及，语言是社会现象，言语是个人现象。从语言能力的知识形态上说，从社会语言知识到个人语言能力有一个转换过程，可以见图1-4：

---

① 张春兴.现代心理学[M].上海：上海人民出版社，1994：426-427.

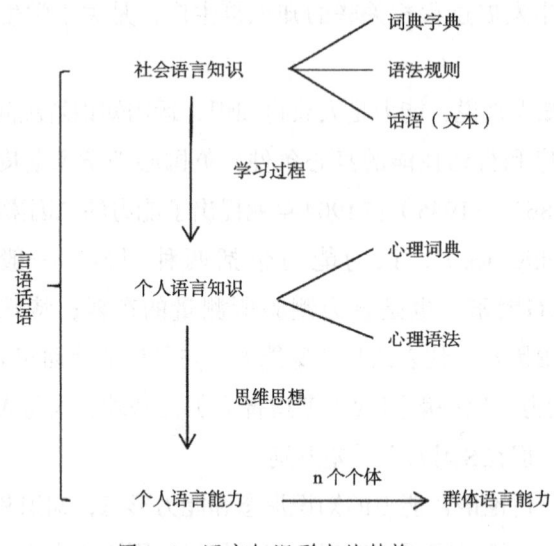

图1-4 语言知识形态的转换

数以万计的词汇所编成的词典，是一个社会在一定历史时期形成的强制性（对个体而言）、约定俗成的社会语言能力标志。而个人只能有限地学习这些语言实体知识（包括语法规则和经典文献），形成的个人心理词典和心理语法（史蒂芬·平克的学术用语），成为个体语言能力的标志。一个词可能有多种语义，表现为词典、字典中的"义项"（也是逻辑学中概念内涵的外延反映），而我们每个人都不可能很好地掌握词典中每个词的所有义项，只能掌握少部分义项，而且大多是模糊的、不精确的（不信你可以说说"人"这一词的准确内涵试试）。不同的个人对同一个词的词义可能有不同程度的把握，有的是一知半解，有的是融会贯通。在心理词典中，对词语可能还加之有个人的经验、情绪情感、价值判断的因素，这是公开出版发行的词典中所没有的。笔者认为，"心理词典"是指个人的词汇量、语义理解程度、取用方式及个人特色的词汇状态。

心理词典加之心理语法构成人的"内部言语"，内部言语进而思维化、智能化就形成了人的言语能力。言语能力的语言外化活动，产生了各式各样的话语。有的个人话语被众人接受，获得社会公认，就很可能成为社会语言宝库中的"藏品"，许多社会新词语、新"名言"就是这么来的。

在语言学基础理论中已阐明词是语音和语义的结合体（音—义结构），文字则是用字记音再记义（形—音—义结构）。讲这个道理（知识）很容易，但是对一个个人学习语言而言，建立这种音—义结合、形—音—义结合则是一个耗费时间、精力的心理建设工程，外国语学习更是如此，这给语言学习者们造成了很大的烦恼。

但事实证明，词汇量，对个人语言能力而言，是基础、实体，而且人与人之间存在很大的差异。词汇量大而丰富，且灵活运用，则为强语言能力；词汇量贫乏（量少而枯燥）则为弱语言能力。对词义（语义）掌握的程度则是语言能力质的标志：充分掌握词义，并辩证用之，为强语言能力；掌握词义不完全、不充分、运用呆板则是弱语言能力。当代社会（尤其是青年人群体）词汇匮乏、表达枯燥、言不及义已成为一种社会语言病态，问题主要出在词汇能力不足上。

五、内容形态与形式形态

语言学号称是研究语言形式的科学，逻辑学号称是研究思维形式的科学。但我们从哲学高度来看内容与形式的关系，可以发现二者是一种互相依存的辩证关系：一定的内容必须以一定的形式存在，一定的形式只具有一定的内容才有意义。运用语言进行言语活动，产生话语的人类语言能力也表现为内容形态和形式形态，并互相依存和转化。

在语言学和符号学的基本原理中，也早已阐明了语言符号所具有的意义（语义）的来源，见示意图1-5：

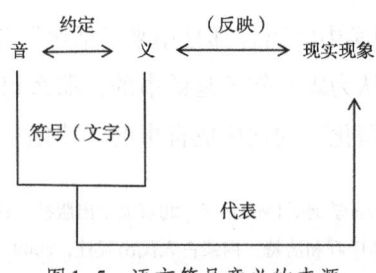

图1-5　语言符号意义的来源

示意图1-5①表明，语义来源于现实现象，现实现象是语义的根本，是语言的内容。关于语言内容的根本、符号代表事物的机制、词义的性质、句义的性质，我们需从语言能力角度做进一步深入的探索。

1.全部语言词汇代表的事物是人类事物的总体，或者反过来说，人类事物的总体构成了语言的全部内容。语言能力就是人能动地、创造性地获取、把握、加工、处理这些内容的文化功能。这较之图1-5中的"现实现象"一词更为全面和客观。

2.语言符号（加之其他类型符号）代表人类事物总体是经由人的认知功能实现的。认知可以分为三类：一是对外在客观事物的认知；二是对人这一主体的自我认知；三是对主客体关系及相互作用活动的认知，也可以说对实践活动的认知。这三类认知构成了人类事物总体向语言符号系统过渡的桥梁。

3.经由三类认知活动形成了关于事物的概念。"概念是反映思维对象特有属性或本质属性的思维形式。其表现形式就是语词或词组。概念的主要功能是用来指称思维对象的，它是代表某个思维对象的'符号'"，"概念是思维的最基本单位，它的表达形式是语词。语词是概念的语言形式，而概念是语词的思想内容"。②当然，概念与词语并不是一一对应的，二者有着比较复杂的相互关系。有些著作中说词具有概括事物属性的功能，实则颠倒了二者的关系，应该是思维的概括过程产生了词的概念语义。概念的性质决定了语词的"概化"特性，实质上，语言是概念这一符号的符号，并由语音和文字作为物质承载形式，为人所知觉和使用，当然大多数词与概念是同一体。

4.句子的特化本性。"句子是语言中最大的语法单位，又是交际中基本的表述单位。"③现实中的语言都是用来"话事"的，事是本，言是标，即句子的形式。笔者认为既然句子是话事的，那么句子中所言之事就是特指的、具体的，将"概化"的词构成言事的"特化"的句子。例如，在词

---

① 叶蜚声，徐通锵.语言学纲要[M].北京：北京大学出版社，1997：28.

② 陈江.逻辑学方法[M].呼和浩特：内蒙古人民出版社，2009：1-5.

③ 叶蜚声，徐通锵.语言学纲要[M].北京：北京大学出版社，1997：90.

典中"走"这一词表示人或物移动的概念，人走、车走、马走都包括在该词的概念中，但在某一场合某人突然说"走!"则是指特定的人（张三或李四）在特定场合（如遇到危险环境变化）的行动指令。特化的句子（话语）才是真实的语言和言语的世界。词与句这种概化和特化的相互转换，可能是人类语言能力运行的根本机制之一。

脱离开"人类事物总体"这一语言内容本源，来研究语言、言语及语言能力会有"无源之水""无本之木"之嫌。同时也启示我们在语言教学、语言能力培养教育中一定要与"人类事物总体"联系在一起，在"为人处事"过程中实施培养教育。

第三节　语言能力的复杂性

人类语言能力是一个充满奥秘而又引人入胜的研究领域，这是由语言能力本身所具有的复杂性决定的。

一、学理上的复杂性

在推荐和评价史蒂芬·平克教授《语言本能——人类语言进化的奥秘》一书时，有评论写道："史蒂芬·平克机智巧妙地回答了有关语言的种种问题。他不仅具备专业的语言学、心理学知识和广博的生物学知识，还能了解普通人的语言问题，并在轻松调侃之中让他们茅塞顿开。"这是怎么做到的？史蒂芬·平克写道："35年前，一门名为'认知科学'的新学科诞生于世，它综合了心理学、计算机科学、语言学、哲学以及神经生物学等各个领域的研究方法，试图揭示人类智能的运作。自此以后，语言学取得了突飞猛进的发展，我们对许多语言现象有了深入细致的了解"，

"在人类历史上，我们终于可以写一写有关语言本能的东西了。"① 虽然我们并不完全赞同平克的学说，但我们可以依此揭示语言能力研究上的学理复杂性，或者说语言能力研究的多学科聚合性。

人们用分门别类的学科研究事物的某一侧面或某一特性，并自成体系。这是认识事物的需要，但是也切割了知识的统一性，造成了学科认识的单一性，甚至狭隘性。众多学科都涉及语言、言语、话语问题，更是使语言能力的研究增加了学理上的复杂性。

显而易见的学科有哲学（例如分析哲学中的语言哲学）、逻辑学（概念与词语的关系，言语句子与命题、推理的关系，言语结构与逻辑结构的关系等）、语言学（一个学科群）、心理学（如心理语言学）、生物学（包括进化论、遗传学、解剖生理学，近年新兴起的神经科学、脑科学等）、民族学（语言是民族的标志、语言的民族性等）、人类学（尤其是文化人类学）、社会学（国家交流、群际交流、舆论宣传、语言统一等）、教育学（语文学科教育、外国语教学、双语教育等），甚至物理学（声学）、信息科学与技术、人工智能等。

文学艺术与语言能力更有直接的关系。可以说语言能力是文学艺术的动力源，文学艺术是语言能力鲜活的世俗躯体。符号学把语言视为最重要的符号，术语学则专门探讨专业领域中术语的共同性。

按照科学研究中的"问题中心模式"，我们可以把语言能力研究视为一个聚合多学科研究成果的课题领域，是一个能够独立存在的专门领域。

二、机制的复杂性

人的语言能力在表现上是常见、可见、可观、可测的，但其内在的机制却是复杂的，尤其是言语机制的脑内过程还有许多我们不知道的事。

在系统论和控制论中，有一个黑箱理论（black-box theory）：把未明内部机制的系统视为一个黑箱，仅从输入和输出两端的关系及影响因子来

---

① [美]史蒂芬·平克.语言本能——人类语言进化的奥秘[M].欧阳明亮，译.杭州：浙江人民出版社，2015：4.

推断该系统的结构和功能的规律。相应地把全知的系统和区域称为白箱，介于黑箱和白箱之间的状态称为灰箱。语言能力的内部状况，现在研究进展还处于灰箱和黑箱状态。

第一个方面，语言能力的黑箱主要是在脑内对语言信息的加工、处理和输出机制问题上。我们可以阅读、聆听，这是输入端，但阅读和听话的理解过程，却是尚不完全清楚的灰箱黑箱状态，而把内在思想、意志转化为话语的输出更是一种黑箱状态，说和写出句子或篇章则成了白箱状态。语言学研究的就是白箱状态的话语，而认知心理学和脑科学将努力探索的是言语的黑箱状态，且任重道远。

第二个方面，是形式和内容的关系及其转换规律。把语言分为形式和内容两个方面，即语音和语义，言之易，知其所以然却比较难。对此，瑞士著名心理学家皮亚杰的理论见解很有参考价值。在关于逻辑结构的研究中，皮亚杰写道："不存在只有形式自身的形式，也不存在只有内容自身的内容，每个（从感知 — 运动性动作到运算，或从运算到理论等）成分都同时起到对于被它所统属的内容而言是形式，而对于比它更高一级的形式而言又是内容的作用。"或者说："每一个成分对于比它更高级的成分来说是内容，而对于比它低级的成分来说是形式。"[①] 这种形式与内容的层次交替关系的见解是很睿智的。

例如，"哲学"一词的音和字是形式，对其词义或内容常为"是关于世界观的学说。是自然知识和社会知识的概括和总结"，而世界观、学说、自然知识、社会知识则又是字 — 音 — 义合一的名词。这些词对上位概念（哲学）来说是内容，而对它们自身的含义来说，又是形式。

第三个方面，是与语言能力有关的内部因素和外部因素众多，而且这些因素又相互交织、相互作用，这使得语言能力从结构和功能上更加复杂起来。

---

① [瑞士]皮亚杰.结构主义[M].北京：商务印书馆，1986：19，24—25.

三、形成过程的复杂性

语言能力的形成需经过一个复杂的过程。

在语言学中常把语言一词等同于能力，如"'语言'是人类区别于其他动物的独有的一种能力，通俗地说就是只有人才会'说话'"①，但这种表述并不完全客观，有的学者认为动物也有"语言"，并能在某种程度上听懂人类语言的浅显指令和表达。平克的论述更为精准一些，"你我所属的这个物种具有一项超凡的能力：我们可以精确地描绘出彼此大脑中的想法与事实。……这种能力就是语言"②。虽然在概念上不那么精确，但大家也觉得习以为常了。

人类的语言能力是怎样形成的？这是一个语言学和教育学十分关注的问题。据已有研究，一般认为语言能力的形成有两条途径：一是语言获得（Language Acquisition），二是语言学得或语言学习（Language Learning）。语言获得是指儿童在"语言关键期"依靠"语言本能"自然而然形成语言能力的过程，语言学得是儿童进入学校后经由语文课程和外国语课程学习而形成语言能力的过程。前者引起了发展心理学家的高度关注，并进行了大量实证观察研究，取得了大量研究成果。后者是教育学，尤其是语文学科教学和外国语教学高度关注的领域，产生的理论和实践研究文献汗牛充栋，并还在不断推陈出新。

笔者认为：语言获得是以语言本能为先天基础，经由家庭教育形成初级母语能力，而后天的自然学习起关键作用。语言学得以语言获得为基础，经由系统的学校教育形成不断提高的语言能力，而且这种学习会持续人的一生。

在学校教育中，语文教与学、外国语教与学、双语教育等课题仍然具有重要意义。本书关于语言能力的专门研究会对语言教与学有很大裨益。

---

① 沈阳.语言学常识十五讲[M].北京：北京大学出版社，2005：335.

② [美]史蒂芬·平克.语言本能——人类语言进化的奥秘[M].欧阳明亮，译.杭州：浙江人民出版社，2015：2.

四、现实表现的复杂性

在现实生活中，语言能力的表现更为五彩缤纷，几乎有无数种语言能力的具体表现。这是由语言能力的一系列特性直接决定的：

1.工具性。语言的本质就是"工具"，使用这个工具可以做几乎所有文化性的事。

2.内容性。前已述及语音代表的语义，其内容是人类事物的总体，这个总体奇大无比。

3.多样性。由于内容的海量性，由此形成的具体语言能力也多种多样，不计其数。例如在大众印象中，古代及近代的农民大多"没文化""文盲"，但"农谚"却言简意赅地总结了农业生产的长期经验，并口口相传，古书就有记载。"清明前后，种瓜掩豆""清明忙种麦，谷雨种大田"等农谚指导了世世代代农人怎样种地。

4.渗入性。科技研发能力、社会法治能力、军队战斗能力……都有语言能力悄悄地渗入，这些领域的"术语"是不可缺少的因素。

5.动态性。随着社会事物的发展变化，语言也缓慢地发生变化。这自然使人的语言能力也处在动态之中。

第四节　语言能力的重要性

语言能力为人类所特有，这个"特有"反过来说明语言能力对人类社会、对每一个人的生存和生活具有根本意义的重要性。

从微观层面看：

1.语言能力是人类高级心理机能不可缺少的成分。对此，鲁利亚写道："言语既是交往手段，同时又成为智力活动的机制，这种机制使抽象和概括的运演得以完成并构成范畴性思维的基础"，"言语是思维的工具，还是人本身的心理过程的调节（组织）手段"。①智力是人类最宝贵的心理资源，而语言能力是智力不可缺少的要素，这反映在知、情、意各个方面。另外，语言能力还是健全人格的组成部分。

2.语言能力是学生的核心素养之一。无论是小学生还是大学生，都要依靠语言能力进行学习。同时，教师的教育言语则是实施教学的主要工具。个人语言能力既是学习的结果又是学习的工具，既是内在思想意识的承载机制又是外在社会工作岗位和社会生活的才能。

3.语言能力除了智力之外，还是其他许多能力的基础要素，如教师的教育职业能力、作家的文学创作能力、科技工作者的专业术语能力等。

从宏观层面看：

"国家语言能力"已被视为国家综合实力的组成部分，是影响国家安全和社会进步的重要因素，将有专章讨论。

对一个民族来说，民族语言能力既是民族存在的标志，也是民族文化得以承载和传承的媒介，更是民族发展进步的要素。民族文化艺术的发展依赖于有语言才能的人才。

对于"构建人类命运共同体"，与世界各国建立政治、经济、科技、文化广泛联系来说，更需要一支高素质、高水平的外国语人才队伍。这支队伍既包括大语种语言能力的人才，也包括小语种语言能力的人才。这是"人才强国"的一个方面。

建设"学习型国家""学习型强国""终身学习的民族"，都需要强有力的社会语言能力做支撑。解决诸如"语言暴力""社会语言病态""语言能力下滑"等问题也需要充分的语言能力研究。社会语言能力的质量与建设和谐、幸福的社会生活，提高全民文化素养有直接关系。

---

① [苏]A.P.鲁利亚.神经心理学原理[M].汪青，译.北京：科学出版社，1983：292.

第五节　研究语言能力的策略

研究策略，或研究方法是每一个学科都需要的科学探索手段，语言能力研究也不例外。我们从以下三个方面进行初步讨论。

一、确定语言能力为专门研究领域

第一，具有语言能力是人类特有的客观现实，是人类社会不可缺少的运行媒介，是每个人从内在的心智活动到外在社会交流活动的能力。所以把语言能力确定为一个专门领域是顺理成章的。第二，人类语言能力是众多学科关注的交叉点，它既属于某一学科关注和研究的问题，又不完全归属于某一学科而排斥其他学科的研究。例如，它是语言学学科群研究的重点之一，但又不完全属于语言学的领域。在相关的心理学、民族学、人类学、神经认知科学中也是一样。所以我们有必要将之确定为一个专门的研究领域，一个以语言能力为中心问题的研究领域。第三，上一节中我们比较详细地讨论了语言能力的重要性，可以看出语言能力研究具有重要理论意义的同时，还具有重要的现实和实践意义，以及在社会发展、人才素质教育等方面有直接的应用价值。由此，我们有必要将语言能力问题确立为一个具有特殊性的研究领域。

二、元研究方法

所谓元研究（Meta Research）是在众研究之上的再研究，或者是对众研究的源问题进行研究，是面对多学科对同一问题研究文献的概括性、集合性的研究方法。语言能力列为一个专门的研究领域，适合的方法论就是元研究思想。

元研究思想的来源之一是近几十年交叉科学（Interdisciplinary science）的兴起。赫伯特·A.西蒙写道："只有当两个或更多的不同领域的知识在解决某些特定问题上变得相互联系起来时，富有成效的交叉学科研究才能得以发展。因此，当我们对于化学反应和生物过程的理解都达到一定程度，并且能够运用基本的化学反应去解释某些生物过程时，就逐渐形成了生物化学。"[1] 同样道理，在不同学科涉及语言能力问题的探讨时，就形成了一个交叉学科研究的领域。

至于学科交叉研究的方法，我国学者指出："交叉科学也是一种人文现象，它是人的活动的产物。人文科学发展过程中形成的现象学、精神分析方法、结构主义方法、发生学方法、传播学方法、解释学方法以及接受学方法等，都可能在交叉科学的元研究中找到新的用武之地。"[2] 我们还不能说语言能力研究是一门新学科，只能说是一个众多学科交叉研究的领域，上述交叉科学可能用到的具体研究方法，在这一特定问题领域的研究中都有可采用的价值。

三、研究的原则和特点

除上述元研究特点外，语言能力研究还有以下原则和特点：

1.不受某一学科界线的局限。该领域研究需要突破学科界限，实现多学科知识的聚合，用以探索语言能力的本质、结构、运行机制等问题。这可能需要汇聚人文科学、社会科学、自然科学、现代信息技术，直至文学艺术的一切相关知识，跨越几大门类的相关理论、研究方法、文献成果。

2.学术研究与现实研究相结合。这一领域的研究在追求语言能力现象的普遍性规律、抽象性解释（学术性研究）的同时，更要以现实问题为中心，进行能够说明问题、提出解决问题对策的研究，把"有学问"与"接地气"结合起来，使该领域的研究充满生气和活力。

3.理论研究和应用研究相结合。延续前项研究原则，汇聚多学科知识的探索会形成关于语言能力领域特有的知识，表现形式可能是理论建构和

---

① ［美］赫伯特.A.西蒙.科学中的交叉科学研究[J].张铭，译.中国科学院院刊，1986，1（3）：233.

② 李光，任定成.交叉科学导论[M].武汉：湖北人民出版社，1989：67.

假说等。但需要更关注解决社会实际问题的应用研究，例如促进国家、民族、社会语言能力建设问题，语言能力的教育教学问题，克服社会和个人语言病态问题等。

另外，一种应用研究是用本领域研究所取得的成果，回馈那些相关学科的发展。例如，解决好语言和思维的关系的问题，会对心理学中智力发展、思维机制、儿童心理发展等领域的研究提供启示和实证资料。对语言学、民族学、社会学，甚至哲学等也可能起到类似的促进作用。

可以说，语言能力是一个充满魅力的研究领域。

第二章　语言能力的器官系统

支撑缤彩纷呈的语言能力及言语活动是人类的身体，是人体中具有结构性、功能性、身心性的一个高度复杂的器官系统。在本章中我们对这一复杂的器官系统进行概括性的揭示和讨论。

第一节　黑箱理论

世界上任何事物都有系统性，也就是说没有孤立存在的事物，任何事物都要与其他事物相互联系与作用。如果把一个存在复杂结构和功能的事物视为一个"箱"的话，揭示这个箱的秘密有两种途径：一条途经是努力想方设法打开这个箱，这是一切门类科学一直在做的事；另一条途径是"不打开黑箱研究系统的方法，就是通过研究该系统的输入与输出来达到研究它本身的目的。在此，系统的输入，就是别的事物对它施加的影响；系统的输出，就是它对别的事物的反作用"。①

在控制论中，把一无所知或知之甚少的区域或系统称为黑箱，全知的称为白箱，知之不全的称为灰箱。对于支撑人类语言能力的复杂器官系统来说，这三种认识状态都存在，但黑箱部分更多一些。因为对活体器官进行功能研究很困难，也缺少进行研究的设备和技术，所以至今对语言能力

---

① 陈衡.科学研究的方法论[M].北京：科学出版社，1982：291.

起关键作用的人脑的研究还在不断揭示的状态中。由此，我们后面的阐述中，不少地方都要用到黑箱理论的观念。

上述黑箱概念是在科学认识的角度上定义的。在人们的现实生活中遇到的"黑箱"比比皆是，尽管这些黑箱大多在有关学科和技术上已是白箱，但人们常常不知道其机理如何。对此，人们往往采用"黑箱无视"的策略应对。例如大多数人看电视、用电话、用计算机，但并不知道电视、手机、计算机的内部构造和运行原理，这并不影响对这些设备的使用。如果过度关注黑箱状态，人们可能没有办法正常生活了，甚至路也不会走，话也不会说了。

在语言使用上，尤其是母语能力获得后，也存在"黑箱无视"的策略：说话时的语音所代表的语义只是词典所列的一部分，说话者也没有刻意学过该语言的语法，但这并不影响语言的使用和语言能力的发展，更不要说"声音是怎么发出来的？""他怎么听懂咱们说话的？""人们怎样理解文章中心思想的？"等问题的答案寻求了，黑箱的存在都被无视了。对于语言功能来说，无视诸多黑箱的存在并没有影响功能的发挥。对话中的相互理解都是在各自的黑箱完成的，A对B的话语理解有一定的猜测成分。

在后面语言器官系统的阐述中，我们会用"功能模块示意图"的方式来解释器官的复杂结构和未明机制，是黑箱方法的延伸应用。

第二节　总体架构

人的身体是一个复杂、精致的"巨系统"，这一巨系统又由神经系统、消化系统、呼吸系统等子系统构成，它们的协同活动维持了人的生命状态，同时，也提供了语言能力的器官系统。

人的语言能力器官系统属于"生理—心理—行为"系统，是在人的生理器官系统上形成的。这一系统包括感知外部世界语言信息刺激的器官系统（听和看），处理加工语言信息的中枢神经系统（理解和思维），说话和书写的外部行为器官系统三个部分。为简化起见，我们分别把这三个部分称为语言能力器官系统的"外—内系统"、中枢系统、"内—外系统"，三者构成为一体，形成了支撑语言活动的生理—心理—行为器官系统，见图2-1：

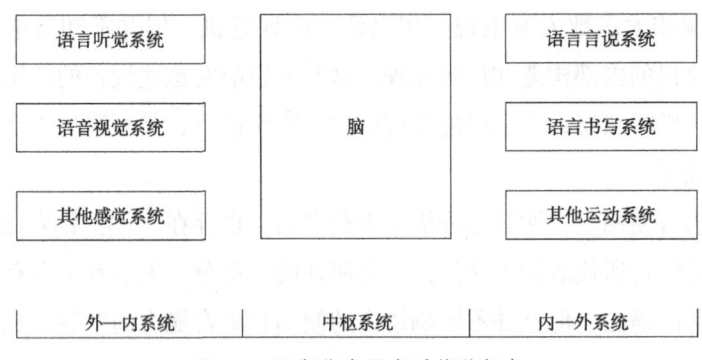

图2-1 语言能力器官系统总框架

当代语言器官研究大多集中在大脑皮层的语言功能机制上，缺少如上框架图的概览研究，也缺少运用黑箱方法的阐述。我们下面分别对外—内系统、中枢系统、内—外系统进行讨论。

第三节 外—内系统

该系统是指语言能力中接收外界语言物质刺激（声波、光波）的器官系统，是把客体性语言物质信号转换成神经信号，最后转换成心理语言信息的生理器官。这些器官主要是耳和目，都是十分精巧的肉体组织器官，而对这些器官的研究基本达到了"白箱"的程度。

一、语言听觉系统器官

耳是语言听说的外部感受器，分为外耳、中耳、内耳三部分。听觉的形成过程是一个从物理信号到心理信息的系统转换过程：声波机械振动→生物电→生物化学递质→神经冲动→心理信息。

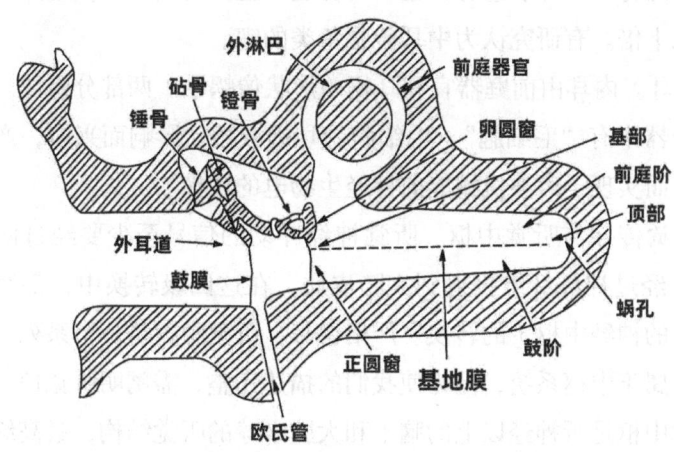

图2-2 声波从外耳传到耳蜗的通道示意图

（转引自邵郊.生理心理学.北京：人民教育出版社，1996：158）

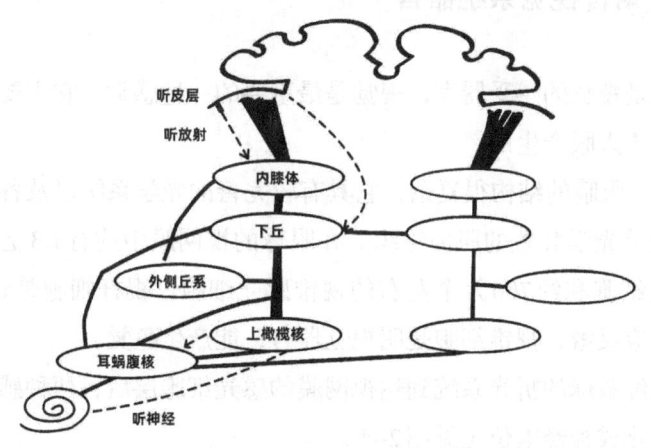

图2-3 听觉系统中枢通路示意图

（转引自李新旺.生理心理学导论.郑州：河南大学出版社，1992：151）

1.外耳。外耳包括耳廓、外耳道及鼓膜三部分。耳廓即我们通常说的耳朵，是收集声波的装置；外耳道是自耳甲腔深处的外耳门向内侧延伸到鼓膜的弯曲管道，可把耳廓收集的声波传导至鼓膜。鼓膜介于外耳与中耳之间，类似于鼓乐队中鼓的鼓皮。

2.中耳。中耳位于颞骨岩部内，与听觉生成密切相关的是听小骨系统，包括锤骨、砧骨、镫骨，也叫听骨链，主要功用是声波增压，据估计能增压几十倍。有研究认为中耳曾是鱼类的鳃。

3.内耳。内耳由前庭器官和耳蜗（形状像蜗牛）两部分组成。耳蜗中的柯蒂氏器中有"毛细胞"，毛细胞受耳蜗液振动影响而兴奋，产生动作电位，从而实现了声波机械能向神经生物电的转换。

4.听觉传导与听觉中枢。听觉神经冲动的信号至少要经过四级神经元，才能经过神经纤维投射到大脑皮质，在这四级转换中，都经过神经核（基层的神经中枢）的转换。严格说来，听觉中枢是一个系列，止于大脑皮层，属于中枢系统，但为使我们的描述完整，需阐明听觉信号的终点处。听觉中枢是听神经以上的脑干和大脑半球的听觉结构，最高级部分位于大脑皮层颞叶（见图2-2、2-3）。

二、语言视觉系统器官

眼睛是视觉的感受器官，视觉是最重要的一种感觉，它主要是由光波刺激作用于人眼产生的。

1.眼。眼睛的结构很复杂，它具有较完善的光学系统以及各种使眼睛转动并调节光学装置的肌肉组织。在眼球的视网膜中约有1.3亿个左右的视杆感觉细胞和约700万个左右的视锥感光细胞，视杆细胞是暗视器官，对弱光反应灵敏，视锥细胞是明视觉器官，能产生色觉。

光波经眼球的折光系统到达视网膜的感光细胞层后，两种感光细胞把光刺激转化成神经电位（见图2-4）。

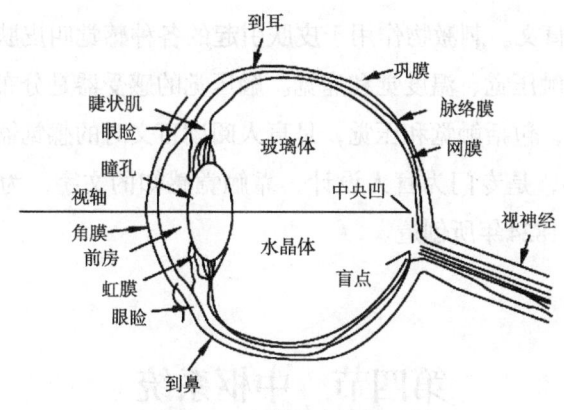

图 2-4　人类眼球的断面图

（转引自荆其成，林仲贤. 心理学概论. 北京：科学出版社，1986：127）

2.神经传入与视觉中枢。视网膜上的感光细胞产生神经电位后，经神经传入大脑内，两眼视网膜鼻侧的节细胞的轴突分别交叉到对侧，形成视交叉，大部分视神经纤维终止于外侧膝状体，在这里更换神经元，由中继神经元的轴突组成视放射投射到大脑枕叶17区的一级视觉皮质。一级视觉周围的广大区域一般也有视觉功能。从两眼传入的信息汇合在大脑皮质，从而产生种种视知觉。我们的阅读和与人面对面交流都依赖于视知觉，如图2-5所示。

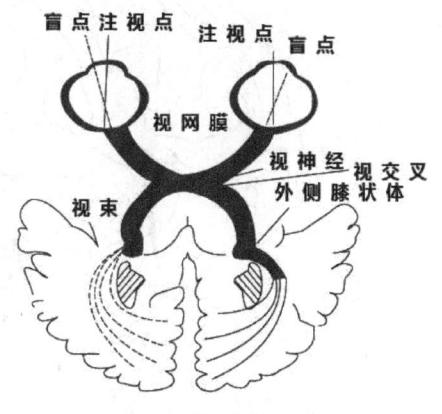

图 2-5　视觉传入通路

（转引自李新旺. 生理心理学导论. 郑州：河南大学出版社，1992：134）

3.触觉与盲文。刺激物作用于皮肤引起的各种感觉叫皮肤觉，皮肤觉的基本形态有触压觉、温度觉和痛觉。触压觉的感受器是分布于真皮内的几种神经末梢，包括触觉和压觉，是盲人阅读盲文时的感觉器官。盲文又称点字、凸字，是专门为盲人设计、靠触觉感知的文字，为法国盲人路易·布莱叶于1824年所创造。

第四节　中枢系统

到目前为止，对人类大脑的研究还只能说是"比较黑的灰箱"。对于语言能力来说，大脑是整个器官系统的中心，既是解剖学上的中心，也是功能上的中心，还是科学谜团集中的中心。

一、脑

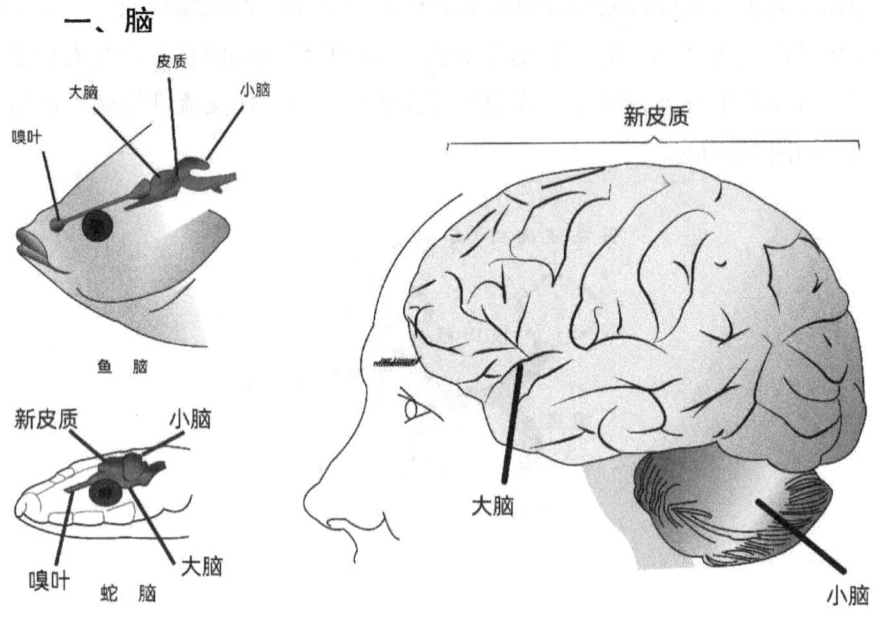

图2-6　人类大脑与鱼类及爬行动物大脑的比较

（转引自［美］Dennis Coon.心理学导论.郑刚，等译.北京：中国轻工业出版社，2004：76）

1.中枢神经系统（Central Nervous System）是由脑和脊髓组成的，是各种反射弧的中枢部分，是人体神经系统的最主体部分。中枢神经系统接受全身各处的传入信息，经它整合加工后成为协调的运动性传出，或者储存在中枢神经系统内成为学习、记忆的基础。对应中枢神经系统的是周围神经系统，如眼、耳器官内的神经。

2.脑（brain）是中枢神经系统的主要部分，位于颅腔内。脑包括大脑（也称端脑）、间脑、小脑、脑干（包括中脑、脑桥、延髓），其中分布着很多由神经细胞集中而形成的神经核或神经中枢，并有大量上行、下行的纤维来通过，连接大脑、小脑和脊髓，在形态和机能上把中枢神经各部分联系为一个整体（见图2-6）。

3.大脑是中枢神经系统的最高级部分，分为左右两个半球，两半球间有横行的神经纤维相联系，叫胼胝体。每个半球表面是大脑皮层（亦称皮质），大脑表面有许多往下凹而形成的沟裂，沟裂间的隆起叫回，大脑皮质的神经元约140亿（也有研究认为上千亿），大脑皮质若展开约2250平方厘米。一般认为人类大脑左侧半球在语言活动功能上占优势，称之为言语优势半球，也有一定的非语言认知功能；右侧半球在非语言活动的认知功能上占优势，也有一定的语言功能（见图2-7）。

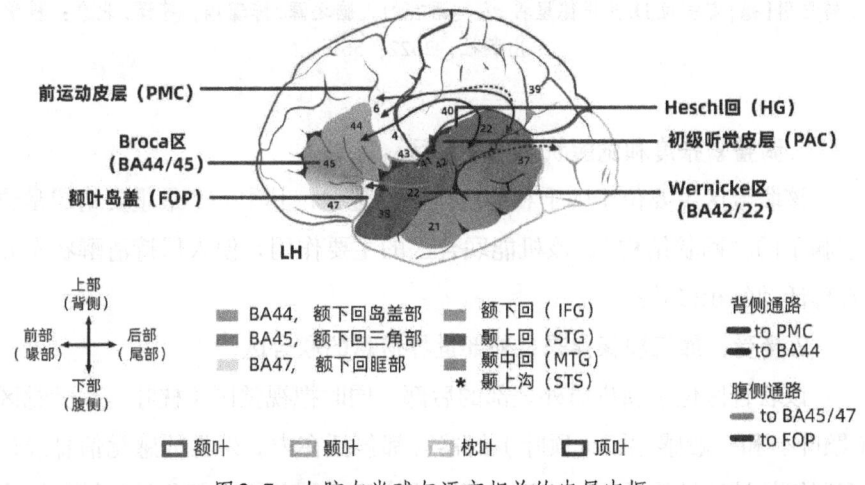

图2-7 大脑左半球与语言相关的皮层中枢
（转引自[德]安吉拉 D.弗里德里希.人类语言的大脑之源.陈路遥，等译.北京：科学出版社，2022：7）

二、三个机能联合区学说

把大脑（主要是皮层）分为三个互相联系在一起的机能联合区，是苏联心理学家、神经心理学家的主要奠基人A.P.鲁利亚提出的。该学说以局部脑皮层器官功能研究为基础，把各局部器官联合在一起，用以阐明脑的高级心理机能的生理机制（见图2-8）。

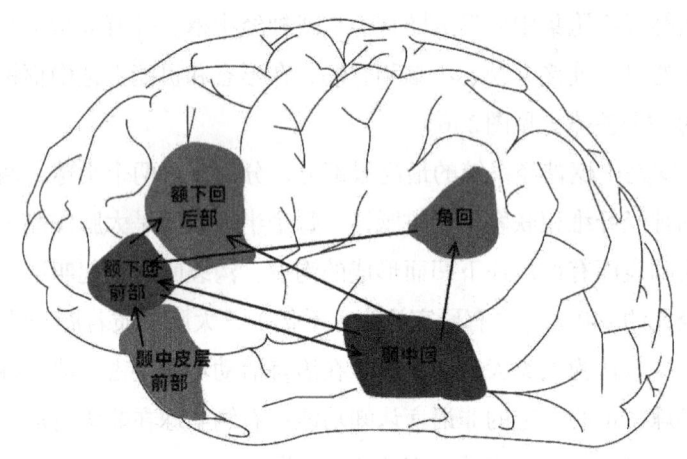

图2-8 语境中词汇语义加工的神经功能模型

（转自引[德]安吉拉 D.弗里德里希.人类语言的大脑之源.陈璐瑶，等译.北京：科学出版社，2022：56）

1.调整紧张度和觉醒状态的联合区

该联合区主要位于脑干和脑皮质下部位中，其中一个最重要组织是位于脑干的"网状结构"。该机能联合区的主要作用是使人保持清醒状态和心理活动的积极状态。

2.接受、加工和保存来自外部世界信息的联合区

该联合区位于新皮质外表部的后部，同时把视觉区（枕叶）、听觉区（颞叶）和一般感觉区（顶叶）的器官都包括在内。外界的感觉信息经过多层级的神经结构分析加工后，投射在大脑皮层相对专门化的区域，形成对外部事物的知觉、概念，并与词结合起来，形成对外部事物的认识，认

识的结果则以记忆的形式保留下来。

3.规划、调节和控制复杂活动形式的联合区

"人不仅对外来的信息被动地予以反应，他还制订自己行动的计划和程序，注意着他们的完成，调解着自己的行为，使它符合于这些计划和程序。最后，他使自己行为的效果同原初的意图相对照，更正它们所犯的错误，从而控制着自己的有意识的活动。"① 而完成这一过程的器官位于大脑两半球的前部，中央前回的前方，前额皮质起重要作用。

"人的意识活动调节过程的特征是，这一调节过程是在言语的直接参与下实现的。因为，与较初级的机体过程甚至最简单的行为形式不同，许多高级心理过程是在言语活动的基础上形成和进行的，这种言语活动在发展的早期具有扩展的性质，然后越来越压缩。"②

这一联合区的"出口"是大脑皮质的运动区（Brodmann 第四区），这个区的第 V 层具有别茨氏大锥体细胞，神经纤维由这些细胞通向脊髓的运动核，再由运动核传出神经通向肌肉，使人产生动作。

这三个联合区不可分割地联合在一起，支撑起了人的高级心理机能，为形象展示三者一体的功能，我们可以看图2-9所示：

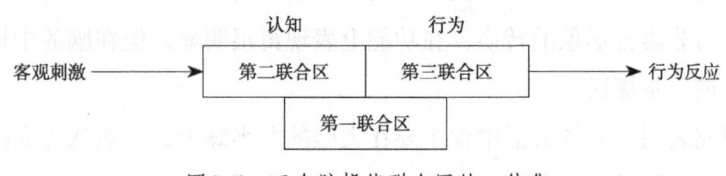

图2-9　三个脑机能联合区的一体化

三、场依存的语言中枢

真正决定言语活动的中心器官是大脑，尤其是大脑皮层，这些决定言语机能的脑皮层区域被称作言语中枢。对此，人体解剖生理学家、神经心理学家进行了不懈努力的探索，取得了大量精细入微的研究发现，言语的

---

① [苏]A.P.鲁利亚.神经心理学原理[M].汪青，译.北京：科学出版社，1983：106.

② [苏]A.P.鲁利亚.神经心理学原理[M].汪青，译.北京：科学出版社，1983：118.

脑机能定位就是重要成果之一。

现代科学大多源于西方,西方的学术研究本质上是分析主义和实验主义,这大大推动了现代科学技术的发展和繁荣。另外,在方法论上对整合研究、整体描述上有很大欠缺。笔者认为,在语言的脑结构和机能研究上也存在这样的问题。为此,在学习前人大量已有研究成果基础上,对大脑的言语机能试提出"场依存语言中枢"的见解,力图整合已有实验研究和理论研究的结果,揭示人类语言能力的器官系统奥妙。

1.已阐明的言语中枢

(1)言语运动中枢位于大脑皮层布洛卡区,为言语表达的中心。

(2)言语听觉中枢位于大脑皮层威尔尼克区,为言语理解的中心。

(3)言语视觉中枢主要位于大脑后部角回,为书面语理解中心。

(4)言语书写中枢位于言语运动中枢上方,额叶的额中回后部与写字和绘画能力有关。

(5)言语转换中枢尚未有明确的研究报告解释这一言语中枢的存在,但根据一些研究的线索,我们可以推测出这一中枢的存在。例如,在大脑后部,顶—枕叶交界处有一联合区,言语视觉与言语听觉有联系通路,书面言语与口语可互相转换。至于不同语种之间的转换,如英语与汉语,或者语言与非语言形象的转换,在功能上表现得很明显,但在脑的中枢定位上尚需进一步探讨。

研究表明,人的言语中枢主要在大脑的左半球上,一般认为大脑左半球是人的言语活动的主要控制者。还有研究表明,人的逻辑思维也主要与左半球有关。由此,习惯上把人的大脑左半球称之为"优势半球",当然,大脑两半球这种功能不对称性可能是相对的,不是绝对的。

2.言语中枢依赖的四个"场"

"场"的汉字本义指平坦的空地,以及集市、舞台、事情发生的地点和经过等。场用在科学术语(英文为field)中时,在数学上指一个向量到另一个向量或数的映射;在物理学中,指某种空间区域中有一定性质的物体能对与之不相接触的类似物体施加一种力,如磁场、引力场、电场等。

在大脑这一黑箱,或很黑的灰箱中,许多脑的功能具有"场"的特性,因此我们借用此词以描述这些特性。

言语中枢是比较明显表现出来的大脑皮层相对独立的区域，它们仅是大脑的一部分功能，它们必须依赖于深层次的、更大区域功能而存在和发挥作用的，我们把后者暂称之为"场"。归纳已有脑科学研究的成果，这种场可能有四个：

（1）能动意识场：主要是大脑额叶的功能，特别是大脑额叶的内侧部和基底部。鲁利亚写道："有充分的根据确信，大脑额叶是最重要的器官之一，这些重要的器官使动物得以不仅指向现在，而且指向未来，从而保证它的积极行为的最复杂形式。"① 这一皮质区域在指向一定目标的运动综合中起重要作用，它实现着对周围环境信号的综合，建立行动的计划和程序，根据力图达到的目的而抑制对不重要的、附属刺激的反应。另外，该区域场还通过"返回联系"和"返回内导"机制构成的"动作受纳器"，调整正在进行的动作和行为。

（2）潜意识动力场：主要位于鲁利亚所言的大脑第一联合区，包括脑内深层神经核和延脑等其他脑的作用。这个场的主要功能是维持清醒，反映体内生理需要，以及情绪的产生。大量中枢神经系统的无意识反射活动也在这个场中进行。我们认为，人的许多"本能"，如弗洛伊德提出的"生本能"、平克提出的"语言本能"等都在这个场内。这个场对语言活动的作用可能是一只"看不见的手"。

（3）经验记忆场：从理论上说，一个人从出生（甚至孕期）开始所经历过的一切事情都保存在他（她）的记忆中。当然有的能够很好地回忆出来，有的回忆不出来，甚至转入潜意识中。人们学得的知识也在记忆场中。人类语言能力离不开这个场而存在：词汇的音义或音义字的结合体保存在记忆系统中（史蒂芬·平克所说的"心理词典"），如"dog是狗"，就是把英语发音和汉语发音以及两个文字与狗的概念结合在一起形成的记忆。而"心理语法"则是某种语言的语法规则以"动作记忆"的形式保存下来，使人能随时遣词造句。

---

① [苏]A.P.鲁利亚.神经心理学原理[M].汪青，译.北京：科学出版社，1983：116.

（4）思维/思想场：思维是大脑加工、处理信息的活动机制，思想是客观存在反映在人的意识中经过思维活动而产生的结果，或形成的观点及观念体系，在英语中分别为thinking和thought。这是大脑皮层的中心功能，也是人之所以为人的本质属性之一。说语言是人类所特有的语言能力，也是人的特有的本质特征之一，而语言能力的根源就是思维/思想场。人所说的一切都是表达人的某种想法或意念。

一般认为思维的主要器官是大脑的前额叶，按第一个场的讨论，其作用的确是思维的主要器官之一。我们认为，思维应该是大脑整体的功能，鲁利亚三个机能联合区的学说也是这样认为的。思维/思想场离不开另外三个场的支持，但又是另外三个场的核心。语言能力为"标"，思维/思想为"本"，二者密切结合在一起。

概括言之，思维/思想是全脑功能的中心，也是语言能力等各种人的能力的核心。从生活角度看，"没有思想时你说什么？""没有思想你写什么？""没有思维能看懂这本书吗？""没有思想能听懂别人说的话吗？"都是经验性的证明。

3.语言中枢与心理场的关系示意图

根据前述讨论，我们可以把语言能力中枢与心理场的关系图示如下：

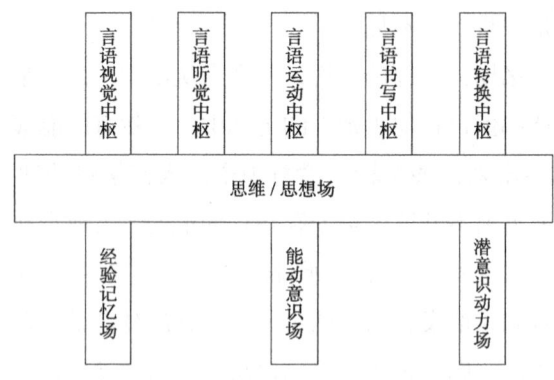

图2-10　语言中枢与心理场关系示意图

第五节 内—外系统

语言器官的内—外系统是实现内部言语转换为外部言语的器官系统，通过说话或书写形成别人可以直观感知到的话语。

一、语言言说系统

有声语言的"语音并不是由某个单独的器官以单一的运动方式制造出来的，每个语音都是一系列运动方式的组合，而每种运动方式都能对声波进行特定的雕琢和塑造，它们差不多以相同的步调通力合作，履行各自的职责"①。

人类的发音器官分三大部分：动力（肺），发音体（声带），共鸣腔（口腔、鼻腔、咽腔）。"整个发音器官是任何乐器都望尘莫及的非常复杂的装置。"②（见图2-11）

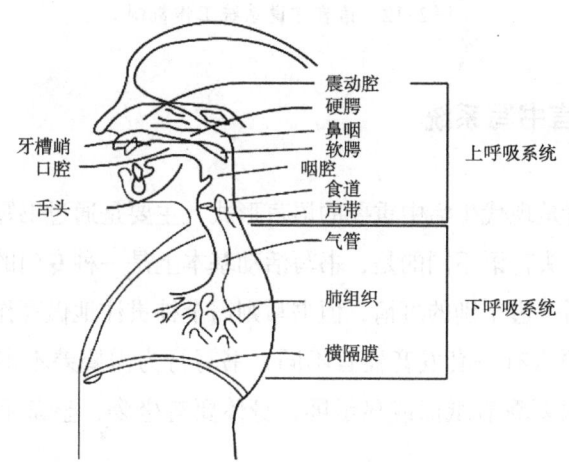

图2-11　人类语言发声器官系统

（转引自 [美] Jean Berko Gleason：The Development of Language. 世界图书出版公司翻印，2005：67）

---

① [美]史蒂芬·平克.语言本能[M].欧阳明亮，译.杭州：浙江人民出版社，2015：173.

② 叶蜚声，徐通锵.语言学纲要[M].北京：北京大学出版社，1997：57.

1.肺。肺是人体呼吸系统的重要器官，其活动是吸气和呼气，人的有声言语和发音，动力主要是呼气，很少见吸气发音。

2.喉头和声带。喉头中有一对声带，声带是两片很小的薄膜，像两扇门一样，长度只有13～14毫米，前后两端黏附在软骨上，中间的通路叫声门，由于肌肉和软骨的活动，声门可以打开或闭拢。呼气冲出声门，产生初步语音。

3.口腔、鼻腔、咽腔。口腔中舌头是最灵活的器官，在发音中起很大作用；咽腔是人类特有的。"人类的发音器官从声带到嘴唇有170毫米长的通道，发音时形成咽腔和口腔两个共鸣腔，还可以打开鼻腔。口腔中的舌头动作快速灵活。有了这样的装置，能够发出的音的种类自然比其他动物多得多。"①

语言言说系统的工作机制可以图示为2-12：

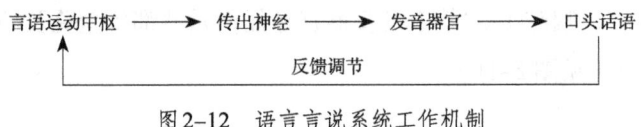

图2-12　语言言说系统工作机制

二、语言书写系统

书面语言是现代生活中重要的语言形式，主要是通过书写活动来直接实现的。与口头言语不同的是，书写活动基本上是一种专门的行为，人们可以一边说话一边干别的事情，但书写则需全神贯注地做写作这件事。另外，与口头语言有一套发音器官不同，书写行为需要差不多全身的动作才能完成：眼要看着纸面或显示屏，身体要有坐姿，整条手臂和手都要工作。

手在书写活动中起重要作用。手是人体上最灵活的器官，它既可以感知觉（如"摸一摸，热不热"），又完成着生活中大部分的动作（抓、拿、

---

① 叶蜚声，徐通锵.语言学纲要[M].北京：北京大学出版社，1997：26.

提、握等），并且除书写动作，还可以"读"盲文，"写盲文"和"手语"。关于手语将另在专章讨论。

语言书写系统的工作机制可以见图2-13：

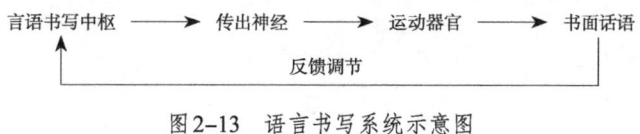

图2-13 语言书写系统示意图

三、其他运动系统 —— 表情

在人与人面对面交流时，言语表达常常有表情的辅助。

表情（expression）是指通过面部、身体姿势、态度、情绪等表达伴随言语的感情、情意的方式，是人情绪的主观体验的外部表现模式。表情主要有三种方式：面部表情、语言声调表情和身体姿态表情。在当代网络生活中，人们创作了网上交流的表达信息的符号和图片，主要有字符表情和图片表情（表情包），十分丰富，被喻为"语音与文字以外的第三种语言"。

达尔文认为，人类的表情是在种系进化中保留下来的，所以全世界的人在一些最基本的情绪表达上都是一样的，如用同样的表情来表达欢乐、悲哀和厌恶等情绪。人的表情可以通过身体姿势表现出来，可以称作情绪的体态语言（Body Language），如放松、紧张、喜欢和厌恶。

"人的面部能够产生两万多种表达方式，是人体最富表达性的部分。面部表情多是混合表情，融合了两种或两种以上的基本表达方式。"[①]

语言声调表情则与口头语言表达结合在一起，如语调的柔缓、高亢、急促等方式。人在"平静地说"和"吼着说"时表达着不同的情绪。

表情是言语活动中的伴随现象，它使人类的言语和话语有了多种多样的情绪色彩，也使人的表达更加丰富和生动。

---

① [美]Dennis Coon.心理学导论[M].郑钢，译.北京：中国轻工业出版社，2004：487.

　　概括起来说，人脑是人类语言器官系统的中心，其中思维/思想场又是人类语言诸能力的核心，是语言之本、语言之源。反之，语言能力又帮助人们思维，形成思想，并以可感知的方式把思想表达出去（包括自言自语），形成对话、文章及其他形式的话语文献。

第三章　语言能力的环境系统

　　鱼儿活跃于水中，人类语言能力活跃于语言环境中。上一章讨论了语言能力的根本内在因素——语言能力的器官系统，本章讨论语言能力的直接外部因素，即环境系统。

第一节　语言环境概述

　　语言环境是指人类语言能力得以形成、发展和发挥作用的外部条件系统。人类的语言环境既有自然性，又有文化性，而且文化性占有更重要地位；既有物质性，又更具有精神性；既具有稳定性，又有动态性，是具有生态性的多因素系统。

　　语言环境的一般性质可概述如下：

1. 多因素与多重交互关系

　　详细描述人类语言能力的环境是件困难的事，因为外在因素众多、表现各异，并且处在运动变化之中。为此，我们先概括出最基本的要素及其与人类语言活动的关系。

　　第一，是人与人之间的关系，简称为人际关系。这是语言能力环境的核心要素与关系。在起源上说，正是在人与他人合作生产、生存、生活等动力的推动下，在共同劳动中产生的语言，人际交流也是语言最重要的工具职能之一。人际关系包括幼儿与父母及其他家庭成员的关系，儿童伙伴关系及进入学校后的同学关系和师生关系，进入社会工作后的同事关系和领导关系，社区与社会比较固定的亲朋好友关系，以及大量的不固定的社会活动中与其他人的临时关系。这些关系是语言及语言能力存在的环境基础。

在哲学和教育学的研究中，常把人视为有意识的、个性的"主体"，其外在因素视为"客体"。但我们认真观察和思考后，认为人与人之间应该是互为客体，其关系可用图3-1示意：

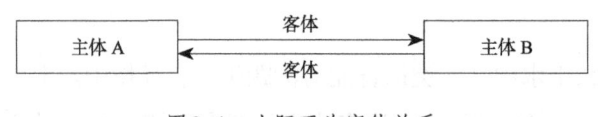

图3-1　人际互为客体关系

如图3-1所示，主体B对于主体A来说是环境中的一个客体，反之也同义。由此，我们在日常生活中，对他人话语的理解是一个认识他人思想和感情的过程，往往我们的理解与他人的话语本意有偏差，这就造成了人际间的"误解"。同一本书，对于作者的思想和意图，可能众多读者各有自己的理解，有的更接近于作者的真实思想和意图，有的可能稍远些，甚至还有"误读"的可能。

第二，是人与物的关系，物包括自然环境和物质文明环境，后者又被称为"人化世界"，如楼宇、道路、交通、水利工程等。无论是自然环境，还是物质文明环境，对人类语言能力来说，语言是一种符号，经过这种符号人们间接地反映着世界。宏观和微观的物质环境经由人的认知而产生语言的词语。所以物是语言之本，是语言能力存在和活动机制的根本因素。

第三，是人与事的关系，事是人与人、人与物相互作用的片段。也就是说，语言能力与外部因素并不是泾渭分明的互相独立的存在，而是一种相互作用的关系，在苏联心理学中称之为"活动"，并有活动学说（维果茨基、列昂节夫等）。在哲学上一般称之为实践。对于人类来说，人人都要做事、每天都要做事、处处都在做事，做事要用到语言，没有事也就没有语言存在的必要了。我们的一切话语都反映着一定的事物，抽象的语言只存在于语言学家的学术之中。由此，人的语言能力只能在用语言做事的过程中形成和发展起来，也只有在做事的过程才显示语言能力的价值。

2.语言环境的相对决定性与作用的两面性

语言是社会现象，社会是语言能力的最重要存在环境。社会环境的一个特性就是它的决定性，对个人的语言能力来说，尽管许多语言学家过分强调先天本能的作用，但语言环境的相对决定性、强制性是不能否认的。

著名心理学家皮亚杰写道："言语表达是一种集体制度。言语的规则是个人必须遵守的。自从有了人，言语就一代一代地以强制性方式传递下来。"① 这说明了语言环境的相对决定性。

环境因素对语言能力的发展具有积极作用和消极作用的两面性。从人所生活的大环境来说，无论是自然环境和人文环境都有有利的情况和不利的情况，不利的如天灾人祸、社会动荡以及人际冲突等，反映在语言环境中也使其具有了两面性。

3.语言环境的动态性

"万物皆流，万物皆变，世界上没有固定不变的事物。语言也是这样，它无时无刻不在变化，只是变化的速度变缓，不被人们感觉到罢了"。② 随着社会的发展，事物都不断发展变化，尤其近几十年，人类科技发展日新月异，新事物层出不穷，同时也导致国家间竞争、社会内部的竞争不断加剧。这反映在人的语言能力上就要求适应、顺从社会的发展变化趋势，需要不断地学习。

语言环境的动态性表现在社会语言的动态变化上，这有多方面的表现：一是大量新词不断出现（当然也有一些旧词语消失）；二是随着社会的分化，语言也随之分化，产生多种社会方言；三是随着社会的统一，语言也走向统一。在国际化大背景下，随着贸易往来、文化交流、移民杂居等各种形式的人际接触，也会引起不同语言的接触，互相借用词语也促进了语言变化。

这就要求人的语言能力也随着语言环境的动态变化而变化，当然这种变化多为缓慢、不由自主地进行着。

---

① [瑞士]皮亚杰.结构主义[M].倪连生，王琳，译.北京：商务印书馆，1986：52.

② 叶蜚声，徐通锵.语言学概要[M].北京：北京大学出版社，2006：173.

第二节　幼儿语言能力获得的环境

无论哪个国家、哪个民族（或种族）的幼儿都在出生后，自然而然地学会了母语，形成了令人惊奇的语言能力，有语言学家甚至说："孩子天生会说话！"

对于人类儿童学会说话这一自然现象，吸引了诸多心理学家和语言学家的高度重视。如国际著名心理学家皮亚杰下了很大功夫观察和记录自己孩子语言和认知的发展，经过深刻的理论思维，提出了著名的发生认识论学说。语言学家乔姆斯基在通常语言学研究模式之外，追问语言在个体身上发生的起源问题，并根据儿童语言能力发展的特点提出了著名的转换生成语法学说。幼儿语言能力获得过程之所以引起学者们的高度关注，一是想通过幼儿语言发生过程的研究获得关于人类语言起源的启示。因为生物学中有一条"胚胎重演律"，即生物个体发育过程中会重演其祖先在进化过程中的各个发育阶段。二是通过幼儿语言的发展，揭示语言能力与思维能力，尤其是逻辑思维能力的关系，获得关于人类认知发展研究的启示。

至于儿童如何会具有如此神奇的语言获得能力，在理论上有相互对立的两派观点。一派是强调先天因素是决定因素的学说，如乔姆斯基、史蒂芬·平克等人。另一派是强调后天学习是决定因素的学说，如依据苏联生理学家巴甫洛夫条件反射学说产生的儿童言语形成理论，认为言语能力是第二信号系统的建立；美国心理学家斯金纳（B.F.SKinner）认为人的言语活动也是一种行为，儿童学习语言是强化的结果；而莫勒（O.H.Mowrer）则认为儿童学习语言，主要依靠模仿成人的言语而学会语言。

我们先归纳性地看一下幼儿语言能力形成的基本过程，然后再讨论这一过程所依赖的环境因素，最后再综合不同学说得出比较中肯的见解。

一、幼儿语言能力获得的基本过程

非常有趣的是，史蒂芬·平克一方面旗帜鲜明地宣传"语言本能论"，另一方面却高度重视儿童语言能力形成的外部因素，强调学习的作用，强调成人的影响。他写道："所有的婴儿都是带着语言能力来到这个世界的，""所有的婴儿都是带着语言能力降生于世的。"但同时写道："儿童是学习语言的天才。从某种意义上说，野孩子的'失语'证明了在语言发展过程中，后天学习比先天能力更为重要。"①

（一）婴儿听音与发音

这是儿童语言能力形成的预备阶段，也称之为"言语前阶段"，② 大约是从婴儿出生到11个月左右的时段。

实验观察发现，在婴儿降生的第一年里，婴儿似乎天生就具备语音知觉（有研究者将之称为第六感）。例如，不到6个月的英国婴儿可以分辨捷克语、印地语和因斯列坎普语（一种美洲土著语言）的特有音素，4天大的法国婴儿在听到法语时比听到俄语时吸吮得更为有力。对婴儿这种语音知觉，有一种解释是在他（她）母亲怀孕期间，孕妇说话时的音调能够透过身体传到子宫，由此形成了婴儿时期对母语语音的似乎先天喜好的倾向。

婴儿出生后5~7个月，"婴儿开始发出各种声音为乐，而不仅仅是用它们来表达自己身体或情绪上的状态。他们逐渐发出各种吸气音、蜂音、滑音、颤音、咝音和爆破音，听起来就像元音和辅音"。③ 到1岁时，婴儿可以进行音节的变换，能够"咿咿呀呀地乱说一气"。至此，语言学习的准备阶段基本完成。

（二）1岁左右理解并说出单词

大约是幼儿从出生后11个月到1岁半左右这段时间，有学者把这段发展称之为"单词句"阶段。

在这一阶段，婴儿开始理解单词，并说出单词，说出的单词通常都是

---

① [美]史蒂芬·平克.语言本能[M].欧阳明亮，译.杭州：浙江人民出版社，2015：292.

② 荆其诚，林仲贤.心理学概论[M].北京：科学出版社，1986：354.

③ [美]史蒂芬·平克.语言本能[M].欧阳明亮，译.杭州：浙江人民出版社，2015：277.

一个一个孤立地说出来,但却能表达一定的意思,所以称之为"单词句阶段"(the one-world stage)。在这个阶段,幼儿很可能是记下了父母单独使用的一些单词,这些单词包括物品的名词、日常起居中表示行为的动词、社会交往的常用词(如是、不、想要、再见等)。

(三)1岁半时的语言能力飞跃

实际观察发现,当婴儿长到18个月左右时,语言能力开始突飞猛进。这表现在以下两方面:词汇量获得快速增长,"平均每两个小时就学习一个新的单词";逐步掌握语法,将两个单词进行组合,构成最简单的句子(被称为双词句或微型句)。而且儿童在说出双词句或者三词句时,听起来就像是某个长句的浓缩版,能够表达复杂、完整的意思。

(四)3~4岁达到应用自如

对此,史蒂芬·平克写道:"如果我们将语言发展粗略地划分成不同的阶段,比如音节阶段、咿呀乱语阶段、独词句阶段、双语句阶段等,那么接下来这个阶段就是'滔滔不绝'阶段。在2岁末至3岁半之间,儿童突然可以讲出合乎语法的流利语言,这个转变如此之快,让每个研究者惊叹不已。"[①] 在这个阶段,幼儿可以说出很长的句子,并较好地掌握了母语的语法规则,他们用到的句法类型在3周岁前就可以达到上千个,其口语能力可以说是得到了"爆炸式"的发展。所以语言学家说:"3岁的孩子已经算得上是语法天才。他们精通大部分语法结构。"

至此,我们可以说,人类婴幼儿阶段就形成了基本语言能力,尽管这种能力是口语能力的初级阶段。

二、儿童学会语言的三大因素

事实证明,儿童语言能力神奇的获得过程,是先天条件(人的遗传发

---

① [美]史蒂芬·平克.语言本能[M].欧阳明亮,译.杭州:浙江人民出版社,2015:282.

育，尤其是脑的发育，以及一系列先天本能）与后天经验（可以视为广义的学习）相结合造成的。尽管语言学家史蒂芬·平克旗帜鲜明地推崇语言本能论，但他同样明确地指出，声音环境、母亲式语型、父母的回应与自我实践是儿童学会语言的三大要素。

（一）语言声音环境

语言声音环境对儿童形成语言能力是至关重要的，可以说是起决定性作用的环境因素。

剥夺孩子的语音环境是不能人为做实验的，因为科学研究的伦理规则不允许。所以研究者们搜集了几千年来剥夺儿童语言声音环绕的个案，在完全接触不到任何语言的环境中，"无论哪种情况，结果都是一样：孩子变成了哑巴，而且通常终生如此"。并得出结论说："先天的语法能力过于简单、粗略，单凭它是无法生成语音、单词和语法结构的。"①

（二）父母与婴幼儿的言语交流

此处"父母"一词可以扩展到一切抚养婴儿的成人。

研究发现：在世界各国，"父母对婴儿是用一种夸张的模式说话，用一种特殊的儿童照看者言语（caretaker speech）来帮助儿童学习语言"，如放慢速度、提高语音、用短句子、用夸张和富有变化的语调说话，并不断重复。②

研究还发现：与婴儿的非言语交流是儿童语言习得的必要阶段。在婴儿还不会说话时，父母总是千方百计地使孩子微笑和发声。在与婴儿做互动游戏过程中，"形成了成人和婴儿共同的节律和期待，形成一种共同的信号（signal）。很快一个包括抚摸、发声、凝视和微笑等信号的系统建立起来，而这些都是以后运用语言交流的基础"。③根据父母与婴幼儿交流而使儿童发展语言能力的事实，有心理学家得出结论说："语言发展的

---

① ［美］史蒂芬·平克.语言本能[M].欧阳明亮，译.杭州：浙江人民出版社，2015：291.

② ［美］Dennis Coon.心理学导论[M].郑钢，译.北京：中国轻工业出版社，2004：122.

③ ［美］Dennis Coon.心理学导论[M].郑钢，译.北京：中国轻工业出版社，2004：121.

源头在社会关系之中。"我们认为这一结论是正确的。

（三）儿童的语言自我实践

在讨论语言能力形成时，人们常常把内因和外因（或者说主体与环境）对立起来，二元化地看问题，这是不符合实际的。实际上，儿童作为主体，要通过实践活动把自己与环境交织在一起，在相互作用的过程中，发展出自己的语言能力。"儿童不能光靠记忆，他必须纵身跃入语言的未知海域，归纳出这片无限可能的语言世界背后的一般规律。"①

在儿童言语实践活动中，父母作为外在客体，其示范、鼓励、回应、奖赏及纠正孩子的言语活动，是促进语言能力发展不可缺少的因素。

三、对成人第二语言学习的启示

在发展心理学中，根据儿童语言获得的研究，提出了"语言学习关键期"的概念，一般认为6岁之前是学习语言的最佳年龄。至于是否存在"关键期"尚有争论，但幼儿言语能力的获得存在敏感期，并与成人学习第二语言的困难存在鲜明对比是毫无疑问的。

对此，史蒂芬·平克写道："在6岁以前，儿童能成功地掌握一门语言。从6岁开始，儿童学习语言能力开始逐渐衰退，这种衰退一直持续到青春期结束。此后就很难再成功地学会一门语言。"②至于原因解释，一般归因于人的大脑结构和功能的发育定型化。

参照婴幼儿语言学习过程的特点，我们试提出成人模仿幼儿言语获得过程学习第二语言的策略，简称为"模仿幼儿策略"。其基本思想为：虽然我们不能使成人的大脑恢复到幼儿时代的"初始状态"，但人的大脑毕竟有相当程度的可塑性，否则人也不可能"活到老，学到老"了。这个学习策略就是在学习第二语言时，尽可能排除母语的干扰，像幼儿一样从发音练起，然后经过单词句→双词句→多词句的顺序进行学习。如果有类似

---

① [美]史蒂芬·平克.语言本能[M].欧阳明亮，译.杭州：浙江人民出版社，2015：295.
② [美]史蒂芬·平克.语言本能[M].欧阳明亮，译.杭州：浙江人民出版社，2015：308.

于"儿童照看者言语（caretaker speech）"式的教学者，估计学习效率会更好。而且学习内容在初期阶段最好有切身性（与学习者工作、生活、交往有直接关系）。当然，效果还有待实验证实。

第三节　学校教育中的语言熏陶

实施各级教育的学校，是最重要的语言能力形成的环境。学校教育是一项国家的事业，是社会的组成部分。人的社会化从这里开始，也是广大青少年生涯生活的准备阶段。

一、学校教育的性质

人的思想品德、文化素养、专业知识、多种能力（包括语言能力）都是在学校活动中得到培养和发展的。"学校活动是在人为设置的环境中进行的。这一环境中有意识提供的条件与活动对象，都是为实现教育目的和完成教育任务服务的。其最大的特点是弥漫着科学、文化和道德规范的气息。这些是滋养人精神力量生长的最重要的社会因素。"[①]

若以人生百年计，大约有1/4的时间是在学校中度过的（幼儿园3年，小学6年，初中3年，高中3年，本科4年，硕士研究生3年，博士研究生4年）。由于种种因素的作用，人生可能达不到百年，一个学业优秀的学生获得博士学位后，大约用去了人生1/3的时间。在学校教育中，语言可谓之"教育之水"：师生言语交流、教材文本阅读、专业术语理解、课堂教学领会等无不以语言为媒介。人的语言能力既在学校中得以发展，又成为学生学习的有力武器。

学校的各种物质条件构成了教育活动的物质环境，学校教育者精心设

---

① 叶澜.教育概论[M].北京：人民教育出版社，1991：236.

计的各种活动，构成了学生发展的人文环境。

对于学校教育的主体之一学生来说，如何应对学校环境的影响也是学习的能力之一。学校"应把培养受教育者的自我教育和自我控制能力以及识别、控制、利用环境的能力作为根本性任务，并贯彻到教育的一切阶段和一切活动中去"①。

二、专门课程及学业要求

儿童进入学校环境的第一个，也是最重要的一个转变，就是由基础性的口语能力拓展为书面语言能力，即识字读书。这一转变仿佛给人打开了进入另一个文化世界的大门。

（一）书面语言能力的初期发展

书面语言的运用包括阅读和写作。关于阅读，发展心理学家卡拉·西格曼（Carol.K.Sigelman）等写道："阅读能力的获得可以说是儿童在学校取得最重要的成就，它为其他学业技能的掌握奠定了基础。""语言获得是一个自然学习的过程，它不需要正规教育，而阅读就是一个实实在在的非自然学习任务了。也就是说，阅读是需要直接教授的。"②

阅读的前提是识字或识词。我国的汉字，别称方块字，属于表意文字的词素音节文字，已有六千多年的历史。现代汉字是指楷化后的汉字正楷字形，包括繁体字和简化字，除极个别汉字外，都是一个汉字一个音节。汉语拼音是中华人民共和国成立后官方颁布的汉字注音拉丁化方案，是一种辅助汉字读音的工具，是指用《汉语拼音方案》中规定的字母和拼法拼成一个个现代汉语的标准语言（普通话）的语音音节。由此，我国儿童学习汉字，可用拼音帮助学会汉字的读音。

对于英语这样的拼音文字来说，儿童只要掌握和理解字母规则，即单

---

① 叶澜.教育概论[M].北京：人民教育出版社，1991：238.

② [美]卡拉·西格曼，伊丽莎白.生命全程发展心理学[M].陈英和，审译.北京：北京师范大学出版社，2009：347.

词中的字母与口语中的发音一一对应就可以了。

很明显，文字是语音的符号，语音又是一定语义的符号，这样文字就成了符号的符号，增加了书面语言的学习难度。所以"文盲"一词不是指不会说话的人，而是指不识字并且不会写字的成年人。

（二）语文课程的开设

语文是基础教育课程体系中的一门重点教学科目，语文能力是学习其他学科的基础。语文的更广泛含义包括语言文字、语言文学、语言文化，被认为是一门重要的人文社会科学，具有工具性与人文性统一的特点。

关于学科能力，我国著名心理学家北京师范大学林崇德教授主持了理论和实验的长期系统研究。研究者的课题组在26个省市设立了实验点，主要是研究培养学生的语文能力与数学能力。

关于语文能力，研究者强调在中小学语文教学中，不仅提倡培养听说读写的能力，还要培养学生的思维品质：深刻性、灵活性、独创性、批判性和敏捷性。

研究者详细分析了语文能力结构的具体成分[①]：

听的能力：语音分辨力，语义理解力，逻辑的判断力，联想与想象力，内容的概括，分析与判断力，情感感受力，迅速做出反应的响应力等。

说的能力：准确地运用语音、词汇、语法的能力，生动准确的表述力，迅速、灵活的应变力，联想、发现的创造力等。

读的能力：准确的理解能力，分析与综合能力，评价与鉴赏能力，发现与创造能力，乃至选择书籍、选择读书方法的能力，使用工具书的能力等。

写的能力：观察能力，准确地运用字、词、句、篇等基础知识的能力，掌握多种文体特点的能力，迅速写出观点鲜明、选材恰当的文章的能力。

---

① 林崇德.我的心理学观[M].北京：商务印书馆，2008：387-389.

学生接受在这样教育思想指导下的语文教学，会大大促进语言和言语能力的发展，也是很幸运的一件事。

三、学校人际交流

学校内的师生交流、生生交流是重要的语言环境。虽然这种交流并没有写入教学计划和教学大纲中，但却构成一种语言氛围，潜移默化中影响着学生的语言能力发展，这是校园文化熏陶的一个重要方面。

教师除了在课堂上的正式讲授外，还要与学生谈心谈话，表扬或批评，教师的语言水平会深深地影响学生语言能力，在中小学，尤其是小学中，这种影响会大于父母的影响。

在师生交流过程中，教师的思想品德素养对师生交流有根本性的影响。事实证明，对学生遇到的困难、犯的错误、取得的成绩，教师若富有爱心地给予言语疏导、严肃而又恳切的批评、真心实意的鼓励表扬以及给予建议，会深入学生内心，有的话语甚至会影响学生长久的发展，有的学生就当年老师的劝导、鼓励话语说："记一辈子。"但有的教师在与学生交流中恶言恶语、讽刺挖苦、蔑视贬损，甚至谩骂嘲笑，深深地伤害了学生的自尊心，甚至使有的学生变得少言寡语，唯唯诺诺。这实际上是一种语言暴力、错误的教育。

良好的生生交流，会促进互相学习对方丰富的词语、巧妙的表达方式。伙伴之间的良好关系也会彼此促进思想成熟和人格完善。彼此间的诚心交流还会促进心理健康，发展友谊。但也存在"交友不慎"，被不良伙伴团伙带坏的例子，如说脏话、撒谎、编造谎言，给别人（包括老师）起"外号"等现象。

四、校外辅导与补习

校外辅导学校、辅导班、补习班、特长班曾经遍布城乡各处，用"多如牛毛"形容并不为过。不仅中国，在日本、韩国等国家也普遍存在。参加辅导的学生以学前儿童到高中生为主，另外参加考研、考公、留学辅导的也有众多大学生及成人，形成了一种独特的教育景象。对这种校外辅导教育，国家进行了整治。但从学术上，并没有多少教育学家进行专门研究。

与语言能力相关的校外辅导主要是语文、外语两科。其中外语教育最著名的是"新东方"（全名：新东方教育科技集团有限公司）其集团诸业务中雅思培训、托福备考、小语种培训、日语培训等名声颇为响亮。语文学科辅导培训以一对一，一对多的散在形式开展，数量更是众多。

校外语言培训辅导大多以通过某种考试为直接目的。从积极方面看，校外辅导弥补了学校教育大班教学形式下因材施教、个性化教学的不足，也弥补了师生交流少、强度弱、教师态度不友善的不足。所以校外辅导有其存在的理由。

从消极方面看，主要批评是加重学生学习负担、加重家庭教育支出负担、冲击学校正规教学秩序等，以至于形成了教育的"内卷"。

实际上，适度的、以因材施教和专长、特长发展为目的的校外辅导，是有其存在价值的。反之，无序扩张、加剧应试教育的校外辅导应加以限制，甚至取缔。

第四节　职业、社群与地域环境

我们每个人都生活在一定的地理区域内，一般都有一个职业岗位，都要与当地不同社会群体打交道，常常在不同场合说不同的话。这种职业（或可称行业）、社群关系、地域构成的语言环境，决定了我们应具有相应的方言能力，而且这种决定性是社会决定性，不依个人的意志为转移，通常都是习惯成自然的。

一、方言研究

在语言学中，把由于社会、地域分化造成的全民语言基础上产生的各有自己特点的语言分支或语言变体，称之为"方言"。方言是客观存在而又古已有之的语言现象，直到现在仍然生机勃勃地存在于社会生活中，构成了个人语言能力发展的客观语言环境背景。方言一般分为地域方言和社会方言。

一般把由于社会地域分化导致语言的地域分化，在一种语言内部形成的方言叫"地域方言"。俗称"话"，如北京话、广东话等。地域方言的差别表现在语音和词汇上，语法的差别较小。在方言之下，还可以再分为"次方言"，在次方言之下又可以分出各种"土语"。"汉语一般可分为七大方言：北方方言（从前叫"官话"）、吴方言、湘方言、赣方言、客家方言、粤方言、闽方言。"①

在一个社会内部因阶级、阶层、职业、年龄、性别、文化程度、宗教信仰等社会特征的不同而导致的社会的社群分化而产生的方言叫"社会方言"。"从结构系统上看，地域方言有自己独立的语音、词汇、语法系统，它们之间的差别甚至可以大到不能通话的程度"，"而社会方言却没有独立的结构系统，它所用的材料和规则基本上都是全民语言或当地方言所具有的，仅仅是有某些值得注意的不同于其他社群的特点而已，因而它们之间的差异一般并不会妨碍人们之间的言语交际。"②

虽然在学界似乎不十分重视方言问题，但对于个人的语言能力形成和发展来说，却有十分重要的现实意义。

二、方言能力

对于生活于某一方言地区的人来说，具备地域方言能力是比较自然的事，这与人们孩童时期学会说话几乎是同步的。而国家通用语言文字的能

---

① 叶蜚声，徐通锵.语言学概要[M].北京：北京大学出版社，2006：186.

② 沈阳.语言学常识十五讲[M].北京：北京大学出版社，2021：293.

力形成大多从接受学校教育开始。语言的统一是大势所趋，尤其是政治、经济一体化的态势下，全国推行和普及标准的普通话已成必然趋势，但地域方言不可能在短时间内消失。

至于社会方言能力则为当代社会所必需，而且还要不停地发生变化，需要与时俱进。"语言中有多少种社会方言？数量难以计算，因为言语社团的多少简直是无法统计的。"①

在不可计数的社会方言中，"职业的差别也会对语言产生影响从而造成语言的差异。这种与不同集团相关的语言差异突出地表现为不同的行业各有一些自己特殊的用语，也就是通常所说的'行话'"②。几乎每种社会职业都有一些该职业所需的行业用语，如动脉粥样硬化、玉石硬度、红案白案、教学评估等。科学技术的术语是一种特殊的行业用语，我们将专章讨论。

在关于方言的研究中，语言学家提出了"语言风格变体"的概念，我们认为应该列为一种重要的语言能力。"因交际环境的不同、交际对象的差异而存在语言的使用上表现出不同的特点。这就是一般所说的语言的风格变体。比方在庄严肃穆的仪式上，在正式外交谈判的场合，在和同志们欢聚的节日晚会，在日常的家庭生活里，各有适应该场合的语言表达特点；对长者，对朋友，对陌生人，对子女的说话也不可能一样。"③

换句话说，就是在不同的场合说合适的话，对不同的人说不同的话，粗略地可形容为"到什么山唱什么歌""见人说人话，见鬼说鬼话"。"语言风格变体"的存在进一步增加了社会方言的丰富性和多样性。

---

① 叶蜚声，徐通锵.语言学概要[M].北京：北京大学出版社，2006：181.

② 沈阳.语言学常识十五讲[M].北京：北京大学出版社，2021：293.

③ 叶蜚声，徐通锵.语言学概要[M].北京：北京大学出版社，2006：183.

第五节　生活环境变迁

人类在地球上的不断迁徙，形成了不同的人种，不同的民族，建立了诸多国家，也产生了众多的语言。所以，人的语言能力与人们生活环境的变迁有着直接的关系。时至当代，虽然人口大规模的迁徙很少了，但或远或近的变迁从未停止。这也导致了环境对人语言能力的直接压力。

一、移民（immigration/resettlement）

移民，指迁往国外某一地区永久定居的人，或者较大数量、有组织的人口迁移。移民国外定居的人，需要进入当地特有的文化和语言环境中。对个人的语言能力来说，许多国家要求移入者应具备当地语言的基本能力（如英语）。对此，可以说意图移民者应先具备该国要求的语言能力，才有移民成功的可能。

在国内，从一地迁居较远的另一地，也面临新居住地的方言适应问题。

一般来说，第一代移民语言能力很难达到当地人的水平，但他们的二代、三代则可形成地地道道的当地语言能力。

二、出国留学和异地求学

随着国家的改革开放，出国留学规模大大扩张。在出国留学前的语言能力准备也需求迫切，因此导致了国内语言培训行业的繁荣。某种外国语言能力形成了宝贵的资源与资格，对于留学生的留学生涯和异国生活非常重要。

国内老少边穷地区的学子，经过刻苦地努力学习，通过高考会获取到大城市的大学异地读书的机会。其中少数民族地区的学生若母语为少数民族语言的话，那么他们在国家通用语言文字能力上需要一个学得过程。另外，如同国外移民一样，这些少数民族大学生若在较大城市工作、定居后，他们的子女大多数听不懂和不会说本民族的语言了。

三、商务活动

不同语言地区的商品交易和交流，也会导致不同民族的语言或不同方言之间的接触。商品经济越发达，则这种语言接触会越频繁和越深入。在语言能力方面会有两种结果：一是"双语人"增多，二是两种语言不知不觉间互相渗入、互相影响。

四、文化交流

文化交流会导致不同民族、不同地区间的语言接触，给参与者造成新的语言环境，同时也促进不同民族、不同地区文化的发展和语言能力的丰富与提高。

文化交流的形式多种多样，可以是文学艺术交流活动、体育活动交流，更为普遍的是大众旅游的热潮，使得过去偏远、偏僻的地方也热闹起来。比较高深一些的是各种学术会议交流，这些会议虽然大多不是讨论语言问题的，但不同地区（甚至不同国家）的学者之间在语言能力上会互相影响，在会下私人友谊交谈时更是如此。

总之，人由于有了相应的语言能力，才有了相应生活环境的变迁，同时由于生活环境的变迁又促进了人新语言能力的产生。

第六节　文化设施及利用

语言是文化的重要承载形式之一，也是文化的重要组成部分之一。文化设施是文化存在的物的形式，所以文化设施，尤其是当代信息科学技术设备是构成语言能力环境因素的重要方面，不可缺少的方面。我们择其要者讨论如下。

一、文献资源

文献一般指有历史意义或研究价值的图书、期刊、典章，也是科学研究和技术研究结果的最终表现形式，是人们获取知识的重要媒介。文献如此重要，以至于产生了以文献和文献发展规律为研究对象的文献学，其中与语言密切的分支学科领域有历史文献学和古典文献学。与文献学研究范围有交叉的近邻学科还有图书馆学和情报学等。

古今中外的文献用"浩如烟海"来形容一点也不为过，是凝聚人类精神文明成果的宝藏。

（一）图书馆

是搜集、整理、收藏图书资料以供人阅览、参考的机构，有保存人类文化遗产、开发信息资源、参与社会教育等职能，是社会记忆（通常表现为书面记录信息）的外存和传递机制。早在公元前3000年就出现了图书馆（巴比伦的神庙中收藏刻在胶泥板上的各类记载）。

图书馆按举办者可分为国家图书馆、地方政府图书馆、各高等学校和科研院所图书馆，前两者是对社会公众开放的文献资源。图书馆的馆藏量和服务质量是一个国家及地方文化水平的标志之一，也是一所大学（包括科研机构）办学水平的标志之一。

图书馆对人的语言能力的影响，主要是提供了丰富的话语资源，并通过阅读活动直接转化为语言才能的心理成分。很好地利用图书馆，是发展语言能力的重要途径之一。

（二）书店与档案馆

与图书馆密切相关的是书店，在这里书刊已成为商品，为读者提供了选择购买的渠道。另外一个是从中央到地方所设立的各类档案馆，其中有些内容也对公众开放。

二、家庭书房

我国自古就有私人藏书的文化传统，"私家藏书"与官府藏书、书院藏书并列为三大藏书形式之一。"私家藏书内容极为丰富，在我国文化传承中占有举足轻重的地位，可谓华夏文明最为重要的矿脉"（百度百科，私家藏书条目）。

当代人没有古人那样规模的藏书了，但却有一个非常重要的私人藏书形式——家庭书房，应引起高度重视。

家庭书房有四方面的功能：一是备有个人专业研究所需的常用经典文献；二是子女教育的文化资源；三是与业余兴趣爱好有关的书刊；四是常用工具书，如字典、辞典、双语词典的置备等。

家庭书房是一个家庭学习、研究、写作的场所，体现了一个家庭的文化品位和文化传承。

三、网络文化资源

现代互联网技术具备多种强大的功能，网络文化资源及使用已成为当今的社会文化特征。以高性能个人计算机为终端的、以大数据和云计算为幕后支撑的互联网，是当代最重要的信息资源和工作平台。在互联网上查阅文献资料较之查阅纸质文献更为迅速便捷，在互联网上不仅有海量文献的数据库，还有不断更新的信息动态资料。先进的智能化、自动化的检索技术使人们摆脱了手工检索的繁重劳动。

互联网上的计算机技术还是进行多种文字性工作的平台，使人不限场合地写作、编辑各种文本，并可便捷地接收和发送。现在大部分人都在计算机上写作了，纸笔写作已不再是主流书面表述方式了。

掌握当代信息技术，利用网络资源和使用计算机的技能是当代人必须具备的能力。对此，有资料说联合国重新定义了21世纪文盲的标准，把文盲分为三类：第一类是不能读书识字的人，即传统意义上的文盲；第二类是不能识别现代社会符号（如地图、曲线图等常用图表）的人；第三类是不能使用计算机进行学习、交流和管理的人。使用计算机获取信息、用以交流、写作和传播是语言能力的当代拓展。

四、智能手机

智能手机可以说是具有魔性的人类发明，不少人将之比喻为人的新器官，确切地说，可以称之为"人类体外类器官"。它与现代人的生活密切结合在一起，几乎达到了不可分离的程度，也构成了人类语言能力的延伸工具。

智能手机是基于强大的无线网络，可随身携带的高性能智能化的用户终端。从硬件上说，它集电话、照相机、录音机、图书馆、字典、百科全书、地图、钱包，甚至办公室、会议室为一体，让过去那些昂贵的设备集成在一个小小的手机上，而且基本上全民普及。

从软件上说，智能手机具有电子邮件和浏览器功能，还为各种各样的软件运行和内容服务提供了广阔的舞台，让人们在手机上游戏娱乐、购物、支付、随时了解世界上发生的事情，还可以在手机上看电影、电视，发表自己的见解、主张、诉求，甚至卖货。这类应用性软件的开发，可以说层出不穷。

从语言角度看，听、说、读、写、译都被智能手机的功能包揽了。微信更是提供了人与人"面对面"交流的功能、聊天的功能、结识陌生人的功能。

当然，像任何新技术一样，智能手机的使用也具有双刃性，其对人类的负面影响主要是手机依赖症状和若干方面的成瘾性。手机依赖几乎成了大部分用户的普遍症状，有的人甚至每天无数次地打开手机看一看，似乎唯恐错过什么。

手机上网络游戏使不少青少年着迷成瘾，甚至达到沉溺状态。一些社交软件也使人深陷其中。此外，智能手机的使用也为网络诈骗活动提供了机会；微信及电子邮件的使用也增加了工作泄密的可能。

　　面对上述现象，给家庭教育、学校教育及社会教育提出了一个新课题：教导青少年正确认识网络及智能手机的性质，培养自觉、自律的使用习惯，不使其损害全面发展的主导方面。全社会都要行动起来，构建健康的网络文化，规范网络上的言行。

五、文化活动设备及利用

　　居住地的戏剧院、电影院及大众健身与娱乐的活动场所构成了语言能力环境的文化活动设施。对于青少年来说，电影院仍然比较受欢迎。对于成年人和老年人来说，大众娱乐健身活动很受欢迎，如近年来形成的公园合唱团、戏剧"票友"的自娱自乐、公共场所的广场舞、"暴走团"等都形成了一种社会文化现象。

　　相比较发达国家，我国的艺术文化活动，如交响乐、歌剧、舞剧等还比较落后，远未达到大众化程度。

六、民俗文化活动

　　民俗文化活动是我国各民族都有的传统文化活动。

　　最隆重热闹的是节庆日，除了全国性的春节、清明节、端午节、中秋节、重阳节等外，少数民族还有自己的节庆，如蒙古族的那达慕、伊斯兰教的古尔邦节、西南地区的上巳节（三月三）等。此外，婚礼、葬礼等也充满民俗文化的积淀。

　　语言与人们的工作、学习、生活密切结合在一起，是不能孤立存在的。语言能力也是在社会生活过程中，以脑为基础的内在心理因素与外在的广泛的环境因素相互作用而形成和发展起来的，并在与环境相互作用中发挥其特有的功能。

第四章　语言能力的系统结构

此前，我们讨论了语言能力的生理器官基础和外在环境因素的作用，本章将对语言能力的内部结构进行系统探讨。

第一节　语言及语言能力的起源

一、语言的产生

"语言是怎么产生的，这就是所谓'语言起源之谜'。"语言能力是人的能力，是与人类语言同时产生的，所以语言的起源也就是语言能力的起源。

关于语言的起源，在古代神话传说中就有了不少猜测，认为语言是神赐予人类的。进入现代社会后，恩格斯在《劳动在从猿到人转变过程中的作用》一文中，提出了劳动创造了语言，语言起源于劳动的观点，把关于语言起源的研究推进到了科学研究阶段。

综合已有研究成果，语言学家沈阳教授写道："现在一般都认为语言的产生必须具备三个方面的条件：首先，人类的思维能力要发展到一定水平，应该能够对客观世界的事物进行分类和概括，并具有一定的记忆和想象、判断、推理的能力，只有具备了这种心理条件，才有可能产生语言。其次，人类的喉头和口腔声道必须进化到能够发出清晰的声音，只有具备了这种生理条件，才有可能产生有声语言。最后，人类社会必须发展到一定的阶段，'已经到了彼此间有些什么非说不可的地步了'，才有必要产生语言。这三者都是语言起源的必要条件，缺一不可，而创造这三个条件最根本的推动力正是人类的劳动。"① 这阐明了语言是在人类自身进化、人类社会进化的漫长历史过程中，具有文化根本意义的发明，是人类以万年计而积累产生的智慧产物。

我们对此再予以具体的分析阐述，语言及语言能力的产生具有三方面相统一成一体的成因：

第一，人体的进化。主要是神经系统（尤其是大脑）、感觉器官系统、运动器官系统的进化，形成了语言产生的器官系统。同时，语言产生也促进了脑功能的进化。对此，国际著名语言学家王士元教授（Willian .S-Y, Wang）以达尔文的物种起源、人类迁徙与进化、语言的演化与发展为主线，提出了"语言与脑共同进化"的主题思想。②

第二，社会的进化。主要是人类群体、人类社会的形成与发展，人际间的交流与合作，文化的创造与积累为个体语言能力产生提供了外部环境条件，同时也形成了社会语言能力。

第三，人与环境的相互作用、人与人的相互作用，二者促进了语言能力的发展。为了生存、为了安全、为了繁衍而从事分工合作式劳动、生活及族群间的相互作用，使语言的产生和语言能力的形成成为必然。

二、语言能力成因的科学研究

有一组学科涉及语言能力成因的研究。

（一）认知科学（Cognitive Science）

认知科学被认为是20世纪世界科学标志性的门类，它作为研究人脑或心智工作机制的前沿性尖端学科，已经引起了全世界科学家的广泛关

---

① 沈阳.语言学常识十五讲[M].北京：北京大学出版社，2005：279.
② 江铭虎.语言的ERP脑电认知[M].北京：清华大学出版社，2019：5.

注。北京大学蔡曙山教授在为《语言的ERP脑电认知》一书中的序言中写道："语言是认知的核心，认知科学的所有分支学科都离不开语言的研究，因为人类的认知是通过语言来进行的，语言的使用者就是认知的主体。"[①]

1975年，美国学者把哲学、心理学、语言学、人类学、计算机科学和神经科学六大学科整合在一起，研究"在认知过程中信息是如何传递的"，产生了认知科学。他们在6个支撑学科内部发展了6个研究方向：心智哲学、认知心理学、认知语言学、认知人类学、人工智能和认知神经科学。6个研究方向互相交叉，又产生了11个新兴交叉学科：（1）控制论；（2）神经语言学；（3）神经心理学；（4）认知过程仿真；（5）计算语言学；（6）心理语言学；（7）心理哲学；（8）语言哲学；（9）人类语言学；（10）认知人类学；（11）脑进化。

很明显，语言、语言能力问题在认知科学中占有重要地位。

（二）认知语言学（Cognitive Linguistics）

前已述及，以认知科学为背景，产生了认知语言学。王寅教授将狭义认知语言学定义为："坚持体验哲学观，以身体经验和认知为出发点，以概念结构和意义研究为中心，着力寻求语言事实背后的认知方式，并通过认知方式和知识结构等对语言做出统一解释的、新兴的、跨领域研究。"[②]

很明显，这一学科把语言与认知、语言能力与认知能力综合起来揭示语言的认知功能，特点是把语言与认知方式和知识结构结合起来探讨。

（三）心理语言学（Psycholinguistics）

"心理语言学的研究，主要以心理科学的观点与方法，研究人类如何使用语言，从而达到人际沟通的，如何借语言了解别人的意见（或思想），如何借语言表达自己的意见（或思想）。"[③] 心理语言学既是语言学的分支

---

① 江铭虎.语言的ERP脑电认知[M].北京：清华大学出版社，2019：5.

② 王寅.认知语言学[M].上海：上海外语教育出版社，2007：11.

③ 张春兴.现代心理学[M].上海：上海人民出版社，1994：307.

学科，也是心理学的分支学科。心理语言学主要研究语言理解（Language comprehension）与语言表述（Language production）。

（四）社会语言学与语言社会学

一般认为社会语言学（sociolinguistics）是运用语言学和社会学等学科的理论和方法，从不同的社会科学的角度去研究语言的社会本质和差异的一门学科。我国学者认为社会语言学是语言科学的一个分支，是语言学的有机组成部分，特别强调语言的社会属性，关注语言结构与语言使用和社会之间的相互影响与建构关系。其研究对象包括但不限于以下问题：语言变异、语言变体、语言接触、语言态度、语码转换、语言规划、语言政策、多语现象及语言生活等。

而语言社会学（Linguistic Sociology）则被认为是研究影响语言、文字发展规律的社会因素，以及语言、文字社会功能的一门社会学分支学科，主要研究语言、文字发展规律的社会因素及社会功能。

上述两门分支学科研究领域密切相关，有学者认为社会语言学研究语言以及语言如何根据使用者的社会背景（如性别、种族和社会经济阶层）而变化。而语言社会学研究社会及其对语言的影响。

简化起来看，语言的社会性质不容置疑，社会是语言存在的根本背景。反之，社会离开语言也不能正常运行。我们的态度是辩证地分析社会与语言的相互关系和相互作用。

（五）语言人类学（Anthropological Linguistics）

语言人类学也被称为人类语言学，是综合运用语言学和文化人类学的理论和方法，研究语言结构、语言变化和社会文化的语言学分支。也有学者认为语言人类学是人类学的重要组成部分之一。

我国学者的研究认为："语言是文化的深层透镜及民族的第二表情"，"语言透射民族文化及民族性格"；"人名、地名各反映着人类学民族学的信息"，"语法反映了民族的认知成果及民族思维的个性特点"等，是语言人类学在民族与语言关系上的具体研究。①

上述学科（还有未列入的）都涉及人类语言能力的研究和探索。但语言能力研究又有独自的领域性，既与众多直接相关的和间接相关的学科研究有密切关系，又不是某一具体学科所能单独容纳的。下面我们分四个层面剖析语言能力的结构。

第二节　语言能力的生理心理结构

根据马克思主义哲学中物质第一性、精神第二性的原理，我们首先概括、归纳关于实现语言能力的生物学基础，阐明人类言语功能的生理心理结构。

因为在第二章中，已经比较概括系统地阐明了语言能力所赖以存在的生理器官系统，尤其脑的语言功能。所以在这一节中，我们仅强调这一器官系统从生理信号向心理信息转换的物质性和源初性，不再赘述具体的器官构造与功能。

在生理心理学中，一般以言语在个体身上产生的过程或言语产生的顺序来说明言语活动的解剖学基础和生理过程。这个过程可分为三个阶段：言语感受阶段，脑中言语阶段，言语表达阶段。可把语言能力的生理心理结构图示如下：

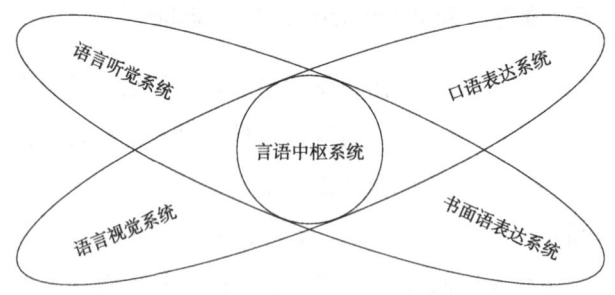

图4-1　语言能力生理心理结构模式图

---

① 赵杰，田晓黎.语言人类学[M].北京：民族出版社，2015：35，103.

在这个结构中实现着物理信号向生理信号的转换，生理信号向心理信息的转换。然后是心理信息向生理信号的转换，生理信号向肌肉动作转换，肌肉动作再产生语言的物理信号（见示意图4-2）。

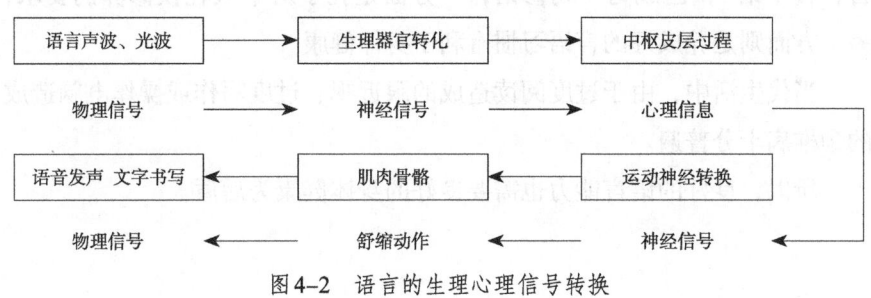

图4-2　语言的生理心理信号转换

现代科学研究使物理信号向神经信号的转换、心理信息向神经信号的转换、神经信号向肌肉动作转换，直至语音发出和文字书写，都基本达到了白箱程度，而神经信号转换为心理信息、心理信息的加工处理过程则基本是黑箱和灰箱状态。

语言的器官系统也遵循着生理学的规律形成言语活动。

人的神经系统有两方面的功能：第一是维持人体的生命状态，使人存活；第二是支撑人的心理活动，使人具有心理功能和精神生活，言语是这一功能不可缺少的一个方面。这两种功能合为一体，并互相转换。

支撑言语能力的器官系统也是耗能的。因为大脑是人体消耗能量较多的器官：据估算，在人体静止时，占体重2%左右的大脑能量消耗占全身的20%～25%。那么，在说话和写作时，则需消耗更多的能量，因为发音器官和运动器官也要耗能。

让人着迷的是，仅占人体2%左右的大脑为什么会有如此强大的多种功能。但试着想象一下：保守的估计，人脑中有140亿个神经元，若将每个神经元看作一个人，那么在头脑中有140亿个人在为你打工，那是一种何等壮观的场面！

当然，许多复杂至极的事物，往往在机理上是十分简单的。根据巴甫洛夫的学说，大脑神经元的工作机制只有两种形式：兴奋和抑制，类似于计算机中数据的0和1状态。神经元的其他活动机制，如神经元间联接的结构以及与信息活动相关的大分子蛋白质的合成等，也取得了丰硕成果。

古人也注意到了语言活动的生理机制问题，如《论语》中那句"食不言，寝不语"，已成为一句谚语，一方面是孔子对个人礼仪修养的要求，另一方面则是养成好的言语习惯有利于身体健康。

当代生活中，由于过度阅读造成的眼近视、过度写作或操作电脑造成的颈椎病十分普遍。

所以，良好的语言能力也需要良好的身体健康为后盾。

第三节　语言能力的智能结构

从语言能力的生理心理层面到表现于外的语言才能，至少还有三个结构层次，才能实现。在心理层面上的智能结构是语言能力的深层次核心因素，是语言能力从生理心理向心理行为过渡的重要环节。

一、能力的G—S理论学说

能力是一个特别诱人的词语，人们习惯于把实践活动的成功归因于人所具有的能力上，就像我们把成功地进行言语活动的身心内在条件称之为语言能力一样。

在心理学领域，众多学者对能力尤其是能力的内在结构因素进行了深入的探讨。其中英国心理学斯皮尔曼（C.E.Spearman）在20世纪初提出的能力二因素论对我们进行语言能力研究具有启发意义。

斯皮尔曼的能力二因素论也称之为智力的二因素论。他用数学方法分析了诸多与智力相关的测验结果，发现不同测验结果间存在一个共同因素，他称之为一般因素（General factors）简称为G因素；但同时也发现不同测验之间并不完全相关，各有各的互相区别的因素，他称之为特殊因素（Special Factor）简称S因素。完成任何特定的智力作业都需要这两种因素的参与。

　　斯皮尔曼的二因素论发展成了心理学中关于能力分类的一般能力和特殊能力分类的共识：一般能力指在不同种类的活动中表现出来的共同基本能力，常被称之为智力（Intelligence）；特殊能力是指从事某种专门活动所必需的多种能力结合形成的能力，其构成除一般能力外，还需要有从事特定活动所必需的专门基本能力，如音乐能力、舞蹈能力、飞行驾驶能力等，种类不计其数，与人类实践活动的领域相对应。

　　G因素与S因素的关系可图示如下：

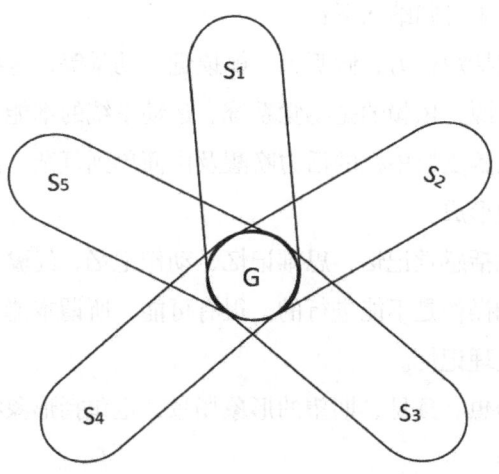

图4-3　一般能力与特殊能力关系示意图

　　很明显，人类的语言能力是一种以最一般能力为根基的特殊能力或具体化能力，这也决定了语言能力具有的智能性和表现于外的智慧性。

二、对G因素的深入分析

　　斯皮尔曼并没有满足对测验分数进行因素分析的表面结果，他认为智力的量化结果即智商（IQ），包括G因素和S因素两个方面。

他认为G因素是一种心理的能量，后来又把坚持性、摆动力、意志力也列入G因素内。"坚持性是指个人供应心理能量的惯性，摆动力是能量不时波动可达的范围，意志力是承受智力测验中起作用的动力。""S因素主要包括口语能力、数算能力、机械能力、注意力、想象能力。"[①]

我们认为，斯皮尔曼关于G因素的学说还不够简明扼要，不够深入全面，因此需要对G因素进行更深入具体的分析。

（一）G因素的最基本因素

"心理能量"一语是个内涵不清楚的概念。G因素并不是神秘难以窥测其内部的能力，它是由人全脑功能支撑的若干简单能力所构成，综合已有心理学研究成果可归纳如下：

知觉力：包括观察力、倾听力、触摸觉、动觉等，这些能力在幼儿期以本能唤醒为来源，依赖的是感觉系统、运动系统的本能遗传。

思维力：大脑皮层中枢的活力唤醒及由简单到复杂、由低级到高级的信息处理能力的形成。

记忆力：包括感觉记忆、思维记忆、动作记忆、经验记忆等。没有记忆力，人的智能操作是不能进行的。很有可能，所谓本能，就是进化过程中留存下来的生理记忆。

想象力：预想、预见、期望的形象场景，也包括形象符号的使用，本能图式的使用等。

意志力：意图发起、坚持、持续等，是生理和心理能动性的反映。

活动力：外部活动的产生、控制，与环境事物的直接相互作用。

情感力：情绪的波动、积极或消极的作用、情绪控制等。

创造力：指个体过去从未有过的新认知、新技能的产生，以及活动结果的首次性、开拓性。类似于乔姆斯基生成性语法理论的生成性。

---

① 陈中永.现代心理学[M].北京：中央民族大学出版社，2011：421.

（二）G因素的意识水平

我们可以把最基本的G因素诸要素视为生理器官功能向心理功能转换的结果（如视知觉力是由视觉器官系统的感觉功能转换而来）。这一转换过程，大多不为人所察觉，这就使G因素有了不同的意识水平，可以分为四个层面：

意识水平：个人能自我觉知到的心理活动，如情绪体验、认知内容（外部客观事物）等。

前意识水平：因为人的注意中心区域有限（六七个单元），所以许多需意识的项目在中心附近，处于前意识状态。

潜意识水平：潜意识概念为著名精神病医生、心理学家、心理分析学派创始人弗洛伊德所提出，可参阅其著作。

无意识水平：支持我们意识水平心理活动的生理机制大多是无意识的，对意识来说处于黑箱状态，如说"好!"时，谁能意识到脑中冲动是怎样传出的?

这种意识多水平状态常使多个门类学科的学者们迷惑不解，甚至对自己的意识活动也迷惑不解，语言研究也是如此。

（三）G因素的运行机制

世界上许多表观上复杂的事物及其运行机制，并没有人们感觉的那样奥秘不测，其结构和功能的实现，往往都是很简单的机理，G因素及S因素本身，及由此演发出的语言能力也是如此。我们从两个方面予以揭示：符号机制和离散组合方式。

1.符号机制

符号（symbol/sign/mark），自古就被人类所运用。"人类的一切思想和经验都离不开符号的活动"（美国哲学家皮尔士）；"语言仅仅是人类用来表达思想的符号系统之一"（瑞士语言学家索绪尔）；"类似'名实'之争和'言意'之辨的符号学主题贯穿整个中国思想史"[①]。以至于符号学

[①] 丁尔苏.符号学与跨文化研究[M].上海：复旦大学出版社，2011：9.

（semiotics）成为一门"既古老又年轻的学问"。

符号是人类进化和社会发展过程中自然产生的，是适应生存环境和实现人际交流的智慧性产物，是一种信息的转换形式。一般来说，符号都是用可感知的（视觉、听觉等）物质象征物，指称和代表其他事物的载体，是包含对某事物意义认知结果的标志物，用来思维、交际和形成文献。

在G因素的讨论中，符号是客观刺激转变为生理信号，生理信号又转变为心理信息的工具，是心理信息加工后产物的承载体。例如，"哲学"一词，无论是音和字都是十分简便的物质特性，但其意义（人们对世界总的看法）却十分广博。用这种便捷的符号物质进行思想，就大大减轻了大脑的心理工作负担，使抽象、概括的概念使用成为现实，语言与思维关系的奥妙也许就在这里。

当代符号学的研究范围泛化到了动物界甚至植物界的符号机制，对此我们不予置评，但说明符号机制是生物生存的重要机制之一。

2.离散组合方式

离散组合系统（Discrete combinatorial system）是某些客观事物以有限的元素生成数量无穷、特性无限的组合方式。或者说由一组数量有限的离散元素通过抽样、组合和排列创造出N个更大系统结构的过程。属于系统论、控制论、信息论关注的问题。一般认为两大开放式复杂结构——生命和心智都是基于离散组合系统的。

语言学家史蒂芬·平克写道："语法是一个典型的'离散组合系统'，即一组数量有限的离散元素（这里指的是单词）通过抽样、组合和排列，创造出一个更大的结构（这里指的是句子），而这个结构在特性上与它的构成元素完全不同。""在像语言这样的离散组合系统中，有限的元素可以生成数量无穷、特性无限的组合方式。""自然界中另一个重要的离散组合系统是DNA的遗传密码。在DNA中，4种核苷酸组合成为64种密码子（codons），而这64种密码子则可以串联成无限数量的不同基因。"① 这就解释了语句数量"浩瀚无穷"现象。

---

① [美]史蒂芬·平克.语言本能[M].欧阳明亮，译.杭州：浙江人民出版社，2015：78.

G因素就是最基本的心智机能，其运行机制也具有离散组合方式。一是按巴甫洛夫学说，神经元的兴奋和抑制两种状态，通过神经元巨系统（尤其是大脑皮层中枢）形成或简单或复杂的一切心智活动的基本机制；二是通过离散组合性质的"心理语法"产生无比丰富的思想情感语句表达方式，甚至构造出绚烂多彩的语篇。

三、S因素的特化历程

特化，是指具体化、特定化、特殊化，归结到个性化。

我们生存的世界是特化的：只有一个太阳、一个月亮、一个地球，人指张三、李四、王五，"我"是世界上独一无二的那个人 …… 概括和抽象存在于人的认知活动中，存在于这"学"那"学"的理论知识体系中。凡是"句子"都是特化的话语，抽象的语言存在于学术术语中和词典中。能力也是这样，描述人最一般能力的智商，尤其是其中的G因素，本质上也是一个抽象的概念，必须经过特化才能成为人们有用的具体能力。

（一）突破GS二因素论的认识

斯皮尔曼的智力结构二因素论，是从智力测验项目的数学分析得出的结论，主要指智力测验分数由G因素和S因素构成的，S因素主要有口语能力、数算能力、机械能力、注意力、想象能力等。至于后来心理学中把能力分类为一般能力和特殊能力，则是在二因素论上的演绎。

我们则需把二因素中的G因素和S因素合为一体，而其中的S因素需不断继续具体化，形成各种具体能力，用于人们的生活，此处的S标识为So。

（二）So的连续特化

具体能力的形成是从最一般能力（智力，或称心智能力）经过连续的特化阶段形成的。在这个过程中，G因素也得到不断的提高，这一个过程可见图4-4：

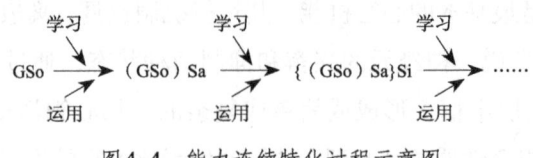

图4-4 能力连续特化过程示意图

从一般能力（最一般能力可视为本能）特化到具体能力（各种才能）的关键因素是学习，包括学会和练习两方面，学习的内容则是抽象程度不同的知识（包括前人、他人经验，社会文化传承等）和各种技能（心智技能和动作技能、操作技能）。关于语言学习和语言学习能力我们将在下一章专门讨论。

连续特化的第二个关键因素是运用能力解决具体问题的活动。一般来说，任何能力发展都需在相应的活动中实现，形象地可比喻为"在战争中学习战争"。如婴幼儿是在与父母的相互交往中学会叫"爸爸""妈妈"的，因为他（她）需要父母的各种帮助，是在言语交际中习得语言的。

高度特化的能力需要专门的知识和技能。例如，飞行员的飞机驾驶能力，需要关于飞机、关于航行、关于气候等相当专门的知识，然后是各种应变性驾驶技能（起飞、降落），并经过多次真实的天上飞行训练（以飞行小时计），才能形成。培养一个优秀的飞行员需花费巨大的投资，所以选择成功概率高的人才很重要。相比较而言，语言能力的形成倒是没有这么复杂，但高端语言人才的培养也不是一件容易的事。

（三）能力特化机制的解释

美国心理学家卡特尔（R.B.Cattell）把人类的智力分为两种不同的形态：液态智力（Fluid Intelligence，也被译为流体智力/流动智力）与晶体智力（Crystallized Intelligence，也被译为固体智力，固定智力）。"流动智力是一种以生理为基础的认知能力，凡是新奇事物的快速辨识、记忆、理解等能力，均属流动智力"，"固定智力则是以学得的经验为基础的认知能力。凡是运用既有知识与学得技能去吸收新知识或解决问题的能力，均属固定智力。"①

我们可以看到，卡特尔的液态智力与斯皮尔曼的G因素基本一致，而晶体智力（大部分属于从学校中学到的那种能力。它代表了过去对液态智力应用的结果以及学校教育的数量和深度）则与S因素性质相同。

卡特尔的研究发现，人的液态智力一般在20岁左右发展达到顶峰，30岁以后随年龄的增长而降低，60岁以后就很低了；而晶体智力不仅能够继续保持，而且还会有所增长，衰退也缓慢，可能到60岁才逐渐衰退。②

语言能力来源于一般心智能力（G因素或液态智力）的特化，属于具体能力（会说话，会说某国话），而且在以后的讨论中我们会看到语言能力在不同的社会生活领域还要继续特化（换句话说，语言能力本身也存在一般状态和逐步特化状态）。

至此，语言能力从生理心理水平转换升级到心理智能水平了，对以后语言能力的更高级结构来说，这个层次基本是黑箱或灰箱状态。

第四节　语言能力的心理行为结构

至此，我们终于从语言能力玄妙的黑箱和灰箱状态走了出来，到了日常所见的言语外部活动层面，也是众人熟悉的日常言语活动现象。

一、言语行为

行为（behavior）一词在心理学中专有其定义，一般指可观测的外部活动。在黑箱理论中，指某种输入后的输出。在行为主义心理学中，指刺

---

① 张春兴.现代心理学[M].上海：上海人民出版社，1994：306-307，432.

② [美].Raymond B.Cattell：Abilities — their structure, growth, and action.by Houghton Mifflin Company.1971, P163.

激引起的反应。言语行为，是指表现于外的言语活动方式、形态、特点。

（一）传统的言语行为分类

在心理学和教育学中，认为听、说、读、写是言语行为的基本形式或种类。其中说和写是言语的表达或话语产生过程，而听和读是对话语的感知和理解过程。在表达上，说是口头言语，写是书面言语，二者合称为外部言语，而听、说、读、写都必然存在的脑内部言语活动，则称之为内部言语（史蒂芬·平克称之为"心语"）。

1.口头言语

简称口语，是利用语言进行交流话语的过程。包括两人以上相互听和说交替的过程，称之为对话形态，或对话言语；而对多人宣讲某一主题的言语活动，称之为独白言语，如演讲、报告、讲课等。人们的日常生活多以口头言语为主，常以表情相伴。

2.书面言语

书面言语是人际间的一种间接交流形式，写作形成的文本并不一定马上传达到阅读者。书面言语有简易常用的如便签、通知、日记、记录等，复杂的如著述、论文、报告等，则需较长时间的工作，并经过反复多次的修改与完善。

3.内部言语与内部话语

内部言语是不为他人感知的思维活动言语，它有两个特点：

一是非常简略、压缩的形式，几乎没有完整、展开的句子形式。由于在言者头脑中有思维、思想场的存在，并形成了片段的词或短语与完整的句子保持特定的联系，所以用一个词或短语就可以代替一句话，甚至一段话。二是人在内部言语时存在隐蔽性的发音器官活动，发音器官肌肉组织的隐蔽活动虽未出声，但却向大脑皮层有关中枢发送着动觉刺激，有研究证明，这种动觉刺激是维持人的思维所不可缺少的。

内部话语则是自己与自己的对话，或是没有声音的说话，如自言自语，演员默诵台词等，与内部言语不同的是，内部话语几乎是完整的口头言语。有研究者认为内部话语可能是内部言语与外部言语之间的过渡形态。

4. 语言互译

不同语种之间、不同方言之间、古语与今语之间的语言互译应该是一种很重要的语言行为，也可能是A理解B的话语时的内部信息加工机制。关于语言互译能力，我们将有专章讨论。

（二）言语行为的现实形态

无论语言学、心理学、教育学、还是民族学，所讨论的语言行为都是概括化、抽象化、形式化（尤其是语言学）的，这是学科研究的需要。但我们也要同时注意到现实生活中言语行为的具体化、特殊化和内容化，注意到言语行为的鲜活状态。一切理论都要深深扎根于现实之中才有生命力。

例如，现实生活中有积极的言语行为形态：长辈与老师对晚辈与学生的谆谆教诲、亲人朋友的暖心安慰、令人奋发向上的演讲等。同时，也存在消极负面的言语行为：讽刺挖苦、诟骂谩骂、吼叫等。当然更多的是中性的对话、讲述等。这些现象与语言内容、人们所处的社会角色、具体事件的利益冲突、共同行动的目标等都有关系，虽然比较复杂，但却是言语行为的真实存在状态。

二、语言能力的心理行为结构

在语言教学中，通常把外在的语言能力分为听、说、读、写四种基本能力，在教学要求上要求学生达到"四会"。近年来，不同语种间的互译能力也日益受到重视。这在教学上是比较方便明白的，但存在的问题是大多数研究者和教育工作者没有把内在的、深层的、根本性的心智机能列入语言能力结构之中。我们上一节已经对语言能力的智能结构进行了比较详细的讨论，其中内在的、根本性的心智能力是"思维/思想"能力。

由此，在心理行为层面上，可以把人类语言能力分为6种基本能力：

1.聆听能力

2.口语表达能力

3.阅读能力（包括诵读和背诵）

4.书面表达能力，或称写作能力

5.互译能力

6.思维/思想能力

上述6种基本语言行为能力，并不是彼此独立的存在，而是既具有相对独立性又密切结合在一起的整体，其结构关系可以见图4-5：

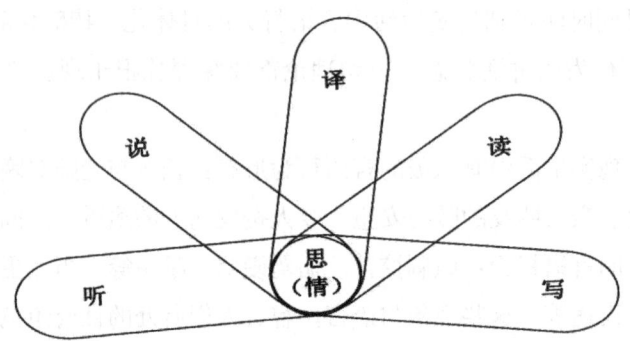

图4-5 语言能力的心理行为结构示意图

三、思维/思想的核心作用

思维是以感知为基础，又超越感知对事物概括和间接的反映过程，思想是客观存在反映在人的意识中经过思维活动而产生的结果或形成的观点及观念体系。

（一）思维是什么？

恩格斯曾经赞誉思维是"地球上的最美丽的花朵"。"思维在人类的全部智能结构中处于中心地位，它是信息、知识、经验的采集、存贮、加工制作的过程，决定着人的一切言论和行动"。①

英语思维（thinking）一词源于拉丁语tongere。"据《美国哲学百科全书》思维条目的记载：思维作为本质的人类活动，以两种形式表现出来，第一，人们通过思维可以在实然、必然、或然三种水平上获得对事物的认识。第二，人们通过思维以决定做或不做某事情"。②在亚里士多德看来，前一种思维体现了人类的理论理性，后一种思维体现了人类的实践理性。虽然上述观念比较古老，但比较深刻全面。认知科学的蓬勃兴起，是时代的进步，但是似乎局限于"理论理性"之中，缺乏对"实践理性"的关注。

我国学者用信息论的术语给思维下的定义是："思维是人脑接受、加工、存储和输出信息以指导人的行为的整个活动和过程。"③思维能力包括接受信息的能力、加工信息的能力、存储信息的能力、输出信息以指导行为的能力。这与我们第二章讨论的内容和本章语言能力的智能结构的讨论基本一致。

（二）思维能力的标志

陈新夏、郑维川、张保生等学者认为，衡量思维能力发展程度有10个基本标志④：

（1）思维的广度：知识域较广，思考问题全面，多角度考虑问题。

（2）思维的深度：能透过现象抓住问题的本质、规律、因果关系。

（3）思维的灵活度：思维灵活而活跃，加工信息方式灵活，运用概念灵活。

（4）思维的敏捷度：思维准确且迅速，而又不马虎草率。

（5）思维的逻辑严密程度：概念明晰、论证合乎逻辑规则、陈述清楚。

（6）思维的创造性程度：提出新颖观点、见解、构想。

（7）思维的独立性程度：不盲从、不迷信、不轻易受暗示及他人影响。

① 张思宏.思维与思维方式[M].哈尔滨：黑龙江科学技术出版社，1987：1.

② 张思宏.思维与思维方式[M].哈尔滨：黑龙江科学技术出版社，1987：2.

③ 陈新夏，郑维川，张保生.思维学引论[M].长沙：湖南人民出版社，1988：28.

④ 陈新夏，郑维川，张保生.思维学引论[M].长沙：湖南人民出版社，1988：31–35.

（8）思维的批判性程度：从正反两方面考虑问题，冷静评判。

（9）想象力丰富程度：创造性的形象思维，内容充实，形式多样。

（10）灵感可诱发程度：易诱发灵感、顿悟，从偶然中获得启发。

我们可以发现，语言能力的水平在相当程度上取决于人的思维/思想水平。上述十个衡量思维能力的指标基本上都可用于衡量语言与言语的水平，以及用于分析话语的质量和水平。这对于提高语言能力的教育和训练是很有启示意义的。

（三）思维/思想是语言能力心理行为结构的核心

听、说、读、写、译无不以思维和思想为内容之源、方式方法的灵魂、智慧性的内涵。言语的特色反映着思维的特色，话语的质量取决于思想的质量。

四、重要的相关心理行为因素：情绪/情感

语言行为的现实形态多姿多彩，造成言语和话语鲜活状态的一个重要因素，就是人类的情绪和情感。

（一）情绪/情感的特性

情绪和情感是人的本质属性之一，简言之，都是"人对客观事物的态度的体验"。学者普遍认为，二者区别在于情绪为人和动物都具有，而情感则为人所独有，二者又相互依存、不可分割，故笔者以"情绪/情感"表示之，类似于"思维/思想"。情绪的非理性强一些，情感的理性更强一些。

在普通心理学中，一般把人的心理过程概括为"知、情、意"（称之为三分法，但有学者认为情属于意的范畴，提出两分法，但未能形成普遍共识）三个过程。知即认知，对此不少学科研究者趋之若鹜，"认知科学"的产生即为一例。但对心理机能的"情、意"两方面有所冷淡和忽略，这不符合心理机能系统完整性的客观事实。

人人都有情绪/情感生活，并且时时都有，延续人的一生，并影响人的认知、深刻地影响言语行为。情绪/情感的现实状态更为复杂、丰富、鲜活多变，由此导致了人类的语言、言语、话语现实状态的丰富多彩。

人工智能（Artificial Intelligence，AI）是当代显学与技术，许多功能模拟已远超人类原有能力，但在情绪/情感模拟上进展艰难，甚至无法模拟。我们可以大胆地假设说，人类的语言能力的深层因素一大半是认知，一少半是情绪/情感。思维/思想是语言能力的核心，语言知识和技能是语言能力的躯体，那么情绪/情感就是语言能力的活力和基础性的能量。

（二）情绪/情感与语言心理行为的关系

归纳起来看，情绪/情感一方面是语言能力的深层因素之一，另一方面语言心理行为也反映着人的情绪与情感。

（1）情绪与情感渲染着人的言语和话语，使言语和话语带有或浓或淡的情绪色彩。这种情绪渲染使语言多姿多彩（负面的情绪渲染也使人的话语"丑态百出"），使话语具有了鲜活性。

（2）情绪/情感对语言心理行为具有动力性。在语言能力器官系统一章中，我们曾论及四个"场"，其中一个是潜意识动力场。在这个场中，情绪/情感对人的一切活动都有一定的动力作用，语言行为也不例外。古今中外多少文学经典之作，许多都是描写人间爱情的，许多作者也是在某种情感推动下写作的。

（3）言语表达着情感，情绪可以发泄，情感则需要语言的表达。这在古代诗歌创作中体现得尤为明显。

（4）话语调节着情绪与情感。一则典故是林则徐控制情绪的故事：林则徐书房墙上挂着一幅字，上书"制怒"二字，被贬官搬家时别的不要但这幅也要带上。史载，林则徐从小聪慧过人，但脾气也大于常人。其父林宾日写下"制怒"二字悬其书房之上，并为其取名"则徐"，予以教导。为官之后，林则徐亲自书写"制怒"二字挂在后堂，作为座右铭，用以时时警策自己控制情绪。我们生活中也有一句谚语"良言一句三冬暖，恶语伤人六月寒"，何其形象！

第五节　语言能力的社会文化知识结构

这是人类语言能力结构的最高层面，也是最外观层面。

在应用语言学中，"社会文化观视语言为人类的社会文化资源，个人和集团都运用语言共同构建社会文化"①。语言具有社会性、历史性、文化性，是一种社会存在。从文化性上说，语言既是社会文化的组成部分之一，它本身就是文化，又是其他文化的符号工具、载体，尤其是精神文化的外在物质形式。由此，人的语言能力既要以一定的文化知识结构为内涵，又以社会性的才能为外部表现。对个体人来说，语言能力是以一定内在条件对社会文化知识的"心理内化""能力化"。

我们从语种结构、语言知识结构、文化领域结构三方面予以阐述。

一、语言能力的语种结构

世界上的语言约有数千种，分为十几个语系，几十个语族。我国有56个民族，80种以上的语言。各个国家都是由民族构成的，大多有自己独特的语言系统。每个生活着的个人都有自己的民族身份，都以某一种民族的语言为母语或第一语言。这就必然使人的语言能力具有了语种结构。

一般把语种结构分为三种类型：

单语类型：以一种民族语言为母语或第一语言，并以此工作和生活。具有这种类型语言能力的人占了人口总数的多数。这种类型一般以本民族语言为主，但由于社会原因（如移民），使相当一部分人（主要是移民后裔）的第一语言不是本民族语言了，而形成了出生地、生活地的某民族语言能力了。

双语类型：具有两种语言能力的类型。有的是在第一语言基础上学习获得第二种语言的能力；有的是在幼年双语社会环境中，自然习得了两种

---

① 姬建国，蒋楠.应用语言学[M].北京：中国人民大学出版社，2007：256.

语言能力。由于国际交流和族际交流的推动，双语者（尤其是受正规学校教育者）越来越多。如我国55个少数民族的学生中，有相当一部分学生既掌握本民族语言，又掌握了国家通用语言文字。另外一部分则从小就使用汉语（如满族学生，以及城市出生的学生），反倒是不会本民族语言了。

在我国学校教育中，中学生和大学生都要学习一门外国语（英语占大多数），虽然学习水平不一，但从语言能力上说，也具有双语类型特征了。

多语类型：具有三种及三种以上的语种能力的类型。多语能力均达较高水平者是寥寥无几的优秀语言人才。三语或多语者的不同语言能力之间大多是参差不齐的。

在语种结构的讨论中，我们还需关注方言问题。方言是某一民族语言内部由于使用群体的不同、地域的不同而产生的语言分化现象，分为社会方言和地域方言。有些地域方言之间的差异不次于语种之间的差异。这就使语言能力具有了各种各样的方言类型。"国家通用语言文字"的推行，使不同方言群体间有了"通用语"和"共同语"，但方言的使用还将长期存在。

虽然外观表现上，不同语种能力是很不相同的语言系统，但不论语种能力的多少，它们在人头脑内的深层次语言能力结构上却是共同的，见示意图4-6：

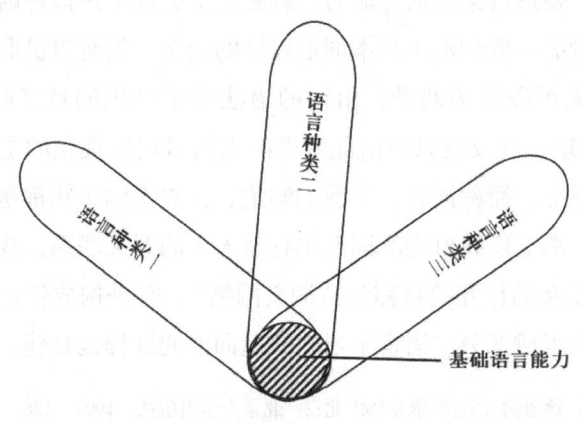

图4-6 语种能力关系示意图

二、语言能力的语言知识结构

语言虽然是人人所用、日日所见的社会文化，但却是非常复杂充满科学之谜的现象。所以关于语言的研究已经形成了很大的一个学科群。这一学科群产生了宏量知识，构成了"理论语言知识"体系，都或多或少与人的语言能力有直接关系。

但显而易见，大多数人或一代又一代的学生们是不可能、也没有必要学习或掌握这宏量的语言学知识的。他们只要从能力形成和发展上学习和掌握基础知识即可。我们把这些知识称作语言能力的"语言知识结构"，该结构是某一种自然语言知识的能力化，或者说是能力的知识化。

该结构包括三个方面：词汇及词义网络、语法系统、篇章理解与构造。

（一）词汇与词义网络

"词是语言中能够独立运用的最小符号，用它可以对现实现象进行分类定名"，"一种语言中所有的词和成语等固定用语的总汇就是该语言的词汇。一种语言只有一个词汇，但包含的词可以多到几十万个。"[①] 万幸的是庞大的词汇都有一个核心，这个核心就是"基本词汇"，基本词汇的特点是历史悠久、全民族通用常用、词义相对稳固、有很强的构词能力的词汇。很明显，要形成某种语言能力，就必须学会和掌握该种语言的基本词汇和相当数量的一般词汇（基本词汇以外的词），没有投机取巧的余地。

词的意义可以分为两类：由词的语法关系产生的意义叫语法意义；"人们对现实现象的反映以及由此带来的人们对现实现象的主观评价，叫作词的词汇意义，简称词义。"[②] 我们知道，世界上的事物都是互相联系和相互作用的。那么反映事物的词汇也有着内在的意义联系，我们把这种词汇内部词义复杂的相互关系称为"词义网络"，它是构成任何一种语言能力必不可少的组成部分。语言学习中掌握词汇的过程也是建立词义网络的

---

① 叶蜚声，徐通锵.语言学纲要[M].北京：北京大学出版社，1997：126.

② 叶蜚声，徐通锵.语言学纲要[M].北京：北京大学出版社，1997：128.

过程。

词义的重要特点是概括性，概括程度的高低表现为词汇中的概念的上下位关系和相互的包含关系。概括反映一类现实现象的词是单义词，概括反映相互有联系的几类现实现象的词是多义词，大多数词都具有多义性，这在我们查阅汉语词典或英语词典时常常遇到。在词义学研究中还发现同义词、反义词之间的关系，以及词的理性意义与非理性（态度色彩、感情色彩、褒贬色彩）意义并存等关系。这些都构成了词义网络的复杂特征。

（二）语法系统的内化

语言学有两个分支：形态学与句法学。形态学研究词素的不同形式及构词时的组合方式，句法学则研究词的排列，构成句子。"形态学和句法学并非泾渭分明，有人干脆将二者合在一起，叫语法学。"① 简单地说，语法尤其是句法就是某种语言在社会文化中历史形成的、用词造句的规则。这是语言能力必需的语言文化成分。

乔姆斯基（Noam Chomsky）提出了生成语法学说（generation grammar），认为生成语法是一套用来给句子进行结构描写的、定义明确、严格的规则系统。"任何一种语言的说话者都掌握并且内化了一种有生成能力的语法，这套语法能够表达他的语言知识。"② 乔姆斯基将之称为"个别语法"。依靠生成语法，一个说话者可以造出无数句子来。实质上，这种句子生成能力是人类心智创造性在言语中的表现。

这种创造性的外在表现就是"造句"。造句能力是语言能力的基础能力。人的母语语法是儿童时期自然而然习得的，但在学习第二语言，尤其是在学校教育的语文学习中，语法则是需要掌握的知识，并将这一知识内化为心理能力。

---

① Stuart . C .Poole.An Introduction Linguistics[M].刘润清，导读.北京：外语教学与研究出版社，2000：23.

② 封宗信.现代语言学流派概论[M]，北京：北京大学出版社，2006：140.

（三）篇章理解与构造

篇章又称语篇（discoure），是以句子为基本单位，以段落为过渡而形成的关于某一主题的完整陈述。有语言学者认为："想象世界上没有语篇（discoure）就等于想象世界上没有语言，而这样做就是想象一个无法想象的世界。"[①] 在人类世界上没有一种纯粹孤立存在的语言，存在于世的只有语篇，我们就生活在话语或文字组成的篇章中。

篇章有两种形式：一种是两人及两人以上进行对话交流而形成的全对话过程的语篇；另一种是一个人就某一主题而做的演讲，或以文字形式写出的论文、报告、著作。我们在通俗意义上常把后者，尤其是后者的文本作为篇章的具体形式，其产生过程俗语常称之为作文、写作、著述。优秀的篇章常被称为某种语言的文化经典。

在语言能力中，一方面是对已有篇章的理解能力，另一方面则是以作者角色以纲要形式构思、谋划篇章，并以遣词造句、修辞、语气等方法予以实现的创作能力。

（四）三类知识及能力关系

归纳总结上述讨论，我们可以把语言能力的语言知识、结构及相应能力图示如下：

词汇词义网络 ——— 语法系统 ——— 篇章理解与构造

（遣词能力） 　　　（造句能力）　　　（篇章能力）

图4-7　语言能力的语言知识结构

三、语言能力的社会文化领域结构

由于社会分工的细化和科学（自然科学和人文社会科学）与技术的分化，造成了人类文化领域的细化。按照普及程度和涉及的人数，可以把文

---

① 姬建国，蒋楠.应用语言学[M].北京：中国人民大学出版社，2007：419.

化分为大众文化和小众文化。大众文化是一个地域、一个民族共同体共同生活的通俗文化；小众文化则是一部分人偏有的文化。

相应的某种语言也随着文化的分域而发生分化：对应大众文化的是通俗语言，或称之为普通语言；对应小众文化的则是专业语言。专业语言又分为学科语言和职业语言，通俗语言也可按不同特征群体再加以细分。

具备相应文化领域的语言能力，是生活于这种文化中的基本条件，或者说人类语言能力必须具有社会文化领域结构。上述关系可概括如下：

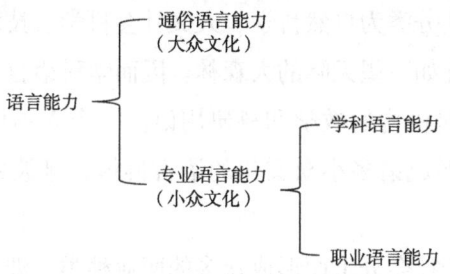

在语言学中，把这种现象称之为"语言分化"，把通俗语言称为"全民语言"，把专业语言视为全民语言的分支或变体之一，称之为"社会方言"①。但我们认为，这种分类方法还没有充分注意到文化的重要性，而按文化的分化来考察同一种语言的分化，更契合现实生活的实际。

通俗语言、普通语言、全民语言是指大家都使用的语言，承载的是大众文化，是专业语言的基础、母体，这是毫无疑义的。

专业语言从学科知识上分化为不同学科语言，"每门学科都有自己的独特语言"，学科语言是学科内容的"外壳"，它与学科有同样长的历史。"学科语言是一种社会方言。使用这种语言进行思考和研究，是这一学科的工作者们的一种行为方式。任何打算从事某一学科的研究的人，必须学会这一学科的'方言'，否则他只能算一个门外汉。"②

学科语言中体现学科内容和特征的是"专业术语"（terminology），

---

① 叶蜚声，徐通锵.语言学纲要[M].北京：北京大学出版社，1997：180.

② 李光，任定成.交叉科学导论[M].武汉：湖北人民出版社，1989：45.

日常语言一旦变成术语，其含义就发生了变化。专业符号是学科语言中最精确、最简洁的成分。学科中的符号体系与普通语言的距离就很大了。从文化角度说，学科词汇就其所指是世界通行的，但有不同民族语言的表现形式，如"细胞"一词，英语为cell，英语的俗义是"小房间、单人牢房、小隔间"，中文细胞一词有人认为来自日文的译文，还有人认为是中国自然科学家李善兰1858年在其著作《植物学》中的cell译名，是他独自发明的，汉语俗语中并无细胞一词。但无论怎么说，尽管语言种类不同，但都指的是生物体的基本组织单位。

当代科学大致分类为自然科学、人文社会科学、技术科学三大类，具体学科数量庞大犹如一望无际的大森林。因而学科语言自然极为众多，构成学校教育和科研机构的教学和科研用语。一个人不可能学习和掌握所有学科语言，就形成诸多小众文化的语言群体，且彼此间常常"隔行如隔山"。

社会劳动由于社会分工而形成众多的职业种类，涉及不同的专业，由此也形成了许多职业专用语，也属于小众文化的语言能力，职业语言的小众程度与该职业与大众文化的关系相关：与大众文化密切的职业，其职业语言的专门化程度较低，如社工工作者，主要用通俗语言工作；与大众文化较远的职业，其职业语言专门化程度较高，如飞行员及航天员的职业语言几乎都是行业术语。

大学生走向社会从事一定的职业，就必须学会相应的职业语言，具备相应的职业语言能力。

通俗语言，或普通语言，与专业语言的关系是包含关系，并且相互依存、相互渗透，相对应的文化关系也是如此，见图4-8所示：

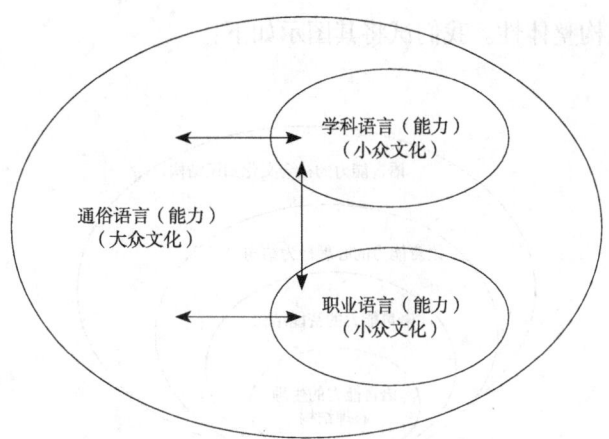

图4-8 文化、语言、语言能力关系示意图

需要补充说明的一点是：在大众文化中，文学是一个重要组成部分。以文本形式存在的文学作品，尤其是经典作品，是大众文化的宝贵精神财富。文学作品所用语言是通俗语言，为大众所喜闻乐见。虽然文学作品的作者需具有很高的文学创作能力，但大众只具有欣赏、理解、评鉴的能力即可。好的文学作品教育影响了一代又一代人的成长。

第六节 语言能力的总结构模式

语言与语言能力是非常复杂的社会现象，既具有内在高度系统化的结构，又具有外在广泛的联系和诸多实用功能，以及记载言语形成不可计数的话语文本。因此，就出现了对语言及语言能力不同侧面、不同层次、不同功能的不同学科的研究。仅以本章前面的讨论，就涉及了生物学（尤其是神经科学及脑科学）、语言学、心理学、社会学、行为科学、文化人类学、民族学、教育学等几大领域的学科研究。

很明显，在对语言能力结构的前述分析中可以看出，语言能力的生理心理结构、智能结构、心理行为结构、社会文化知识结构之间存在内在的一致性和结构整体性。我们试将其图示如下：

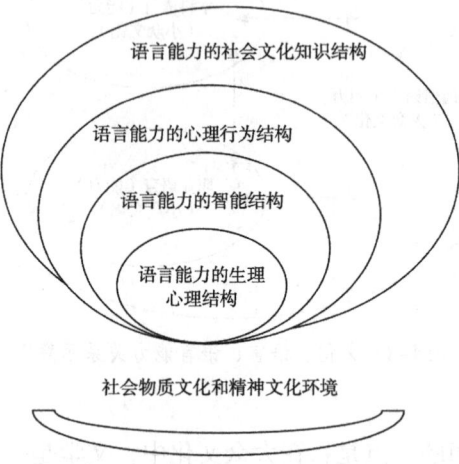

图4-9　人类语言能力的总结构模式图

第五章　语言学习能力的系统结构

人类语言能力一语包括两层含义，或者说两种能力：一是语言学习能力，二是语言使用能力。前者是语言能力的前提、基础、过程，后者是语言能力的目的、功用、场合表现。两种能力相互依存，并在一定条件下互相转化。

语言学习是人类学习的重要组成部分，语言学习能力是学习能力的具体化。语言学习能力具有比较复杂的内外部机制，也有着内涵丰富的系统结构。

第一节　语言学习的机制

一、学习的本质

心理学中，认为学习是人类心理的重要功能，也是其他心理功能发展的重要机制。"广义的学习：凡人类个体和群体先前所不具备的身心功能和协同的活动方式，经过一系列过程而形成新的心理机制和作用于外部世界的活动技能，均为学习。学为新结构的构建，习为结构的稳固和使用。除人类外，动物也有不同水平和多种形式的学习。"①

---

① 陈中永.元心理学[M].北京：九州出版社，2022：38.

在教育学中，把学习视为受教育者在教育活动中接受教育者的指导、引导、教导的行为活动。"教育活动是由'教'与'学'两类相依相存的活动构成的。教育者与受教育者是教育活动中人的因素"。"凡是在教育活动中承担学习责任和接受教育的人都是受教育者。"①

在社会学中有一个重要研究专题是"人的社会化"，认为学习是人社会化的必经环节。"社会化包括两个方面的含义：一是个人在社会中通过学习活动，掌握社会的知识、技能和规范。二是个人积极地参与社会生活，介入社会环境，参加社会关系系统，再现社会经验。因此，概括地说，人的社会化，就是指个人学习他所生活其中的那个社会长期积累起来的知识、技能、观念和规范，并把这些知识、技能、观念和规范内化为个人的品格和行为，在社会生活中加以再创造的过程。简言之，人的社会化过程就是作为一个'社会学习者'和一个'社会参与者'的人的全面发展的过程。"②

学习问题内容丰富，因此对学习的关注和研究的历史非常久远，文献汗牛充栋，直至20世纪80年代，在我国学界兴起了关于建立"学习科学"或"学习学"的热潮。对此，谢德民先生在其主编的《论学习》一书中写道："人类社会发展的漫长历史，是一部认识世界和改造世界的历史，也是一部人类学习的历史"，"在20世纪80年代的我国，一门以专门研究人们学习活动的现象及其规律并用以指导人们学习的新兴学科 —— 学习学，应运而生并开始蓬勃生长。"③

无论是从不同学科角度看，还是从社会现实看，语言学习都是学习的重要领域。人类绝大部分学习内容、学习过程、学习结果都依赖语言学习活动和语言学习能力的支撑。

---

① 叶澜.教育概论[M].北京：人民教育出版社，1991：11.

② 刘豪兴，朱少华.人的社会化[M].上海：上海人民出版社，1993：8-9.

③ 谢德民.论学习[M].北京：人民出版社，1992：2.

二、语言学习的本质

学会听话和说话、学会识字和写作似乎是一件平常而又易见的事，但深入地探索其背后的机制会发现语言学习具有多重意义，这些意义可以罗列如下：

（一）尽管符号学的视野很大，论述很抽象，但符号学学者都承认人类语言是最重要的符号系统。掌握这一系统才能使人外可与自然世界和人化世界建立联系，内可与认知、思维、思想建立联系。由此，语言学习的本质就是掌握语言这一符号系统，或者简单地说，就是符号学习。其中"指号过程"尤为关键，John Deely 写道："指号过程即符号作用是一把钥匙。它不仅使我们懂得指号过程位于人类理解力的核心，甚至有利于生命出现的宇宙的早期物理进化，连同后来发生的生命进化本身，也不再是单纯的偶然性或者背后的推手问题了。"[①]

实际上，所谓指号过程，在语言学习中就是形成语音、语义及字形的结合体，这是语言学习的最基础一步，而且是一个词一个词地形成的构建工程。

（二）语言的学习是人的社会化过程的学习。按前文所述，人的社会化是从"社会学习者"走向"社会参与者"的历程，其中语言的学习占有关键地位，语言能力的具备是完成社会化过程的标志之一。

（三）语言的学习是接受教育的学习。从广义教育角度说，尽管若干位语言学家强调语言先天本能论，但都不能否认幼儿语言获得过程中家庭教育是关键的环境因素。书面语言学习更是接受学校教育才开始的。幼儿语言能力的获得只是语言能力的初级阶段，只有在系统的学校教育中，语言能力才能不断提高，达到社会发展所需要的才能水平。

（四）语言学习是民族文化的学习。"语言是文化的重要组成部分，或者说语言就是一种文化"，"就像语言一定属于不同的民族一样，跟语言相联系的文化也主要指不同民族的文化"，语言与文化的相互联系"可以

---

① ［美]John Deeley.符号学基础[M].张祖建，译.北京：中国人民大学出版社，2012：248.

概括为三个方面：一是语言是重要的民族标志，可以体现民族的精神；二是语言有鲜明的民族特点，可以反映民族的文化；三是民族文化有一定的推动力量，可能影响语言的形式。"①

民族文化传承包括民族语言的传承，民族语言又是民族文化的载体。作为某一民族的成员，具备该民族语言能力是进入这一民族共同体的基本条件。

三、语言学习的基本机制

语言学习的实现还依靠在上一章阐述过的语言能力智能结构和生理心理结构的层面上，基本机制是语言的内化与外化的过程。

（一）语言智能的建构

美国心理学家霍华德·加德纳（Howard. Gardner，也译为加登纳）提出了关于人类能力的多元智能理论（Theory of Multiple Intelligence）认为共有8种基本的智能。其中第一项就是语言智能（Linguistic intelligence），指用言语思维、用语言表达和欣赏语言深层内涵的能力。"加德纳认为，语言历来是人类社会不可或缺的一种'人类智能的卓越范例'""在人类历史的早期，语言通过探索及扩展人类智能多种可能性，改变了大脑的结构及其机能定位；口头语言促使我们的祖先由具体思维发展到抽象思维，如同他们从为'物体命名'发展到脱离具体物体进行议论；'阅读'使人们认识一些未亲身经历的物体、场景、程序及概念；'写作'则使人能够与素昧平生的人进行交流。正是通过语言及其思维能力，使人类能够记忆、分析、解决问题、策划未来并进行创造发明。"②

语言学习在智能结构层面，是语言、言语、思维、记忆等心智机能的建构过程，加德纳等认为这就是语言智力，是听、说、读、写等言语行为

① 沈阳.语言学常识十五讲[M].北京：北京大学出版社，2005：406–410.

② [美]Linda Campbell，Bruce Campbell，Dee Dickinson.多元智能教与学的策略[M].王成全，译.北京：中国轻工业出版社，2001：14.

的深层次心理结构。

（二）语言学习的生理心理机制

关于语言学习在脑内是如何进行的，即在生理心理水平上阐释语言学习过程，笔者认为，比较古老的条件反射（conditioned reflex）理论仍有其生命力。

条件反射理论是俄罗斯著名生理学家、心理学家巴甫洛夫于19世纪末期根据动物实验创立的高级神经活动学说的核心内容。直到现在的神经科学和脑科学的兴起，也没有充分证据反驳或从根本上修正这一理论。

凡动物均有神经反射，分为无条件反射和条件反射，前者是生来就有的，不需要训练就存在的反射，后者是在无条件反射基础上，通过学习和训练而形成的反射。条件反射是在大脑皮层上形成"暂时神经联系"的过程，因此，条件反射"就其神经机制来说是生理现象。同时，在条件反射过程中无关刺激物变成了信号刺激物，而信号意义的揭露，就意味着心理现象的产生。任何心理现象都是在条件反射基础上产生的，从这个意义上说，条件反射又是心理现象"①。

引起条件反射的信号有两类：一类是现实的具体信号，称为第一信号，对其发生反应的大脑皮质系统称为第一信号系统；另一类是抽象信号，即语言、文字，称为第二信号，对第二信号系统发生反应的大脑皮质系统为第二信号系统。第一信号系统是人和动物都具有的，第二信号系统为人类所持有，即语言能力为人类所特有。

人的大脑最少有140亿个神经元，每个神经元又或多或少有若干树突，这使人的神经联系有了几乎无限的可能性。当然有些神经元联系的模式是在人胚胎发育时即已形成，有很大的先天性，所以有语言学家把语言能力视为"本能"。但语言学习是第二信号系统的建立过程，因此学什么语种的语言、掌握该语种特点的语法，进而学会该语言话语文本的理解则是由外在的、社会性的、民族性的、文化性的语言系统决定的。条件反射

① 李新旺.生理心理学导论[M].郑州：河南大学出版社，1992：82.

机制对所有语种的语言学习都是适用的。

（三）语言学习的内化 — 外化机制

语言是社会性、外在性、规范性、强制性的文化符号系统，个人经由学习掌握这一系统，由社会性转化为内在心理性功能的过程，称之为内化；个人把内在的、个人的、创造性的思想意识转化为外在的、可观测的、他人能理解的行为和话语，则称之为外化。内化是学习，外化也是学习，内化能力和外化能力合为一体，则是人的语言能力。

内化外化的中间环节则是"内部言语"（一般认为由心理词典、心理语法、言语思维构成，也被称为"心语"）。

以上诸关系可以图示如下：

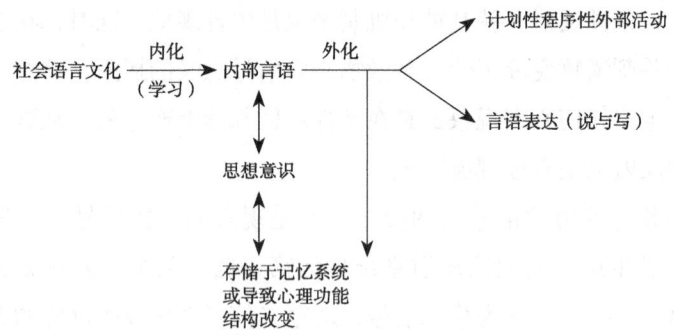

图5-1 语言学习的内化外化机制示意图

按照黑箱理论来看，内部言语、思维意识可视为黑箱，内化就是对这一黑箱的外部输入，外化则是这一黑箱的输出。

内化外化过程是在个人与社会、环境、他人相互作用的活动中实现的。对此有许多心理学家、教育学家进行了专门研究。

第二节 语言学习能力的形态

人生有幼年、童年、少年、青年、中年、老年诸阶段。在不同的年龄阶段语言学习能力也表现为不同的形态。我们试把人生分为四个大的阶段来考察语言能力的相应形态。

一、语言学习能力的四阶段形态

（一）幼年的本能实现形态

在前几章的讨论中，我们已经比较充分地综述了语言学家、发展心理学家对幼儿语言本能的讨论。无论是语言的生理器官系统，还是脑中的先天性语言本能，都是人类语言能力的基础、前提，这是谁也不能否认的。尽管不少语言学家把幼儿的第一语言学得称之为"语言获得"，看成是自然而然的过程。但我们认为，在广义的"教育"观念中，家庭教育，尤其是母亲的亲子活动，是幼儿语言能力由本能向实际能力转化的关键，本质上是父母教育与幼儿学习相结合的形态。说是自然获得的过程，其实也需要幼儿在全面身心发展前提下，需要几年的时间才能实现由本能向实际能力的转化。而且幼儿的语言能力还是基本的、初步的、比较简单的水平，是为了入学接受学校教育的前提准备。

（二）学生系统学习形态

人生的学生时代是一个比较漫长的时代，从儿童入学到少年、青年早期，渡过小学、初中、高中、大学的学习时光，接受了正规、系统、集体化、制度化的学校教育。在这一时段，他们的语言学习能力表现为系统的学校学习形态。

在小学阶段，一项具有重要意义的语言学习就是文字学习。文字是语音的符号，语音是最初的语义的符号，这种符号的符号学习，是正规学校教育的开端，也是学习者需要克服困难、经过努力才能实现的。因为识字并不是人类的先天本能，不能通过自然生活而习得。在小学和初中阶段，学生在发展口头语言能力的同时，根本性的变化就是发展了书面语言能力，在他的生活中增加了阅读和简单写作的内容，这使他们抽象思维能力的发展如虎添翼。在这一阶段，他们也逐步接触到多门类学科的专业术语，还接触到一定的外国语，人的社会化进程也在加快。

学校教育是国家的事业，具有制度化、组织机构化、强制化的特点。学校教育的根本任务是为国家、民族培养人才，追求学生德智体美劳全面发展的教育目标。其中高等教育还具有专业化、职业化的特点。在教育系统中，学生是受教育者，是学习的主体，在他们的学习能力中，语言学习能力是基础性、工具性的能力。

（三）成年社会语言形态

成年人学有所成、年富力强，身心各方面均已趋成熟，逐步成为社会发展的主体力量。但这一时期，也是人生工作、生活最劳累的时段，事业发展有压力、有竞争、有责任。学校学习虽已结束，但继续学习并未停止，反而更加紧迫。

从语言能力上说，有三方面继续学习的新任务：

1.职业语言能力需要迅速形成

从事社会任何职业都需相应的职业语言能力，如教师需具备教育语言能力、文员需具备公文起草及文件处理能力、企业管理需领导者、管理者具备讲话与专业术语能力等。职业语言能力有许多是在学校教育中学不到的，需在职业岗位上边学边做、边做边学。在专业性强的职业岗位上，还需不断学习新术语承载的新知识、新技术。

2.社会角色的方言能力需全面发展

"人是社会关系的总和"，所以在不同的人际关系中需要不同的社会方言能力。除了职业语言能力外，在家庭中与父母、与配偶、与子女、与亲属都需要不同的言语方式；在社区生活中，与各种社会人士和团体打交道，需要不同的言语方式；在工作单位内部与不同岗位的人也需要不同的言语交流方式；在外部业务关系上，也需要艺术性的话语能力，等等。随着社会角色的变迁，相应的社会方言能力也需随之改变。

3.语言能力的人格化自然形成

简单地说，人格是人心理整体结构的社会性功能，包含品德的内容，人格的完善是人毕生学习的任务之一。步入成年，人的人格趋于稳定甚至固化。

语言能力与人格的关系表现在三个方面：一是个人的言语、话语的个人特色化，即语言能力的个人特色化。无论从语音语调、语法偏好、话语特色还是文风上，每个人都有其独一无二的特点。二是人的言语、话语透露着个人的人格素养。三是语言能力的发展与人格的完善有相互促进作用。民间那种通过"听其言，观其行"品评人格的做法是有一定道理的。

（四）老年语言能力维护形态

进入老龄化社会已成为世界性趋势，我国也不例外。

近几十年新兴起一门交叉学科：老年语言学（gerontolinguistics, language ageing）。因为人进入老年阶段后，个体面临的语言问题主要是由生理性和病理性衰老导致的语言能力退化与临床语言障碍，以及因社会角色变化形成的语言交际问题。老年语言学的学科任务，可以用"一体两翼"概括："一体"是研究老年人语言衰老与障碍的特征及机制；"两翼"分别是研究和解决老龄社会中的各类语言交际问题，以及研发延缓或改善老年人语言能力退化的服务或技术。[①]

我们认为，进入老龄后，一件重要的事是维护语言能力，延缓其衰退及预防临床语言障碍。对语言能力的维护最好的措施是继续语言学习。一是对社会新话语保持接触和吸纳。通过兴趣学习过去没学到或没学好的语言知识，如古诗词、文言文等，甚至延续学校教育中的外国语学习，学点外国语，了解世界不同的文化。二是经常自己与自己对话，把漫无目的的往事回忆变成理性的思考。三是建立维护自己身心健康的话语体系，如当

---

① 黄立鹤.当你老了，语言也会衰老吗 —— 老龄社会的语言问题与我国老年语言学建设[N/OL].光明日报，2021-03-21[2021-04-06].https://m.gmw.cn/baijia/2021-03/21/34702492.html.

前老年人微信群中传播的人生格言、养生歌诀等。

　　人人都有老龄衰老的时候，全社会都应该关注老年人的生活，除了满足他们并不太高的生活保障外，话语生活更应受到关注。那些孤独的老人期盼着有人与他们聊聊天的心愿应该设法满足。

二、语言学习能力转变的规律性

　　虽然未经充分的实证研究和理论探讨，但在常识水平上我们可以看出上述语言学习能力的四个阶段的转变过程具有普遍的规律性。这一规律性是伴随人生过程的规律性发生的，也体现了当代终身学习的理念。

　　至于语言学习能力形态转变的机制，笔者认为可以用上一章所述及的"智能 G — S 理论"解释：以人的本能（包括生理本能、心理本能、语言本能）为内在基础，在人与环境的相互作用过程中，语言能力得以从 G 因素状态逐步 S 化（具体化、特殊化），使人类个体语言能力从低级到高级、从简单到复杂地发展起来。在发展过程中也体现了卡特尔流体智力逐步晶体化和固化的见解，从而形成了成年人稳固的语言能力形态（当然这也使人学习新语言，尤其是学习外国语更加困难起来）。

　　学习在语言能力形成和发展过程中起关键作用，已学得的实际语言能力成为进一步学习的前提和基础，转变成了新的语言学习能力，进而形成新的实际语言能力。

第三节　语言元学习能力

　　我们研究人类的语言学习能力，不仅要看到人类具有的先天语言本能，更要从人的心理发展的最高阶段——意识水平上进行探讨。"意识是心理发展的最高水平，是人所特有的最高级反映形式，而且是一种高级的、完整的反映形式。意识是人在劳动活动中，在与他人交往（借助语言）过程中，在社会历史条件下形成的结果。"① 语言元学习能力就是意识的自觉性、能动性、主体性在语言学习中的具体体现。

一、自我意识（self-consciousness）

"自我意识是人类特有的意识，是作为主体的我对于自己以及自己与周围事物的关系，尤其是人我关系的认识。"② 意识是人心理整体结构的功能（不是简单地诸成分的相加，而是"涌现"的新功能），自我意识是意识的核心，自我感觉、自我认识、自我体验、自我评价、自尊心、自信心、自我监督、自我控制、自我实现都属于自我意识的表现。

（一）自我意识的产生

自我意识不是人生来就有的，是在后天环境生活中，与环境相互作用（通过活动）中产生和发展起来的。初生婴儿是无意识的，"皮亚杰的心理学和精神分析的心理学都有涉及新生儿状态的概念。两种心理学都认为新生儿生活在无客体（objectless）的世界中，在这个世界里，每一种被感知的事物，在婴儿看来都是自己身体的延伸"③。

大约在婴儿18个月左右时，开始把自己与外部事物分别开来，建立起主客体关系的新认知，大约在两岁时，逐渐发展出了"定向于客体的能力"，幼儿逐渐学会使用代词"我"。一般是先掌握物主代词"我的"，然后采用第一人称"我"来代替自己的名字，这标志着儿童自我意识的产生④。

（二）三个自我的学说

关于自我的结构，有多种不同的理论阐释。笔者认为，精神分析学派

---

① 陈中永.现代心理学[M].北京：中央民族大学出版社，2011：133.
② 刘金花.儿童发展心理学[M].上海：华东师范大学出版社，1997：280.
③ [美]罗伯特·凯根.发展的自我[M].丰子木，译.杭州：浙江教育出版社，1999：92.
④ 朱智贤.心理学大辞典[M].北京：北京师范大学出版社，1989：997.

弗洛伊德提出的三个自我学说对于研究学习的动力问题很有启示意义。

"弗洛伊德认为人格结构有三个组成部分:'本我'(id)也称'伊特'或它,'自我'(ego)'超我'(superego)。这三者在意识、无意识活动的机制下,在性力发展的关系中形成起来。"① 自我是人格结构的表层,调节本我与外部世界满足本我的欲望;超我是对社会道德、价值观的内化,用以判别对错和对自己进行道德约束。

很明显,自我意识是三个自我的反映,具有很大的超我性。因为自我意识的最高水平是把自己也当成一个客体,加以观察、分析和评价。超我在这一意识水平上不仅仅限于道德和社会规范的内容,还包括社会意识形态的内化和努力改变自己的意志。所以我们不能囿于弗洛伊德最初的见解。

(三)自我意识与语言学习

从意识、自我意识发生过程看,我们可以注意到的一点是:自我意识是与儿童身心全面发展一起发展的,诸方面发展中思维和言语的发展起主导作用。在自我意识形成时,也正是儿童思维能力和言语能力发展的关键期。也可以换句话说,思维能力与言语能力的发展导致了自我意识的产生。自我意识的产生又促进了思维能力和言语能力的进一步发展,因为个体可以意识到思维和言语对满足自身需要的重要性。例如,儿童想满足自身本我的需要(吃饭、饮水、求知欲等),就必须向能满足这些需要的人(多为父母)明晰地表达自己的意愿,而语言正是这一表达最好的工具和媒介,这就促进了语言能力的发展。

当然,这些论述还都是人类童年生活中自我意识的产生和作用。在进入学校后,学生的自我及自我意识发展日益完善,就使他们产生了"元心理"的心理活动。

---

① 陈仲庚,张雨新.人格心理学[M].沈阳:辽宁人民出版社,1986:172–173.

二、元心理研究

美国心理学界曾是行为主义的大本营，极端行为主义者层曾呼吁把意识研究驱除心理学之外，排斥意识的概念和对它的研究。从框架上说，行为主义的 S—R 公式（S 为刺激，R 为反应），及后来的补充修正 S—O—R（O 为中枢活动，或指意识）也具有真理的成分，只不过是把意识（O）视为黑箱而已。无视黑箱不过是权宜之计，揭示黑箱才是必然的趋势，所以在美国心理学界对元心理的研究也就应运而生了。

元心理研究的内容很广泛。20世纪五六十年代，随着控制论、信息论和系统论的产生，以及语言学和计算机科学的重大发展，在一批心理学家的努力下，心理学经历了一场革命——"认知革命"，提出了许多新理论、新观念。

首先，在认知上提出了"元认知（metacognition）"观念，按美国斯坦福大学心理学家弗拉维尔（John H.Flavell，1928～?）的见解，元认知是对认知的认知，包括元认知知识（metacognitive knowledge）、元认知技能（metacognitive skill）。简单地说，"元认知是指向人自身的认识过程。因此，元认知具有自我意识的性质，具有自我监督、自我控制的功能"①。实际上就是意识，尤其是自我意识的功能，在认知活动中的体现。

弗拉维尔提出元认知的理论见解，依据的是一系列儿童发展和教育的实验。如元记忆（metamemory）发展实验，以及后来的元阅读理解实验等。在我国又发展出了元学习及元学习能力的理念，把元认知概念大为扩展和升级。

元认知概念与语言学习和语言能力的发展有内在关系。"弗拉维尔认为，元认知在口语交流、口头劝说、口语理解、阅读理解、写作、语言学习、语音、记忆、问题解决、社会认知和各种类型的自我控制和自我教育中都起着重要作用"。"元认知从实质上说是人类自我意识在认知调节上的一种功能。"②

---

① 张庆林.元认知的发展与主体教育[M].重庆：西南师范大学出版社，1997：4.
② 张庆林.元认知的发展与主体教育[M].重庆：西南师范大学出版社，1997：17.

此外，1995年沙洛维等人以元意识和元认知理论为依据，在吸收当代情绪智力理论相关研究成果的基础上，提出了"元情绪理论"（meta-emotion theory）。中外学者还编制了"元情绪量表"用以量化元情绪状态，用于学校教育工作的参考。

元心理研究已成为一个内容丰富的研究领域。

三、语言元学习能力

（一）元学习

在元认知研究的的带动下，Biggs、Moose等1993年提出了"元学习"的概念。我国心理学家莫雷认为，从学习的本质看，可以将学习分成两种类型：第一种指个体获得经验的学习，即通常所指的学习。第二种是个体获得学习机制的学习，称之为"元学习"，是人知道该怎样学习并成功地调节自己的学习。① 简言之，元学习就是我们常说的"学会学习"。

（二）元学习能力

确定学习目标，制定学习计划，采用有效的学习方式与方法，督促自己学习的进程，评价学习的结果，反思自己的学习过程等自我意识的能动性在学习中的具体化，就是元学习能力。

"培养学生的元学习能力，不仅能调动学生的主动性、自觉性、创造性，充分发挥主体作用，从而增进学习效率，而且，培养学生元学习能力也是培养学生自主精神、奋斗精神和责任感的重要途径"。②

元学习能力包括认知因素和非认知因素，除理性的自我认知、思维、记忆、学习策略外，还包括学习动机、学习兴趣、学习毅力、自信心、自主性、情绪智力（元情绪调控）等非认知因素。这些因素的系统结合和结构化，构成了人的元学习能力。

---

① 莫雷.论学习理论 [J].教育研究，1996（6）：46-53.

② 张庆林.元认知的发展与主体教育 [M].重庆：西南师范大学出版社，1997：224-225.

（三）语言元学习能力

语言元学习能力是语言学习能力中的灵魂部分，是语言学习能力的理性中心，其本质是元学习、元学习能力在语言学习活动过程中的特化、具体化、晶体化。

语言元学习能力应该有以下内涵：

1.语言学习有正确的指导思想，并内化为个人的关于语言学习的思想觉悟。

2.有明确的语言学习目标，即知识与能力一体化的目标。

3.有积极、虚心的语言学习态度。

4.灵活地运用语言学习方法和策略。

5.制订学习计划，并有克服学习困难的意志力。

6.持久的学习毅力。

7.勇于创作的信心。

8.善于反思和总结语言活动的经验。

9.比较客观地评价自己的语言才能。

10.注重人格修养，学习不心浮气躁，有成绩不沾沾自喜，有挫折不沮丧。文风朴实，既不曲意逢迎、也不木讷寡言，又不哗众取宠或盛气凌人。

11.勤奋，不懒惰，习惯于"咬文嚼字"，反复修改文字稿，绝不粗制滥造。

12.善于求教他人，达者为师，学习别人的言语长处，还要善于求教经典文献，使用语言工具书。

这样的要点可能还会列出很多，需要个人根据自己的具体情况，自觉地自省自悟了。

人类是依赖意识生存的，意识构成了人的精神世界，是一切话语的内涵（符号学和语言学中重要的"意义"概念）。反之，语言、言语、话语又使人的意识物性化、具体化、明晰化，并在一定程度上调节着意识活动的过程和功能。可以说，意识与语言已经融为一体，其形成的自我意识功能，成了"元认知""元学习""元学习能力""语言元学习能力"的根本。

第四节　语言源学习能力

元学习能力是依赖于高意识水平心理活动（尤其是自我意识）的能力，而源学习能力则是依赖于以先天心身本能为基础发展起来的低意识甚至是无意识水平心理活动的能力，且为一切学习能力的基础。

一、语言源学习能力

可以说，元学习能力是语言学习能力的顶部，源学习能力则是语言学习能力的底部。无底部则顶部无可安置，无顶部则底部缺失引领。

所谓语言源学习能力，是语言能力结构中生理心理水平和基础心智水平的潜能。这一潜能使语言学习得以顺利进行，并形成人的实际语言能力。对此，有学者写道："学生的学习是一种由感觉、知觉、注意、记忆、思维等诸多心理加工过程参与的复杂认识过程，同时也是这些心理过程相互协作、相互影响的过程。"①

我们需要进一步指出的是，上述基本心理能力还要依赖于人体，尤其是神经系统中的大脑皮质功能，才能形成。所以讨论学习的源能力，要从生理心理层面开始，进而到心智机能层面（这一层面类似于瑟斯登智能GS理论的G因素）。再从心智机能层面上升到语言行为层面，最后与语言元学习能力构成一体。

---

① 白学军等.实现高效率学习的认知心理学基础研究[M].天津：天津科学技术出版社，2008：43.

二、学习的能量 —— 精力

对精力的通常解释是精神和体力，此处精神是指人的心理活动面貌，如说"你今天很精神啊!"，不是说思想水平上的某种精神，而是说的生理心理的能量状态。

经过多学科视野的综合分析，我们认为精力是人体力和脑力的综合状态。体力主要是指人的运动系统的活力，脑力主要指人的感觉器官系统、神经系统（尤其是中枢神经系统的大脑）的活力。在社会分工背景下，经济学把人的劳动分为体力劳动和脑力劳动。脑力劳动（mental labor）是以脑力消耗为主的劳动，其特征在于劳动者在生产中运用的是智力、科学文化知识和生产技能，所以又叫作"智力劳动"，是质量较高的复杂劳动。劳动中体力受脑力的支配，脑力以体力为基础，劳动是二者的结合。

在英语中，精力一词为 energy 或 vigor，也是意指能量、活力。如果把学习视为一种特殊的劳动，那么学习需要能量即精力的推动，一切学习都是如此；大多数学习以"脑力劳动"为主，即"智力劳动"。语言学习从本质上说，是一种智力劳动，是认识语言符号、理解语言符号、掌握运用这一符号系统的规则和运用技能的能力产生过程。这一过程也是消耗精力的过程，所以也会产生"学习的疲劳"。

精力是从哪里来的?

精力来源于人的生理器官系统的本能生命活动。在此，我们不拟对人体解剖生理学进行详述，只以简化的示意图概括之（见图5-2）。

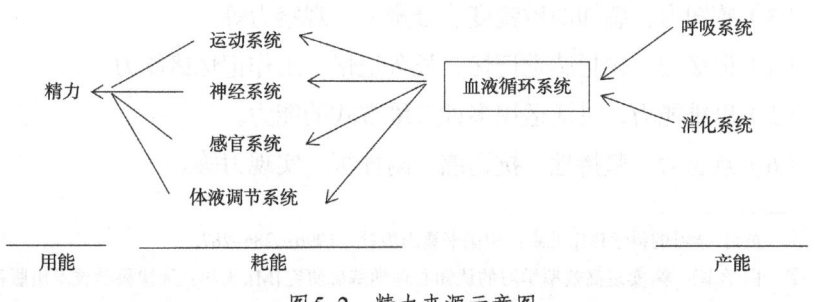

图5-2　精力来源示意图

精力过度消耗或严重缺乏称之为疲劳（英语为tired；fatigued），主观上感觉不适，客观上失去原来所从事的正常活动或工作的能力。

学习是一个需要消耗精力的过程，所以就有学习疲劳出现。学习疲劳的产生，可以分为三个阶段[①]：（1）早期疲劳→（2）显著疲劳→（3）过度疲劳，过度疲劳在生理上已是一种病理状态，并可转变成厌学等心理障碍。

幸运的是，人的疲劳可以通过休息而消除，并恢复精力充沛状态，而"物理疲劳"就难以恢复了。

三、学习的源能力因素

天津师范大学心理学家沈德立先生与白学军教授进行了一项"实现高效率学习的认知神经科学基础研究"，该项研究系统揭示了实现高效率学习的心理机制。具体课题包括了学习基础能力的注意控制、注意转移、工作记忆、元认知监控、学习策略、情绪一致性、情绪调节、内隐认知等方面的系统探讨[②]。该系统的基础研究对于我们分析语言源学习能力有重要启示。

根据已有研究，我们试把语言源学习能力归纳为以下诸项心理因素，包括认知因素和非认知因素：

（1）源动力因素，包括内在的需要，也包括外部社会需要的内化，并形成学习的基本动机。

（2）注意力，包括注意的选择性、转移性、专心程度及持久力等。

（3）感知力，感知的敏锐度、分辨力、观察力等。

（4）记忆力，包括感觉记忆、长久记忆、工作记忆诸能力。

（5）思维能力，灵活运用多种思维方式的能力。

（6）意志力，坚持性，抗诱惑，耐挫折，实现力等。

---

① 董奇.学习的科学[M].北京：中国书籍出版社，1996：286-287.

② 白学军，等.实现高效率学习的认知心理学基础研究[M].天津：天津科学技术出版社，2008：43.

（7）情绪智力，调节情绪平衡、趋向积极情绪等。

当然，这是主要的心理因素，可能还要涉及诸多其他因素。

四、大脑系统符号功能的塑造

巴甫洛夫的条件反射学说揭示了学习是条件反射的建立过程，语言学习是以语言为信号的"第二信号系统"的建立过程。日益兴起的符号学研究，较巴甫洛夫学说前进一大步，更好地解释了符号的本质及符号系统的一般规律。

根据符号学的原理，人们的语言学习是某种语言符号系统的构建过程（包括相关的非语言符号系统）。我们强调的是符号学习塑造了人类大脑的符号功能结构（包括符号的能指所指、符号编码解码、符号使用规则等），其中形成的语言符号的功能结构就是人类的语言能力。

在第二章中，我们介绍了大脑皮层的多个言语中枢，这些中枢的功能不经语言学习是不会自动形成言语功能的，所以我们说语言学习塑造了大脑的功能结构。

在大脑语言符号系统形成过程中，其功能发生了分化：符号系统的意义方面凸显，被反映到人的意识层面，用于思维/思想，而符号的物质性和运作机制则被自动化、非意识中心化。这使意识的注意中心集中在意义上，而承载意义信息的符号形式、符号加工机制等则潜意识化，甚至无意识化，形成了大脑的自动化功能。这不仅形成了大脑功能的新的机制，也符合人们利用语言进行各种实际活动的需要。这一分化，大大减轻了人脑精力消耗负担，更使人脑具有智慧性。

五、学习行为活动的时间与效率

学习时间是学习活动持续的尺度，它本身并不构成学习能力的因素。学习效率是在一定学习时间内完成学习任务的数量和质量，则是学习能力强或弱的相对性指标，较高的学习效率反映了较强的学习能力。

学习必须花费一定的时间，这是常识。对学习者来说，学习时间也是学习的资源。因此，学习者的时间意识、时间分配、时间利用、学习时间积累等也构成了源学习能力的基本成分。而处理时间与学习环境、学习条件的关系、精力随时间变化的规律与学习任务的相应安排等内容可视为元学习能力的成分。

第五节　语言学习策略

关于学习策略，多年前即已在教育界引起了高度重视，也是学习科学、教育心理学的热门研究领域。许多实验在中小学进行，同时国内外高校也在学习方法类课程开设、学术探讨上做了许多工作。在语言学习能力课题上，学习策略问题也是绕不开的重要问题。

一、学习策略（Learning strategies）

"学习策略是指一切有助于提高学习质量、学习效率的程序、规则、方法、技巧及调控方式。学习策略的运用水平是衡量个体学习能力的重要尺度，是制约学习效果的重要因素之一，是会不会学的标志"，"未来的文盲不再是不识字的人，而是没有学会怎样学习的人"。[①]

我们可以把学习策略视为一堆工具，它本身并不是学习能力，而如何使用这些工具，解决学习中面对的实际问题，才是学习能力。当然，前提是认识这些工具，懂得怎样使用这些工具。

学界把学习策略研究搞的过于烦琐、抽象和学术术语化了。现实中经验丰富的一线教师、学有所成的人士都有一套鲜活的学习方法，说出来大多简便易行，通俗易懂，可很快用于学习实践中。另外，人和人有许多不

---

① 　白学军，等.实现高效率学习的认知心理学基础研究[M].天津：天津科学技术出版社，2008：245.

一样之处，选择适合自己的学习策略才是根本，针对不同的学习任务、面对学习中遇到的具体问题，选择有效的学习策略才是真正的学习策略运用能力。

二、语言源学习能力的运行策略

（一）根据"内隐学习"规律，尽可能使学习自然化

内隐学习（implicit learning）是1976年Reber在人工语法的研究中首次提出的一种学习方式，即一种无意识获得刺激环境中的复杂知识的过程。"内隐学习是一种深层次的、稳定的、自动的学习，它有别于我们日常观念的外显学习"。① 简言之，内隐学习就是一种自然而然地、未经意识努力地学会了一些东西，implicit一词英文本意有暗示的含义。笔者认为，这是人类本能性或"习惯成自然"的一种学习反应，所以放在源学习能力名下讨论。

在语言学习方面，有学者发现："在英语与语文的学习中重视对语感问题的把握。语感是对语言从形式到内容包括语音、语义、语法、句法等的综合感知与领悟能力。在平时的阅读中，学生只是带着情感去阅读课文，并没有有意识地去分析文章的句法和结构，但在对文章的语法及结构的理解方面比单独分析语法结构并有意识地去加以背诵可能会取得更好的效果。"②

内隐学习是学习中的一种自动化现象，不能取代正式的学习（相对的外显学习），也不能作为随取随用的学习策略。但我们可以在面对比较艰巨的学习任务时，尽可能减少负面情绪的压力，排除头脑中"真难!"的念头，以放松的心态去学习，使学习尽可能自然化，就有很大概率收获内隐学习的成效。良好学习习惯的养成、学习技能的自动化，也是习惯成自

---

① 郭秀艳.内隐学习[M].上海：华东师范大学出版社，2003：57.
② 白学军，等.实现高效率学习的认知心理学基础研究[M].天津：天津科学技术出版社，2008：455.

然，并且"熟能生巧"。过度意识化不仅消耗精力，还会降低学习效率。

（二）学习方式的交替化

语言学习是人脑符号系统的构建过程，按传统脑力劳动的概念，应属于一种特殊类型的脑力劳动或智力劳动，是以神经系统的大脑为主要运动器官的劳动，属于复杂的劳动。

从源学习能力角度看，这种劳动是很耗费精力的，易引起脑力疲劳。这是因为大脑是人体"最为精密的仪器"，脑力劳动使人长期承受单一姿势的静力性劳动，使肌肉处于持续紧张的状态，容易导致气血瘀滞，脑供血不足，从而使人处于"亚健康"状态。

所以，我们的应对措施是脑力劳动与体力活动互相交替，换句话说，在学习过程中，要经常活动身体，以缓解大脑及全身的疲劳状态。

另外，在语言学习中，听、说、读、写也可以适当交替，如静默阅读与朗诵阅读可以交替，说与写也可以交替。

三、语言元学习能力的策略运用

虽然教育与心理学界对元认知、元学习、元学习策略十分看重，但这只是学习能力的一个组成部分。事实上，对学习内容的直接学习（可以称之为原学习）是学习活动的主体，元学习是对直接学习的自觉、调控，是学习能力中既重要但又不是完成学习任务的主体。元学习策略不可缺少，但它取代不了直接的学习策略功用。对此，Danserean（1985）将学习策略分为基本策略和辅助策略。"基本策略是直接用于操作学习材料的策略，包括获得和存储信息的策略（提取和利用策略）；辅助策略是帮助学生产生和维持某种内在状态，以使学生有效使用基本策略的策略，它包括计划和时间安排、专注力的维持以及监视与诊断三种策略。"①

元学力能力主要用于直接学习前的准备阶段，用于计划和规划、学习

---

① 沈德立.高效率学习的心理学研究[M].北京：教育科学出版社，2006：184.

过程中发现问题和解决问题、学习结束后的自我反思与总结。

四、语言教育策略与学习策略的互洽与促进

学习策略也是经由学习而掌握的，所以才有"学会学习"的教育理念。

语言教学是由教师的教与学生的学两方面主体活动构成的。在教学过程中，教师要采用一定的教学策略进行教，而学生相应地要采用一定的学习策略进行学。在这种情况下，教学策略和学习策略的互洽程度就决定了教学效率的高低。二者互洽良好，则学生学习效率比较高，二者洽合状态不佳，则教与学的效果也不佳。

在培养学生语言学习策略的掌握和使用能力上有两条路径：一是安排让学生了解和掌握学习策略的专门课程，从而发展学生的学习能力，如对中学生、大学生开设的学习方法指导课或讲座。二是在教学中采用适合学生学习能力水平和学习方式，形成教学策略与学习策略的良好互洽，从而既提高学生的学习能力，又提高教学的效率。

例如，在外语教学界近几十年新兴起的"任务型第二语言教学"（Task in Second Language Learning）就较好地实现了两种策略的互洽。Samuda和Bygate认为，任务型语言教学的任务（Tasks）就是一种整体活动（holistic activity），只有在整体活动中，真正的语言学习过程才能得以实现（V.Samuda，Bygate，2021，Piii）。

任务型语言教学就是让学生使用某一语言完成具体活动任务（真实和互动的交际任务为主）中学习该种语言。其理论基础是美国实用主义教育学家杜威关于学习的思想。杜威非常强调经验与学习的关系，主张"在做中学"，认为在活动中学习的知识才是真正的知识。

我们可以看到，这一外语教学策略大大减少了常规外语课堂教学的抽象性和枯燥性，契合学生愿意活动的本性，在真实或仿真的"任务"完成过程中学得语言知识和形成相应的语言能力。虽然说语言教学不可能全部课程都是这种任务型教学，但在教学过程中作为教学策略之一（相应地学生作为学习策略之一）是应该肯定的。

第六节　语言自主学习能力

一切学习都是学习者作为学习主体的学习，教育和教师都是引导、指导、教导、帮助学习者学习。学习的主体性必然决定了学习的自主性。

一、自主学习（Autonomous Learning）

（一）自主学习观念的缘起

自主学习的观念20世纪70年代源起于美国等发达国家，主要有两个原因：一是人本主义心理学对教育理念的影响；二是教育哲学理念的转变。

以人本主义心理学为基础的教育理念主张学习者与教育者分享教与学的控制权，应以协商的方式进行教学，教与学双方都要承担各自应负的责任；这种理念还要求学习内容要符合学习者的自身需要，要采用以学习者为中心的教学方法；强调学习者要为他们自己的学习负责，比如自我决策、自我选择并实施学习活动，表露自己的能力、需要和偏好等。在这种学习模式中，教师既是知识的传播者，又是学习者的"指导者和顾问"，其近期教育目标是培养学习者的自主学习能力。

同时，在教育学及学科教育领域也发生了重要转变，即由传统的重于研究教育者、教育方法、教育内容及教育目标，转向以学习者本体为中心的研究，即主要研究学习理论和学习者的个性特征，在研究教与学的共同问题的同时，加强研究学习者的个性差异，如不同的学习需要、变化的学习需要，不同的学习能力、学习风格和学习策略，等等。

在我国大力提倡和实施素质教育的形势下，自主学习观念被我国教育界吸纳，并使之进入新的发展阶段，如提出了"主体教育"的理念。在基础教育、高等教育多层次上进行了多种多样的教育实践，自主学习被誉为当代"现代化学习方式"。

（二）自主学习的定义

自主学习的定义，尚未取得完全共识。狭义的理解是把自主学习与"接受学习"相对立，有点"我的学习我做主"的味道，显然是对自主学习的内涵理解的不完全。

比较全面的理解是：学习者是学习的主体，在学习活动中体现主体所具有的能动品质，进行能动的学习，即主动地自觉自愿地学习，而不是被动地或不情愿地学习。学习的自主性具体体现为自立、自为、自律三个特征。

（三）自主学习的特点与目标

1.自主性。学习者有自我独立的愿望，具有自我独立的心理认知系统和认知结构，充分发挥自己的学习潜能和学习能力。

2.自为性。学习者将学习纳入自己的生活结构之中，成为其生命活动的有机组成部分，并通过学习的自我探索性、自我选择性、自我建构性和自我创造性体现和展开。

3.自律性。是学习者对自己的学习要求、目的、目标、行为、意义的充分觉醒，并用以规范和约束自己的学习活动，使学习不断进取、持之以恒，并以学习的主动性和积极性予以体现。

自主学习的目标是培养学习者适应现代社会发展的基本素质，成为具有卓越素质的现代化人才。学生在自主学习中具体表现为愿学、乐学、会学、善学，学会自省、自励、自控。

（四）自主学习的必要性和重要性

我国学者论述了自主学习的三方面意义（陆根书，林毓锜，1992）：

1."自主学习是学生调控自身学习系统的自组织活动，它反映了教学之间对立统一关系的本质要求"。"学习能力系统，因其要素形成过程的开放性及要素关系的非线性，也因学生在学习过程中的主体性，规定了学习能力的发展是学生通过自主学习进行的自组织过程，而不是它组织过程。""这种能力的形成，不仅使学生具备了低层次的通过自组织活动来适应'教'这一学习环境（包括教师的主导活动）的能力，而且在一定程度上准备了高层次的适应能力，即探索未来、不断改善自身结构和功能，迎接未来社会种种挑战的能力"。

2."自主学习符合'刺激—选择—建构'这一认识过程，有利于加强学生对学习过程的自我认识"。因为学生是学习的主体，一切教学影响，只有通过学生自己的活动才能被接受，教学的成效在很大程度上取决于学生参与学习活动的积极性和组织学习的科学化程度，所以"强调自主学习，就是为了加强学生对学习过程的自我认识，全方位地获得处理信息的方法"。

3."自主学习有利于加强师生之间的合作，使学生在与教师互相协调、和谐配合的过程中得到充分发展。"合作学习也需要参与方各自的自主学习能力，并在合作学习中学会分析自己，进而正确评价自己。"认识应包括认识客体和认识主体自身两个方面。学校教育也只有与学生自我教育结合起来，才能收到良好的效果。"①

（五）自主学习能力的要素

一般认为自主学习能力包括以下几方面的能力：

1.能制定学习目标，及在必要时调整学习目标的能力。

2.判断学习材料和学习活动是否符合学习目标的能力。

3.选择学习材料和确定学习内容的能力。

4.设计学习方式，选择学习策略，并执行学习活动的能力。

5.与教师或其他学习者进行学业协商的能力。

6.监督自己学习活动实施情况的能力。

7.调整自己态度、动机等情感因素以适应学习活动的能力。

8.评估自己学习效率、学习结果的能力。

9.必要的反思和经验总结能力。

---

① 谢德民.论学习[M].北京：人民出版社，1992：289-291.

二、语言自主学习能力

语言自主学习能力是自主学习能力在语言学习活动中的具体化、特化，是整个语言学习能力的中心部分。

这是由于语言自主学习能力一方面具体体现着元学习能力的作用，另一方面又调节和利用着源学习能力。假定语言学习能力是人的身体，那么元学习能力是头脑，源学习能力是四肢，自主学习能力则为躯干。

很明显，自主学习能力本质上是元学习能力的具体化，因为它偏重于意识，尤其是自我意识的活动。而在关于学习的思想觉悟上（为什么学语言？怎样学语言？）及语言学习的原则上，自主学习较元学习更为具体化和现实化，以及文化化和社会化。

三、言语行为学习能力

在本章讨论的主题：语言学习能力的系统结构问题，更为具体、现实、直接的部分应该是"言语行为学习能力"，即大家公认的"听、说、读、写、译、思"诸方面知识、技能、技巧的学习，其中思为"思维/思想"是关键点。由于这部分内容已为大家所熟悉，在以后章节中还将有深入具体的讨论，故未列为本章专节。也可以简明扼要地说，语言自主学习能力就是体现在言语行为学习中的主体性、自觉性、主动性、创造性等。

第七节　语言学习能力的总系统结构

归纳总结本章前面所述，我们可以得出如下结论：从学习和学习理论出发，多视角观察学习能力，则学习能力具有比较复杂的结构，而且不同时期不同学术背景的研究者对学习能力这一复杂结构有不同侧重、不同学术术语的阐释，尚缺乏一个比较全面、系统的概括。

为此，根据本章的讨论，可以把语言学习能力的系统结构图示如下：

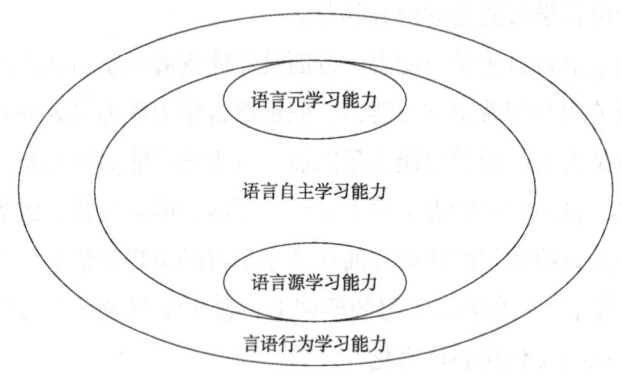

图5-3　语言学习能力系统结构示意图

至于语言学习能力与学习策略、学习资源的关系，可图示如下：

图5-4　语言学习能力与学习策略和学习资源的关系

小结本章内容，可以得出如下结论：

1.语言能力是经学习形成的，语言学习能力也是经学习形成的。从深层次上说，语言能力是在生理心理基础上经由学习，在生理心理（主要是大脑）水平上形成的功能结构。我们所看到的，或是自己体会到的语言学习能力也是学习的结果，是一般学习能力的具体化。

2.从意识水平上说，以自我意识为中心的元学习能力构成了自主学习能力的主体。源学习能力虽然也可以被部分意识到，但其内在机制处在灰箱之中。上述诸部分构成语言学习能力的主体，并通过言语行为学习能力而具体化。

3.语言学习、语言能力的形成过程，是人的思维能力和丰富的思想形成的过程，也是人不断社会化和现代化的过程。

第六章　国家语言能力

国家语言能力（National Language Capacity）是国家综合实力的组成部分，与国家统一、民族团结、国际交往，与国家政治、经济、军事、科技、文化、教育等诸事业发展密切相关，与人民群众的工作、生活、交际及社会活动密切相关。根据已有研究，本章对国家语言能力的概念、构成及建设进行讨论，并评价欧盟语言能力建设的措施，以资参考。

第一节　国家语言能力的概念

国家语言能力是一种事实存在，过去存在，现在存在，将来还会存在。但在学术认识上则有一个过程。

一、概念的缘起

一般认为美国学者 Brecht 和 Walton（1993）最初提出 National Language Capacity 的，原初定义是"国家应对各种原因产生的特定语言能力需求的能力，包括创建当前没有提出的或是没有广泛提供的语言教育的能力"[①]，主要指的是国家外语能力。进入21世纪后，我国学者李宇明、文秋芳等

[①]　Brecht, R. & walton, A.R.National Strategic PLanning in the Less Commoly Taught Language[J].NLFLC Occasional paper, 1993（ED367184）.

在我国提出了"国家语言能力"新概念，引起了学术界的高度关注，并有一批学者对这一热点问题进行了多方面研究，形成了我国语言政策与规划、语言管理、语言战略发展、语言教育等方面的一个新兴研究领域，并形成了一批研究成果。最早的专著是文秋芳、张天伟的《国家语言能力理论体系构建研究》（北京大学出版社，2018）。

二、概念内涵的阐述

关于国家语言能力的内涵，学界的界定有三个不同视角：一是商品观；二是资源观；三是战略利益观（戴曼纯，2019）。[①]在具体内涵阐述上，有的学者强调行为主体是政府，是"政府运用语言处理一切与国家利益相关事务的能力"（文秋芳，2019）[②]；有的学者认为应包括多元执行主体，认为国家语言能力是"处理国内外事物时所需要的语言能力，尤其是行使国家力量时所需要的语言能力"，并有多个语言主体并存（苏金智，张强，杨亦鸣，2019）[③]；还有的学者认为，国家语言能力是"国家运用语言处理关涉国家利益的内外部事务的能力"（王辉，2019）[④]。

笔者认为，应该从国家、民族、语言的辩证关系角度定义国家语言能力。简明地说：在国际社会中，以国家为单位，一个国家生存、运行与发展中的语言因素，即为国家语言能力，它是一个国家历史形成的工具性符号系统。

这一定义的提出有以下依据：

（1）国家语言能力是历史性的客观存在。这一存在并不是某一学者提出这一术语后才有的，而是说学者们注意到了这一客观存在后予以的概念

---

① 戴曼纯.国家语言能力的缘起、界定与本质属性[J].外语界，2019（6）：36–44.

② 文秋芳.对"国家语言能力"的再解读 —— 兼论中国国家语言70年的建设与发展[J].新疆师范大学学报（哲学社会科学版），2019，40（5）.

③ 苏金智，张强，杨亦鸣.国家语言能力：性质、构成和任务[J].语言科学，2019，18（5）：449–459.

④ 王辉.全球治理视角下的国家语言能力[N].光明日报，2019–07–27（12）.

化表述。

（2）国家语言能力处于不断地动态变化中。对一个国家来说，无论是主动的，还是被动的，其语言能力都在发生着变迁，大多数时候这种变迁是比较缓慢的（这可能是由语言本身的惰性所决定的），但总是与时俱进地与社会变迁保持一致。

（3）国家语言能力是一项国家的重要社会事业，包括人才培养中的语言教育、文化传承中的文献积累与利用等。从主体上说，应该是这一国家所有的人，但不同的群体所负的责任不同而已。

（4）国家可以主动、能动、自觉地进行国家语言能力建设。包括国家关于语言的法律、政策的制定，语言的战略规划与管理，专项的语言能力发展等。

三、国家语言能力的内在因素

国家语言能力研究中有一个主要的学术分歧：有的学者主张国家语言能力应包含国民个体的语言能力（李宇明、赵世举等），有的学者主张不包含（文秋芳等）。

其实从结构上分析，个人是社会的基本单位，犹如复杂的人类身体由一个个细胞组成一样，社会的细胞就是个人。多个人再构成亚群体，多个亚群体构成社会阶层，社会不同阶层的整合形成国家。所以讨论国家语言能力，应包括所有公民的个人语言能力。就是代表国家利益而发声的政府机关，也是由一部分个人构成的，没有抽象的国家机关。

当然，也不能把个人语言能力等同于国家语言能力，或者把国家语言能力简单地视为全体公民个人语言能力之和。在国家这一结构水平上已形成了不同于各个组成部分之和的新功能，这是系统论的常识。所以国家语言能力具有与个人或亚群体语言能力不同的新性质，需要进行专门的研究。

从语言形态上看，国家语言能力应有三个要素：

第一个是国家主要使用的语言，是从语言学角度定义的语言种类，如我国以标准化的汉语普通话和规范化的汉字作为国家语言的标志，同时作为中华民族共同体，内部还有各少数民族语言的存在和使用，这是由中国国情决定的，其他国家也是类似的。

第二个要素是国家话语，是代表国家对内对外事务的话语阐述，诸如国内的政策、法规、决定、决议、领导人讲话等，对国际的声明、表态、交涉、协议达成等。这些话语一般是通过国家各级各类行政机关的法定社会角色的人员通过言语过程产生的。

第三个要素是国家文献，是由国家话语和全民话语生成的有保存价值的文本。国家文献的积累也构成国家语言的资源，对其有效地利用则是"国家语言资源能力"。

"语言、民族、国家"三者之间的关系错综复杂，需根据具体国家的历史、现实进行具体分析。但一般来说"语言是民族的重要标志，或者说语言就是根据民族来划分的"，"语言也是国家标志，或者说很大程度上语言又是根据国家划分的。不过这样来划分'语言'就还需要区别不同时代的'民族'和不同历史时期的'国家'，不能一概而论"①。

第二节　国家语言能力的构成

一、已有研究概述

我国学者对国家语言能力的构成，或国家语言能力的框架结构进行了卓有成效的研究，虽未取得完全共识，但不同的观点各有千秋，为进一步的研究探讨奠定了基础。

---

① 沈阳.语言学常识十五讲[M].北京：北京大学出版社，2005：3-4.

（一）主体一元的国家语言能力架构

文秋芳教授等根据我国国家语言建设的宗旨和路径，提出了以国家为主体的国家语言能力的理论框架。在该框架中，国家语言能力由国家语言治理能力、国家语言核心能力、国家语言战略能力三个部分形成一个稳定的三角形，并对每一能力的构成维度进行了深入阐述①。见图6-1：

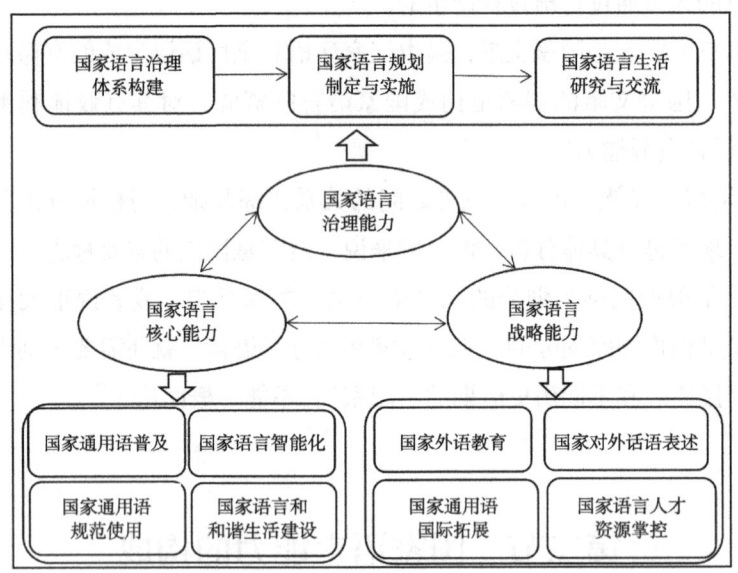

图6-1 国家语言能力的理论框架（转引自文秋芳教授，2019）

（二）主体多元的国家语言能力架构

苏金智、张强、杨亦名等学者认为国家语言能力的组成是立体的，提出了"国家语言能力三层主体架构"②。该架构为三个同心圆结构，自内向外分别为个人语言能力、社会语言能力、国家语言能力，这使国家语言能

---

① 文秋芳.对"国家语言能力"的再解读——兼论中国国家语言70年的建设与发展[J].新疆师范大学学报（哲学社会科学版），2019，40（5）.

② 苏金智，张强，杨亦鸣.国家语言能力：性质、构成和任务[J].语言科学，2019，18（5）：449–459.

力具备了多层面、多主体特性。

在这一框架基础上，研究者从社会语言学的角度，将上述三种能力进一步具体化为个体语言能力（基础）、政府机构语言能力（核心）国家语言管理能力（保障），并对三方面能力进行了深入的探讨，见图6-2：

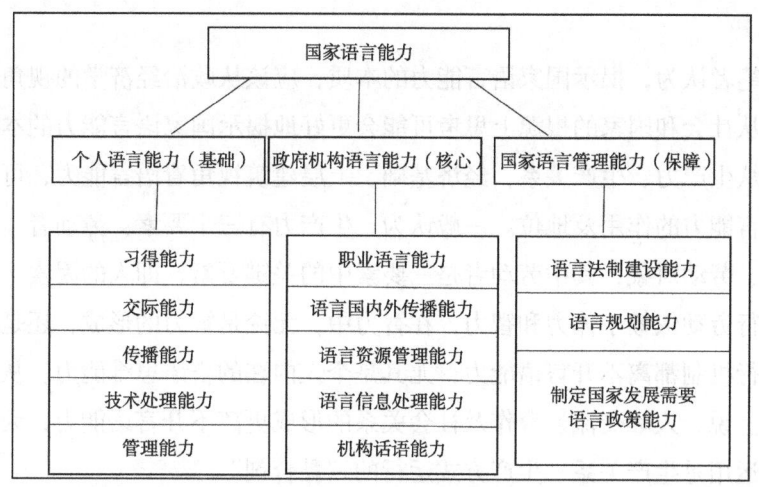

图6-2　国家语言能力的理论新框架（转引自苏金智、张强、杨亦鸣，2019）

（三）国家语言能力的评估指数体系

张天伟教授"采取多指标综合评估分析方法，搜集各方面数据，力图构建一个可对世界各国国家语言能力进行分析评价的量化指数体系，其核心是统计指数的构建"。[①]并用该指标体系对193个国家进行了量化评估。

研究者将国家语言能力定义为："国家围绕国家利益、国家安全、国家需求、国家意识等维度，运用语言及其各种手段，处理一切相关事务的能力。"在文秋芳（2016）将国家语言能力分为管理能力、掌控能力、创造能力、开发能力、拓展能力的基础上，增加了二级和三级指标，构建了5个一级指标、12个二级指标、26个三级指标的要素体系。

---

① 张天伟.国家语言能力指数体系完善与研究实践[J].语言战略研究，2021（5）：12-24.

二、国家语言能力的本质

前述已有研究大多是从语言学中的社会语言学及语言社会学视角研究国家语言能力问题的，认为国家语言能力是"语言社会学的分支，是一块尚未充分开发的处女地"，"对推动社会语言学的学科发展，具有积极意义"。[①]

笔者认为，揭示国家语言能力的本质，应该从政治经济学的视角看问题，从社会和国家的根源上思考可能会更好地揭示国家语言能力的本质。

从生产力、生产关系，经济基础、上层建筑视角看语言能力，可以发现语言能力的作用及地位。一般认为，生产力有三个要素：劳动者、劳动资料、劳动对象，其中劳动者是三要素中的关键要素，即人的因素。劳动者进行劳动依赖于体力和智力，在智力中，无论是智力的形成，还是智力的运行机制都离不开言语能力，尤其是个人内在的言语思维能力。从生产关系上说，人际交流、合作及社会关系的形成更离不开言语能力，因为语言的运用是生产关系、生产方式运行的"黏合剂"。

经济基础是由社会一定发展阶段的生产力所决定的社会关系总和，在一切经济活动中都离不开一定的语言符号系统，都离不开人的语言能力。

上层建筑是建立在一定经济基础上的社会意识形态，以及与之相适应的政治法律制度和设施的总和，"国家机器"中的国家政权是上层建筑的核心。一般把上层建筑区分为政治上层建筑和思想上层建筑（社会意识形态）。我们可以直观地看到，无论是政治上层建筑还是思想上层建筑，都是以语言为工具，以言语为机制，以话语为特定内容指向的广义语言"生产方式"和"承载方式"，尤其以思想上层建筑为甚。

为此，我们在本章前面定义国家语言能力是"一个国家生存、运行与发展中的语言因素"。这与已有研究中关于国家语言能力的定义并不矛盾，不过学者们更关注国家利益、国家安全及国家权力机关的作用。

我们在已有研究的基础上，更关注国家本体中语言因素的作用。生产

---

① 国家语言文字工作委员会组编.中国语言文字事业发展报告（2020）[M].北京：商务印书馆，2020：80-101.

力水平常以生产工具的发展程度为主要标志，而语言正是基本的生产工具之一，言语是使用这一工具的过程，话语则是言语生产的产物。进入21世纪，社会生产力更加向智力劳动方面倾斜（就是体力劳动也向智能化的劳动倾斜），言语能力、言语思维、言语智力的基础性、重要性日益凸显。试想象一下，90%的劳动者都是文盲，怎么能建成一个现代化国家！

虽然国家政权是上层建筑的核心，但它不是语言能力的核心。一是其运行和发挥作用需以语言能力为支撑、为工具，二是国家语言能力由全体公民所承载，不是一部分人的专利。但反过来，就像生产关系对生产力的反作用、上层建筑对经济基础的反作用一样，国家权力机关对语言的变化与发展、语言能力的产生和运用具有强大的推动作用，是影响国家语言能力的核心要素。

国家语言能力的背后是国家综合实力，是全部的国家实体能力。

三、国家语言能力的结构

由上述讨论，我们可以把国家语言能力分为两个方面：一是与国家根本利益相关，反映国家综合实力的方面，可以称之为"国本语言能力"。二是关于国家之间关系方面的语言能力，可以称之为"国际语言能力"。前者是与一个国家立国之本、国家综合实力直接相关的、根本性、本质性、整体性的语言因素；后者是国家之间交往、相互作用过程中的语言因素。国家权力机关的职能很多，其中领导和管理语言工作的职能对国家语言能力有直接影响，但这一影响不是绝对的。因为国家语言能力的历史性和现实性，是领导和管理工作的前提和基础，所以领导和管理工作一方面要顺应和反映国家语言能力的现实，另一方面则是引导、管理、组织建设国家发展所需的语言能力。

上述几方面关系，可以见图6-3：

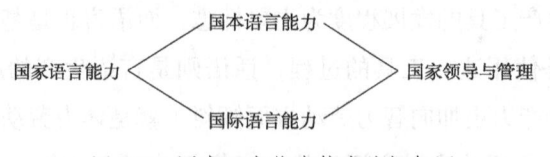

图6-3　国家语言能力构成的框架图

其中国际语言能力，实质上是不同国家国本语言能力的相互关系：

A国家语言能力 ⟷ B国家语言能力（n个）

对语言、语言能力、语言人才等方面的国家领导与管理，并不是国家语言能力的直接结构部分，而是国家语言能力的间接结构部分，是国家权力机关众多职能之一。

对图6-3所示的总结构尚需进一步的具体化。对此，众多学者的已有研究做出了卓越的贡献，并为进一步的研究奠定了基础。

第三节　国家语言能力建设

从外延上说，国家语言能力包括一个国家语言事业的方方面面。国家语言能力建设是国家政权机关众多工作之一，由于不同历史时期国家的工作重心不同，导致语言能力建设工作处于动态之中。下面分三个方面择要讨论。

一、国本语言能力建设

（一）国家语言核心能力建设

文秋芳教授不断深化自己的研究，在第三次提出国家语言能力的理论框架（见图6-1）中，有"国家语言核心能力"部分，认为"核心能力具有基础性和先导性特点，是国家政治安全、领土完整、社会和谐、经济发展、文化繁荣、信息安全等的压舱石，是战略能力发展的前提，应置于国家语言能力建设的优先位置"[①]。并认为该能力有四个维度：国家通用语普及、国家通用语规范使用、国家语言智能化、和谐语言生活建设。其中第一和第二个维度提及的国家通用语问题，应该是核心能力的核心。

在语言学中，早已认识到"语言随着社会的统一而统一"的客观规律。一个国家的语言走向统一的深层次动力是生产关系及在生产关系基础上形成的经济基础和上层建筑发展的需要，以法律形式确定的国家"共同语"，就是"国本语言"，相应的语言能力就是国本语言能力。

《中华人民共和国宪法》总纲第19条明确规定："国家推广全国通用的普通话。"2000年10月颁布的《中华人民共和国国家通用语言文字法》确定普通话为国家通用语言，规范汉字为国家通用文字。同时根据"中华人民共和国各民族一律平等"的原则，一贯坚持语言平等政策，积极维护语言的多样化与和谐统一，给予各少数民族语言文字应有的重视和尊重。

在我国，"汉语的书面语自古以来大体上都是统一的"，"而口语的统一直至今天还没有完成"[②]。作为国本语言能力的核心，继续推广普通话和规范汉字仍然是一项国家语言能力建设的重大任务，而且是一项"重要的政治任务"。

（二）国家政治话语言说能力建设

在图6-2中，苏金智教授等提出的国家语言能力结构模式图中，把"政府机构语言能力"列为结构的核心，该项能力包括职业语言能力、语言的国内外传播能力、语言资源管理能力、语言信息处理能力和机构话语能力等5项分能力。

列出政府机构语言能力无疑是十分重要的，在各分能力中列出机构话语能力也抓住了国家语言能力的关键点。

如果用"国家权力机关"一语代替"政府机构"一语可能更好。举凡

---

① 国家语言文字工作委员会组编.中国语言文字事业发展报告（2020）.北京：商务印书馆，2020：62.

② 叶蜚声，徐通锵.语言学纲要[M].北京：北京大学出版社，1997：191.

路线、方针、政策、意见、决议、决定，以及形成文本的法律法规、规定等都属于国家政治话语，其内容可以概括为"国家大事""党的大事""人民大事""社会大事"等，我们不予深入讨论。从语言能力建设角度，我们关注的是这些话语的言说能力，因为这些话语都是有关机构经过一定的程序通过人的言语机能产生出来的。如何把政治理念更好地言说出来，为广大人民群众理解和接受，应该属于国本语言能力中的重中之重。

在我国新民主主义革命时期有三大敌人：帝国主义、封建主义、官僚资本主义。这三大敌人，好比三座大山，沉重地压在旧中国人民的头上，而当时提出"推翻三座大山"的号召，何其形象！这一生动、形象、通俗易懂的政治话语表述至今仍深入人心。

国家领导人的非正式讲话，也会成为鼓舞人民奋斗的政治话语，中华人民共和国的缔造者毛泽东同志的诗句就是生动的典型。例如，在全世界抗击新冠的艰苦斗争中，使我们不禁想起来毛泽东同志在1958年创作的《七律三首·送瘟神》。毛泽东同志写道："读六月三十日《人民日报》，余江县消灭了血吸虫。浮想联翩，夜不能寐。微风拂煦，旭日临窗，遥望南天，欣然命笔。"显示了人民领袖爱人民的拳拳之心。

其三

春风杨柳万千条，六忆神州尽舜尧。

红雨随心翻作浪，青山着意化为桥。

天连五岭银锄落，地动三河铁臂摇。

借问瘟君欲何往，纸船明烛照天烧。

这与我们取得全民抗疫的胜利，何其相似！

对国内事务采用国际外交式的表述，对简单问题采用晦涩难懂的"新词"表述，是言说能力不强的表现。

（三）国家语言文化资源管理与利用能力建设

广义的文化指人类在社会历史发展过程中所创造的物质财富和精神财富的总和，狭义上特指精神财富，包括一切社会意识形态：自然科学、技术科学、社会科学、社会意识形态，以及教育、艺术等方面的知识与设施。由上述定义可知，广义文化是国家的命脉，也是构成国家的实体。

语言既是文化的一个组成部分，又是精神文化的主要载体。文化构成一切话语的意义背景。"国家文化语言资源"一语主要指以语言文字承载的一个国家的主体文化。同时也包括语言自身的文化，被称为"语言资源"。

对于国本语言能力来说，国家对语言文化资源的建设、管理和使用能力，应该是国本语言能力的重要组成部分。直接、直观的表现是国家文化文献的整理、管理与使用，物质外观形式为图书馆、档案馆、史志馆，等等。管理技术上实现数据化、电子化和智能化。对语言学本身来说，语料库、词库、语义语法库的建设，以及词典、字典、有关工具书的编纂等亦属于语言文化资源建设。

任何一个国家都要进行文化建设，建设的成效体现了国家的管理能力和创造能力。在讨论国本语言能力时要把文化建设、文献建设、语言资源建设综合起来进行考虑。

二、国际语言能力建设

国家之间的交往、交流及互动，实质上是不同国家主体间的利益性活动，是国家间文化的接触与交流。一个国家的国际语言能力就是在这一活动过程中的语言因素，或者说是当代社会一个国家处理国际关系和国际事务所需的语言能力。在全球化大趋势下，这一能力日益成为国际交流活动的迫切需要，其重要性不言而喻。

国际语言能力建设可以归纳为以下三方面：

（一）国际政治话语言说能力

同样的内容用不同的言语方式表达，常会有不同的效果。以明确的思想意识、恰当的表达方式产生的国际政治话语（如国家机关发表的声明、评论，国家领导人的讲话等）会彰显国家的意识形态和政治主张。

（二）国际交流中的语言互译能力

以不同国家文化为背景的不同语言系统是国家间交流的天然屏障。因此，语言互译能力成了国际语言能力建设中的重中之重，充足的互译人才和互译才能是国家综合实力的组成部分。而国家外语人才培养教育及管理使用是国际语言能力建设的重要项目。

（三）国防语言能力建设

在国家语言能力研究带动下，"国防语言能力"研究也成为一个研究热点，并衍生出军队外语能力、涉外军事行动语言能力等子概念研究。毫无疑问，国防语言能力是国家国际语言能力的重要组成部分。

学者梁小波把国防语言能力定义为"一个国家为应对国防和军事需求、维护和平、应对战争、维护领土和主权完整、保卫国家独立自主、开展军事对外交流和文化传播，在语言储备、建设、发展、运用和保障方面的能力总和"。[①] 学者徐敏、郑贞、彭艳青[②] 认为，国防语言是指与国防安全和国防利益相关的世界大国语（方）言和军事行动地区语（方）言及其所承载的区域文化意识和思维模式的总称，其核心是军队履行使命任务所需的对象国语言技能和区域文化意识。

从语言性质上说，所谓国防语言能力就是用于国防和军事的综合外国语能力，以及关于对象国文化的知识。此外，军事术语亦应列入国防语言能力结构之中。

三、国家语言工作领导与管理能力建设

这一能力，属于国家语言文字工作及国家语言能力建设工作的领导能力、管理能力、行政能力，属于国家有关行政领导机关的政府行为，不是

---

① 梁晓波.经济原则指导下的国防语言能力建设 —— 战略与举措[J].中国外语，2019（4）：22-28.

② 徐敏，郑贞，彭艳青.国防语言能力与素养分层描述[J].教育现代化，2019，6（75）：21-23.

国家语言能力中的实体能力。但这能力对国本语言能力和国际语言能力的健康发展有至关重要的作用。

（一）工作要点

在文秋芳教授的理论框架中，国家语言治理能力（包括国家语言治理体系建构、国家语言规划制定与实施、国家语言生活研究与交流）和国家语言战略能力（包括国家外语教育、国家对外话语表述、国家通用语拓展、国家语言人才资源掌控）等，皆属国家语言领导、管理工作。

在苏金智等教授的理论框架中专有"国家语言管理能力"一个方面，包括语言文字法制建设、语言规划、语言政策制定等工作。

（二）工作原则

语言规划、语言管理、语言政策制定、语言能力建设工作，均以执行和落实党和国家的大政方针为首要原则，毋庸赘述。

第二个原则，应该是尊重事实和尊重科学。尊重事实是正视国家语言能力的现实情况，以及发展趋势和待解决的问题；尊重科学则是政策、规划的制定要依据语言学、社会学、民族学、教育学、管理学、政治经济学的基本原理和切题的科学研究成果，不是"拍脑袋"，尤其是要按语言、语言能力的科学规律办事。

（三）工作要求

国本语言能力建设、国际语言能力建设的领导和管理责任重大，规划和政策影响深远。这就要求相关部门的工作要具有科学性、主动性、能动性、创造性和一定的预见性，不能不作为，更不能乱作为。重要决策要调查研究为先试点先行，决策后狠抓落实。

例如，学校教育中的外语教学问题，既不能学习任务过重、课时过长，并在各种考试中占比过高，也不能盲目排斥，过分轻视。如何处理好这种矛盾情况，则需一定的政治和管理智慧。

第四节　欧盟的语言能力建设措施

欧洲联盟（英语European Union，德语Europäische Uion，法语Uion européenne），简称欧盟，是由欧洲共同体发展而来的，成立于1993年，是欧洲经济、政治共同体。

欧洲理事会（The European Council）是欧盟最高决策机构。欧盟已有27个成员国，还有5个潜在成员国。这是一个多国家、多民族、多元文化和多元语言的国际联盟。欧盟共24种官方语言，好在他们的语言都是"近亲"，语种间差异并不像我们想象的那样严重，但也是充分的多样化。由此，欧盟的语言问题，反映在个体身上的语言能力问题，成为欧盟运行中的一个重要问题。为此欧洲理事会文化合作教育委员会自1991年开始推动了一个重要项目：《欧洲语言共同参考框架：学习、教学、评估》，内容是通过协调各成员国外语教学，培养人的多元语言能力，以适应欧盟事业的发展。这个框架经多年研究，多次修改，已经成型。其做法可供我国国际语言能力建设及外语教学等方面参考。

一、欧洲理事会的语言政策

从1982年开始，欧洲理事会的部长委员会就把欧洲语言政策的目的锁定为"实现成员国间更加紧密的团结"。

语言政策的目标是：

"—— 使欧洲人做好必要的准备，迎接日益频繁的人员国际大流动和日益紧密的国际合作的挑战，这类合作不仅涉及教育、文化和科技，而且包括工业和商贸。

—— 通过更加有效的国际性交流，促进人们的相互理解和宽容，尊重各自的民族特性和文化多元性。

—— 通过相互承认各国和各地区的语言，包括最不常用的小语种，保持并发展欧洲文化生活的丰富性和多样性。

—— 通过显著提高欧洲人之间的语言和文化交际能力，建设一个多语言和多元文化的欧洲……

—— 防止在一个互动的欧洲有人因为缺乏必要的交际能力而被边缘化。"[①]

对于达到政策目标的具体要求：

"各成员国应尽可能让本国各阶层人员切实有机会了解其他成员国的语言，或者是本国中不同民族的语言；切实让他们学会一种外语，足以满足交际的需求。尤其要使他们：

1. 能用所学外语在目的语国家应付日常生活，能为在自己国家居住的外国人提供生活上的帮助。

2. 能用所学外语同目的语国家的青年人和成年人交流信息、表达思想、传递感情。

3. 能更好地理解其他国家人民的生活方式、思维方式和他们的文化传统。"[②]

据上所述，我们可以明显地看出：欧盟的"盟语言能力"是为欧盟利益服务的，类似于我们讨论的国家语言能力的功能，他们的盟语言能力具有国本语言能力特性，更具有国际语言能力的特性。

二、语言多元化的定义

欧洲理事会有一项重要的外语教育政策：语言多元化（英语：Linguistic diversification/plurilingualism/plurilingual approach；法语：diversification Linguistique/plurilinguisme/approche plurilingue），不仅指"多语言化"，"它强调，随着个人在自己生活的文化环境中语言阅历的增加，比如通过学校或者自学先学会自己家庭用的语言，而后是所处社会群体的语言，再

---

① 欧洲理事会文化合作教育委员会.欧洲语言共同参考框架：学习、教学、评估[M].刘俊，傅荣，主译.北京：外语教学与研究出版社，2008：1–8.

② 欧洲理事会文化合作教育委员会.欧洲语言共同参考框架：学习、教学、评估[M].刘俊，傅荣，主译.北京：外语教学与研究出版社，2008：3.

后是别的族群所用语言，个人不会把这些语言及其文化分隔开来，互不联系，而是在建构一种交际能力。每学会一种语言，以及学习语言的每一次经历都在促进交际能力的建构。在这样的交际能力里，学会的各种语言相互关联，相互作用。"①对语言教育来说，是要培养学生具备多种语言交际能力的综合语言素质，发展学生的多元化语言能力。

我们可以将上述关系概括为：

多元文化→语言多元化→语言多元化素质教育→语言多元化交际能力

三、《欧洲语言共同参考框架：学习、教学、评估》的主要内容

《框架》是由欧洲理事会下属的文化合作教育委员会根据理事会的语言政策和语言能力教育需求制定的一份纲要，"是全欧洲的一个共同参照基础，适用于制定现代外语教学大纲和考试大纲，也可用于设计外语能力评估体系表，还是编写外语教材的指南"。

（一）外语教育的基本原则

（1）认识方面。"多样的语言和文化是欧洲丰富的历史遗产，是欧洲人珍贵的共有资源，必须加以保护和发展，必须下大力气发展教育，让人们认识到，欧洲多样的语言和文化特性非但不是交流的障碍，而是相互理解和互为补充的源泉。"

（2）意义方面。"讲不同母语的欧洲人唯有更好的学习现代欧洲语言，才能方便他们之间的交流与交往，才能消除彼此的偏见和歧视，进而实现自由、相互理解和团结合作。"②

（3）行动方面。各国现代外语教学政策要经常性合作并长期保持相互

---

① 欧洲理事会文化合作教育委员会.欧洲语言共同参考框架：学习、教学、评估[M].刘俊，傅荣，主译.北京：外语教学与研究出版社，2008：4.

② 欧洲理事会文化合作教育委员会.欧洲语言共同参考框架：学习、教学、评估[M].刘俊，傅荣，主译.北京：外语教学与研究出版社，2008：2.

间政策的协调性，最终实现全欧洲的一致。

（二）《框架》的具体内容

（1）框架的政策背景。

（2）制订框架的理念或指导思想。

（3）对学习者或语言使用者语言能力进行剖析。

（4）现代外语教学的理念、方法、原则。

（5）对基本语言能力和交际能力测评标准化，编制和使用语言能力评估量表。

国家语言能力是世界上所有国家都具备的一个基本属性，是国家社会运行、国家发展的基本要素之一，是国家权力机关必须关注的问题。国家语言能力是由全国公民的个人语言能力构成的，所以发展全民语言能力是形成国家语言能力的基础。而发展全民语言能力的最主要途径是在正确语言政策指导下的现代化语言教育，这可在欧盟的语言教育纲要中观察到。而个人的语言学习能力则是基础中的基础。

第七章　语种能力

人的语言能力都是具体的，如汉语、英语、俄语、法语等。一个人或一个机构语言能力的强弱，一是表现在某一语种的掌握和运用水平上，二是看掌握了几个语种的语言能力。人类语言能力研究，不是研究人类有多少语种，怎样划分语言种类谱系，而是研究语种能力的形态，具体语种特点及相应语言能力的特点，多语种能力的形成过程与内在机制，以及第二语言的学与教等问题。

第一节　语种能力的形态

语种（Classification of Language）是一种独立存在的、具体的，为某一民族、国家或群体稳定使用的语音、语义、词汇和语法系统，具有社会性和历史性。有研究显示，世界上已发现的语种有6000多种，但只有100多种比较完善。联合国工作语言有6种，分别是汉语、英语、法语、俄语、阿拉伯语、西班牙语。各个语种分别都具有或多或少的方言，更是使世界上的语种种类丰富多彩。

一、语种能力的主体

语种能力的主体是群体和个体的人。

　　每一语种都具有社会性、民族性和国家性，都必须具有比较稳定的使用群体。对于国家语言能力来说，一方面对国家内部而言，其国本语言大多以某一语种为主，若干其他语种为辅，形成一定的国本语言能力。也有的国家国本语言不止一种，例如加拿大，英语和法语同为官方语言；另一方面，对国际关系处理而言，则依靠国家的国际语言能力，其主体是政府外事部门，以及经济、军事、科技、教育等部门的外语人才。

　　每一个正常的社会化的个人，都必然具有一种语种能力。一般来说，人的第一语言能力在人的一生中都是根深蒂固的，在此基础上，再通过学习形成第二、第三种语种能力。也有一少部分人自幼生活于双语环境中，自然形成了双语种能力。实际上，大多数人一生只用一种语言能力工作和生活，成为一个双语人、三语人或多语人不是一件容易的事，也不是人人都需要的。反之，对于国家国际语言能力来说，语种则是多多益善，大语种能力不可或缺，小语种能力亦不可忽视。

二、语种能力的水平

　　掌握和使用一种语言的能力具有广度、深度、熟练程度的不同水平。传说中的天才学者会十几种语言，其实各语种并不在一个水平上，不同语种的掌握程度很可能是参差不齐的。

　　对于语种能力水平的划分，我们上一章介绍的《欧洲语言共同参考框架：学习、教学、评估》中，把语言能力水平划分为三等六级，并编制了能力评估量表，很有参考价值。

　　这三等六级分别是[①]：

　　A.初学阶段

　　A1.入门级（Breakthrough），相应能力为"入门能力"。

　　A2.初级（Waystage），又称"求生存阶段"。

---

　　① 欧洲理事会文化合作教育委会.欧洲语言共同参与框架：学习、教学、评估[M].刘骏，傅荣，主译.北京：外语与教学研究出版社，2008：23-38.

B.独立阶段

B1.中级（Threshold），达到一般的听说水平。

B2.中高级（Waytage），又称"独立学习阶段"，具有有限的语言应用能力。

C.精通阶段

C1.高级（Effective Operational Proficiency），或者叫"实质性语言应用阶段"，具有"有效的语言能力"。

C2.精通级（Mastery），具备了"全面应用语言的能力"，并有跨文化交际能力，多为专业外语工作者。

为了缩小各个能力的级差，瑞士学者又将语言能力分为平衡的并且大小相同的等级，见图7-1。

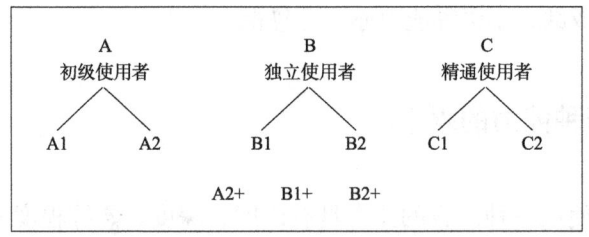

图7-1　语言能力等级的三等九级

三、语种能力的内涵

西方学界，尤其是教育界显得偏爱量化评估方法，标准化测验和量表层出不穷，但这只是表观现象。其实他们对量化评估的深层次理论研究很下功夫，在语言能力培养上尤其如此。

例如，在语言能力的研究中，他们突破了就语言论语言的藩篱，在语言能力教育培养教育方面提出了许多新理念。笔者参照他们的理念，试阐述语种能力的如下内涵。

1.语种能力是个人整体素质的组成部分，个人的综合素质是语种能力的背景，部分与整体之间良性相互作用。值得欣赏的是欧盟语言框架中，将整体素质称之为"个人的综合能力"，包括知识（陈述性知识）、技能

（程序性知识技能化）、精神境界（开放态度、动机、价值观、信仰、认知风格、个性特点等，尤其强调跨文化个性）、学习能力等，其中"精神境界"与我们熟悉的"思想品德"相似，但他们更强调操作性定义。

2.作为语言交际能力的语种能力包括三部分基本能力。语言的最主要功能是交际，人际间的思想情感、意向的交流与互动，"心语"功能也是在交际中形成的。按照欧盟语言教育框架，语言交际能力可包含纯语言能力、社会语言能力和语用能力等三个部分。

此处纯语言能力一语，包括掌握语言知识的广度和质量，如辨音能力，词汇量及其准确性，还包括对语言知识的认知组织能力和记忆储存方式，以及调动、提醒和激活头脑中已有语言知识的能力。可以说，纯语言能力是语种能力的基础。

社会语言能力是指社会日常运转中通过语言实现的社会基本规范，涉及人的言谈举止、礼仪、辈分、性别、身份、社会团体等。

语用能力是依据互动式交流进程和语境，功能化地使用语言的能力，包括对说话语篇、语法结构和语义连贯的把握，识别文本的题材与体裁等。

后两个方面是语言交际能力的表现和功能部分，任何语种的交际功能都是上述三种基本能力功能的合一体。

3.任何语种能力都有该语种所属文化的内涵，世界上不存在没有文化内涵的话语，要么描述，要么抒发情感、要么寻求合作和协同活动。人类都是在具体活动中使用语言的，言有所言之事，语有所语之意，语言能力也是在特定的语言活动中发展起来的。事实上不存在纯粹的无含义的语言和话语，语言学的理论知识是对具体言语和话语的抽象。

第二节 汉语特点与汉语能力

"中国56个民族的语言、文字和典籍，绚丽多彩，无比丰富"，"在世界各大语言体系中，汉语具有十分独特的面貌，这同汉民族的文化心理有直接关系"①。人们往往对身处其中的事物习以为常，缺乏深刻的认识，"不识庐山真面目，只缘身在此山中"。根据学者研究成果，我们试把汉语的特点、汉语能力、汉语发展趋向阐述如下。

一、中国语言的重要特征

中国社会科学院语言研究所张振兴教授认为语言是一种资源，语言是文化之根，语言是民族之魂。关于中国语言研究的战略导向，他认为其中之一是"要准确认识中国语言既有分歧性又有统一性的重要特征"，"大家都知道中国语言的分歧性和复杂性，各民族语言分属不同语系语族，差别很大，就是汉语内部，官话和非官话以及各种方言之间也'语多殊异'，有些地方甚至'五里不同俗，十里不同音'。但是我们不能过分夸大这种分歧性。其实中国语言统一性的一面更值得高度重视"。②语言学家李荣先生在《中国语言地图集》（1987）里写道："一般人都知道中国语言分歧的方面，忽略了中国语言统一的方面。我国人民百分之九十五说汉语，使用全面统一的文字。汉语方言中最重要的官话方言，分布在长江以北和西南各省区的广大地区，……官话方言的一致性很高，通话没有困难。……本世纪推广普通话，进一步加强了语言的统一性。"③

中华人民共和国成立以后，语言文字工作成为国家的一项重要事业，并取得了举世瞩目的成就。张日培教授对中华人民共和国成立后七十多年的语言文字事业的历程与成就进行了比较系统的总结，将国家语言文字工

---

① 张岱年，方克立.中国文化概论[M].北京：北京师范大学出版社，1994：138.

② 张振兴.中国语言研究的两大战略导向[J].语言战略研究，2021（3）：1.

③ 李荣，等.中国语言地图集[M].香港：香港朗文（远东）有限公司，1987.

作归纳为整理简化汉字与文字规范、推广普通话与现代汉语规范、制订推行汉语拼音方案及其规范使用、语言文字信息化、语言文字法制建设、科学保护各民族语言文字、语言服务、中华语言文化传承传播等八个方面。[①]

2000年10月31日第九届全国人大常委会第十八次会议通过了《中华人民共和国国家通用语言文字法》，其中明确规定了国家通用语言文字是普通话和规范汉字。

事实上，汉语的普通话和规范汉字早已成为国家的语言标志，也是国家语言能力中国本语言能力的唯一语种能力。但同时，国家也高度重视其他各少数民族语言文字的保护使用、传承工作。

二、汉语言文字的特点

（一）汉语语法的结构特点

汉语是一种单音节占优势的语言。"汉语基本语言单位由尚简而获得灵活、能动的性质，主要表现在语词的弹性上。所谓弹性，从形式上说，是指语词分合伸缩的不固定性。"[②] 词在句中的组合有语法上的选择和词汇上的选择，而汉语除了上述选择外，还要求音韵上的协调平稳，而汉语的弹性正满足了这种音韵性的要求。

汉语的弹性还表现为词义功能的发散性，很不同于西方语言词类那种把词的性质固定在词形上，"汉语一个个词只要语义上搭配，事理上明白，就可以粘连在一起，不受形态成分的约束。这一点在古汉语尤其。《左传》中单音词'雨'的动词用法占62%，名词用法占38%；'衣'的动词用法占61%，名词用法占39%"[③]。由于汉语词的兼类普遍，使语词的活动能量大，弹性也大。

---

① 张日培.新中国语言文字事业的历程与成就[J].语言战略研究，2020（6）：17-28.

② 张岱年，方克立.中国文化概论[M].北京：北京师范大学出版社，1994：139.

③ 张岱年，方克立.中国文化概论[M].北京：北京师范大学出版社，1994：140.

此外，汉语又有词的虚实转化，"汉语不仅实词内部，虚词内部各类功能都有虚实之分，可以互相转化，而且实词和虚词两大部类也可以互相转化"①。

从语法上说，西方语言以动词为中心控制全句的格局，是一种以动词为中心的"空间结构体"，而汉语是一种循事理逻辑自然发展的"心理时间流"，句法尽管简短，却变化无穷。

从思维方式来说，汉语有内向型文化，即注重主观感受，向内探求，以及认识自身、完善自身为获得自由的特点，不同于西方的外向型文化，所以在文法上强调"以神统行""以言得意"，着重精神，导致"文无定法"的倾向。"中国人从远古以来，在特殊的地理环境和经济生活方式的氛围中，养成了整体地观照世界的方式。中国人习惯于以感性直观的方式体悟人与世界的动态的有机的联系，对世界的认识和把握带有综合性、宽泛性、灵活性、随机性、不确定性等特点。这种观照方式必然积淀在语言上，而汉语汉字反过来又逐渐固化了这种思维方式。"②

语言的重要功能之一，是表现思想与感情，所以从思维方式角度观察汉语与中国式思维方式的辩证联系，是关于语言、言语、话语研究的一种深层次探讨，也是对语言本质的探讨。

（二）汉字的特点

"在全球现存仍在使用的几千种文字中，汉字是成熟文字中唯一截然不同的表意文字"。"大汶口文化的陶器符号，…… 大约在公元前2500到前2000年，即距今4500至4000年"，被认为是最早的汉字。若从甲骨文算起，中国人使用汉字的历史也有3000多年了。③

汉字由图画文字发展而来，由图画文字向象形文字的过渡，约距今4500年左右，至甲骨文已经是比较成熟的文字了，汉字随着象形、象意特征的逐渐退化，表意功能日益增强，形成了以表意为核心，以形示意的

① 张岱年，方克立.中国文化概论[M].北京：北京师范大学出版社，1994：140.

② 张岱年，方克立.中国文化概论[M].北京：北京师范大学出版社，1994：144.

③ 章启群.汉字与中国式思维 —— 作为一个哲学的断想[J].语言战略研究，2023（2）：5.

文字形态，这是一种"世界上罕见的蕴涵深厚文化传统的书面语符号，也使它在维系民族统一、传承历史文化上发挥着巨大的作用"①。我们现在的汉字是经过简化和标准化的表意文字。

一般把汉字的组字方法及规律总结为"六书"，象形、指事、会意、形声是汉字构造的基本规则，转注、假借则是文字运用的基本规则。虽然当代汉字已经远离了写实，但其间架结构乃至偏旁部首，仍然潜藏着象形的因素。

汉字的上述特点与"中国式"的思维方式也有密切关系，"最新研究发现，汉语母语者阅读中文词汇可以诱发大脑顶中区产生汉字阅读独有的脑电反应。这说明拼音文字与拼义（表意）的汉字阅读植根于不同的感官通道"②。

三、汉语能力

作为母语为汉语的人来说，基本的口语能力在入小学前即已获得，而识字则是从小学开始（也有幼儿在学前识字），并成为一项重要任务，语文教育一直持续到高中毕业。所以，汉语能力的形成需要一个较长的过程。

我们试从汉语能力的不同水平上揭示汉语能力的结构。

（一）水平的划分

可以把汉语能力分为基础水平、中级水平和高级水平，类似于欧盟语言框架中语言能力等级的划分。但为了讨论的方便，我们把汉语初级使用者和独立使用者的水平划分为基础能力水平，把较高水平的独立使用者和精通使用者划分到高级水平。

---

① 张岱年，方克立.中国文化概论[M].北京：北京师范大学出版社，1994：150.

② 章启群.汉字与中国式思维 —— 作为一个哲学的断想[J]，语言战略研究，2023（2）：5.

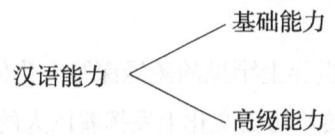

汉语能力 基础能力／高级能力

（二）基础能力包括两方面

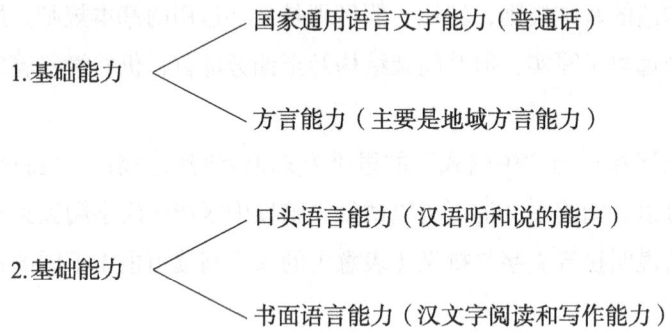

1.基础能力 国家通用语言文字能力（普通话）／方言能力（主要是地域方言能力）

2.基础能力 口头语言能力（汉语听和说的能力）／书面语言能力（汉文字阅读和写作能力）

　　事实上，除了国家播音员等人员外，几乎所有人的口语都或多或少有方言特点，更不要说差异甚大的南方方言与北方方言。就是普通话，香港普通话与北方普通话也有明显的差异。掌握和使用普通话是时代的要求和社会发展的必然趋势，但作为成长和生活于某一方言地区的人来说，具备方言能力一方面是自然而然的过程，另一方面也是工作和生活所必需的。

　　幸运的是汉字并没有因为方言的差异而有根本性的变化，汉字"字形不限于和一种读音挂钩，读音尽管变了，字形可以不变。从古代汉语到现代汉语，语音面貌发生了很大的变化，但方块字没有变（一个字从篆书到隶书、到楷书，是书写形体本身的变化，还是同一个字）"①。

　　由于汉字不是拼音文字，大部分汉字需要一个一个地学，一个一个地记，这就导致"汉字难学"的感慨，文盲就是不识字的人。有些汉字不能从字形相似而进行读音相似的类推，如果类推就会出笑话，如把"莘莘学子"读为 xin xin 学子（虽然莘也可读为 xin），就会贻笑大方了。

---

① 叶蜚声，徐通锵.语言学纲要[M].北京：北京大学出版社，1997：156.

（三）高级能力的要素

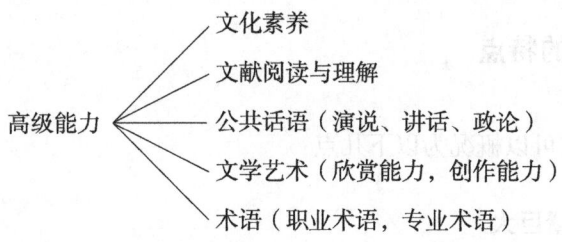

文化素养指对博大精深的中国文化的了解与把握。古人形容文化素养高的人"上知天文，下知地理，中晓人和"，是说人的语言文字能力有深厚的文化底蕴。

文献阅读与理解，重点指的是古典文献的阅读理解，相应的语言能力是古汉语的知识与运用能力。

公共话语能力是面向大众的演说能力，讲话能力，政论能力，多为社会行政事务的运行所用。不少人这种能力是比较缺欠的。

文学艺术的语言能力包括两方面：一是对文学艺术作品的阅读与鉴赏能力，二是少数人的文学艺术语言创作能力。

当代社会特别强调人的术语能力，包括职业术语和专业术语，对此我们将专章讨论。

第三节　英语特点与英语能力

英语（English）属于印欧语系中日耳曼语族下的西日耳曼语支，最早被中世纪的英国使用，并因其广阔的殖民地而成为世界上使用面积最广的语言。以英语为母语者占世界第三位（前两位是汉语和西班牙语），把英语作为外语或第二语言学习者约5亿人，是近60个主权国家的官方语言或官方语言之一。在科技、航空、法律等领域也广泛使用英语。英语已成为全球性的国际交往工具。

一、英语的特点

英语的特点可以概况为以下几点：

（一）词汇量巨大

有估计说英语词汇达990,000个，保守的估计也有50万～60万，常用的也在10万以上。一个受过中等教育的英国人实际能掌握的单词量为2万以上。也有调查发现，英、美大学生词汇量达5万左右，作家的词汇量达10万个左右。1万左右词汇不足以使人在这些国家正常生活，因为顺利读报刊就需2万多个词汇。

英语词汇的吸纳力很强，科技术语和方言俚语等新词很容易输入日常使用的语言中。

（二）词源复杂

英语已发展了1400多年，其巨大的词汇量有多种来源。在词源上有统计分析说，古英语占25%，法语占35%，拉丁语占28%，希腊语占5%，还有其他来源的词语。还有统计分析说，英美常用的11万个单词中，至少5万单词来自法语。

这与欧洲国家间的复杂历史关系直接相关。

（三）语法比较简单

与所有印欧系语言相比，英语语法相对来说是最简单的。语言学上把英语单词分为十类，即名词、形容词、副词、代词、动词、数词、冠词、介系词、连接词、感叹词，基本语序为SVO，有多种时态。句法上没有像其他印欧语法那么复杂的屈折变化，也失去了几乎所有阴阳性变化，除人称代词外，已失去性和格的区别了，强调词语相对固定的顺序，正朝着向分析语（analytic language）方向发展。

（四）拼音文字

与汉语截然不同的是，英语是拼音文字，共有26个拉丁字母（古罗马人所使用的文字字母，故又称罗马字母）。原则上按词语发音拼写单词，但并不严格，发音与拼写间经常有很大差异。所以有人认为英语的单词拼写方法是所有字母语言中最难掌握的拼写方法之一。但当代英语正向着拼写与读音统一的方向发展。

（五）深厚的文化底蕴

从英语词汇来源上我们可以看出，英语是承载欧洲文明的重要语言之一。近代英、美等英语国家的发展，使英语更具有了当代科学技术、文学艺术、政治经济以及意识形态等坚实的文化底蕴。整个欧洲的历史文明对英语有深刻的影响。海量的英语文献构成了英语文化底蕴的物质形式。

关于语言的文化底蕴，我们应该重视不同文化形态中的思维方式问题。对此，我国文化界学者写道："西方民族从古希腊开始就注重形式逻辑、抽象思维，力求从独立于自我的自然界中抽象出某种纯粹形式的简单观念，追求一种纯粹的单一因素。这表现在西方语言样态上就是以丰满的形态外露，因而表现在语言分析上也就是最大限度地形式化描写。可见西方的语言学传统是西方语言学者在西方文化的背景下，以西方语言为基本材料思考的结果。形式化的原则对于形态语言来说是相对自足的方法（尽管它依然有缺陷）。"①

西方的形式逻辑，抽象思维方式、科学思维方式是我们研究西方语言，包括英语，应注意到的背景和深层次因素。

二、英语能力

此处"英语能力"一语的主体是母语非英语的二语学习者，尤其是已具有汉语能力的学习者。

---

① 张岱年，方克立.中国文化概论[M].北京：北京师范大学出版社，1994：144.

试把英语能力的要素归纳概括为图7-2：

英语交际交流能力			语用层次
口语能力	互译能力	书面语能力	能力层次
	语法能力		
语音系统	英语词汇	拼写系统	
	思维方式		背景层次
英语国家的知识			

图7-2　英语能力框图

（一）背景层次

所谓"英语国家的知识"是指关于英语国家（尤其是美、英）的地理、历史、社会、文化、科技、政治经济方面的常识。这一层次有两个重点，一是对英语国家文化底蕴的了解，二是对其思维方式，以及重要思想的了解。在框图中所标的思维方式，应包括思想内容。一种外语的教与学，本质上是对该语种承载的文化的认知与理解，但既不是对这种文化的盲目崇拜，也不是对这种文化的偏见。

（二）能力层次

这是英语能力的本体。

1.语音系统与拼写系统

作为汉语能力已具有者，要掌握英语，首先是语音系统能力的训练，因为英语与汉语发音和听音是很不相同的两套符号系统，而拼音是语音能力基础中的基础，是生理心理水平上的能力。

音形义结合为文字，所以拼写系统也是基础能力，虽然英语的拼写比较麻烦，但比较汉字需要一个一个认来说，还是显得太容易了。拼写系统是英语书面语言能力的基础，是生理心理水平上偏重动作技能的能力。

语音系统和拼写系统学会后，会逐步自动化，就像人学会骑自行车后一样，成为自然而然的类似本能了。

无论是小学生还是教授，初学英语都要打好这个基础。

2.词汇的构建与语法的掌握

英语词汇的数量看似庞大无比，但都是靠基本词根、词干为基础的构词法产生的。英语构词法非常灵活而有"生产力"，主要有合成法、派生词法。合成法构词如snow（雪）+man（人）=snowman（雪人），kind（友好的）+hearted（心的）=kindhearted（好心的）。派生词法通过给词干加前缀、后缀而产生大量新词。例如look（v.看起来；n.外表，脸色）为词干，加后缀–er，则为looker（n），观看的人，检查员；加后缀–out，则为lookout（n），提防，瞭望，前途；加前缀out–，则为outlook（n），景色，景观，前途，观点；加前缀over–，则为overlook（Vt），俯视，忽视。是不是很有趣？

英语构词法还有转化法、缩写和简写法等。

我们在第四章中已论述过，一种语言能力的词汇系统被学习者掌握后也可以称之为"心理词典"，并同时构成"语义网络"，只有形成词汇的语义网络，才可以说具备了该种语言的词汇能力。

英语语法大家比较熟悉，但不能就语法论语法，在生动的语言会话现实中掌握语法应是主要途径。

3.口语能力、书面语能力、互译能力

口语能力包括听、说，书面语能力包括读、写。国内大部分地区缺乏英语环境：人是中国人，话是中国话，文是中国文，事是中国事，由于大多数学校的英语教与学就是在这样的环境中进行的，所以多数人认为英语难学，学了也用不上多少，结果是学了就忘，约等于没学。而且"哑巴英语"比较普遍，因为口语能力没有多少机会训练，且得不到必要的反馈，所以只能在书面语上下功夫了，但也是读多于写。

一个人若有两个语种能力，就必然存在互译过程，尽管没有互译的外部行为表现，在头脑内的语言信息加工上还是必然存在的，对此，我们将在下一节讨论。

（三）语用层次

语言是工具、是媒介、是载体，所以学习一种语言的最终结果是用这种语言做事情，即语用和语用能力（pragmatic ability）。按照《欧洲语言共同参考框架》的理念，第二语种学习的最终结果是语言交际能力，那么英语学习的结果也应该是形成英语交际交流能力。

对于大多数人来说，并没有多少机会出国及与外国人当面交流，真正以国际交流、交际为工作者是少数人。由此，多数学习英语者以阅读、查阅英文资料为主，并有时撰写英文论文，研究报告等，所以"哑巴英语"也有其存在的现实基础。对于以英语做学术研究的辅助语种者，还需具备较强的英语学术术语能力和职业术语语言能力。

第四节 多语种能力并存的内在机制

任何两个以上事物发生接触，都会对彼此双方产生影响，两种语言的接触也是这样。那么在一个人已具备母语（或第一语言）能力后，在学习一种外国语，两种语言能力必然在生理心理、心理行为、思想意识等多水平上相互作用。语言学、认知心理学、外语教育学等不同学科都注意到了这个问题，并进行了长时间的研究。

一、"母语化"与"逆母语化"现象

"母语化"是指母语对新学语种能力的影响，"逆母语化"是指所学新语种对母语能力的影响。母语能力是人在幼年语言获得过程中形成的，已经形成了深层次的生理心理活动系统，尤其是"言语思维"能力基本上是"根深蒂固"了。由此，母语能力必然在多方面影响新语种能力的形成过程和活动表现。

（一）"洋泾浜"英语

"在旧中国，人们往往用'洋泾浜'这种说法来指非正规学会的不登大雅之堂的外语，特别是英语。"[①] 洋泾浜原是上海外滩的一处地方，是外国商人聚集的商埠之地，他们与本地人交际中，本地人在母语影响下，形成的一种变了形的英语，但可用于商业贸易事务交际中。

"洋泾浜"引起了外国学者的关注，把这种语言现象称之为"皮钦语"（pidgin）。而这种现象也非中国所特有，在世界许多通商口岸、奴隶主庄园及殖民地都有出现。现存最有活力的"洋泾浜"是广泛使用于新几内亚的 Tok Pisn，经长期发展已经成型，其主体是英语。

"洋泾浜"是世界历史上产生的畸形语言现象，表观原因是英语深度被母语化的结果。而 Tok Pisin 也是逆母语化的结果。

（二）克里奥尔语（Creole）

在一定条件下，某些皮钦语也可以在很短的时间内转化为一种完整、复杂的语言，"它是以皮钦语为母语的孩子发展出来的一种新语言"[②]，这种语言被称之为克里奥尔语，在语言学上称为"混合语"。

（三）不明显的母语化与逆母语化

洋泾浜、克钦语、克里奥尔语都是语言间、语言能力间相互作用的极端现象，更多的是双语能力者，甚至是单语能力者不明显的母语化与逆母语化现象。洋泾浜英语早已经消失了，但洋泾浜的魂还在。

这主要有以下几种表现：

（1）我们经常用母语的词义理解外国语。外国语单词常有多个义项，学习者常常不能全部把握这些义项，而只能以自己比较熟悉的义项去听或读外国语，并习惯于用母语理解模式去理解外语外文，这有时就使理解脱离了外语的原意。具体表现就是译著中常常出现一些莫名其妙的句子，实

---

① 叶蜚声，徐通锵.语言学纲要[M].北京：北京大学出版社，1997：213.

② [美]史蒂芬·平克.语言本能[M].欧阳明亮，译.杭州：浙江人民出版社，2015：023.

际上是译者没能很好地理解原文原意，而按照母语习惯写出的译文。

（2）在用外国语表达过程中渗透着母语的语法因素，使外语表达出现了"中国式外语特色"。

（3）外国语的一些单词、缩写、语法特征、自觉不自觉地渗入母语表达之中。最简单的例子是英语 goodbye 的口语 bye，成了现在成人和小孩都常用的告别语"拜拜"。

在用汉语撰写的学术论文中，采用了大量的英文原文词汇或术语缩写，增加了大众阅读的难度，还有的作者用外语语法造中国的汉语句子，如大量复合句的使用，脱离了中文应有的文风，严重者使论文论述显得不伦不类。

"逆母语化现象"应引起教育界、学术界和新闻媒体界的重视。

二、语言迁移理论

学习的迁移现象很早就吸引了教育界和心理学界的注意。迁移理论也是"母语化"倾向的初步解释之一。

所谓迁移（transfer），就是不同学习之间的影响。"几乎建立一切新的成就都必须依靠先前的学习，而且当两个或更多的学习系列在情境中相互影响时，就可能产生三种结果"："当预先的学习改善或者便利了新的学习，就称作'正迁移'"，"当预先的训练对新的学习或适应产生反作用时，就称作'负迁移'或'干扰'"，"也存在一种处于两者之间的中性情况。"① "母语化"现象就是母语学习对外语学习的迁移导致的结果。

关于迁移的内在机制，教育心理学家们进行了多方面的探讨。主要理论学说有"相同要素说"，著名心理学家桑代克认为"只有当两个机能的因素中有相同的要素时，一个机能的变化才能改变另一个机能"；"概括化理论"认为"只要一个人对他的经验进行了概括，就可以完成从一个情境到另一个情境的迁移"；"关系理论"认为对情境中的一切关系的顿悟

---

① ［英］罗伯特·汤姆生.思维心理学[M].许卓松，译.福州：福建科学技术出版社，1985：124.

是获得一般训练根本的东西。① 这些不同的理论见解分别从不同的侧面揭示了迁移的机制。

对于语言迁移，众多中外学者进行了专门研究。"母语迁移（L1 transfer）指学习者业已形成的母语习惯或加工倾向会对其非母语学习或加工造成一定的影响。迁移相关研究认为，母语特有的世界观很有可能会影响到另一门语言的学习，因而学习者目标语学习中会出现不同的母语类型倾向"，"迁移不仅可发生在语言层面，产生语言迁移（Linguistic transfer），也可以发生在概念层面，产生概念性迁移（Conceptual transfer），概念性差异可直接导致语言间的迁移"②。"概念性迁移可分为概念迁移和概念化迁移，前者发生在学习者的概念集层面，而后者发生在学习者的概念组织中。"③ 这从认知语言学角度加深了对不同语种能力间相互作用的认识。

三、中介语理论

中介语（Inter language）是指在第二语言习得过程中学习者语言能力中形成的一种既不同于母语，也不同于第二种语言，但随着学习进程向目的语（所学第二种语种）逐渐过渡的动态的语言系统。

中介语理论源于美国语言学家Selinker于1969年提出的中介语假说。K.K.Selinker认为中介语是通过五种认知过程构建的，分别是语言迁移、训练迁移、第二语言学习的策略、第二语言交际的策略、目的语材料的过度泛化（overgeneralization）。这些观点被后来认知心理学和认知语言学做了新的发展。

中介语被认为是一种相对独立的语言系统，它具有一套独特的语音、语法和词汇规则体系。中介语是两种语言（第一语言与第二语言）交汇的

---

① ［美］J.M.索里，C.W.特尔福特.教育心理学[M].北京：人民教育出版社，1982：374–379.

② 张素敏，等.语言迁移和概念性迁移：理论与实证[M].北京：科学出版社，2021：1.

③ 张素敏，等.语言迁移和概念性迁移：理论与实证[M].北京：科学出版社，2021：2.

结果，并处在虽然缓慢但又不停变化的状态中。

Selinker有一个有趣的发现：在第二语言学习过程中存在"语言石化（fossilization）现象"，是指某些非目的语（指母语）的语法、语音等长期存在于中介语中，并且不易改变的现象，这使多数外语学习者不能完全获得目的语的语言能力。"一般说较初级的中介语不能用于交际，即听上去就不像是外语；而较高级的中介语可以用于交际，即听上去差不多就是外语，就像果子未成熟，虽然味道不好，但可以凑合着吃。实际上许多外语学习者最终能够达到的水平也就是较高级的中介语程度，只不过这种高级中介语更接近外语罢了。"①

四、目的语、中介语、母语之间的关系

我们已经论述过语言能力的系统结构，不同语种能力都植根于人脑的基础机能系统上，它们在人脑的深层机能（也可以视为乔姆斯基等说的普遍语法 universal grammar）是统一的，由深层过渡到表层，则语种能力的差异越来越大，分别形成相对独立的语种能力（乔姆斯基所说的个别语法 particular grammar）。

目的语、中介语、母语之间的关系见图7-3：

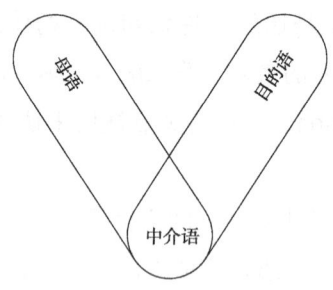

图7-3　母语、目的语、中介语关系示意图

---

① 沈阳.语言学常识十五讲[M].北京：北京大学出版社，2005：351.

第五节 语种能力的发展趋势

一、具备多元语言能力成为时代发展的需要

语种能力的发展趋向可能主要有以下几个方面：

随着世界全球化的发展进程，国际性交往活动会越来越频繁，不同文化背景的多种语言仍然是相当长一段时间内的交际工具。中国的社会主义现代化进程也需要广泛地与其他国家相互合作和竞争。政治、经济、军事、科技诸多方面的交流都需要一批具备多元语言能力的人才来进行。所以培养多元语言能力的人才是各国教育事业的重要任务之一。对于青少年学生来说，努力具备多元语言能力既是国家和社会发展的需要，也是自身成长成才的需要。

二、通语与方言并存，通语日益强化

我国地域性方言众多，且互相差异很大，普及和推广普通话仍然是一项重要任务。这就需要广大国民必须具备通用语言的能力，同时也具备一定的方言能力。方言发展的趋势可能在国家统一，事业发展中逐步弱化。通用语言文字与方言之间虽然不是语种间的差异，但有类似的性质。世界上不少语种都是某一方言逐步独立发展出来的。

三、少数民族学生与多语能力

对于第一语言不是汉语，而是某一少数民族语言的学生来说，需要在入学后即学习国家通用语言文字，并在适当时机学习一门外国语，这就要求他们逐步形成多种语言能力。

对于母语为少数民族语言的学生来说，学习通用语言文字并不像学习

外语那样困难。一是在政治、经济高度统一的国家中，中华民族具有统一的文化背景。二是通语已经成为工作、生活环境的组成部分（广播、电视、报刊、政府公文等大多为国家通用语言文字），这对通用语言能力的形成是非常有利的。理想的状态是，学生在掌握通用语言能力的同时，作为少数民族学生母语的少数民族语言仍然需要传承和发展下去，同时具备高等教育人才所需要的外语能力。

四、语言人工智能技术的开发与应用

人类社会正处于从信息时代到智能时代的过渡期，"作为人工智能范畴的专门术语（杨尔弘等，2018），'语言智能'是语言学、认知科学与人工智能的交叉和融合，是探究自然语言（人脑语言活动）和机器语言之间同构关系的科学（周建设，等2017；周建设，2020）。语言智能包含计算智能和认知智能"①。未来5～10年间语言智能发展仍处于技术爆发增长期。

对于本章主题：语种能力来说，一个人不可能在更多语种上达到精通水平，学好一门外语就不容易了。而人工智能技术中的语言翻译技术（也称机器翻译）的开发和实用化，会很好地解决人们多语种互译的需要。当然这尚需时日。

---

① 张凯，薛嗣媛，周建设.语言智能技术发展与语言数据治理技术模式构建[J].语言战略研究，2022（4）：36.

第八章 术语能力

宇宙浩瀚，人类只能分门别类地予以认识，逐步揭示其内在本质和规律，这就产生了"科学"。所谓科学，由于研究实践的分工与分化，是人类创造出的一簇簇的"学科"，是对浑然一体的客观世界分门别类的认识成果。为了使某一专门领域精神性的认识成果（概念、陈述、知识系统）凝结和传播，就必须用特定的符号系统予以物化，其中用语言物化的形式就是"术语（terms）"及术语陈述。术语一词指的是科学诸学科和技术诸领域的专门用语。

"随着自然科学的发展，随着人们对现实世界的真相和客观对象需要具有可验性这一要求的提出，以及此后，随着与具体对象客体相关的科学技术的迅猛发展，我们有必要在'对象客体、概念、符号'之间建立起清晰单一的关系。随着20世纪30年代术语研究的发展，最终产生了术语科学（德语 Terminologie wissenschaft）。"① 术语学（英语 terminology）现在已成为一门方兴未艾的"学科"。

在语言学中，一般把术语视为一种"社会方言"。"科学技术的术语是一种特殊的行业用语。音节、元音、辅音、主语、谓语等是语言学的术语；有机、无机、催化、卤素、稀土等是化学术语。"②

人类社会的术语体系是宝贵的文化财富，其创造者和传承者是从事学科研究或专门技术研发与应用的专业人士，包括个人与组织，所以就产生

---

① ［奥地利］赫尔穆特·费尔伯.术语学、知识论和知识技术[M].邱碧华，译.北京：商务印书馆，2011：4.

② 叶蜚声，徐通锵.语言学纲要[M].北京：北京大学出版社，1997：182.

了人类语言能力中的术语能力，而且是一种非常重要的专门的语言能力。所以在人类语言能力探讨中应受到高度重视。

第一节　术语之源

虽然我们不拟对术语学进行专门的讨论，但需要从人类语言能力角度对术语的来源有个比较清晰的认识。

一、术语模型

为了简单明了地揭示术语的本质，学者们采用了模型图示方法予以说明。

（一）术语三角模型

早在17世纪时，夸美纽斯（Comenius，1592 — 1670）就认识到了"对象客体 — 概念 — 符号"的对应关系，并以"三位一体"的形式进行了表达。在此基础上，受弗雷格（Frege G.）的意义与指称、哲学家波普尔（Popper K.）三个世界等哲学思想，语言学家皮尔斯（Peirce C.）符号三角、奥格登（Ogden C.K.）和理查兹（Richards I.A.）的语义三角等的影响。术语三角将客体、概念、指称之间的关系表示如下：

术语三角中，概念被置于顶端，表明术语学研究始于概念，指称和客体用虚线连接，表示两者不直接相关，而是以概念为中介的。[1]

---

① 刘青.中国术语学概论[M].北京：生活・读书・新知三联书店，1991：56.

这个三角模型虽然简单，却揭示了术语的内在本质，是术语学理论研究、术语标准化与规范化的理论基础。

（二）维斯特的术语模型

随着术语学研究的进展，学者们发现从客体到指称的认识过程并不是一条直线，也就是说从研究对象的客体到承载认识成果的术语之间并不是一个简单的直接联结，中间具有复杂的，甚至曲折的变化过程。为此，术语学的创始者，奥地利一位工程师出身的学者维斯特（E.Wüster），发展出了一个"本体论 — 逻辑学 — 符号学"模型，用于描述对象客体 — 概念 — 符号概念 — 符号的对应关系，称之为"四部分词语模型"。该模型图示如下：

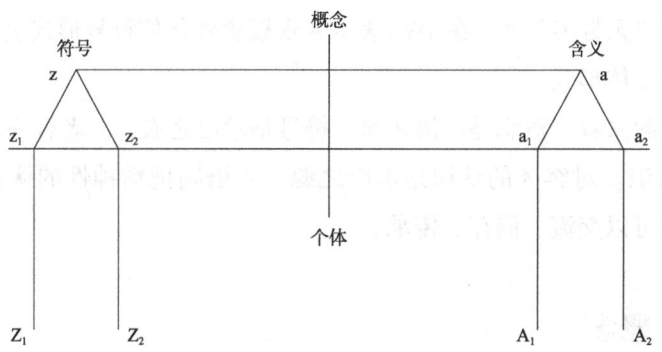

A1，A2：对象客体；a_1，a_2：个体概念
Z1，Z2：图示符号形式；z_1，z_2：个体符号概念
a：概念（a_1，a_2 等的特征总体）
z：符号概念

图8-1 维斯特术语类型[①]

（三）顾孟洁的术语模型

中国电子技术标准化研究所研究员级工程师顾孟洁先生提出了客

---

① 本图改编自 [奥地利]赫尔穆特·费尔伯.术语学、知识论和知识技术[M].邱碧华，译.北京：商务印书馆，2011：99.

体 — 概念 — 术语三位一体，但并非简单单一对应关系的模型，见图 8-2。[①]

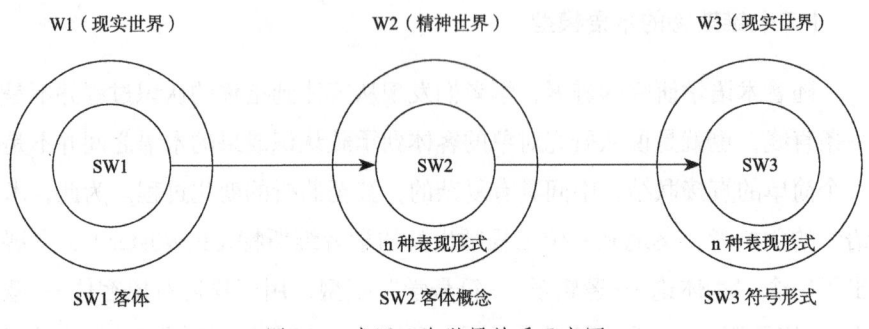

图8-2　术语三个世界关系示意图

该模型的特点是指出在SW2关于客体SW1的客观概念，在主观表现形式上有"无穷多"种，在SW3表示客观概念外化的符号形式上也有"无穷多"种变体形式。

归纳起来看，概念是术语之魂，符号是术语之衣，二者合一反映人对客体的认识。对客体的认识是术语之源，术语则把精神性的认识成果物化，使之可以交流、储存、传承。

二、概念

"概念"（Concept）本身就是一个术语，被应用于诸多学科之中，在哲学、逻辑学、术语学等学科中占有重要地位，它是术语结构中的关键因素。

（一）"概念"的概念

一般认为，概念是一个相对简单的基本思维构成物，"这个思维构成物与一个对象客体相对应，并在思维中代表着这个对象客体"，"经院哲

---

① 改编自刘青.中国术语学概论[M].北京：生活·读书·新知三联书店，1991：59.

学的逻辑认为，概念所具有的最重要的特征是：它是现实本质的反映，现实的本质是隐藏在所有同类的个体中的，这种本质是相同的和恒定不变的，具有普遍性"。①

从术语学角度看概念，从本质上说，"概念是一种思维活动的结果，这个思维活动是一个心理过程。思维导致了一个思维对象客体'主观概念'的产生。'主观概念'通过其内涵，通过语音符号或者图示符号（文字符号、图形符号、感官符号）而客体化。通过这种客体化，它又成为对其他人来说是'客观的概念'"，"'主观的概念'是一个心理构成物，'客观的概念'是一个逻辑构成物，它描述相应'主观概念'的内涵"②。换句话说，概念既具有主观性（个人心理认识），又具有客观性（对客体的认识和认识结果的物化）。术语则是对专门领域、专门认识的符号表述。

（二）概念的结构

概念是由内涵和外延来确定的。内涵是"特征"的总和，"特征是一个基本的思维单位，它与一个对象客体的特性相对应"，特征一般分为性质特征和关系特征、本质特征与非本质特征，决定概念内涵的主要是本质特征。

"概念的外延是通过对同一抽象层次上小概念的总体进行列举而对一个概念进行限定的，这些小概念直接位于相关的概念之下。"③

例如"人"这一概念的内涵可以是"由类人猿进化而来，能思维，能制造并使用工具进行劳动，能进行语言交际的社会性高等动物"，其外延则包括各种各样的人：老人、成年人、幼儿；男人、女人；白种人、黄种人、黑种人……。

---

① [奥地利]赫尔穆特·费尔伯.术语学、知识论和知识技术[M].邱碧华，译.北京：商务印书馆，2011：63-64.

② [奥地利]赫尔穆特·费尔伯.术语学、知识论和知识技术[M].邱碧华，译.北京：商务印书馆，2011：64-65.

③ [奥地利]赫尔穆特·费尔伯.术语学、知识论和知识技术[M].邱碧华，译.北京：商务印书馆，2011：73.

（三）概念的变迁

由于概念是人脑认识客观事物的产物，所以随着人类认识的不断深入和拓展，已有的概念也会随之发生变化：旧概念不断消逝，新概念不断产生，概念的内涵和外延也处在不停变化中。

在逻辑学中有一项"概念理论"，专门研究概念的本质和形成、概念特征的类型、概念的内涵和外延、概念的描述等问题。概念构成了术语的含义，术语使概念物质化。

三、术语的源泉

术语是人创造出来的学科性符号系统（包括语言符号和图形符号），用以物化人认识某一类客观事物的思维结果，并用以人际间的交流和传播。具有专业知识研究能力的人（包括个体和团体）是术语创造的主体。

科学技术活动是专业人士创造术语的根本基础，术语则是这一活动成果的符号化的物化。科学技术活动是具有专业能力的人与研究对象的相互作用过程，需要专业人才具有两方面的才能：一方面是获取实证资料的方法，另一方面是具备理性的、逻辑性的、抽象性的思维和思维方法。这两方面的方法都是以获得科学认识为目的的方法。关于科学研究方法（尤其是普遍适用于各学科研究的方法）的学问被称为"方法论"。"方法论是一门极为古老的科学。自亚里士多德的《后分析篇》起，围绕科学方法论问题的讨论持续了二千多年，而其中一些基本问题的讨论，比如定义问题、划分问题则出现的还要早。"[①]

获取对客观事物的直接经验是科学技术研究的初始步骤，其方法被称为"启迪学"，主要有观察、实验、调查、文献及描述与解释、关系论证等基本方法。根据启迪学获取的经验，对客观事物进行逻辑思考的基本方法主要有定义、区别、划分、论证及理论模型创立等。

我们可以把具有专业能力的人所进行的科学技术探索活动视为一种特

---

① [德]阿·迈纳.方法论导论[M].王路，译.北京：生活·读书·新知三联书店，1991：1.

殊的"劳动"。这种劳动以高度的智力劳动为主，必要的体力劳动为辅，以科学认识方法（方法论）和必要的仪器设备为工具，探索客观事物的本质规律，并用以创造人类生活所需要的新事物。术语就是这种特殊劳动的产物之一。这是术语的真正源头。

第二节　术语能力的结构与形态

术语能力是从事特定学科专业或技术领域工作的个人及团体学习、使用、创造术语的专业语言能力，是人类语言能力的重要组成部分。

一、术语能力的重要性

术语能力的重要性是由术语的多种功能决定的。术语功能有三个方面：社会功能、语言功能、科学认知功能，这三方面功能组成了术语的功能系统。[①]

（一）术语的社会功能

术语可用于国际性同行间的信息交流；术语构成和承载着社会的文化成果（尤其是科学和技术发展成果）；术语可用于这些成果的传承和传播；术语推动新的社会生产力和新技术的发展，并渗透于社会政治经济活动及运行管理之中。

（二）术语的语言功能

术语通过其专业名称功能，表达了对客观事物的细化认知成果。例如，"熵"（entropy）这一术语（泛指某些事物系统状态的一种度量，以

---

① 刘青.中国术语学概论[M].北京：生活·读书·新知三联书店，1991：95-141.

及某些状态可能出现的程度）在日常语言中几乎不使用的词，却不仅在自然科学中是一种重要术语，而且还被引用到了社会科学研究中。与通俗语言（或称日常自然语言）比较，术语有其严谨的概念逻辑定义，并趋向单义性，构成了人类语言词汇中的术语系统（又称术语集），大大丰富了人类语言的总体。

（三）术语的科学认知功能

"术语是科学的元语言，是形成相应概念系统所必需的辅助手段"，"科学认知功能是术语最主要的功能。"[①]

术语的科学认知功能主要体现在以下几个方面：通过术语创建来确定和体现专业知识；通过术语的系统化、类推、诊断、预见等方式启迪人的智慧；通过信息累积过程，不断吸纳最新的研究成果；通过形式化和简易化，压缩宏量信息等。

术语这些重要功能的实现，依赖于从事专业工作的个人和团体所具有的相应术语能力，而这些术语功能实现的程度又成为个人和团体术语能力水平的标志。学科化、行业化、国家化、国际化的标准化术语建设，为学科、行业、国家和国际科学技术界打造了一个比较通畅的交流平台，更促进了术语功能的充分发挥。

二、术语能力的层次结构

研究术语现象的术语学是一门跨学科的综合性学科。"普通术语学是跨学科的，它立足于多门学科的研究成果之上，又为一切学科所需求。"[②]"实际上，作为一门学科，术语学与多门学科都有紧密的联系。这些学科至少包括语言学、逻辑学、认识论、信息论、科学学等。这就决定

---

① 刘青.中国术语学概论[M].北京：生活·读书·新知三联书店，1991：119.
② [奥地利]赫尔穆特·费尔伯.术语学、知识论和知识技术[M].邱碧华，译.北京：商务印书馆，2011：1.

了术语学的跨学科性，或者说是多学科性。"①

这种跨学科性或综合性的术语研究从一个侧面反映出了人的术语能力的复杂性、系统性、多质性。为此，我们试把术语能力划分为不同的层次，并从结构性的角度予以阐述。

（一）言语行为层次

这是可观测的学习和使用术语的能力层面：

1.术语学习能力，将在下一节详述。

2.术语使用能力，理解术语及用术语陈述。

3.术语国际交流能力，能把母语形式的术语与至少一种外国语形式的术语互译，并与国际同行进行学术交流。

4.术语知识技术能力，"知识技术"是应用术语学中的一个重要概念，以"知识理论"为基础，指的是"人们对一门专业知识的内容、对获取各种专业知识的手段进行整理利用，也就是进行数据资料的搜集、分析工作，对数据资料进行拆分和编码，对已拆分或者编码的数据资料进行描述和储存，以便能够把相应知识对应的那些知识要素相互连接起来，从而能获取新的知识"②。我国术语学界提出的"计算机辅助术语工作"与"知识技术"概念相近。

5.术语创造力，专业造诣精湛、富于发现和发明精神的专业人士会创造出新术语以表现他们的新发现和新发明，并使新术语进入社会术语库中。

（二）深层基础层次

这是支撑术语言语行为层次的深层基础，由四个子系统组成。

1.专业知识系统

现实中并不存在抽象的术语（像术语学中讨论的"术语"那样），术

---

① 刘青.中国术语学概论[M].北京：生活·读书·新知三联书店，1991：8.

② [奥地利]赫尔穆特·费尔伯.术语学、知识论和知识技术[M].邱碧华，译.北京：商务印书馆，2011：12.

语都是某一学科，如数学、物理、化学、经济学 …… 的术语，或某一专业技术领域，如航天、航海、制药、芯片、AI …… 的术语。学科与技术领域是术语存在的母体，这一母体是由专门知识构成的动态系统。"知识是某种心理的东西，在人类的心理之外知识是不存在的，每一种知识都是个体人的知识"，"科学不是系统化的知识之外的某种东西。也就是说，只有具有科学知识的人，才能彻底、系统地去研究某个领域"①。所以，系统的专业知识是人术语能力的必需基础。

2.专业概念系统

知识系统又以学科的概念系统形式存在。一个学科或一个技术领域都有一个概念集，并以一定的逻辑关系形成系统的结构。术语是概念的物化表述，因此，相对应于学科或技术领域的术语也形成一个术语集，并以内涵、外延的相互关系构成系统、结构化的术语体系。没有孤立存在的概念，当然也不存在孤立存在的术语。

3.专业术语符号系统

符号是术语概念的物化形式，包括语言符号和图形符号等。对于某一具体学科或技术领域来说，都有自己独有的一套符号系统，与该学科或领域的概念系统相对应。作为术语能力来说，掌握一门学科的特定符号系统也是必需的，这在数学专业上体现尤为明显。

4.专业方法技术系统

各个专业都具有自己的研究方法与技术，包括发现问题的方法与解决问题的方法、科学思维的方法、形成概念与使用概念的方法、理论构造与理论阐述的方法、术语使用与术语表达的方法等。其中学科或技术领域的发现与发明方法尤其宝贵。

这些方法技术是术语能力最具活力的基础。

（三）核心能力

很明显，无论是概念的形成、术语的产生、术语的应用，都要以人的

---

① [奥地利]赫尔穆特·费尔伯.术语学、知识论和知识技术[M].邱碧华，译.北京：商务印书馆，2011：128-129.

思维能力为核心。

思维是人脑最高级的心理机能，具有多种类型，都为人的术语能力所需要。实践思维、逻辑思维、非逻辑思维是三种最基本的类型。

1.实践思维能力

人生存于实践活动之中，即作为主体的人与环境客体的相互作用之中。马克思主义哲学的思维方式不同于旧哲学思维方式的显著特点是其实践思维方式。这种思维方式把现实中人的实践劳动视为一切历史、哲学的起点，实践是人们认识和改造世界的一切活动，是有目的的能动性活动，是社会性历史性的活动。

在术语能力讨论中，实践思维能力指不同学科、技术领域的专业人才在研究探索活动（一种实践）中的综合思维能力。

2.逻辑思维能力

逻辑思维是备受西方学者推崇的思维方式，又称之为抽象思维。"抽象思维亦称逻辑思维，它是以概念的逻辑结构为特征的。逻辑思维的操作程序是用概念、范畴、规律、假说等元素，进行判断、类比、归纳和演绎的程序，即逻辑化的操作程序"，是在人们思维活动中占主导地位的思维结构。[①] 相应的逻辑思维能力在术语能力中是必不可少的。

3.非逻辑思维能力

人类的思维方式多姿多彩，专业人士也不例外。所以在逻辑思维形式之外，术语活动也有多种非逻辑思维能力的参与，主要有形象思维、灵感思维、直觉思维等。

①形象思维："是以形象为思维元素，以观察、体验、概括、类比、想象、模拟等方法，塑造的艺术形象或科学蓝图的审美 —— 艺术思维；是人脑思维用形象和情感去掌握世界的一种方式。"[②] 但有学者认为："艺术思维无疑是形象思维，并且是一种最典型的形象思维，但是不能说形象思维就是艺术思维。形象思维的外延比艺术思维的外延宽的多，它们是包含与被包含的关系，而不是相等的。"所以"形象思维是人脑自觉地反映

---

① 张思宏.思维与思维方式[M].哈尔滨：黑龙江科学技术出版社，1988：175.

② 张思宏.思维与思维方式[M].哈尔滨：黑龙江科学技术出版社，1988：181.

客体的具体形象为思维对象、以感性形象认识为思维材料，以意向为主要思维工具、以指导创造物化形象的实践为主要目的的思维活动"①。

术语中之所以有那么多图形符号的应用，与术语创制者的形象思维能力有密切关系，至少形象思维是抽象逻辑思维的补充、先导和架构模式。

②灵感思维：灵感是一种特殊的思维活动，是一种使人"顿悟""直觉""启迪"的带有偶然性、突发性的思维现象和思维过程，其机制可能是潜意识思维活动的突然意识化。"直觉"也是灵感思维的一种类型，我们并不陌生。

灵感普遍存在于人们的生活和工作中，可分为艺术灵感、科学灵感、日常灵感等。其中科学灵感的例证在科学技术史中并不罕见，比较典型的如苯分子环状结构的发现、"大陆漂移学说"的形成等。

灵感常在"百思不得其解"的问题意识积累后出现，其作用常如足球比赛中的"临门一脚"。很明显，这种思维能力既是抽象逻辑的补充，也是形象思维的补充。

我们可以得出结论：丰富多样的思维/思想能力是各种术语能力的深层次核心。术语系统是术语能力的外部表现，概念系统和思维机能是术语能力内在深层次的人脑机能，是术语能力的决定性要素。

三、术语能力的形态

由于科学技术的门类分工，各门类理性认识的日益深入，在普通语言基础上分化出了多种多样的术语方言。术语的母体是普通自然语言。术语文化是一种小众文化，因为社会分工及科技门类的不同要求，具有某种或某几种术语能力的人是相对大众来说的小众群体。在普通自然语言环境中存在众多这样的小众群体，就是术语能力存在的语言文化生态环境，这导致了普通自然语言与术语在以下两个维度上的分离：

1.从一般到特殊的分离：普通自然语言具有全民性、大众性、通俗性

---

① 陈新夏，郑维川，张保生.思维学引论[M].长沙：湖南人们出版社，1988：220.

和生活性，而术语虽然以普通自然语言为母体，但随着学科知识的专门化、深入化、抽象化，则使术语不断向特殊化方向发展，成了一少部分人的专用语言，而且常常在不同术语系统之间"隔行如隔山"，甚至在同一大门类学科内部，由于认识的专门化和深入化，术语也产生了分化，使同门类内部的交流也产生了困难。

2.从自然语言向人工语言的分离：由于自然语言的多义性和语义习惯性不适应科学技术的新发展，术语的人工语言性越来越强。如在我国的自然科学界，自然语言常常不能满足学科发展需要，加之术语概念大多来自国外术语翻译，就产生了许多普通汉语没有的新词。国际的术语发展也表现出"语言＋图形（或简易符号）"的趋向。

但由于人类的智慧性，也使人们努力地减弱这种语言分离或分化的趋向，促进普通自然语言与专门术语之间的相互渗透。这在科学普及活动中表现的尤为明显，许多学科和技术领域的术语日益进入了大众语言生活中，如"宇航""卫星""纳米""量子""三高""CT""人格""抑郁""两弹"等。一些普通自然语言的词汇也有转化为专门术语的可能，在社会科学领域尤其如此。

同样在一个个体人语言能力构成上，也同时包括普通自然语言能力和术语能力。我们可以把术语能力各层次及普通自然语言能力构成的系统图示如下：

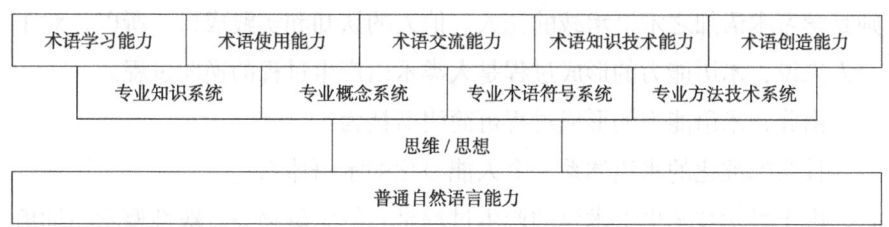

图8-3　术语能力结构示意图

第三节　术语能力的形成与维护

术语能力是经由专业学习和专业活动形成的，其中专业学习能力和语言学习能力是关键要素。对于基础学科术语能力来说，正规学校教育中的相关课程学习是多学科术语能力形成的主渠道。在基础教育阶段尤其如此，如数学、物理、化学、生物、地理、历史、政治、语文等。在高等教育阶段，专业分化是主要特点，术语能力进入了专门化发展阶段。

一、术语能力形成的基本过程

术语能力的形成与术语的产生发展不是一个概念。术语的产生和发展是科学技术发展史中的问题，即人类认识客观事物本质属性、本质规律的历史性过程，其特征是对事物从感性认识逐步上升到理性认识，形成学科概念并以语言符号和非语言符号予以物化的过程。术语进入社会交流中得以标准化和规范化，形成人类文化的科学知识部分。

而对于人类一个一个的个体来说（儿童从童年逐步进入社会生活从而社会化），进入学校教育阶段，学习的重要任务就是在教育者（主要是各科目教师）帮助下学习和掌握已经社会化的知识体系，并从符号化的术语学习开始，并不需要重复科学技术史中术语的发现和发明过程，主要任务则是学习术语加之术语承载的先人、他人的认知和实践成果。所以，对于个人来说，术语能力的形成过程是人类术语产生过程的逆向过程。

由此，术语能力的形成过程可简明概括为：

社会标准化的术语体系→个人能力化的术语体系

由于科学技术史上术语的产生过程是：特定事物→一般性概念→抽象性术语，而学校教育中则是抽象性术语→一般性概念→特定的事物，加之学校学科教育是接受和传承先人或他人的经验，学生并没有多少自己的直接经验，就使各学科知识体系及技术方法的学习成了一项比较艰巨的任务，也是学校教育占人生近1/3时间比例的客观原因之一。但这较之术语产生以百年、千年计的时间来说，已经是非常快捷、高效的时间、精力的付出了。

从微观上说，术语能力的形成，是事物 — 概念 — 符号三角结构的建构过程，而且这种建构是海量术语的一一建构过程，没有捷径可言（至于将来科技的发展，如大脑＋芯片技术，使人的学习易化，现在还不能做出明确的预言）。

从历程上看，术语能力的形成经历了以下诸方面的转化：

1.普通自然语言能力→专业人工性语言能力

2.具体直观生活经验→学科知识体系的理解

3.直观具体形象思维→抽象概念的逻辑思维

4.个别术语的掌握→术语体系的掌握

5.基础全面知识学习→高端专业知识的学习 ……

经过这些转化，一个普通文化水平的人逐步成了一个学有专长的专家学者。

二、术语能力的动态更新

已形成的术语能力不是一成不变的。一方面是不断向深化、细化、智慧化方向发展，"学无止境"；另一方面则是已形成术语在内涵、外延上不断动态更新，保持专业知识的"日新月异"。

例如，"原子"这一术语的汉语，是从日语汉字引入的，日语则来自英语atom，英语则是从希腊语转化而来，原意是"不可分"的粒子，这一术语已经有了数千年的历史，到当代仍是一个重要的科学概念，并发展出了深奥的原子理论。之所以如此，正是人类对原子科学认识的不断加深，使这个概念的内涵不断更新，才使这一术语保持了活力。

原子概念起源于古代人类（包括我国的祖先）关于物质由离散单元组成并且可被任意分割，直至不可分割的最小物质单元的哲学性观念。科学家在17 — 18世纪通过大量实验，证实了原子的存在。1897年，物理学家约瑟夫·汤姆生（J.J.Thomsom）发现了电子及它的亚原子特性，打破了人们原子不可再分的设想。此后，科学家陆续发现了原子核与核外电子，原子核由质子和中子组成，阐明了原子的构造模型。直到当代关于原子的粒子学说仍在继续，并发展出了量子力学，许多内容已不是大众所能理解的了。

当代人类社会的化工企业、电力企业、核科学技术以至于医疗设备等，从术语学角度看，都是"原子"这一术语衍生的产物。这一方面说明科学技术的术语随着研究探索不断更新其内涵，另一方面也反映了人们头脑中的术语概念也不断动态更新。这就要求现代人必须通过术语的动态更新来维护已形成的术语能力，否则就会成为一个在专业知识上落后于时代发展的人。

第四节　国家术语能力

虽然术语源起于专业人士的创造，但术语及其科学技术内容要走向社会，成为社会文化的组成部分。对于一个国家来说，各门学科和各个技术领域的术语集合，反映了一个国家的科学技术实力的发展水平及状态。所以，国家术语事业及相应的术语能力构成了国家语言能力的重要组成部分。根据术语的功能和特性，可以说术语能力既是国本语言能力又是国际语言能力的组成部分。

一、国家术语事业

古代中、外贤哲们早就已经注意到了术语规范和标准化的重要性。如2000多年前的典籍《尔雅》就是我国第一种辞书性质的著作，它整理了一大批百科术语。西方的先哲如柏拉图、亚里士多德等也早有了关于术语理论的基本思想。

在20世纪20～30年代，多个西方国家的语言学家和科学家、工程技术专家为现当代术语学的产生和发展做出了贡献。如奥地利的工程师维斯特（Wüster，术语学维也纳学派的奠基人）的《技术当中的国际语言标准化》（1931），在1936年促成了一场世界范围的研究术语基本原则的合作，目的在于制定出国际术语的基本原则和标准。

与术语标准化和传播相关的国际组织是国际标准化组织（International Organization for Standardization），简称为ISO，成立于1947年。ISO来源于希腊语"ISOS"，意味"平等"。中国国家标准化管理委员会于1978年加入ISO，2008年成为ISO的常任理事国。该组织的宗旨是"在全世界范围内促进标准化工作的开展，以便于国际物资交流和服务，并扩大在知识、科学、技术和经济方面的合作"。该组织的工作中有相当大一部分与术语工作有关。

我国国家性的术语工作机构是"全国科学技术名词审定委员会"，简称为全国科技名词委，是1985年经国务院批准成立的术语工作机构。其任务是制定中国科学技术名词规范化工作的方针、政策、原则和规划；负责组织科学技术各学科的名词审定、公布及协调、推广应用工作等。有分学科名词分委员会近百个，审定公布了百部以上术语名词书，初步建立了我国现代科技术语体系。

中国科学院原院长路甬祥院士在为《中国术语学建设书系》作的总序中写道："审定科技术语，搞好术语学建设，实现科技术语规范化，对于一个国家的发展和文化传承是一项重要的基础工作，是实现科技现代化的一项支撑性的系统工程。"

二、国家术语能力的构成与建设

国家术语能力是国家科学技术事业的基础性、系统性的能力，其主体是国家有关机构和各学科、技术领域的学术群体。外在上，术语能力是一个国家和民族科学技术事业综合实力的标志，内在上是一个国家科学技术事业发展、学术交流、孕育创新及学校教育的工具性能力。

其构成可初步区分为五种更加基本的能力。

（一）术语规范化、标准化能力

为使科技界学术交流的通畅，科技术语（又称学科名词）需要规范化和标准化，而这项工作需有一定行政权力的机构进行。由于中国近现代科技事业发展的落后与迟滞，随着先进的西方科技大规模传入，大量翻译性科技术语应运而生，其中不免有名称多样、定义不一的混乱现象。为此，术语的规范化、标准化就成了国家科学技术发展中的一项重要工作，也体现了国家科技术语规范化、标准化的能力。

我国近代以来的科技名词规范工作可分为起步阶段、发展阶段、繁荣阶段、低谷中前行阶段、恢复与提高阶段。清末为起步阶段，民国为发展阶段，新中国成立初期为繁荣阶段，20世纪50年代至改革开放前夕为低谷中前行阶段，改革开放以来为恢复提高阶段。

现在，国家科技术语工作组织的权威性越来越强，术语规范工作的科学性也越来越强。

（二）术语集构建能力

浑然一体的客观事物，经由人的认识过程，形成概念、判断和推理构成知识体系，知识体系经由语言等物质符号形成术语体系。对于一个国家和民族来说，术语的集合就成了国家和民族科技实力的标志。而术语集的构建能力则构成了国家术语能力的重要组成部分。

术语集的构建在术语学中称之为"术语编纂"。这一工作是对某一学科知识或某一技术领域的术语进行搜集整理、系统编排及必要的定义阐释，进而实现术语的规范化、标准化和单义化。

术语集的构建是一项缜密、繁重的工作过程，需要相应专业或领域的专家学者集体完成。工作的成果有不同的类型：比较简单的有词表、多语种对照表等；复杂的有多种类型的词典，如百科全书（包括综合性的专科性的）、术语词源词典、术语历史词典、新术语词典等。带有一定强制性的是术语标准或推荐术语集。

术语集的一种新类型是"核心术语集（Key Terms）"，源起于

Bloomsbury出版集团发行的 "Bloomsbury Key Terms Series"，由我国外语教学与研究出版社近年引入出版了语言学类 "外语学术核心术语丛书"。

该类型术语集是选择反映某一学科或某一理论整体知识的关键术语（也是关键概念），并在该学科或理论的体系中去解释和阐述术语的含义、功能和价值。关键术语的选择除本学科外，还注重多学科性、跨学科性的选择，用以帮助学习者摆脱传统专业概念的束缚，扩大视野和了解学科的多层次的复杂联系。

另外，这种术语集除专业核心术语外，还收录了关于该知识领域的比较权威和有贡献的学者，以及相关的代表性论著。

胡壮麟先生在为《外语学术核心术语丛书》作的总序中写道："它是教材，又非教材；它是辞书，又非辞书；它是专著，又非专著；"是"引进和推出的一个崭新的语类。"①

国家术语能力正是从术语集构造（术语编纂）的具体成果中显示出来，这些成果又构成了国家术语能力的实体。

（三）术语数字化、网络化、智能化及管理能力

在术语集或术语库的建设中应用现代化信息技术，过去叫作"计算机辅助术语工作"。时至当代，计算机技术、网络技术、大数据技术、云计算技术、移动通信技术、人工智能技术等改变了人们的信息生活，使术语工作进入了一个新形态，新技术不再仅仅是"辅助"，而是一个新形态的创造。

"百科"（Encyclopedia）指天文、地理、自然、人文、宗教、信仰、文学等人类全部学科知识的总称。过去以大百科全书式的纸质图书编纂为主，当代新兴起的网络百科有占据主导地位的趋势。著名的"百度百科""维基百科""搜狗百科""互动百科"……，已日益成为术语集成和广大用户经常使用的工具，智能搜索也更为快捷方便。

术语的数字化、网络化、智能化已成为时代发展的潮流，更反映了一

---

① 外语学术核心术语丛书[M].北京：外语教学与研究出版社，2016，总序.

个国家术语能力的现代化水平。同时，对这一趋势的引导、规划、基础建设、规则制定等管理工作也进入了政府工作的议程。相应的领导与管理能力也成了国家术语能力的组成部分。

（四）术语吸纳与传播能力

我国科技术语大多是吸纳引入的，但吸纳引入中也有创造。一个典型的例子是"氧"这一元素名称的确定。氧的西文是Oxygen，由法国化学家拉瓦锡1778年命名。虽然当时的概念内涵并不正确，但作为重要元素之一的名称是没问题的。1855年英国传教士合信首次把Oxygen译入中文，为"养气"，应该是意译。后来我国学者通过创造新形声字来表示化学元素的名称，几经周折，至1915年，才由当时的教育部定名为氧。[①] 这个例子说明，若没有创造性的翻译引入，就没有当代汉语的科学技术术语体系。一种国本语言若缺少开放的吸纳力，社会发展也会受到消极影响。术语吸纳力是国家术语能力的源能力之一。

专业术语并不是孤立存在的符号系统，它一方面存在于一个国家普通自然语言母体之中，另一方面随着科学知识的普及、技术推广、大众文化水平的提高，专业术语也在不断向普通自然语言转化，成为大众文化的组成部分，并形成国家综合实力的组成部分。所以，术语的发布、传播、普及也是国家术语能力的功能组成部分。

（五）术语更新及创造能力

人们对世界的认识不断深化，改造世界的实践日新月异，这反映在科学技术的术语上，就是术语的不断更新与新术语源源不断地产生。在国家层面上顺应这种发展趋势，就需在术语工作中具备术语更新的能力，并表现为术语集和术语系统的不断修订与完善，墨守成规只会阻碍科技的发展进步。

当代技术科学领域的发展速度远远快于基础科学发展的速度。新技

---

① 刘青.中国术语学概论[M].北京：生活·读书·新知三联书店，1991：237–246.

术、新知识的系统集成应用层出不穷，相应的新概念、新术语也不断涌现。如人工智能（Artificial Intelligence，缩写为AI），已成为当代一门显学，是研究、开发用于模拟、延伸和扩展人类智能的理论、方法、技术及应用系统的一门新的技术科学。语言识别、图像识别、专家系统、机器学习等术语相应地产生出来。

一个典型的例子是Chat GPT横空出世。它是由美国Open AI研发的聊天机器人程序，于2022年11月30日发布。Chat GPT是人工智能技术驱动的自然语言处理工具，通过海量的数据库知识储备支持，它能够通过理解和学习人类的语言来进行对话，还能完成撰写邮件、视频脚本、文案、翻译、甚至写论文、诗歌和做作业。截至2023年2月，全球用户已达1亿多。有调查显示，美国89%的大学生用Chat GPT做作业。随着Chat GPT技术的迅速发展，有预测认为，这一程序软件会取代大量人类智能性工作，在某些方面会远远超过人类智能。

我们仅从术语角度观察这一现象。

由于在汉语中尚未有简洁的术语对应，所以造成了大量直接引入英文缩写的术语。例如，Chat GPT英文全称是Chat Generative Pretrained Transformer，中文意思是"聊天生成型训练变换模型"。相关的术语还有AIGC，原文为AI-Generated Content，中文为"人工智能生成内容（模型）"，该模型能够促进利用人工智能进行内容创作，提升内容生产效率与丰富度；RLHF，为Reinforcement Learning with Human Feedback的缩写，意为"基于人类反馈的强化学习"。这些术语都是AI研究中不可缺少的。

术语创造力是科技发展中发现、发明成果的反映，也是国家科学技术能力活跃程度的指标。一个国家所创术语的数量和质量，以及公认程度，是这一国家科技影响力的表现，也是这一国家为人类知识总体做出贡献的量度。

人类术语能力以国家和民族的自然语言能力为母体，是大量小众群体各自的专业语言能力，依门类繁多的具体学科和技术领域自成体系。这种特定的、具体的术语能力是专业人才的基础素养，更值得分门别类地进行深入研究。

第九章　职业语言能力

　　由于人类社会生存、发展、进步的需要而形成了非常复杂和细化的社会分工，这种分工产生了多种多样的职业。经由社会化而进入社会生活的个人，几乎每个人都要从事一定的职业工作，都要具备胜任某一职业岗位的工作能力，即职业能力。在所有职业能力中，语言能力都是不可缺少的要素，所以职业语言能力问题值得专门探讨和研究。

第一节　职业能力

一、职业

　　职业（occupation，vocation，profession，job，work）具有多种含义。简单地说，职业是性质相近的一类工作的总称，是个人服务社会并作为主要生活来源的工作。从社会学角度看，职业是劳动者获得的社会角色，劳动者为社会承担一定的义务和责任，并获得相应报酬的工作岗位。从国民经济活动所需要的人力资源角度看，职业指不同性质、不同内容、不同形式、不同操作的专门劳动岗位。从一个社会组织机构内部来看，职业指的是某一具体工作职位（岗位，Position），每一个职位都会对应着一组任务（Task），完成这组任务则是工作者的岗位职责。从劳动技术角度看，职业还常指专门行业，指具有一定专长的社会性劳动。

职业具有社会历史性，与时代发展、社会政治经济形态、科学技术发展水平有直接关系，其本质则是人的社会劳动。在商品经济社会，"所有的商品都是人类劳动的产品，每种商品都花费了一定的一般人类劳动"，"生产商品的劳动无论具体形式如何不同，都是人的脑力和体力的支出，从这个意义上说，它们都是无差别的人类劳动，或叫作一般人类劳动"①。在资本主义社会，不仅一切劳动产品都是商品，而且工人的劳动力也是商品。因此，前述"获得相应的报酬"一语，本质上也是商品的交换。而具体的劳动形式则表现为各种各样的职业，这些职业构成了社会的躯体和生存机制。

在社会生活中，职业岗位还带有社会地位的含义。例如，"农民工"一词就有比较复杂的含义，一方面是说这些进城务工人员的身份是户籍在农村的农民，另一方面是他们从事的职业又是过去工人所从事的工作（如建筑业、制造业）。据统计，截至2021年末，全国农民工总量达29251万人，近三亿，但他们没有享受到城镇居民的福利待遇（如子女教育、医疗等），更谈不上所工作城市的选举权和被选举权的政治权利。"无差别的人类劳动"仅仅是"抽象劳动"的含义。

二、职业分类

1. 国家标准分类

在已有工作基础上，1995年国家劳动和社会保障部、国家统计局和国家质量技术监督局联合中央各部委共同成立了国家职业分类大典和职业资格工作委员会，组织社会各界上千名专家，经过四年工作于1998年编制完成了《中华人民共和国职业分类大典》，1999年正式颁布实施。

《大典》把我国职业分为八个大类：②

（1）国家机关、党群组织、企业、事业单位负责人。

---

① 国家教委社科司组编.马克思主义原理[M].北京：高等教育出版社，1993：244.

② 劳动和社会保障部，国家质量监督检验检疫总局，国家统计局.中华人民共和国职业分类大典[M].北京：中国劳动社会保障出版社，1999：244.

（2）专业技术人员。

（3）办事人员和有关人员。

（4）商业、服务业人员。

（5）农、林、牧、渔、水利业生产人员。

（6）生产、运输设备操作人员及有关人员。

（7）军人。

（8）不便分类的其他从业人员。

大类下又分为66个中类，中类又分为413个小类，小类下又分为1838个细类，细类即职业。

2.其他分类

（1）按产业特征分类：一般把产业分为三类，第一产业包括农业、林业、牧业和渔业等。第二产业是工业和建筑业，工业包括采掘业、制造业等。第三产业是流通和服务业。三者构成社会产业的整体，当代社会第三产业职位数量和就业人口日益增加，比重日益加大。

（2）按行业特征分类：按社会经济活动性质的同一性把国民经济划分为不同的门类，主要有13类。农林牧渔水利业；工业；地质普查与勘探业；建筑业；交通运输业、邮电通信业；商业、饮食业、物资供应和仓储业；房地产管理、公用事业、居民服务和咨询服务业；卫生、体育和社会福利业；教育、文化艺术和广播电视业；科学研究和综合技术服务业；金融、保险业；国家机关、党政机关和社会团体；其他行业。

（3）按劳动性质分类：在政治经济学中把劳动分为简单劳动和复杂劳动。"简单劳动是一般劳动者不需要专门培养和训练就能胜任的劳动，复杂劳动是经过专门的培养和训练、具有一定的文化和技术的劳动者才能胜任的劳动。"知识在复杂劳动中起着潜在生产力的作用，"知识如果被人掌握，武装了人的头脑，提高了人的技能，它就成为人的劳动能力的有机的组成部分，这种劳动能力在生产过程中的实际使用，是复杂劳动"①。

由劳动这一性质演化，出现了"体力劳动者"与"脑力劳动者"的划

---

① 国家教委社科司组编.马克思主义原理[M].北京：高等教育出版社，1993：244.

分，并对应着相应的工作职位。当前，在社会中有一种带着调侃意味的工作种类划分是"五领"："金领"，企业的创办者或领导者，以及专业性很强的高层管理人员；"白领"，受过良好教育，有一技之长，以脑力劳动为主的人员；"灰领"，掌握一定科学文化知识，又具有较高操作技能的复合型人才；"蓝领"，主要以体力劳动为主，但也有较一般性的生产技能和职业生产规范训练，以及生产经验。另外一种称之为"粉领"，多为自由职业者，从事自由撰稿、广告设计、服饰及工艺品设计、产品营销等工作，因从业人员大多为女性，故称为"粉领"。这种形象化的职业分类，带有对职业感受的复杂情感，也并非全无道理。

三、职业能力

职业能力（Vocational ability，Occupational ability）既是个人能力也是社会、国家的资源。在国家层面上，人力资源和社会保障部专设有"职业能力建设司"，主管国家职业能力建设工作。

1.职业能力的定义

"职业能力是人们从事其职业的多种能力的综合"，"个体将所学的知识、技能和态度在特定的职业活动或情境中进行类化迁移与整合所形成的能完成一定职业任务的能力"（百度百科·职业能力）。

简言之，职业能力是一个人胜任某个职位工作任务的身体与心理机能、知识与技能、思想与品德的素质集合。

2.职业能力的构成

（1）职业能力的基础要素

按照马克思主义的生产力学说，劳动者是生产力中最活跃的核心因素，在当代社会，劳动者就是一切从事职业工作、具有职业能力的人。一切职业工作都要求职业能力具有多种基础要素：良好的身体生理功能、健全的心理功能，以及在此基础上形成的知识与技能、思想与品德素质。这反映在教育事业中就是培养德、智、体全面发展的社会人。或者说职业能力的基础、基本要素是德、智、体三个方面。其中德表现为职业道德和人格健康，以及良好的职业态度；智包括人的认知能力、学习能力、运用知识解决问题的能力等；体包括生理健康、精力充沛度、动作技能系统等方面。

（2）职业能力的三个组成部分

一般认为，职业能力由一般职业能力、专业能力、综合能力三部分构成。所谓一般职业能力也可以视为"通用职业能力"，即所有种类的职业能力都需要的多种基本能力，如学习能力、文字和语言运用能力、数学运用能力、空间判断能力、形体知觉能力、颜色分辨能力、手的灵巧度、手眼协调能力等；专业能力则是职业能力的主体，我们通常所说的职业能力就是指从事某一行业工作的专业能力，工作的专业性、专门性有强有弱，专业性越强的工作，越需要相应的非大众化的专门能力；职业综合能力则是职业能力的高端部分，相关研究认为这一能力包括四个方面：①跨职业的专业能力，包括运用数学和测量方法的能力、计算机应用能力、运用外语解决技术问题和进行交流的能力。②方法能力。③社会交往、协作、沟通能力。④个人品德，包括社会责任心、诚信、职业人格、职业道德品行等。

很明显，语言文字能力、专业术语能力、人际言语交往能力、语种（尤其是外语）能力等语言因素，是职业能力构成中不可缺少的要素。

第二节　职业语言能力

语言既是人际间交流的工具，也是人内心世界的心智工具，所以在职业能力中的人际交流与合作、心智活动的机制中语言和言语因素是不可缺少的要素，这些要素就构成了职业语言能力。在第六章关于国家语言能力的讨论中，苏金智教授等在国家语言能力框架中就专门列出了"职业语言能力"，并归属于"政府机构语言能力（核心）"的子项首位。

一、职业语言能力的性质

职业语言能力是一个人在某一行业系统内，完成职位工作所需要的语言能力，具体体现在入职前的任职资格、入职后的职业素质及后续职业发展之中。其性质可从以下三方面揭示：

（一）职业语言能力的语言学性质

在语言学中，职业语言被视为社会方言。"不同的行业由于工作的需要而各有自己的一些特殊词语。比方说，长刨、短刨、平刨、圆刨、槽刨、手锯、电锯等是木工的行业用语；处方、休克、血栓、粥样硬化、饮片等是医药界的行业用语；行头、场面、龙套、生旦净末丑等是戏曲界的行业用语；等等。"[①] 科学技术的术语也是一种特殊的行业用语。

职业语言能力就是学习和掌握行业用语的能力。可以说，不懂、不会行业用语，在许多种职业中都会寸步难行。职业的分类、分工是导致行业用语这种社会方言产生的根本原因，一种职业消失了，相应的职业方言也会消失，同样，一种新职业产生了，相应的职业方言也会产生。例如，在20世纪初叶，人们的瓷器破了，需要修理，就产生了"锔匠"这一职业，现在人们的日常瓷器破了，大多不再修补，所以锔匠这一职业就消失了。但俗语"没有金刚钻，就别揽瓷器活"却流传下来。反之，"外卖"作为一种新职业，截至2020年12月，用户达到了5.2亿，并且有"万物皆可外卖"之势，同时，"平台""下单""移动订购""外卖封签""骑手""好评""差评"等一批行业用语也应运而生。而专业性、科技性很强的新职业，则需要就业者具备更高的行业语言能力，基本上是术语能力了。

（二）职业语言能力的心理学性质

从心理学上说，职业能力是人类一般心理能力（以智力为主）具体化（特化）形成的心智机能系统。这一系统存在和活动的主要形式就是内部

---

① 叶蜚声，徐通锵.语言学纲要 [M].北京：北京大学出版社，1997：182.

言语（斯蒂芬·平克所言的"心语"），是一种在职业环境中语言和思维结合为一体，加之动作技能的具体能力（有多少种职业，就相应有多少种职业能力）。该系统的核心是职业化的思维能力，内容则是相关的职业知识、职业经验和职业技能，并主要以语言为"物质外壳"。

不同的职业岗位在思维类型上也不相同。在心理学中根据思维任务的性质、内容和解决问题的方法把思维分为直观动作思维（又称实践思维）、具体形象思维和语词逻辑思维。[①]以体力活动为主的职业类型在思维能力上以直观动作思维（实践思维）为主，以脑力活动为主的职业类型在思维能力上则是以语词逻辑思维为主，艺术类职业则以形象思维为主。但不论哪种思维类型，都离不开脑内的言语思维过程。某职业岗位的熟练者，其内部言语过程达到了高度的自动化和潜意识化，而职业新手则需经历一个外部言语的内化过程，对行业语言要经由一个高度意识化的学习和练习过程，而且学习和练习的质量直接决定着他职业能力的水平。

此外，职业道德规范、职业工作态度等也以内部言语的形式存在，表现为个人的职业道德观念和职业思想品德。同时，个人的心理个性特点，或人格特征也会投射到他（她）的职业能力中，并常以外部言语表现出来。良好的心理个性特点（如人格测验中的"合格群"）会提高人的职业能力和工作效率，不健康的心理个性特点（如"粗鲁""孤僻"、暴力倾向、反社会人格等）会降低人的职业能力，甚至导致事故的发生。这些个性特点既有内部言语的机制（常常是潜意识的），又有一定的外部言语表现。

从心理学上说，职业能力是以专门化的心智机能系统为中心的，而内部言语思维能力又是这一系统的核心。

（三）职业语言能力的社会学性质

从人类社会生存的角度看，社会就是一个组织化、结构化的职业体系。这一职业体系构成了社会的躯体，其本质是人与人的劳动交换关系，是人际间彼此互相满足一定需要的关系。职业语言能力是这些关系能够存

---

① 彭聃龄.普通心理学[M].北京：北京师范大学出版社，1988：357–358.

在和运行的语言要素，并表现为个人掌握和使用职业活动所需的语言与言语能力。

马克思说："人的本质不是单个人所固有的抽象物，在其现实性上，它是一切社会关系的总和。"① 这就决定了一个人在社会中要扮演着多重的社会角色，相应的语言能力也具有了多重的角色性。如一个单位的经理，在单位内是管理者或领导者，而在单位外则是一个被管理者（被上级公司或政府部门管理）；在单位内可发出各种工作指令，具有相当大的决策权和权威性，但在单位外的原材料购买和产品销售时，又与单位外的人处于平等交易、协商沟通的伙伴地位。

由此，职业语言能力需要有四个方面的形态：处理职业单位内部人际关系的语言能力；处理职业单位外部关系的语言能力；行业和专业术语语言能力；其他社会角色（家庭、社区、地区、国际）所需的语言能力。

从社会心理学角度看，职业语言能力的深层次核心因素是人的"社会智力"（Social intelligence）。该概念源起于美国心理学家桑代克（Thomdike，E.L.）1926年对人类智力的分类，他把人类智力活动分为三类：抽象智力、具体智力、社会智力，社会智力指了解他人和与人相处的能力。20世纪80～90年代，加德纳（Gardner，H.，1983，1993）提出多元智力论，把社会智力具体化，包括人际智力和自知智力，后来沙洛维（Salovey，P.）和梅耶提出情绪智能概念，并将之界定为社会智力的一种类型。社会智力学说强调智力与社会生活的联系，重视处理人际关系的能力与技巧，是一种了解自己与了解他人及与他人相处的能力，包括社会认知、社会情绪、社会活动技能等。

近几十年在通俗心理学中的"情商"（Emotional Quotient）概念与社会智力有许多共同之处，近似于俗语"人缘"。

职业语言能力是个人语言能力的社会角色化、职业化和专业化，各行各业的总体职业语言能力构成了国家职业语言能力。

① 卡尔·马克思.关于费尔巴哈的提纲[M]//马克思恩格斯全集：第三卷.北京：人民出版社，2006：188.

二、职业语言能力的形态

职业的种类千千万万，相应的职业能力及职业语言能力也具有多种多样的形态，我们试从以下五个维度予以分析。

（一）结构形态

职业语言能力是职业能力不可缺少的语言要素，是为职业能力服务的，所以在结构上，职业语言能力与职业能力有同构性。前已述及，职业能力由一般职业能力、专业能力和综合能力三部分组成，相应地职业语言能力也应有三个组成部分：一般语言能力（或称之为通用语言能力）、专业语言能力和综合语言能力，其关系可见图9-1：

```
职业能力：              职业语言能力：

一般职业能力 ——————— 一般（通用）职业语言能力
专业能力    ——————— 专业语言能力
综合能力    ——————— 综合语言能力
```

图9-1　与职业能力相对应的职业语言能力

第一，职业语言能力的三个组成部分是一个整体，对任何职业来说都是如此，但在结构比重上，可能千差万别。

第二，职业语言能力的三个组成部分还对应着就业者更高层次的才能。一般（通用）职业语言能力对应着人际交往能力，专业语言能力对应着专业知识、专业技艺、专业经验及术语能力，综合语言能力对应着职业创新与开拓能力，以及职业人格的完善与发展。

（二）比重形态

语言能力是职业能力的要素之一，而且是不可缺少的要素，但不同的职业种类，对语言能力的要求也很不相同。换句话说，在不同的职业中，语言能力所占的比重也很不相同，例如与物打交道为主的职业，如流水线上的工种、农业中管理农作物或饲养家禽家畜的行业等，并不需要太多的

语言表达能力；而与人打交道为主的职业，如教师、销售、社工等则需要
很强的语言表达能力；文秘、编辑、新闻等职业更需要很强的书面语言能
力。按照需要语言能力的多少，占不占工作的主导地位，我们可以把语言
能力比重从次要到主要列成一个两端性的变化维度：

次要地位 $\xrightarrow{\text{中间状态}}$ 主要地位

在这一维度的主要地位端，是以语言为基本材料、以言语为劳动能
力、以话语为产品、以思想为核心的职业语言能力，对应的职业如作家、
诗人、演说家、翻译家等，我们可以称这种职业语言能力为"语言职业能
力"，并在下一节专门予以讨论。

（三）专业化形态

职业所需的专门知识和技能的复杂程度决定了职业语言能力的专业化
形态。从这一维度看，职业语言能力从普通性为主到专业性为主形成一个
变化的阶梯：

普通性 $\xrightarrow{\text{中间状态}}$ 专业性

许多职业只需要通俗的、通用的普通的自然语言即可，专业性不是太
强，如餐饮、外卖、售货员、出租车司机等；而另一些职业有许多"行
话"，需要专业性很强的语言能力，如医生、金融、财会、高新技术企
业中的"白领"等；少数职业则需要更强的专业和术语能力，如IT、AI、
精密仪器设备制造等技术工作岗位；极端的则是科学研究岗位研究人员必
需的科学术语能力。

虽然专业术语在不断大众化，但在概念内涵理解上，大众与小众的专
业人士还是有很大差别的。大众的理解常常是模糊的、粗略的、表观的、
零散的，专业人士的理解则是明确的、精细的、内在的、系统体系化的。

（四）组织性形态

大多数职业岗位都是依存于一个或大或小的组织化、机构化的系统之内（也常称之为单位），这决定了职业语言能力的群体约束性特征。

一般来说，比较自由的、结构松散的小群体（甚至是个人）的职业岗位，言语的自主性、独立性很强；而在人数较多、组织结构化程度较高的单位内，职业岗位的角色性很强，相应的职业语言能力自主性、独立性较低。其关系可图示如下：

组织性低   组织性高
（言语自主性、独立性高）━━━━━━▶（言语自主性、独立性低）

在较大群体的单位内，有内部分工，人际关系比较复杂，这就要求不同职业岗位的人，在职业语言能力上体现充分的角色性和言语的规范性（言语规范既有明确、公开的规则，也有潜在的、隐蔽的规则），在社会行政管理机构中尤其如此。组织性产生的根本原因是社会化大生产导致的。

（五）外部言语与内部言语形态

一切种类的职业语言能力都是由外部言语和内部言语两部分构成的。从学术上说，外部言语是语言学，尤其是语言学中的社会语言学和语言社会学的研究对象，对个人来说则是他的言语行为，是可直接观测的；内部言语则是认知科学、心理学，尤其是认知语言学、心理语言学、神经语言学的研究对象，核心是人的言语思维，是难以直接观测，甚至是无法观测的（就当前科技水平而言）。二者在职业语言能力中合为一体，是从事职业生涯都不可缺少的。

外部言语的根在内部言语，是内部言语的人际间外在表达。但二者并不是完全一致的，存在比较复杂的关系。因为外部职业环境，尤其是人际关系具有多因素性、多变性和社会规范性，而内部言语具有心理自我性、隐私性、情感性和潜意识性等，就导致了内部言语与外部言语关系的复杂形态。例如，"心直口快""言不由衷""正话反说""词不达意""言行不一"等都是常见的内外部言语不一致现象。

从职业能力角度看，内部言语有两方面的功能：一方面是承载职业知识、职业技能、职业经验的语言物化形式；另一方面则是职业态度、职业道德规范、职业精神、职业规划的内部言语承载形式和运行机制。

内部言语有不同的水平，比较简单的是自我言语，即"自言自语"，话语结构接近于外部言语；深层次的是"言语思维"，具有简约性、抽象性和很大程度上的潜意识自动性，与外部言语有很大不同，甚至超出了语言的范畴，进入了思维的领域。

内部言语虽然是不可直接观测的，但可由外部言语及人的"以己度人"能力予以间接推测来认知和把握。内部言语也可以从外部予以影响和指导，例如企业的思想政治工作的机制就是通过多种方式影响、引导、构建人的内部言语活动内容和方向，并形成全体人员的精神动力、心理氛围、和正确的思想导向。许多事例证明，精神激励的力量要强于物质激励的作用，并有持久性。这是那些"目中无人"的经济学家难以理解的。

第三节　语言职业能力

在林林总总的职业类型中，语言及语言能力占主要地位的职业众多且重要。这类职业可以称之为"语言职业"，就职者所需的相应语言能力可以称之为"语言职业能力"。语言职业能力是职业语言能力的特殊类型，也是人类语言能力在相应职业活动中的特化。

当代职业的社会发展特征是日益趋向于知识化、智能化和信息技术化，运用语言进行职业活动的言语能力成为这种职业发展趋向的重要标志，并形成了新型社会生产力。语言职业的蓬勃发展，凸显了语言职业能力研究的迫切性和重要性。

一、语言职业能力的定义

前已述及，语言职业能力是以思想为核心，以语言为基本材料，以言语为"劳动"过程，以话语为产品，语言能力占相应职业能力主导地位的职业语言能力类型。

（一）性质

语言职业能力是以语言运用、言语过程、功能话语为主要活动形式的职业能力。典型的职业之一是翻译行业，从业者须为精通两种及两种以上语言并熟练运用的人士，此外，还需对所译内容的专业知识也有较好的把握。翻译行业中的"口译"（interpret）是对译员职业能力要求很高的职业岗位，是在人际交流过程中，以口语的方式将译入语转换为译出语的劳动过程，主要工作方式是"同声传译"和"交替传译"，以及商务口译等。在国际交流、人际交往、商贸、利益冲突日益频繁的当代国际社会，翻译这种语言职业能力日显重要。关于翻译能力问题，我们将有专章讨论。

语言职业劳动的产品是具有特定功能的话语，承载着特定内容的话语完成着职业的目标和体现着职业的价值。例如，在教育行业中，一线教师主要依靠自己的教育语言能力传授学科知识，构建学生思想品德，指导学生增强体质和各种动作技能；作家依靠思想和写作能力，创作出小说、诗歌等，用文学形象反映世界的本质，开悟大众的思想，并陶冶人们的心灵。

语言职业能力是一种特殊类型的劳动能力，是以复杂劳动或脑力劳动为主的职业能力。我们可以观察到，几乎所有的语言性职业都需要高水平的思维能力（无论是学者的抽象思维能力，还是文学艺术家的形象思维能力）和表达思想的语言艺术能力，两种能力缺一不可。

传统上，把人类劳动分为简单劳动和复杂劳动、体力劳动和脑力劳动（也称智力劳动）。但在当代自媒体（We Media）蓬勃发展中，出现了一种用调侃语气命名的"口力劳动者"。这一职业性名词是指在网络自媒体上靠自己的言论获得社会影响和关注的行为。"口力劳动"的性质与脑力劳动接近，主要源起于对某些"网络大V"的批评，说他们既不从事体力劳动也不从事脑力劳动，靠"耍嘴皮子"，滔滔不绝地在自媒体上发表造谣性、欺骗性、煽动性、污蔑性、无中生有的言论，抹黑著名作家、企业家、知名医生等，吸引公众的眼球坐收渔利。但也有意见认为，"口力劳动者"早已有之，"靠嘴巴吃饭"的职业有很多，如节目主持人、教师、律师、演员，以及"说客"等。我们认为，所谓"口力劳动者"也是一种语言职业，而且需要较高的语言职业能力。至于其社会学属性，则另当别论了。

（二）渊源

语言职业，古已有之。

从官方上说，古代社会的科举选拔制度，主要是考核文人的书面语言能力，多为古籍释义，也有"策论"，并演变成了"八股文"。在政权部门还有诸多书籍编纂、记事作史、文书等职业岗位。在民间有代写讼书、书信者；更有说书、鼓书（京韵大鼓、西河大鼓、东北大鼓、山东大鼓等数十种）等艺人；在医学上，有一种治疗方法叫"说病"（见贾平凹小说《古炉》），现在的说法叫"话疗"。

当代社会是高度信息化的社会化大生产体系，信息主要以语言为载体，由此衍生出了诸多语言职业岗位和职业形态。例如，政府中枢性部门的工作机制和政策、政令的产生，意识形态工作者的言语活动，文学艺术及文化活动的主要方式等，都依赖于从业者的高水平语言职业能力。

从本质上说，社会生产力与生产关系、经济基础与上层建筑、物质文明和精神文明建设、国际竞争与合作关系都离不开语言职业岗位和相应的语言职业能力。这是由人类的本质属性和社会的本质属性决定的。

语言职业是社会职业总体的组成部分，语言职业能力是职业语言能力中的具体能力类型。应在社会职业总体角度，汇聚多学科知识，在职业能力的范畴中研究语言职业能力。

二、语言职业能力的类型与特征

语言职业种类繁多，可以按照多种特征划分为若干类型。

（一）以口头语言为主的职业能力

在许多语言职业中，口头语言能力占主要地位，如教育行业（从幼儿园到高等教育）中的教育语言能力、心理咨询与心理治疗中的咨询师与患者谈话的能力、商业中的营销话语能力、社会工作与公共关系处理的话语策略能力、演讲与自媒体言论能力等。表演艺术行业中许多职业更是以口头语言职业为根本，如相声、评书、话剧等。

口头语言职业能力多以"说"的能力为主，但同样的内容，表达能力强的人会把事情说的"栩栩如生"，话语直指人心；而表达能力弱的人，话语枯燥乏味，甚至有时"言不及义""语无伦次"。"能说会道"通常是评价一个人才干时的褒义指标，但表述冲动过于强烈且有言不符实迹象时，则被贬义地评价为"油嘴滑舌"。危害社会公众利益的传销"话术"、商业欺诈中的"花言巧语"，则是诱骗性质的负面语言职业能力。

（二）以书面语言为主的职业能力

书面语言职业能力则以语言文字为主要材料和工具，以文本产生、文本处理、文本利用为主要言语活动的职业语言能力。前已述及，对网络文化生活中一些以口头言论为主的自由职业者，被戏称为"口力劳动者"，按照这种非正式的描述模式，许多以书面语言职业能力为主的就业者可被称为"笔力劳动者"。虽然当代社会用传统的"笔"完成写的任务越来越少了，计算机录入成了主流。但可以用"笔"这一词形象地表示人的书面语言活动，用"笔力"一词形象地形容人的书面语言职业能力和才干。

社会政治领域，政治思想和书面语言能力特别强的人被称为"笔杆子"，并在政治活动中起着相当重要的作用。毛泽东同志就特别强调："干革命不仅靠枪杆子，还要靠笔杆子"，"笔杆子跟枪杆子要结合起来，"这已经被中国成功的革命实践所证实。时至当代，国家发展、政权运行、社会意识形态导向等，"笔杆子"仍然是不可缺少的人才。

在职业体系中，以书面语言或语言文字为主的职业多种多样。如文秘岗位为各类机关单位所需要，不仅在社会政治领域占有重要地位，在大型企事业单位中也是必设的职位。而在书面翻译、新闻出版、文学创作、舆论宣传、图书档案诸领域中更需要大量书面语言职业能力的人才。

（三）以内部语言为主的职业能力

在关于语言能力结构的讨论中，我们已经阐述过：人类语言能力从结构上可以分为外部语言能力（听、说、读、写等）和内部语言能力（从自我言语到言语思维），二者构成一体，但内部言语又有许多不同的性质。用这一观点分析语言职业能力，可以说一切种类的职业语言能力都可在理论上分为外部语言能力和内部语言能力。从职业活动上来说，尤其是语言职业岗位，我们主要讨论的是外部语言能力，如口头语言能力和书面语言能力，而且都是可以直接观测的。在现实职业生活中，有些职业岗位则需要以内部言语活动为主，外部言语活动则处于从属地位。

例如企事业单位的开创者、领导者、高层管理人员，他们职业的特点是"劳心"，即通过内部言语思维形成企事业发展的创意、构想、计划，以及具体的单位发展战略、战役、战术，带领单位内的全部人员分工合作的实现之。所谓"劳心"，本质上是复杂的脑力劳动或智力劳动。对于这一群体的职业能力来说，内部言语能力是核心能力，其深层次的因素是对某一单位事业的认知、能动计划和意志力，具体劳动过程则是内部言语的思维/思想机制。

科学、技术、理论工作者从事的也是复杂的脑力劳动，也是通过内部言语思维机制进行的，外部言语能力常常处于从属地位。例如，著名数学家陈景润，在攻克哥德巴赫猜想上做出了突破性贡献，但他在教育语言职业能力上有所欠缺，不适合普通教师的职业角色。在科学研究领域、技术开发领域这样的例子并不少见，这也是由职业特性决定的，是内部言语职业能力的特征。

（四）以语言互译为主的职业能力

语言互译是需要较高专业素养、语言素养、复杂脑力劳动的语言职业，其本质是不同语间或不同类型语言间的转换的劳动。语言互译为社会运行和发展的各个方面所需要，既是一种服务行业，也是一种创造性劳动的行业。

语言互译行业又可区分为多种具体职业类型。最多和最常见的是外国语和本国通用语的互译，如前已述及的外语口译和文本翻译。这种翻译工作需要从业者具备两种及两种以上语言的知识和技能，还要比较深入全面地了解两种语言背后的文化，更要懂所译语言承载的专业知识（尤其是科学技术性知识），不是人人都可以从事的职业。

广义地说，语言互译还有多种形式，如同一语种古语和今语的互译，如把古汉语译为当今的白话文、把少数民族语言文字与国家通用语言文字互译、把各种地域方言与国家通用语言的互译，等等。科学知识的大众普及，即把专业语言，尤其是术语，转换为大众普通语言，在本质上也是一种语言互译，是科普作者的语言职业能力。

（五）语言研究和语言教育的职业能力

在当代大科学背景下（自然科学与社会科学交织发展），人类语言研究成了多学科交叉研究的领域，建立了许多专门研究机构并提供了科学研究的职业岗位，这些岗位吸引了众多学者的就职，这些就职者的语言研究能力是他们的语言职业能力。

传统的语言学研究（包括语言学理论研究和具体语种的现实研究）是主流，相关的哲学、逻辑学、心理学、教育学、认知科学、神经与脑科学、社会学门类中也有不少学者加入语言研究的队伍中。此外，符号学也把语言研究列为主体内容之一；信息科学及人工智能领域中的语言研究也日益受到重视。

语言研究能力本质上是一种科学技术研究能力，是比较小众的职业能力，但在国家和民族文化发展中具有重要的价值和意义。

人的社会化在很大程度上是借助语言实现的，语言能力的形成和发展是人社会化过程中不可缺少的基础，所以语言教育就成为社会教育中不可缺少的组成部分，也形成了语言教育的专门职业（从古代的私塾先生到现当代的语文课程教师、外语课程教师、校外语言培训机构的教师）。相应的语言教育能力也形成了一种专门的语言职业能力。对此，我们将在下一章专门讨论。

（六）语言产业及语言科技能力

所谓语言产业，是服务于人类语言活动所需要的物质性、技术性、生产性的事业和企业构成的经济体系。最初的语言产业是古代的笔、墨、纸、砚，被称为"文房四宝"，其中造纸术被誉为中国四大发明之一。此外，四大发明中的印刷术更使借助文字的人类文化传播前进了一大步，印刷术是纸张发明基础上的发明。

语言产业包括多种行业，并为社会提供了诸多就业岗位。例如，印刷行业为书籍、报刊、文本出版提供了坚实的物质基础；出版发行行业以书籍、报刊、文本的编辑、排版、印刷、发行为产业链条，形成了国家性的文化产业；进入现代社会，又产生了录音、录像、计算机语言信息处理技术等以现代科学技术为基础的语言产业。扩展言之，图书馆、档案馆等也属于语言性质的文化事业。

语言产业的发展进步与应用性科学技术的发展进步密切相关。我们可以把支撑语言产业的当代科学技术称之为"语言科技能力"，这一能力是语言产业的核心，是当代最新技术科学成果在语言企业、事业中的运用，是支撑语言产业的核心要素。

基于计算机、互联网、信息技术的语言产业新业态正在形成，表现为文献储存、检索的数字化设备与技术；语音识别、语音合成、人机对话可使语言互译自动化。而人工智能（AI）技术甚至可以帮助或替代人类进行写作、著述。这使语言职业更加多样化、高科技化，也使相应的语言职业能力更加复杂化和高智能化。

第四节　职业语言能力的内外部影响因素

语言职业是社会职业体系的重要组成部分，语言职业能力是职业语言能力中的一种行业类型。职业语言能力是职业能力的构成要素之一，职业能力是处于自然环境和社会环境中社会成员的核心素质（或可称之为才能）。为了更深刻地认识职业能力及职业语言能力的本质，我们有必要从更宏观的职业环境视野和更微观的个体心理机能角度，探讨与职业语言能力直接相关的内外部影响因素。

一、职业环境与环境适应能力

宏观的自然环境和社会环境造就了宏观的职业环境。进一步说，是社会的物质文明与精神文明现实，决定了一个时代的社会职业总形态。从宏观上看，这种职业总形态决定了每一个个人的职业生存状态，这是不依个人的主观意愿为转移的。

宏观的职业环境决定了个人职业选择的范围和种类，决定了个人职业能力的内容和形式。个人在客观职业环境中，只能"适者生存"（Survival of the Fittest），即适应环境的要求和变化，用自己的体力和精力构建相应的职业能力，才能生存和生活。因此，对环境的适应能力构成了职业能力的前提条件。环境适应能力是一切生物（包括动物、植物及微生物）的生存保障。

在一定的职业环境中，人的职业能力是环境适应能力的具体化和实践化。在这一过程中，人对环境的认知、对相关知识、经验、技能的学习、对工作计划的制定和执行，都离不开语言的中介、工具、承载信息的作用，尤其是言语思维所起的核心作用。这些作用就是职业语言能力不可替代的作用。

需要特别指出的是，人类在适应职业环境过程中并不是完全被动地被决定的，人依靠其精神、心理上的主观能动性和环境相互作用，能动地适应环境，甚至能动地改变局部环境，创造新的职业形态。例如，走出地球的航天事业就是人类突破地球陆地及大气环境限制创造的新业态。据有关资料记载，汉语"航天"（spaceflight）一词为钱学森先生首创，源于毛泽东主席诗句"巡天遥看一千河"的启示，已成为国家官方正式名词。① 空间科学、空间技术、空间环境、空间资源、微重力等专门术语已形成了一个术语体系。航天事业已形成了一个新职业形态，为社会提供了大量职业岗位，并带动了诸多相关行业的发展。与此同时，这一业态也对从业人员的职业能力提出了新要求，包括对职业语言能力（尤其是术语能力）提出了新要求。

二、人际关系与交际能力

职业本身是社会分工的产物，这就决定了人与人之间的分工合作关系。所以无论什么职业，处于某一职位上的人都必须与他人打交道，进行信息上的沟通，达到活动上的协同。在人际沟通上，利用语言和言语进行语言信息的交流是最主要的沟通方式，相应的语言交际能力就构成了职业能力的重要组成部分。

语言交际能力具有比较复杂的心理和行为要求，"我们不但要重视说的能力，而且也要注意听的艺术；不但要坚持自己必要的主张，还要保持良好的谈话气氛；不但要讲究言语表达的艺术，还要学会运用眼神、表情、手势、体态等非语言沟通方式"②。不少人在生活中养成了不良表达方式，如语速过快或啰嗦、缺乏逻辑性、不良"口头语"、不尊重谈话对方的语气等，则需认真的纠正。

无论是在职业生涯中，还是在日常生活中，建立良好的人际关系，对工作效率和生活质量都非常重要。在人际关系的诸多因素中，语言交际能力是关键因素之一。

---

① 叶永烈.钱学森传[M].上海：上海交通大学出版社，2010：66.

② 陈中永.现代心理学[M].北京：中央民族大学出版社，2011：281.

三、职业思维/思想

一切语言现象的深层次根源都是人的心智机能，心智机能的核心则是思维及由思维产生的思想。反之，人的思维，尤其是抽象逻辑思维则需要依靠语言符号才能实现，才能形成他人能感知的思想，即话语。由此，著名心理学家维果茨基将语言和思维结合为一体的机制称之为"言语思维"。当然从思维这一核心到人际间通过话语可以互相理解的过程，并不是一一对应的直线链条，有许多因素作用于这一链条，使思维和话语之间形成了复杂的关系。但思维 — 言语 — 话语的逻辑关系是本质性的。

人的职业能力，尤其是职业语言能力的深层次核心因素是职业思维/思想，各种职业都是如此。对于以语言和言语为主要特征的语言职业能力来说，相应的言语思维能力更为重要。例如宣传部门的舆论宣传导向工作，其职责要求工作人员对党和国家的路线、方针、政策、战略部署有深刻的理解，对社会舆论现状有密切的关注和准确的研判，并采取有效方式（文件、发言、评论等）澄清事实，倡导正确思想。在这一过程中都是在一定意识形态背景中思维和思想起核心主导作用，对相应职位的工作人员的言语思维能力有很高的要求。就是个体经营的小饭馆，业主也需要对顾客的餐饮需要、成本核算、盈利模式、服务质量要求有充分的职业思维和行业思想才能正常经营。一切职位的外部话语都要以从业者内在的思想、意图为核心，而话语的表达则需要丰富的语言和娴熟的言语艺术。

反之，职业语言活动（交谈、阅读、写作等）也有助于职业思维和思想的运行和发展，例如获得信息、学得知识与经验、得到启示产生创意等。换句话说，职业语言能力会推动人的职业能力形成、提高和发展。

四、专业知识、专业技能、专业经验

"专业的事情要由专业人士来做"，已成为一句含有真理性的俗语。在社会总职业体系中，大多数行业都需要从业者具备相应的专业知识、专业技能、专业经验，作为职业能力的实体，这是毋庸赘述的。

其中专业知识主要以语言渠道获得并以术语和内部言语形式存在；专业技能则以使用工具生产产品的技术活动的动作记忆存在；专业经验则以内部言语和动作记忆综合形式存在。

五、语言知识、言语技能、话语经验

语言知识（某一种语言的具体知识）、言语技能、话语经验构成了人类语言能力的躯体，经过职业化后转变成了职业语言能力的躯体。或者说，职业语言能力是普通的、大众的语言能力职业化、专门化的形态。

关于语言知识、言语技能、话语经验，在本书中有多方面的讨论，此处不再详述。

六、个性与人格

在心理学中，个性（individuality）和人格（personality）二词经常混用，但二者在概念内涵上是有区别的。"人的个体性决定了人心理的个性，人的群体性决定了人的人格特征。在汉语语境中，我们不必追求这一术语与俄语、英语词义的完全同一性。"[①] 个性强调人的个人独特性、心理的整体性、个人先天特点与后天发展的合一性；人格强调人在一定社会关系中应有的权利、义务的主体资格，以及品德、为人处事的行为模式。

个性与人格与人的职业生涯有密切的关系。一是人的个性、人格与职业岗位之间有拟合性问题，如一个心理内向性比较强的人不适合营销等与人打交道的职位，一个脾气暴躁的人不适合团队领导工作。而一个道德品质有严重疵瑕的人易造成职业道德上的失范，许多职业岗位都是不适合的。二是职业活动会塑造人的一些个性和人格品质，形成职业人格特征，如一个言语能力很平常的人，经过教学岗位的多年实践，会在课堂上进行条理清楚、生动形象、"滔滔不绝"的课堂演讲，显示出很强的教育语言

---

① 陈中永.元心理学[M].北京：九州出版社，2022：47.

能力。

　　职业语言能力与个性和人格也有这种双向的相互作用。一方面，个性与人格深度影响着职业语言能力，使具体个人的职业语言能力具有鲜明的个人色彩，另一方面，职业语言能力也构成了一个人个性与人格的组成部分，丰富了个性和人格的具体内容。

　　从生产力与生产关系、经济基础与上层建筑的关系角度看，社会就是一个宏观职业体系。具体职业岗位（职位）是社会总职业体系决定的，是客观的、外在的环境，而职业能力是个人的、内在的、具有主观能动性的适应能力。语言和言语是职业总体系的构成要素，是个人职业能力不可缺少的组成部分。在以语言和言语为主要特征的行业中，语言能力构成了相应职业能力的主体，即语言职业能力。

第十章　教育语言能力

"百年大计，教育为本"，"教育大计，教师为本"，教师是"立教之本，兴教之源"。

教师从事教育工作并胜任教育工作则依靠他（她）的教育能力。从职业分类角度看，教师的教育能力主体是"语言职业能力"，我们可称之为"教育语言能力"。

教育语言能力如此重要，我们有必要对其进行系统、深入的探讨。

第一节　教育与语言

一、教育事业

从理论上说，"教育是培养人的一种活动。在这种活动中，既要体现社会的要求，又要促进人的身心发展，它是一个统一的活动过程"。"教育是新生一代的成长和社会生活的延续与发展所不可缺少的手段，为一切人、一切社会所必需。从这个意义上说，教育是人类社会的永恒范畴，与人类社会共始终。"①

从现实上说，教育是任何国家和民族的一项重要事业，是社会的重要

---

① 王道俊，王汉澜.教育学[M].北京：人民教育出版社，1989：25-27.

组成部分，也是一个庞大的职业体系。以我国为例，截至2021年，全国总人口14.13亿人，各级各类学校52.93万所，在校生2.91亿人，专任教师1844.37万人。可见我国教育事业规模之庞大，就职人数之多（上面的教师人数还不包括各种各样校外培训机构的从业人员、学前教育教师以及教学辅助人员等）。

在教育学中，一般认为教育由三个基本要素构成：教育者、受教育者、教育措施。教育者在教育活动中起主导作用，在学校教育中主要指教师和其他教育工作人员，其主导作用表现在对学生的指导（教导）与管理两个方面；受教育者主要指学生，是学习的主体，教育就是使他们将精选的外在的教育内容和活动方式内化为自己的智慧、才能、思想、观点和品质的过程，也是个体社会化的过程；教育措施是实现教育目的所采取的办法，有学者将之称为"教育中介"，认为它包括教育目的、教育内容、教育方法、教育手段、教育组织形式、教育物质环境诸方面。[1]

本章所讨论的教育语言能力是指教育者（主要是教师）在教育活动中成功地完成教育任务的能力之一。这一能力具有鲜明的语言职业特征，在教育措施（或教育中介）中起着关键作用。关于受教育者的语言学习能力，已有专章阐述。

二、教育与语言

可以很形象地说："教育存在于语言之水中，犹如鱼和水的关系。"对此，联合国教科文组织的一个委员会在一份报告中写道："从很早时期起，人类就已经有意识地运用他的语言天才，在个人与个人之间、集体与集体之间、上一代与下一代之间交流丰富的实践经验 —— 如解释自然现象的法则、规则、习惯和禁忌等 —— 从而使个人记忆社会化成为种族生存的必要手段。"该报告还指出，口头语言在印刷术发明之前，在教育交流中是非常重要的媒介，至今也是教育的重要角色，因为"越来越多的人已经

---

[1] 郑金州.教育通论[M].上海：华东师范大学出版社，2000：16.

学会用书面语言表达他们的思想，进行交流"。"此外，当知识必须加以组织和管理，或资料必须加以汇集，以组成一种方便而持久的形式以供参考时，书面文字就成为必不可少的了。最后，口语交流本身也要大量地利用书面材料。"①

说"教育存在于语言之水中"，是指教育的三个要素：教育者、受教育者、教育措施（教育中介）都离不开语言和语言能力。教育者（主要指教师）要依靠教育语言能力备课、讲课、与学生沟通等；受教育者（主要指在校学生）要依靠语言学习能力，形成实际语用能力，用以掌握语言承载的科学文化知识、思想意识等；教学措施中课堂教学、学习指导、教材使用等更离不开语言这一媒介。无论是古代教育，还是现当代教育，离开语言和语言能力，几乎都是不可能的。语言是教育内容的载体，是教育交流（教与学）的工具，是教育过程的媒介，也是教育成果的物化形式之一。

三、语言与教育

尽管有"语言本能论"的学说，但已达成共识的认识是：语言是社会的，语言能力是人在先天条件基础上学得的，人学习和运用语言的能力是社会化的前提和标志。适应当代社会文化的语言能力是经由教育（家庭教育、学前教育、学校教育、社会教育）形成的，学校教育是语言能力形成的主渠道，也是学校教育的目标之一。

在古代奴隶社会就产生了学校教育和专门从事教育工作的老师。在中国的夏、商、西周时期，学校教育的主要内容是"六艺"：礼、乐、射、御、书、数，其中"书"就是语言文字的读、写及文学历史知识方面的教育。在欧洲奴隶社会中，出现了斯巴达和雅典两种教育体系。斯巴达教育体系以培养奴隶主子弟成为效忠国家、镇压奴隶的武士为主；雅典教育体系则是文化与体操和军事训练并重。"雅典奴隶主的子弟，从7岁到18岁，可以到文法学校、弦琴学校和体操学校学习，使其子弟既受到体操和军事

---

① 联合国教科文组织国际教育发展委员会.学会生存 —— 世界教育的今天和明天[M].华东师范大学比较教育研究所，译.北京：教育科学出版社，1996：25，90.

训练，又受到读、写、算、音乐、文学、政治和哲学方面的教育，以便使其子弟具有从事商业和政治活动的能力。"①

在我国封建社会时期，学校大体分为官学和私学两种。二者教育的主要内容是儒家的经典著作"四书"(《论语》《孟子》《大学》《中庸》)和"五经"(《诗经》《书经》《易经》《礼记》《春秋》)。至隋、唐时期，人才选拔实行了科举制度，科举考试的内容多为儒家经典，考试方法多要求死记硬背。

在欧洲封建社会时期，宗教成了封建制度的精神支柱和统治人民的工具，出现了僧侣封建主的教会学校和世俗封建主的骑士学校。教会学校的教育内容是三科(文法、修辞、辩证法)四学(算数、几何、天文、音乐)，合称"七艺"；世俗学校是把封建主的子弟培养成为勇武善战的战士，教育内容为"骑士七技"(骑马、游泳、投枪、击剑、打猎、下棋、吟诗)。

进入现、当代社会，教育日趋大众化，教学内容以现当代科学技术为主体。专注于语言学习的语文课程占据初等、中等教育的主体地位。除了国本语言文学学习外，外国语言文学已成为全世界学校教育的重要课程，从初等教育一直延伸至高等教育阶段。在多民族多元文化的国家，双语及多语教育已成为学校教育的重大课题。在教师职业序列中，语言(文学)教师已成为专门化的教师职位。此外，在高等学校中还设有语言类专业和院系，如汉语言文学专业、少数民族语言文学专业、外国语言(英、日、俄、德、法等)文学专业等。另外，新闻专业、历史专业等，对语言能力的培养也占有重要地位。

此外，专门研究语言的语言学，对教育及教育学也有深刻的影响。"语言学已经侵入到广大的其他的知识领域：精神分析学、人类学和社会学等。教育学本身也把语言学的许多贡献吸收到日常的教学实践中去了，已经把它们应用于各种教学活动。"② 除了普通语言学和应用语言学之外，

---

① 王道俊，王汉澜.教育学[M].北京：人民教育出版社，1989：34.

② 联合国教科文组织国际教育发展委员会.学会生存 —— 世界教育的今天和明天[M].华东师范大学比较教育研究所，译.北京：教育科学出版社，1996：146.

心理语言学对学生如何学会"逻辑心理运算""深化语法"、非理性心理因素（情感与情绪）的言语表达的研究，对教育理论和实践也有重要意义。

归纳起来看，教育是人类以语言为主要媒介和载体对下一代人进行全面培养教育的活动。反之，人类语言文化的传承也是教育的一项重要任务，并依靠教育来实现。

第二节　教育语言能力

为了更好地阐释"教育语言能力"这一本章主题，我们有必要先了解教师与教育能力问题，进而讨论教育语言能力的形态与机制，以及教育语言能力的艺术化问题。

一、教师与教育能力

人们常用近乎圣人的标准要求教师，教师职业被称作是"太阳底下最崇高的事业，教师是人类灵魂的工程师"。尽管这种比喻有些夸张，但确切地说，"教师职业，是人类社会最古老的职业之一，并将与人类社会共存。今天，教师已成为推动经济发展和社会进步的重要力量。他们的所作所为，牵动着万户千家的心，关系着一个国家或民族的前途和命运"[①]。

（一）教师的功能

简言之，教师的教育功能就是"为人师表，教书育人"。

具体地说，教师的教育功能有四个方面[②]：

1.促进受教育者形成主体意识、自我意识、能动意识的人格塑造功能。

---

① 王道俊，王汉澜.教育学[M].北京：人民教育出版社，1989：550.

② 舒志定.教师教育哲学[M].北京：北京大学出版社，2012：110-114.

2.培养受教育者具有独立思考与质询问题的思想化功能。

3.培养受教育者具有主动介入社会交往的意识和能力的社会化功能。

4.传授知识与技能，发展受教育者的知识结构和技能体系的知识化、技能化功能。

此外，高校教师还具有科学研究、技术创新研究的职责。

（二）教师劳动的特点

在我国古代教育思想中就规定了教师的职能定位："古之学者必有师。师者，所以传道授业解惑也"（唐·韩愈《师说》）。传道、授业、解惑是以复杂的脑力劳动为主的言语劳动。教育是一项复杂的劳动过程，既需要脑力劳动，也需要体力劳动，其外观形式是"口力劳动"，即人际间的外部言语活动。

我国教育学家认为教师的劳动有四大主要特点：

1.强烈的示范性

教师劳动的示范性表现在教育活动的各个方面。"教师劳动与其他劳动的一个最大的不同点，就在于教师主要是用自己的思想、学识和言行，通过示范的方式去直接影响劳动对象。"[①]苏联教育学家第斯多惠写道："教师本人是学校里最重要的师表，是最直观的最有效益的模范，是学生最活生生的榜样。"由此，以培养教师为主业的高等教育被称为"师范教育"（英语把师范大学称之为normal university）。

无论是德育、智育、体育，还是美育和劳动教育，都需要教师的"言传身教"。

2.独特的创造性

与其他劳动的创造性不同，教师面对的学生是具有个性、自主性、能动性的青少年，"传道、授业、解惑"是师生双方互动的过程，教师创造的是有助于学生全面发展的条件，创造的成果则是学生的成长成材，是师生共同努力的结果。

---

① 王道俊，王汉澜.教育学[M].北京：人民教育出版社，1989：551.

教师教育工作的创造性还体现为教学方法的灵活性，教学方法随学生的变化而变化，并力求"因材施教"。在教学内容上，教师一方面要精通所教的内容，另一方面要知道学生的认知水平和认知特点，并寻找使学生成功学习的途径和方法，这一点是学校"教授"与科研机构"研究员"的根本性职业区别。

3. 师生关系的情感性

"教师劳动的对象既不是死亡的自然材料，也不是没有意识的动物或植物，而是具有各种独特品质的社会成员。他们是活生生的人。"① 所以在教育活动过程中，教师对学生的爱心、学生对教师的敬意等构成了教师劳动的情感特征。

4. 空间的广延性和时间的连续性

教师的劳动是很辛苦的，尤其在学前教育及基础教育阶段工作的教师更为辛苦。一是教育劳动的场合，不仅仅局限于教室空间内，要延伸到整个学校内的各种活动场合，甚至要延伸到学生的家庭（家访）、社区。二是班主任工作，除了课堂教学外，可以说是从早忙到晚。"教师是'全天制'工作，不是每天八小时，而是常常从清晨到深夜，甚至没有星期天，没有节假日。学生发展的无限可能性，向教师提出了一个无限量的时间要求，就像有的教师所形容的那样，教师的工作是一个'无底洞'。"②

（三）教师的素质

国家对教育的期望、人民对教育的期望、受教育者对教育的期望，形成了对教师素质的理想期望。尽管教师也是人，不是神，也有人性的优点和缺点，但理想的教师素质要求应该是教育工作者努力加强自身修养的方向。

郑金洲教授认为，教师素质应区分为一般素质要求和特殊素质要求，一般素质要求是共同性的，包括三个方面，并形象地称之为道德家、学

---

① 王道俊，王汉澜.教育学[M].北京：人民教育出版社，1989：552.

② 王道俊，王汉澜.教育学[M].北京：人民教育出版社，1989：556.

者、艺术家。①

根据其他学者的相关论述，笔者认为还应增加一个"百科杂家"。

1.教师即道德家

教师的职业要求把社会的伦理规范、主流意识形态传授给学生，并且自身也要成为道德的楷模，成为一个思想品德高尚的人，这方面的素质要求可简称为"师德"。不同社会制度的国家在这方面都有明确的要求。

2.教师即学者

教师的职业要求，教师是学生学习知识、技能的源头，所以要求教师具有三方面的知识：广博的文化基础知识、某一专业（如文学、数学、物理、化学……）的系统学科知识、教育科学（教育学、心理学、学科教学法）知识。其中教育科学知识和技能是教师职业所特有的，是教师区别于其他学者的职业特征。

3.教师即艺术家

"教学既是一门科学，也是一门艺术"的见解已成为中外教育学界的一项共识。"教学完全不是由在实验室里产生或在大学教室里学得的整理成文的技术和原则的应用而组合的过程"，"教学实际上是一种表演艺术，教师的选择、训练、职业指导、工作条件以及人员补充的方式都应参照其他表演艺术的特点"。②

4.教师还是"百科杂家"

所谓"百科杂家"，是说教师要有广博的文化知识基础，对所处时代的文化概况、科学技术、社会百业均有一定的了解。而在业余兴趣、特长上比较多而杂，或者说"多才多艺"，这一点在基础教育阶段的教师尤为重要。

此外，教师还要有良好的身体素质，有一定的科学研究能力及社会活动能力。

---

① 郑金州.教育通论[M].上海：华东师范大学出版社，2000：324-333.
② [美]哈理·道，教学：一种表演艺术.马立平，等译校.瞿葆奎，李涵生，等选编.教育学文集·教师[M]，北京：人民教育出版社，1986：77.

（四）教育能力与教育语言能力

教育能力是有效实施教育活动、充分发挥教师职能的教师素质结构。扩展言之，也是一个教育机构（如一所学校）及一个国家宏观的教育事业的总能量。教师的功能规定了教育能力的功能，教师劳动的特点规定了教育能力的形态，教师的素质构成了教育能力的基础。

教育能力是多因素的统一和综合，具有社会性、语言性、个体性和艺术性，是教育事业的宝贵资源。

在很大程度上，教育是一项语言职业，教师从事的是语言职业劳动。相应的教育语言能力具有如下重要意义：

1.教育语言能力是教育能力的重要组成部分，是具有教师职业特色的组成部分。可以说，没有这一能力或这一能力薄弱，就失去了做教师的资格。

2.教育语言能力是教育行为的物质化运动方式，教师素质及素质组合而成的教育能力，只有通过教师的言语行为才能发挥作用。

3.教育语言能力承载着教育内容、教育目的和教育目标，如教材承载着各学科的知识内容、认知方法和思维方法，以及可实际运用的技术技能。

4.语言是教育活动过程中的不可缺少的媒介、工具、手段，而使用语言进行教育活动的教育语言能力使语言的作用得以实现。所以用"语言是教育之水"喻示语言与教育的关系是恰当的，而掌握和运用语言进行教育活动的能力理所当然地成为教师的关键能力。

二、教育语言能力的形态

（一）教育语言能力的功能

教师在教育工作中依靠其教育语言能力进行的言语活动被称为"语言言说"。"教师怎样'言说'，是影响教师活动完成的重要因素。因为教师说出来（言说），便是'命题'。"教育言说包括两个基本过程，"一是教师要理解教育文本，能对教育文本进行言说，靠的是对它的理解。二是要考虑教师自身的言说、自身的理解能够与别人达成共识，也就是说，通过教师的言说把教育文本转化成'命题'，这种'命题'能否和学生交流并保证学生能够理解。换言之，教师通过言说，使学生了解、理解、接受教育内容等，使教育目标具体化"。①

教育语言能力是在"对话"中发挥教育功能的。语言分析学家奥斯汀的关于人类言语行为分类学说，认为对话的交往与沟通有三种功能：一是以言表意，即通过言语表达和传递一定的思想观念。二是以言行事，即用语言指示某种行为如何做、怎么做，是行为方法的指导。三是以言取效，即用言语取得某种直接效果。第一种功能主要用于理论知识的传递，第二种功能主要用于程序性知识（也被认为是技能）的传递，第三种功能主要体现于受教育者思想观念、情绪情感的直接改变上。

教育语言能力的功能最后要体现在学生的身上。师生间的对话与交流中要充分发挥学生的学习主动性，"让学生领会语言背后蕴藏的意义。同时要看到，对话不仅是说的过程，而且要求能听，这样的对话，就成为双向互动的过程，使学生在对话中得到理解，促进自身认识能力、思想、情感的变化。这也被看作是'自我重构'的实现"②。

教育语言能力在学校教育领域之外也具有重要意义。例如，在政党—群众、国家—公民、领导—部属的关系中，政党、国家、领导的能力中也需要教育语言能力，用以对群众、公民、部属实施教育的影响。典型的例证是伟人毛泽东主席就自称自己是"教员"，并多次阐明教育群众的重要性。家庭教育中长辈也需要良好的教育语言能力，"不会说话"的家长常造成与子女的冲突，影响子女的健康成长。

（二）教育语言能力的结构

在归纳总结有关文献，获得启示的基础上，我们试把教育语言能力的结构图示如下：

① 舒志定.教师教育哲学[M].北京：北京大学出版社，2012：173.
② 舒志定.教师教育哲学[M].北京：北京大学出版社，2012：178.

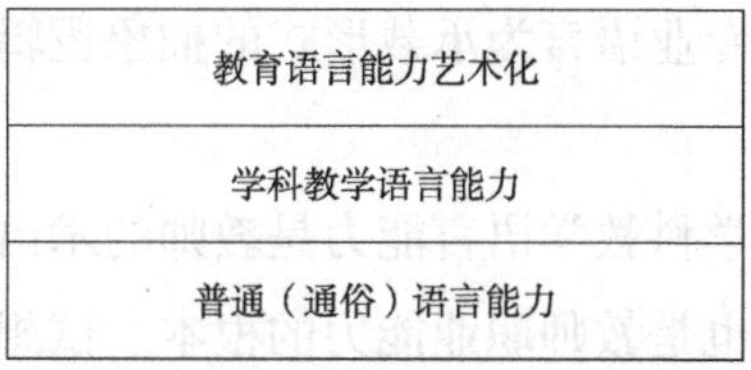

| 教育语言能力艺术化 |
| 学科教学语言能力 |
| 普通（通俗）语言能力 |

图10-1　教育语言能力结构示意图

1.普通（通俗）语言能力

这一能力是教育语言能力的基础，是某一时期（或某一历史阶段）、某一地区主流的某一语种（某一地域方言）的语言运用能力，承载的是当时当地的大众文化。教师必须熟稔通俗语言，才能顺利地用以导向学科术语构成的专业概念体系。教育语言中常用的"比喻""口号"语言大多来自通俗语言，如"十年树木，百年树人""春蚕到死丝方尽，蜡炬成灰泪始干""再穷不能穷教育，再苦不能苦孩子"，等等。前述教师素质时，把教师比喻为"道德家""学者""艺术家""百科性杂家"等，也是具有夸张性的通俗比喻性说法。

对于学前教育、小学教育的教师来说，还要懂一些幼儿和小学生的语言特点及他们的"伙伴语言"，才能做好教育工作。

2.学科教学语言能力

现实教育活动，尤其是教学，都是具体的、分工合作形式的，并体现为教师的特定职业岗位。而教学内容是分门别类的，表现为学校丰富多样的学科课程，抽象的教育与教学只存在于教育学著作中。

由此，教育语言能力（主要表现为学科教学语言能力）在教育实践中都是具体的、学科性的、课程式的教学能力，如中小学的语文、数学、外语、体育等的课程教学能力，教学语言也是具体化的、学科化的、课程化的。教学任务是通过学科的术语体系把学科的系统知识转化为学生头脑中的知识结构和运用知识解决问题的能力。所以，教育语言在教育现实中都是学科教学语言能力：教师运用多种语言技能把外在的、抽象的、逻辑的、术语的知识、技能体系，逐步通过学生的言语学习能力转化为学生内在的、以学科术语及专业语言为承载形式的抽象逻辑知识体系或动作技能体系。

从这一角度看，学科教学语言能力是教师的术语教学能力，是教师教育语言能力的主体，也是教师职业能力的根本。试想一个自己都不太懂数学的人、对数学术语及符号不精通的人，又不善于使学生乐意学习数学的人，怎么可能成为一位合格的数学教师？与数学专家不同的是，数学教育家擅长于运用数学语言传授数学体系的知识，指导数学运算的程序，并灌输数学的哲学理念，激发学生的数学创造力。

3.教育语言能力艺术化

在教育学界已经达成共识的是"教育既是一门科学，又是一门艺术"，或者说教育活动既具有理论的科学性（庞大的教育学学科群就证明了这一点），又具有实践的艺术性，而且教育的艺术性又主要表现在教学语言的艺术性上。

教育语言能力的艺术化有两层含义：一是指教师的教育语言能力在科学性的基础上具有艺术性。二是指教育语言能力高度发展后应达到的能力水平。对此，我们稍后做更为详细的讨论。

（三）教育语言能力的实用形态

教育语言能力这一概念既具有抽象的理论内涵，又具有广博的具体外延。教育语言能力的外延在教育实践中体现于教育活动的各个主要环节中，并相应地形成了特化的诸多具体能力，我们将之归纳为教育语言能力的实用形态，并择其要者讨论如下。

1.备课

教师的劳动具有广延性和连续性，还体现在备课上。备课是授课设计准备过程，是课堂教学的前提，是教育活动的重要环节，是教师职业隐形的劳动。备课包括多方面的工作内容，概括地说是"六备"：备课标、备教材、备学生、备教法和学法、备老师自己、备教学反思。备课的文字材料生成就是"教案"。

从教育语言能力角度看，备课是以内部言语能力、书面言语能力和口语演练为具体形式的言语活动，以言语思维为核心。

首先，教师要具备教学文本的阅读理解、编排设计能力。教育文本包括课程标准、教学大纲、教材内容、教学设计诸方面，其中对教材的阅读理解是关键环节，即"吃透教材"，只有教师的先会，才有学生的学会。

口语演练是自言自语式的内部言语活动，即在教师头脑中预演正式课堂授课时的言说过程，包括提问和与学生对话的可能情况。

人们往往只看到教师在讲台上有限时间的讲授，没有注意到教师为课堂教学做准备所耗费的大量时间和精力，正所谓"台上十分钟，台下十年功"。

2.讲授

"讲授法是一种历史悠久的传统教学方法，是教师向学生传授文化科学知识的重要手段。""讲授法中最常用的技术是演讲，也可运用讨论、电影和学生报告的形式。"[①]

讲授需要教师良好的口语表达能力中的独白能力。讲授的任务是向学生呈现学科的基本内容，鼓励学生的学习热情，并以学生易懂的形式有效地概括学科的内容，引导学生举一反三的思考，并及时为学生解惑答疑。

讲授也充分地体现着教育语言能力的艺术性，如"语言直观"方法，通过教师生动的讲解、形象的描述，组织学生已有的经验，形成教学内容生动的表象或想象，可大大提高教学的效率。

3.书写

虽然当代人不太重视文字书写了，甚至传统的纸笔书写有消亡的趋势。但对从事学校教育的教师而言，书写仍然是一项重要的语言职业技能，对学生学习而言，书写学习和训练是形成手脑联动的重要方式。书写的艺术化产生了书法的艺术形式。

对于使用汉语的教学，教师首先要掌握规范化汉字，即按照规范汉字的要求来确立读音、形体和书写的标准。"从根本上说，汉字是由线条凝结成点画，又以一定的书写顺序结构而成，因此，笔画、笔画安排的顺序

---

① 邵瑞珍.教育心理学[M].上海：上海教育出版社，1997：321.

和字形，构成了汉字书写的主要内涵。规范汉字的书写，就是要求依据汉字的形体规律正确书写。"① 对于拼音文字，如英文，则要遵循其书面语言的拼写规则。

书写技能是教师职业技能的一个重要方面。"书写能力和技巧结合而成为技能。书写技能不仅是教师的教学行为，即对其应用是为教学目标服务的，而且犹如一个人的五官而成为教师职业形象的标志之一。"② 同时，教学生规范汉字的书写、错别字的纠正本身也是教学任务之一。

教师的书写技能又具体分为毛笔、钢笔、粉笔三种，通常称之为教师职业的"三笔字"技能，或"三字一话"（话指普通话）。

与书写密切相关的一种基本能力是"板书"。板书是用无声语言的文字、符号、简图对教学内容、教学要点和难点进行的直观显示，是对教师有声语言讲述的重要补充和显示，对学生的学习具有多方面的促进作用。

4. 提问、聆听、对话

教学过程中的提问，可以培养学生发现问题与解决问题的能力，活跃课堂气氛和启发学生的思维。教师通过提问可以了解学生的理解程度，帮助学生总结和复习学得的知识，并用以展开新知识的学习。在中小学教学中，这一方法被称为谈话法或问答法。

在高等教育中，教师要鼓励学生针对教学内容提出问题，鼓励学生独立思考，甚至允许学生发表不同见解，对已有结论质疑，再通过教师的释疑答惑，使学生获得新见解和新思想。

"一言堂"式的独自讲授，虽然可以保证教学内容的系统性和完整性，以及教学的程序性，但易造成课堂气氛的沉闷、学生身心的疲劳。所以教学中穿插着具体、明确、有趣味、有启发性、能引起学生思考的问题，并通过聆听学生的回答，了解学生的认知程度以及态度，再予以对话式的讨论，达到教学目的，既是教学的方法也是教学的艺术。

5. 批语与评语

批语是对学生作业、作文、小论文的评价与反馈，是教师用书面语言

---

① 王永钊.教师书写技能与书面表达训练[M].上海：华东师范大学出版社，1995：24.
② 王永钊.教师书写技能与书面表达训练[M].上海：华东师范大学出版社，1995：66.

对学生进行一对一的学习指导。批语除了对作业内容进行正确与错误的评价外，还可对学生的学习态度、学习方式、学习缺点、学习优点进行点评指导。课堂讲授大多是班级制的，教师不可能照顾到每个学生的个别特点，而作业批语则可以对每位学生学习的结果进行有效的反馈。批语也是教师运用其教育语言能力的作品之一。评语多指教师（尤其是班主任或辅导员）对学生的操行评定，又称之为鉴定，如期末鉴定、学年鉴定及毕业鉴定等，是对学生德、智、体、美、劳等方面做出公正、全面评价的书面语言文体。其中期末鉴定、学年鉴定对学生既有全面评价性，又有今后努力方向的指导性。毕业鉴定对学生走向社会或进一步求学具有品德、学业、能力的证明作用，是重要的教育文本。

批语和评语也在一定程度上展示着教师的素养和书面语言能力。

6.谈话

这里所讨论的谈话是指在非课堂教学场合师生间的口语交流，"因人施教"多为师生一对一的谈心对话。谈话的功能主要是增进师生互相了解，尤其是教师对具体学生、具体情况的了解；谈话可以对学生进行一对一的指导，包括思想品德、学业、生活、人际关系处理等多方面的教导与指引；谈话也是对学生进行批评或表扬的最佳方式之一，较之公共场合的批评或表扬更有效，也尊重了学生的人格，保护了学生的隐私；谈话还可有效地增进师生友谊，产生情感共鸣，建立良好的师生关系。

具有教育性质的谈话，需要教师有现代教育理念，如师生平等的理念、尊重学生人格的理念、因材施教的理念等。在此基础上，谈话还要讲究一定的技巧，针对不同性格的学生采用不同的谈话方式，如对内向性格的学生应鼓励他（她）敢于说话，批评或表扬时应语气委婉，适当含蓄；对性格直爽甚至脾气暴躁的学生，应讲究谈话策略，细心听取他（她）们的意见，给予冷静的理性指导。

反之，教育现实中教师对学生的斥责怒骂、讽刺挖苦也有不同程度的存在。这种居高临下，不尊重学生人格的谈话常给学生造成精神和心理上的伤害，甚至是长期的伤害。

7. 说课

说课是我国教学改革中涌现出来的新生事物，是一种教学团队进行教学研究、教学交流和教学探讨的教学准备形式，也是教师集体备课的进一步发展。据有关资料记载，说课作为一种教学、教研改革的措施，源于河南省新乡市红旗区教研室1987年提出来的教改方案。所谓说课，就是在教师备课之后讲课之前（偶在讲课之后），把教材（教学内容）、教法、学法、授课程序、教学设计、板书设计及其他有关考虑面对面地对同行（同学科教师）或其他听众（多为教学督导人员）作全面讲述的教研交流活动。

实践证明，说课有利于提高教师的理论素养和驾驭教材的能力，有利于提高教师的语言表达能力，有利于优秀教学经验的交流与推广，是提高教师素质、培养造就研究型、学者型青年教师的良好途径，也是评估教师教育能力、教学质量的方法之一。

说课可分为不同的类型：可以按学科分为语文、数学、英语等科目的说课；按用途分为示范说课、教研说课、考核说课等；还可按性质分为实践性说课（按教学实际说课）、理论型说课（针对教学内容的理论问题和教育的理论问题进行阐述）。实践型说课主要内容是说教材、说教法、说过程；理论型说课的主要内容是说观点、说实例、说作用。

很明显，说课需要教师有较高水平的综合性语言能力，包括言语思维能力、阅读理解能力、一定的写作能力和口语表达能力等。反之，说课也是提高教师教育语言能力的有效途径之一，提高正式讲授之前的准备程度，纠正可能的备课偏差，凝结教师的集体教育智慧。说课也具有很强的艺术性。[①]

8. 写作

教师要有很强的口头语言能力是毋庸置疑的，此外还需要具有比较强的书面语言能力。书面语言能力包括两个方面：一是阅读能力，阅读是教师工作和生活的一个组成部分。二是教师还需要一定的书面语言表达能

---

① 刘显国.说课艺术[M].北京：中国林业出版社，2000：1-3.

力，或者说，写作也是教师教育语言能力的必然组成部分。

教师的写作能力主要表现于以下教学环节：

（1）教案

"教案是教师为执行和完成课堂教学任务，有效地开展教学活动而设计、编写的具体方案，一般以课时或课题为单位，具有一定程式化的写作文本、每个教师都必须熟练地掌握运用这种文体。教案也是教师教学工作的备忘录。"①

教案是教师具有创造性和艺术性的劳动成果，虽然形式多样，但都要求具有明确的教育目的性、内容的科学性、教学的计划程序性，以及应对可能变化的应变性。

（2）示范性

如中小学的作文示范，要求学生做到的，教师应该首先做到，偶尔以自己的作文进行示范的教学效果会更好。高校教师也应以自己代表性的学术论文、研究报告及专著进行示范性教学。

（3）教学研究论文

包括教学经验总结、教育调查报告、教育理论探讨、教育评论，以及学科内容方面的学术论文的写作。

9.教育文本

教育文本也称之为教育文书，是教育、教学工作中必须使用的书面语言材料。

第一类教育文本是国家教育行政部门及学校发布的教育文件，包括教育法规、教育政策、人才培养计划（或教学计划）、全国统编教材、教学参考书、教学大纲、课程标准、考纲等。

第二类教育文本是教师在教学过程中师生互动产生的作品，如教师的教案、讲义、范文，以及学生的书面作业、作文、试卷、论文等。

第三类教育文本是专家、学者撰写的教育理论著作及第一线教师写作的教育经验总结、教育随感、教育短论等。

---

① 王永钊.教师书写技能与书面表达训练[M].上海：华东师范大学出版社，1995：227.

文本的产生和使用需要教育工作者多方面的语言能力，主要包括文本阅读理解能力、文本内容的加工改造能力、文本写作创新能力等。例如，教科书，大多是有关机构依据课程标准编制的、系统的反映学科内容的教学用书，是对某一学科现有知识和成果进行的综合归纳和系统阐述，较少作新的探索性讨论或偏重一家之言，具有全面、系统、准确的特征。教师的重要教学任务是通过阅读，理解教学内容，即"吃透教材"，并将之转化为自己的内部言语活动，对教材内容进行再组织，形成文字教案，然后通过讲授的外部言语活动，使教学内容被学生理解，形成学生头脑中的知识结构。此外课堂提问、讨论，以及作业与考试等对话性与文字性言语活动可以帮助学生理解和检验学习的效果。

三、教育语言能力的艺术化

在关于教育语言能力的结构讨论中，我们把教育语言能力艺术化列为能力结构的最高层次。教育语言能力的艺术化主要指教师的教学语言具有美学性、技巧性、熟练性、创造性、情绪性等个性特征，是教育语言能力发展的高级阶段。

（一）教育语言能力艺术化的特点

有许多学者对教学语言的艺术性进行了研究，有学者指出："教学语言艺术应具有这样几个特点：一是学术性，教什么学科用什么专业术语，学术性强。二是针对性，对什么学生，说什么话，使用什么语调，针对性强。三是激励性，激发学生进取，对学生有教育性。""教学语言是专业语言，它集哲学语言的深刻、逻辑语言的严谨、语言学的规范、数学语言的精确、文学语言的生动、相声语言的幽默、群众语言的通俗于一身，是科学性、艺术性和思想性的统一，是经过加工的书面语言和经过提炼的口头语的合金。"① 只有当教育语言能力达到了艺术化水平，教育，尤其是课堂

---

① 袁金华.课堂教学论[M].南京：江苏教育出版社，1996：190.

教学的效果才能达到最大化，才能体现教师职业的言语能力特征。

（二）教育语言能力艺术化的具体要求

教育实践本身就具有艺术性，或者说教育需要艺术性。因此，相应的教育语言能力本身就具有艺术性、需要艺术性，我们称之为教育语言能力的艺术化。

教育语言能力的艺术化具体表现为教学语言的艺术化。

1.教学语言的三个系统

在袁金华先生主编的《课堂教学论》中，认为教学语言艺术是课堂教学艺术的核心，并把教学语言分类为有声系统语言、无声系统语言、符号系统语言三部分。[①]

有声语言系统即口头语言，相应的能力是口语能力；无声语言系统指主要依靠视觉接收的"表情语、体态语、手势语、身姿语、实物语"，被称为"副语言学""伴随语言学""非语言学"，在教育交流中具有重要作用；符号系统语言指文字、图画、图形符号的意义表达，如教科书、板书、板画等。

三个系统的信息表达方式均为教学所必需，三者的综合运用就是一种艺术，并各有艺术化的特定要求。

2.教学语言艺术化的要点

（1）严谨简约。在保证科学性的前提下，讲授要用语准确、清晰、全面、完整、简练、条理清楚。克服发音不标准、题外话太多、"口头禅"、重复话太多等毛病。

（2）声情并茂。掌握语调、语速、节奏，融入教师的情感，使教学语言具有感情色彩，甚至有一定的音乐性。语调要切合教学科目、教学内容；语速急缓适当，有一定的节奏性；教学的思想感情要与教材内容融为一体，与学生的情感形成共鸣。

（3）形象典雅。教学语言是介于书面语与口头语之间的语言，所以教

---

① 袁金华.课堂教学论[M].南京：江苏教育出版社，1996：189.

学语言既要有书面语的"文质彬彬"和优雅，又要具体形象、通俗明白；既要有一定的"诗情"，又要有描述的"画意"。

（4）幽默风趣。适当的幽默可以调节课堂氛围，增加教学语言的感染性，激发学生学习的乐趣，使枯燥、抽象、晦涩的教学内容变得轻松、有趣，从而开启学生的心智。

（5）体态辅助。表情、手势、姿态、眼神等是人际交流的重要手段，在教育、教学中也是如此。最常见的表情就是笑，试想一个总板着脸，面无表情的教师会给学生们什么影响？而一个面带微笑、慈眉善目的教师会给学生们带来正向能量。在教学言语过程中，适当的面部表情、视线接触、恰当的手势更会凸显教学语言的表达力和感染力。

（6）板书优美。艺术性的板书突出教学重点、教学难点、知识结构、思维思路，是教师教学语言能力的重要组成部分。

当代文稿演示的信息技术PPT（Microsoft Office PowerPoint）也被广泛地运用教学中，并有取代传统板书的趋势。较之传统板书，PPT可以有文字、有图像、有声音、有对话，是值得当代教师掌握的新技能。

第三节　语言教育能力

语言教育是培养受教育者语言能力的教育活动，是教育事业的重要组成部分。语言教育能力是实施语言教育活动，达到培养目标所需要的教育能力，是教师职业中的一类职位能力，如语文教师、外语教师的职业能力。

一、语言教育能力的理论形态

从教育的广义含义上看，语言能力的培养从幼儿的家庭教育就开始了，这种教育是自然而然进行的，是使幼儿在先天遗传生理条件基础上，学会本民族语言，具备基础语言能力的社会化过程。语言能力水平的提高，尤其是书面语言能力的形成，则是儿童进入学校后开始的，并随着学校教育层次的提高而不断提高。即使接受学校教育之后走向职业社会，个人语言学习和语言能力的提高仍然在继续。

（一）语言教育能力的层次

从实施语言教育的主体看，语言教育能力可以分为以下三个层次：

1.专业教师的语言教育能力

虽然全部教育工作者都有培养和发展受教育者语言能力的责任，但专门从事语言教学的教师，更需具备较高水平的语言教学能力，这是他们完成岗位职责的必备条件。

2.教育机构的语言教育能力

教育机构主要指各级各类正规学校，学校通过课程设置、专业设置来培养学生的语言能力或语言人才，为达到这一教育目标所需要的各种软件条件和硬件条件，构成了机构的语言教育能力。从这一意义上说，社会语言培训机构也是语言能力教育的主体之一。

3.国家语言能力中的语言教育能力

国家培养各项事业发展所需要的语言人才的能力，可以称之为国家语言教育能力。这一能力包括语言教育资源的总体规划、政策制定，国家培养各类语言人才的规模、质量和效率，以及语言教育人才的数量和质量等。所以，语言教育能力是构成国家语言能力的部分之一，并且有"工作母机"的性质。

（二）语言教育能力的结构

从职业能力角度看，教师的语言教育能力应包括以下几个部分：

1.教师共性的职业素养，本章第二节已有比较充分的讨论。

2.教师的语种能力，包括对某一语种的掌握程度、对该语种文化底蕴和文化背景的了解，以及相关的语言学、民族学、社会学知识。

3.专业化的教学能力，掌握教学的一般规律，善于运用教学的策略与方法，并使语言教学过程达到一定的艺术水平。

语言教育能力与教育语言能力之间存在辩证关系：第一，二者并不是等同的，语言教育能力是以培养语言才能为目标的专业教育能力。教育语言能力则是一切教育活动都需要的要素之一，语言专业教育也不例外。第二，教育语言能力也具有一定的语言能力培养功能，包括学生的内部言语能力和外部言语能力在教师良好教育语言能力指导和影响下，都会得到有效提高。

二、语言教育能力的实践形态

在学校教育体系中，语言教育占有重要的一席之地，具体体现于以下三方面的教育实践中：

（一）语文课程教学

语文作为学校教育课程体系的一门课程具有悠久的历史，尤其在基础教育课程体系中是一门重点教学科目，是一门语言与文化、工具性与人文性相统一的课程。因为学生的语文能力是学习其他学科的基础，所以语文课程的教学目的中心点就是培养学生的语文能力。

从语种上看，我国的语文课程包括三个方面：国家通用语言文字的教学、外国语言文字的教学、少数民族语言文字的教学。其中第一个方面的教学是全体学生都要学习的课程，有全国统一编制的教材；第二方面的教学以外国语的大语种（主要是英语）教学为主，也是学校教育普遍开设的课程；第三个方面的教学是少数民族地区针对少数民族学生开设的课程，以既有语言又有文字的少数民族语言教学为主。

从事不同种类语文课程教学的教师，必须有与课程教学相适应的语文教学能力，即专业化的职业能力。语文课程教学能力的具体主体是语文教师、外语教师和民语教师。其中民语教师一般要具有多语种能力。

（二）语言类专业人才培养

培养国家和社会所需要的专业语言人才主要由高等学校来进行，具体体现为高校语言类专业设置上，包括汉语言文学专业（也称中文专业）、外国语言文学专业、少数民族语言文学专业等。从职业教育的角度看，师范类高校主要培养这三类专业从事语言教育工作的人才，重点是培养这些人才的语言教育能力；综合性高校，以及语言类专门学校培养各种各样语言职业的人才，重点是培养这些人才的职业语言能力，尤其是语言职业能力。

教育机构培养语言类人才的能力，是国家语言能力的重要组成部分。从国内视角看，语言人才培养能力满足着各行各业语言人才的需要，从国际视角看，语言人才培养能力满足着国际交流、国际合作、解决国际冲突的人才需要。

第十一章　特殊语言能力

世界上几乎没有单一的、纯粹的、孤立的事物存在，几乎任何事物都有丛生的、反面的、侧面的、背面的、伴生的方面共同存在，人类的语言也是如此。

与人类一般语言及一般语言能力相伴生的特殊语言及特殊语言能力也是人类生活不可缺少的信息沟通方式，一般语言与特殊语言及两种语言能力合为一体，形成了绚丽多彩的人类语言生活。

第一节　特殊语言概论

公众比较熟悉的特殊语言是手语和盲文。丧失听力的人士在互相交流时使用手语，各大电视台在报道重要新闻时也经常配有手语播报人员；丧失视力的人士常用盲文阅读和写作，纸币上也印有盲文标识。使用手语和盲文，既方便了生理障碍人士的语言交流，也体现了一个社会的文明程度和人道主义水平。实际上，人类特殊语言种类远远超出了手语和盲文的范围。我们可以从多学科视角揭示特殊语言的本质和特点。

一、符号学视角

"符号学是关于指号过程的知识，是关于符号及其作用的理论解释"。① 符号学家认为"符号学囊括人类知识",是"一切科学之母"。语言则是最主要、最重要的符号系统之一,但并不是唯一。

关于语言与其他符号系统的关系,"'每一个符号学系统都有语言混合物'。不过,我们的观点更为基本:每一个语言系统都有符号学附加物。语言不仅不是一个独立自主的系统,也不是一门'能够移译所有其他符号学的符号学'(Hjelmslev,1961:109)。在这个意义上,语言结构的特殊性并非没有限度。语言的无限性是指不受物种特有的生物学遗传的制约,能够把其他符号学(和指号过程)统纳入沟通意向的轨道"。②

从这一意义上说,特殊语言是常规语言(各语种)紧密伴生的一类符号系统,如手语系统、盲文系统,以及其他"类语言"的符号系统。由于"一个足够精确的代码系统可能会移译为另一个代码系统",使特殊语言与一般语言密切结合在一起,完善和丰富着人类的信息加工和信息交流的方式。

二、语言学视角

传统的观念认为语言学是研究人类自然语言(普通语言)本质和规律的学科,是比较狭义的。但语言学界也注意到了狭义语言之外的相关符号系统。

什么是语言?"《韦氏新世纪词典》中列出了'语言'一词最常用的几个定义:[1](a)人类言语(human speech);(b)通过这一手段进行交际的能力(the ability to communicate by this means);(c)一种语音和语义相结合的系统,用来表达和交流思想感情(a system of vocal sounds and combination of such sounds to which meaning is attributed, used for the expression or communication of thoughts and feelings);(d)该系统的书写

---

① [美]约翰·迪利(John Deely).符号学基础.张祖建,译.北京:中国人民大学出版社,2012:138.

② [美]约翰·迪利(John Deely).符号学基础.张祖建,译.北京:中国人民大学出版社,2012:93.

形式（the written representation of such a system）。[2]（a）任何一种表达或交流的手段，如手势，标牌或动物的声音（any means of expressing or communicating, as gestures, signs, or animal sounds）；（b）由符号、数字及规则等组合合成的一套特殊体系，用来传递信息，类似计算机信息传递（a special set of symbols, letters, numerals, rules, etc. Used for the transmission of information, as in a computer）······（P.759）。"①

语言学家一般是在上述[1]（a）（b）（c）和（d）的范围内研究语言的，但也关注到了[2]。但我们认为就人类语言能力而言，[2]的释义有些过于宽泛，如"动物的声音"亦列入语言之中（但仍可讨论）。从语言学视角看，特殊语言即释义[2]的范围中与常规语言密切相伴的部分。实际上，语言学家也把"特殊语言"纳入了研究视野，并关注到了它的重要性。"关于上面提到语言其他释义的研究，当代语言学同样给予了关注，比如对借助图像、声音等符号资源来表现的多模式语篇进行研究。多模式至少包含五种意义产生模式：语言的、视觉的、动作的、空间的和听觉的，在它们的共同作用下创造了文本。"② 这一方面表现了语言学视野的扩展，另一方面也说明了非常规语言的重要性。

三、心理学视角

心理学的核心课题是人类主观世界与客观世界关系的心理机制问题，即人怎样认识世界、思考世界、适应世界和创造世界。在这一过程中语言、言语、话语起到了关键作用，其作用机制之一就是"表征"。

表征（representation）是当代心理学新兴起的理论学说，源起于20世纪60年代美国心理学家Piavi提出的信息加工双重编码理论。该理论认为人有两种不同的心理表征系统：一种系统是语词系统，另一种系统是图形的或似表象的系统，是关于客体的外观、触觉及听觉的属性。

表征被认为是信息在头脑中的呈现方式，是信息记载或表达的方式，

---

① 廖美珍.语言学教程[M].西安：西北工业大学出版社，2020：2.

② 廖美珍.语言学教程[M].西安：西北工业大学出版社，2020：3.

能把某些实体或某类信息表达清楚的形式化系统以及说明该系统如何行使其职能的若干规则。简单地说，表征是指可以指代某种东西的符号或信号，当被指代的事物缺席时，它代表该事物。① 进言之，表征的原理是"替代"（stand in），是指可反复指代某一外部的或想象的事物的任何符号或符号集。同时，表征也是关于信息的加工、存储和表达的结构，是"一种能把某些实体或某类信息表达清楚的形式化系统，以及说明该系统如何行使智能的若干规则"②。

一般认为表征的主要类型有：

1.语言，又称"心理语言"，可分为形式表征和语义表征。③

2.认知地图，是一种对环境经验的心理形象表征，包括事件的简略顺序，以及方向、距离、时间关系的信息。

3.表象，即人脑关于事物形象的直观反映，是一种心理形象表征的方式。

4.图式，人类对各种世界知识的一般性的抽象和概括，并且作为认知单元存贮在心理结构中。

人类心理机能系统的核心是思维和思想，思维常指抽象化、形象化的信息加工机制，而思想则扩展为对事物信息的获取（原材料）、信息加工（思维）、信息加工产物（思想）的整个过程和结果，是语义、概念、话语的根基。而表征则是思维和思想的材料、加工机制、和物化的加工结果。从这一视角看，语言是最重要的表征之一，这是公认和已达成共识的，与语言共存的、相辅相成的、类似于语言的表征就是本章所讨论的"特殊语言"。

---

① 杨盛春.知识表征研究述评[J].科技情报开发与经济，2012，22（19）：145-147.

② 李恒威，王小潞，唐孝威.表征、感受性和言语思维[J].浙江大学学报（人文社会科学版），2008，38（5）：26.

③ 崔占玲.少数民族学生三语学习的心理学研究[M].广州：暨南大学出版社，2011：33-40.

四、社会学视角

社会学是研究社会组织结构及运行的学科，语言具有社会性的这一本质属性，我们所讨论的特殊语言也不例外。

社会的基础要素是人际间的交往、交流和群组活动，所以语言能力非常重要。从社会学角度看，语言能力包括常规语言能力（一般语言、自然语言）和特殊语言能力（类似语言的符号），这是由社会的存在、运行、发展等客观需要决定的。

1.特殊语言是由社会特殊群体生存需要而形成的，如聋哑人的手语、盲人的盲文等。

2.特殊语言是社会特殊行业运行的需要，例如旗语（Flag semaphore）是"世界各国海军通用的语言"，"密码"（password）是保密行业的信息保密技术。

3.特殊语言是社会文明、文化表达的需要。可以说，"文化生存于符号之水中"，除了常规语言符号外，需要多种多样的特殊语言来承载、表达、传播。例如，礼貌、礼节这一文明习俗，除了语言中的敬语外，还有身体姿势上的鞠躬、举手甚至跪拜叩首等"身姿语言"的配合表达。

4.特殊语言也常常是社会新事物的表达方式，例如当代新兴起的"网络语言"中非语言图标的使用，以及常用语词的变义使用，如用"菜鸟"指行业中的新手、生手、笨手。

五、小结

在广义的语言概念中已经包括了"特殊语言"，特殊语言是与自然语言（或称之为一般语言、常规语言）共生、伴生、相辅相成的符号系统。特殊语言几乎存在于人类生活的方方面面，既是人际社会交往的辅助工具，也是人心智活动不可缺少的媒介，还构成了社会文化的组成部分。尽管特殊语言的讨论超出了传统语言学研究的范围，但特殊语言具有常规语言的许多本质属性，可视为"类语言""副语言"。更为重要的是，两种语言在一定条件下可以互译，甚至互相转换。特殊语言的存在，大大丰富了人的语言生活。

　　进言之，人的语言能力也有两个组成部分：普通（一般）语言能力和特殊语言能力，二者融为一体，使人的语言能力更为丰满，功能更为强大。

第二节　特殊语言能力的现实形态

　　社会需要、社会活动的多样性，决定了人类特殊语言能力的多样性，我们试择其要者进行讨论。

一、手语（Sign Language）

　　手语（Sign Language）是用手势模拟形象、音节以构成一定意思或词语的视觉语言，是聋哑听障人士群体相互之间的重要交流工具，也是常规有声语言的重要辅助工具。

　　手语历史悠久，古已有之，而且并非聋哑人专有。"古人靠手势传达沟通意见，而后才慢慢产生语言。古人以打猎耕种为主，社会上需要遵循的规则也少，因此听障人士较能适应生活，但文化发达后社会进步，抽象的符号也多，为了适应社会生活，只好藉手语来表达沟通情意了。"（百度百科·手语）最早的聋哑教育始于法国聋教育家德雷佩神父1760年建立的国立聋校。

　　据统计，我国聋人人口有两千多万，按每个聋人有直系亲人四人计算，需要使用手语的人口约在一亿人左右。其他国家聋哑人及相关人口虽然没见统计数据，估计数量也不小。

　　手语像常规语言一样也有各种各样的自然手语方言，需要统一和规范，为此不少国家进行了手语规范化建设。例如，我国从20世纪50年代开始就进行手语的规范统一工作了，1959年出版了《聋人通用手语草图》，含2000个手势图示；1988年经过修改补充，编辑出版了《中国手语》，近年又加强了手语标准化建设工作。

至于手语是不是属于语言范畴，学术界有两派观点：一派依据传统语言学的理论，认为手语不是语言；另一派则认为手语具有社会性及约定俗成性、一定的规律性、结构性和系统性，所以手语应该成为语言学研究的对象，应该视为语言的一种形式，是一种具有符号固定职能、概括职能、交流职能、翻译职能的特殊语言种类，相应的手语能力是一种特殊语言能力。

但不论怎样的学术争论，手语都在聋哑人群体中，及聋哑人与正常人的交往中发挥着有效的交际工具作用。就是正常人的生活中也使用一定的手语：如用手指和手型表示1～10的数字，用手势辅助口语的表达等。其实社会群体会议中最常见的"鼓掌"，也是听众手语形式的情感表达。汉语"指"字，就源于手指的指向，并衍生出指示、指点、指南、指引等众多词汇。

二、唇语与指唇语（Lip language）

唇语（Lip language）也叫唇读，是靠看别人说话时嘴唇的动作来解读别人说的什么话的技巧，从本质上说，唇语并不是像手语那样属于一种特殊语言类型，而是在常规语言能力基础上经过训练和自悟而形成的一种特殊语言能力。

唇语主要是通过视知觉完成的，所以也被称为唇读。主要用于海事人员的部分交流、听力障碍者获得他人言语信息、特工窃取情报资料、刑事案件侦破等方面。有些失聪的学生依靠唇语能力可接受常规的学校教育，优秀者甚至可以完成高等教育的学业。

指唇语，是用右手声母和唇形韵母（或附加左手韵母）来辅助汉语口语教学的一种手语方案。以手口并用、侧重"声（介）母＋唇形"的手语模式进行聋人家庭和学校的口语教学方法。

三、盲文（Braille）

盲文又称点字、凸字，靠指尖触觉感知的特殊文字，为盲人阅读和写作所使用。盲文属于拼音文字，以"方"为单位，每个方的组成是六个凸点，对于26个英文字母，相应有26种方内凸点布局，一一对应。对于汉字，一个汉字由若干个方组成（也是拼音）。盲文书写使用硬笔和字板，板上有方，用特制的硬笔在方内打点，书写方式是"反写正读"。

盲文的发明者是法国盲人路易·布莱叶（Louis Braille）。他1809年出生于法国一个贫苦的马具匠家里，3岁时失明。当时盲人学校使用的是凸版普通字母印刷的课本，又重又笨，摸起来很慢，书写更为困难，布莱叶立志创造一种容易摸读和书写的盲文，让盲人走向更大的文化殿堂。历经挫折和磨难，他发明的盲文一直得不到承认，在43岁临终前，他的一个双目失明的女学生在一场盛大的音乐会上用盲文版乐谱进行了娴熟的钢琴演奏，并道出了她的老师布莱叶了不起的发明，才使盲文走进社会。1887年，布莱叶的盲文被国际公认为正式盲文。为了纪念这位卓越的创造者，1895年，人们将他的姓布莱叶（Braille）作为盲文的国际通用名称。

布莱叶盲文1874年即已传入我国，1952年盲人黄乃参照布莱叶盲文体系和已有汉语盲文基础，经过调整和创新，创立了以普通话为基础、以北京语音为标准，采用分词连写方法拼写普通话的《新盲字方案》，使新中国有了统一的盲文。《国家通用盲文方案》作为语言文字规范于2018年发布实施。

从本质上说，盲文属于常规语言范畴，只不过是把视觉的读和写以触觉的读和写替代而已。但作为一种特殊语言能力，需要经由专门的学习才能使用。这种特殊语言能力也为盲人这一特殊群体打开了接受高等教育的大门。2023年5月，视障女青年董丽娜，克服困难立志求学，获得了中国传媒大学播音与主持艺术专业硕士学位，成了盲人求学的励志典范。

四、世界语（Esperanto）

广义的语言包括自然语言和人工语言，狭义的语言仅指自然语言。人工语言（Artificial Language）又称为人造语言（Constructed Language），是依照一定的原理由一些人在自然语言的基础上设计出来的语言。

从用途上说，人工语言可以分为四种类型：一是国际辅助语，用于方便国际性交流。二是具有特殊用途的语言代码，如电报代码。三是在某一科学技术领域设计的符号系统，如计算机语言等。四是某些团体或秘密组织编造的"黑话"。

世界语是一种人工语言或人造语言的典型，是由波兰籍犹太人拉扎鲁·路德维克·柴门霍夫（Ludwig Lazarus Zamenhof）博士1887年创制的。他创制这一语言的初衷是用这门语言帮助不同语言人群顺利交流，能够帮助人们跨跃语言、肤色、种族、地域等界限，用同一个身份——世界公民来平等、友好地相处，但又不是取代任何民族语。

Esperanto一词原意是"希望者"。

世界语书写形式采用拉丁字母，共有28个字母，一个字母只发一个音，读音和书写完全一致，学习者学会了28个字母的发音并掌握它们的拼读规则，就可以读写出任何一个单词。词根来源多样化，但大多来自印欧语系的欧洲各民族语言，派生性非常强。语法由十六条基本规则衍生出来，简洁且富于逻辑，比较容易掌握。这种语言被认为具有国际性、中立性、平等性、简易性、无歧义性和很强的生命力。

世界语得到了广泛的传播和联合国相关组织的肯定，是国际上使用最广泛的国际语言之一，全球150多个国家和地区都有世界语者（Esperantist）及世界语组织。用世界语作为母语的人数约2000人，作为第二语言使用者约2000万人，并有高等院校的专业设立。一些宗教团体和国际性组织把世界语作为官方语言。

世界语在清朝末年传入中国，曾被音译名为"爱斯不难读语"，后据日语意译为"世界语"。1951年建立了"中华全国世界语协会"，60年代列为高校第二外语科目，1981年成立世界语之友协会，中国世界语出版社用世界语出版了一批关于中国政治、经济、文化的书籍，1986年、2019年举办了第71届、第89届国际世界语大会。

很明显，作为一种人工语言，世界语是依托已有多种自然语言而设计的，目标是使其成为国际通用语。但语言的统一，决定因素在于国际社会的统一，尤其是政治、经济、文化的统一，所以世界语设计的初衷是好的，但面对庞大、复杂的人类语言总体及复杂多变的国际形势，实现世界语的美好愿望是举步维艰的。

五、密码（Cipher，password）

密码是一门技术科学，有着悠久的历史。

"密码是按特定法则编成，用以对通信双方的信息进行明密变换的符号。换言之，密码是隐蔽了真实内容的符号序列。就是把用公开的、标准的信息编码表示的信息通过一种变换手段，将其变为除通信双方以外其他人不能读懂的信息编码，这种独特的信息编码就是密码"。[①] 密码的产生，源于保密、信息传输、商业及生活信息安全的需用，广泛应用于军事通信、政治通信、商业安全、生活安全等方面。

从原理上看，密码是自然语言的话语的一层或多层代码转换，其机制可见图11-1：

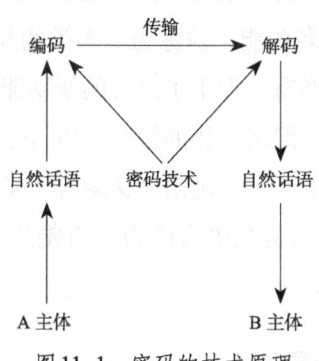

图11-1 密码的技术原理

---

① 邓安文.密码学——加密演算法[M].北京：中国水利水电出版社，2006：32.

密码还常被用于人与复杂器物的关系上（如开门密码、开机密码、银行卡密码等），其原理类似于图11-1，见图11-2：

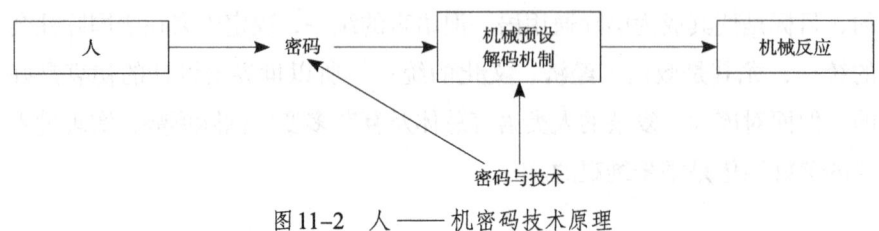

图11-2　人 —— 机密码技术原理

密码编码和解码的设计，称之为密码算法或加密法，需要比较复杂的数学运算，是由专业人士从事的专门职业工作，常人只是使用者。同时，破解密码也是难度很高的技术工作。

《中华人民共和国密码法》把密码分为核心密码、普通密码、商用密码三类，其中核心密码和普通密码用于保护国家秘密信息，商用密码用于商业活动保密和社会生活中的认证口令活动等。

六、网络语言（Cyber Language，internet slang）

基于计算机网络信息技术基础上的终端计算机和智能手机普及应用，发展出了网络文化及相应的网络语言。智能手机的功能越来越强大，甚至合并了终端计算机的许多功能，被称为"人类的新器官"。同时网络语言也形成了一种语言的新形态，催生了语言的新功能。

网络语言是一种基于网络文化的综合性语言形态，特点是常规自然语言为主（包括语音与文字），常规语言又融合了常规语言变异体和图形表情符号。其中常规自然语言及语言能力不再赘述，我们重点讨论后两种成分。

（一）常规语言的变异

由于网络是一个相对自由的虚拟空间，网民为了迅捷表达和宣泄情感就产生了许多网络交流中特有的词汇和表达方式。

1. 字母型

为了文字输入的快捷与简便，以简约高效的字母输入替代汉字就成了中国网民聊天的首选，有些词汇内涵的丰富程度已经超过正规文字表达模式。如用汉语拼音的首字母GG（哥哥）、ZT（转帖），用英语词组缩写：PK（源于网游中play kill一词的缩写）、GF（girl friend，女朋友）等。

2. 数字型

用阿拉伯数字0~9的数字字符的谐音和寓意，按照约定俗成的规定，用数字的不同排列组合表达一定的聊天内容，如520（我爱你）、886（拜拜啦）等。

3. 混合型

用字母、数字、文字、英语单词等混合起来，以简约的方式表达常规句子的含义，并且不拘泥于传统语言的语法的限制，是一种"非主流表达方式"。如幸福ing（正在享受幸福中）、3q（thank you）、＋U（加油）等。

4. 变义型

以文字、词组、英语单词等原生词衍变而来的谐音化用语，即原词变义，如"粉丝"，源于英语fans的音译，现在已经简化成"粉"，新意为"对某个人物或某个事物超级迷恋"，并成为一种社会文化现象。

5. 新造词

为网络用语创新性的表现，多为在传统语言的基础上产生新词汇。如"屌丝"一词是"苦B青年"本着自嘲精神创造的新词，反映了一定的社会现象和文化现象。类似的还有"高富帅""傻白甜""矮矬穷"等。这种新词每年都以一千多的数量在网络文化中产生。

6. 缩略和扩张

用四字成语概括一句话的缩略，如"喜大普奔""人艰不拆"等；扩张是把汉字拆分构成新词，如"马户"（驴）、"走召弓虽"（超强）等。

7. 语句型

用一个句子，类似于成语那样反映一类社会现象或对事物的态度，在一个阶段中成为"网络热句"。如"我爸是李刚""元芳，你怎么看"等。

（二）图形表情符号

人类的情感、情绪常常是难以用言语精确表达的，在网络虚拟空间中人们缺少面对面的交流，使情感表达更为困难。为此，网民们发明出了一系列表达感情和情绪的符号，并发展成了"颜文字"和"表情包"。

1.颜文字

颜文字（Kaomoji）是用特定字符编排、组合而成的表情符号。源于1982年美国卡内基大学法尔曼教授在计算机屏幕上打出的：-），用以表示呵呵微笑。此后，青年网民受启示而把这种表情符号发扬光大，产生了数以万计的单行象形文字组合形式，成了影响全球的世界文化符号。

颜文字是在多种语言符号象形元素基础上发展起来的表达笑脸、高兴、愤怒、哭、卖萌、委屈等多种情绪的符号，具有多语种包容性和字符多样性，受到了多数网民的喜爱。

2.表情包

随着当代网络通信传输技术的发展，使图片、视频传输更加容易和快捷，在网络上表达情感和情绪的手段更为直观、生动，这就是"表情包"。简单的表情包是类似于符号的面部表情图（如笑脸、哭泣、生气等）、肢体表情图（如"给力！"的手臂图）。这些模式化的图形被大量创造出来，较之颜文字更加方便、形象。

随着技术的进步，复杂的表情包则以真人典型的动作短视频或动图来表达情绪，并配以语音或文字，很像电影、电视的极简版了。这也使表情包远远超出了传统语言的范畴。

七、速记（Shorthand）

速记（shorthand）是一种快速记录口语的技术，是一门用特殊符号系统记录语音的快写实用技术。当代速记有两种方式：一是比较古老的手写速记，由速记者先用符号速记语音话语，然后再把符号记载转化成文字文体。二是计算机速记（亦称电脑速记），由速记者操作计算机程序，录入语音后直接产生文字文本，基本上与语音同步形成普通文字文本。

速记的符号简单、快捷，有密码的性质，书写速度快、效率高，几倍于正常文字书写的速度，能基本做到与讲话者的语速一致。汉字速记更是较之正常书写快了多倍，英语速记也类似。

速记具有古老的历史。据有关资料，在公元前83年，罗马的一个奴隶叫泰罗就创造了速记。我国汉朝就有了速记，有研究认为在汉字隶书基础上演变出的草书，就是为了应付急需记录而创造的一种快速书写的简体字体，据说唐朝曾经出现过一种话语快速记录方式，但已经失传了。英语速记是美国人 John Robot Gregg 1888 年发明的，所以 English shorthand 也被称作 Gregg shorthand。当人类社会进化到了信息时代，计算机速记也应运而生了。

速记也是一种职业，主要用于会议记录、文秘记录、法庭记录、新闻采录、字幕、网络媒体文字录入等方面，录入人员被称为"速记员"。此外，速记还可以提高人的学习能力和学习效率，还可以使思维表达便捷、快速，并可及时记载脑中的灵感和创意的"一闪念"。

速记技能需专门的学习和训练，才能形成专业的语言书写能力。速记的专门学问称之为速录学或速记术学，被视为语言学的一门实用分支学科。

八、隐语（Argot；Lingo；sign and countersign）

一些特殊的社会群体为特殊活动的需要而发展出的社群内部语言，不直说本意，而借常用语言来暗示的话。在语言学中，把隐语视为一种方言。"当社会上出现了由于各种原因而形成的秘密团体之后，就有可能产生秘密性言语，也就是'隐语'。隐语是一种特殊的社会方言。其他社会方言没有排他性，不排斥其他社群成员的了解和运用，隐语则有明显的排他性，总是有意说的让局外人听不懂，目的是不让他人了解秘密团体成员之间谈话的内容。黑社会使用的隐语叫作'黑话'。"①隐语也是人与人交流的一种方式。

"唇典"亦称"春典"，是隐语的具体表现形式，是旧社会江湖人彼此间相互联系交流的特殊语言，也称行话、切口、黑话，是中国流民社会群体出于不同文化习俗与交际需要，而创造出的循词隐义的特殊隐语，被称为"江湖人的第二语言系统"。

一般把秘密社团和有危害社会行为社团的隐语称之为黑话，如旧社会中土匪的黑话，从事灰色产业帮派的黑话等。

现在网络文化中也有类似黑话的隐语出现，有人称之为"网络黑话"。

九、宗教语言（Religious Language）

宗教有着古老的源头，是随着人类社会发展而发展出来的一种精神文化现象，被称为"社会特殊意识形态"。从哲学角度看，宗教是一种世界观、人生观和生活观；从社会学角度看，宗教是社会的组成部分之一，是一个特殊群体的职业性生存方式。时至当代，宗教仍然在人类社会生活中有着重要地位和作用。

一般认为，宗教起源于人类对超自然现象的崇拜和对美好生活的向往，一般都相信有神秘的力量或实体存在于现实世界之上，主宰着自然的进化和人类的命运，人类应规范自己的思想和行为，向着理想的生活方向努力。

宗教与语言有着不可分割的关系，一方面宗教对人类语言文字的演变历史有着深刻的影响，另一方面语言也是宗教进步和传播不可缺少的工具。甚至有意见认为："宗教支撑着语言的相对稳定性。"

宗教语言（Religious Language），泛指各种宗教通过语言的形式对其信念与宗教情感的表达，包括宗教经典、信条、诫命、道德评判、祈祷、口头禅、赞美等多种形式。广义的宗教语言概念还包括实物符号、动作和

---

① 沈阳.语言学常识十五讲[M].北京：北京大学出版社，2005：295.

行为符号、礼仪等。

在《道德经》中开篇所言："道可道非常道，名可名非常名"，正揭示了宗教语言的特殊性：大多数宗教核心思想是超出人类日常生活经验的"超验实在"与"神秘体验"，是难以用人类通常语言描述的，但又不得不言说，是"对不可言说的对象进行言说"。因而宗教哲学家和神学家为解决此难题，提出了宗教语言实质上是"类比的语言"和"象征的语言"的方法，让听众通过联想和类比，通过日常经验象征宗教思想的相似性来把握宗教信念。尽管如此，各种宗教还是创制出了一系列特有名词，创作出了众多特有名言名句，形成了某种宗教的专有语言体系，并需要特殊的语言能力予以把握。

一般认为，宗教语言有以下特点：

1.形象性，用语言形象和非语言符号形象表达不可见的实在。

2.可认知性，通过宗教语言可使人洞见宗教教义。

3.内在的情感动力性，宗教语言具有人文关怀性和情感动力性。

4.大众传播性，宗教语言大多通俗易懂，形象生动，微言大义，劝人向善，易于传播。

5.经典性，宗教的经典是宗教信仰的来源和依据，以文本形式传承，对于信仰该宗教的人们具有神圣性。如佛教般若思想核心体现于《心经》《金刚经》等经典中，伊斯兰教的《古兰经》、基督教的《新旧约全书》（《圣经》）、犹太教的《塔纳赫》、印度教的《吠陀》等，都是信徒的信念根基。

6.口语习惯性，各种宗教大多有习惯化、规范化的口头语，或称之为"口头禅"，如佛教的"阿弥陀佛"、道教的"无量天尊"、基督教的"阿门"、伊斯兰教的"真主保佑你""真主在上"等。这些口头语还常配合有合十、划十等体态语言。

7.可翻译性，许多宗教的思想信念可翻译为各民族的语言，在宗教思想传播的同时，也对该民族语言产生了深刻的影响。如中国的佛教源于梵语经典的翻译，译为汉语后形成汉传佛教，译为藏蒙语言后，形成藏传佛教。佛教的大量名词、短语也进入汉语文和藏语、藏语文之中。

宗教语言能力是从事宗教活动的人士必须具备的能力，具有多种特性：从反映一种思想信念角度看，宗教语言是一种行业语言能力；从社会活动角度看，宗教语言能力是一种语言职业能力；从学者研究角度看，宗教语言能力是一种系统化的宗教术语能力。

十、计算机语言（Computer Language）

当代社会已进入信息化社会，计算机网络信息技术已经渗透到人类生活的方方面面，并成为产业经济的新业态，脑力劳动的新方式，生产力发展水平的新标志。

令人眼花缭乱的计算机网络信息技术系统，从本质上说是借用人造技术设施用符号系统接受信息、加工信息、产生信息、传输信息的过程，这一符号系统可视为广义的语言或特殊的语言之一，相应的语言能力是当代社会最重要的职业能力之一。

计算机语言（Computer Language），被认为是人与计算机之间通信的语言，是人与计算机之间传递信息的媒介。但这一定义主要指计算机程序设计语言，尚未阐明计算机语言的全貌。为此，我们试把计算机语言按三个层次或状态归纳为图11-3。

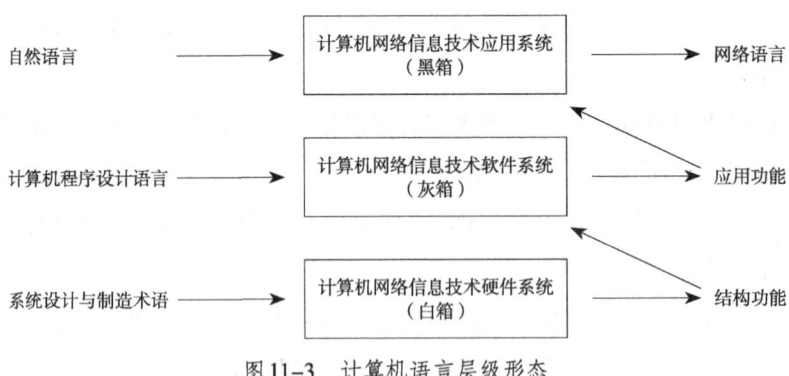

图11-3 计算机语言层级形态

（一）第一层面是大众应用当代计算机网络信息技术的层面，主要是个人电脑终端（PC）和智能手机，所用语言基本上是自然语言，加之其他因素形成网络语言文化。对于大众来说，这一层面的设施和技术是黑箱，是可以忽视和不知机理的黑箱，到商场购买PC机和智能手机使用就可以了。

（二）第二层面是"计算机语言"真正含义所在，一般指计算机程序设计语言或简称编程语言，本质上是人对计算机运算的指令。计算机语言是指编写计算机程序的数字、字符和一定的语法规则，由这些字符和语法规则组成对计算机的各种指令（或各种语句）。而程序是计算机要执行的指令的集合，计算机按程序运行，从而形成它的各种使用功能。

计算机编程语言经历了机器语言、汇编语言和高级语言等三个发展阶段。①

机器语言使用0和1二进制代码，是计算机能直接识别和执行的一种机器指令的集合，是计算机的设计者通过计算机的硬件结构赋予计算机的操作功能。

汇编语言是为了克服机器语言难读、难记、易出错，且不通用于不同型号计算机等问题而发展出来的，是用与数字代码指令实际含义相近的英文缩写词、字母和数字等符号来取代指令代码，用"助记符"表示的仍然面向机器的计算机语言。但汇编语言必须通过预先放入计算机的"汇编程序"的加工和翻译，才能变成能够被计算机识别和处理的二进制代码程序。用汇编语言编写的符号程序称为"源程序"，翻译后成为机器语言的称为"目标程序"。

高级语言是在前两种语言基础上与人类自然语言相近且能为计算机接受的语意确定、规则明确、自然直观和通用易学的计算机语言，是面向用户的语言，如JAVA、BASIC、PASSCAL、C、COBDL，等等。用高级语言编写的源程序，通过翻译程序翻译成机器语言形式的目标程序，计算机才能识别和执行。

编程语言多种多样，据估计已达2500多种。其中每一种高级语言都

① 杨旭，李杰.C语言程序设计教程[M].张华，主审.北京：时代出版传媒股份有限公司北京时代华文书局，2014：1.

有自己人为规定的专用符号、英文单词、语法规则和语句结构（书写格式）。高级语言与自然语言（英语）更接近，与具体机器指令系统相分离，通用性强、兼容性好，易于用户掌握和使用。

在高级语言编辑的软件基础上，应用性软件应运而生，种类繁多、层出不穷。例如，适应自然语言操作的软件使汉语方块字成为计算机实用的文字之一。智能手机可运行的五花八门的APP（application，mobile app），可由用户自行安装，涉及的服务项目几乎遍及人类生活的方方面面，而且全由自然语言操作。

（三）第三层面是计算机网络信息技术系统的设计与制造所运用的术语体系，或者说是"硬件"设计与制造中所运用的语言。

无论多么令人眼花缭乱的计算机网络信息技术的应用表现，都必须立足于一定的物质系统设计与制造基础之上。

计算机的思想源头可以追溯到远古人类以手指计数（现在也常常使用，Digit一词既表示手指又表示整数数字），以及"结绳""算筹"（小木棍）、珠算盘等。

电子计算机起源于19世纪中叶的机械化运算，20世纪初随着电子技术的发展，至1937年产生了第一台电子数字计算机，在经历了电子管时代、晶体管时代、集成电路时代，进入了互联网时代。当代计算机网络信息技术硬件系统的设计与制造，是众多自然学科和众多工程技术学科成果的结晶，并形成了自己的结构设计理论和生产技术产业，相应地创造出了新术语体系。

关于计算机网络信息技术硬件系统的术语体系，承载了相关的理论思想和技术思想，凝聚了多学科、多技术领域专家的智慧，是计算机网络设计和制造的工作语言，是一种高端的职业语言能力。

如果给计算机语言下一个比较宽泛的定义，可以说计算机语言是以自然语言为核心、以物理信号为基础、以程序设计语言为中介的机器物理信号与自然语言符号互相转化的机制系统。其中程序设计语言可视为一种特殊语言，使用该语言需相关工作者（他们常自嘲为"码农"Coding Peasant）必须具备相应的特殊语言能力，该特殊语言能力也是一种职业能力。

第三节 特殊语言能力的发展趋向

上一节简要地讨论了十种特殊语言及能力，类似的语言能力还不止这些，但上述讨论可给我们以下启示：

一、语言及语言能力概念需要一定的扩展

语言学已经给语言下了比较精确的定义，并获得了学界共识。但从符号学、心理学、社会学，以及新兴起的认知科学、脑科学、信息科学等更大的视野看，语言及语言能力的概念需要适当的扩展。原因有以下两点：

第一，多种多样、传承几千年的自然语言无疑是人类语言的主体，但与主体语言相伴生、相辅助的其他具有语言功能的符号系统也是不可缺少的思维和人际交流工具。由此，以自然语言为主体，其他"类语言"或"副语言""伴随语言"为辅助或补充而构成的语言体系是"人类语言"这一概念的应有含义。

"一主多辅"可能是人类语言能力的自然形态，"一主"指自然的、普通的、大众的语言能力，多辅指多种多样人工的、特殊的、常常是小众的特殊语言能力。

"据外国有的学者研究表明：人在交流中，有声语言传达的信息只是很小一部分，无声语言因素传达的信息竟占65%～93%"。① 一般认为"无声系统语言"主要有表情语、体态语、手势语、身姿语、实物语等，其中面部表情最为丰富，"心理学家研究指出，仅是人的脸部，就能做出大约25万种不同的表情"。"英国人德斯蒙德·英里斯在《手势新探》中说，当人们进行活生生的感情交流时，手势的重要性会超过语言本身。语言固然可以用来说明事实和表达思想，但若没有手势，人们的社会生活就会变得像机械一样冷漠死板。"②

---

① 袁金华.课堂教学论[M].南京：江苏教育出版社，1996：199.

② 袁金华.课堂教学论[M].南京：江苏教育出版社，1996：201–202.

第二，语言学家们也已经关注到了语言及语言能力概念的拓展问题。如法籍华人语言学家游顺利1983年提出了建立"视觉语言学"的主张，其中将手语纳入了语言学的范畴进行研究，认为手语与口语存在一系列平行现象。还有一些学者认为"身势语"（包括手语）先于有声语言出现，也是人际交流的重要方式。

符号学的研究对象和研究范畴是高于和大于语言学的，其创立恰恰源于语言学家关于语言研究的拓展。如索绪尔是瑞士开创现代语言学先河的语言学家，一百多年前（20世纪初）就建议建立一门叫作"符号学"（semiology）的学科，并提出了符号学研究的"语言学模式"。"索绪尔认为，语言虽然只是人类使用的符号之一种，却是不成比例的超大符号体系，语言学研究应当为符号学提供模式。"①汉语"符号学"一词，是中国学者、语言学家赵元任在1926年一篇题为"符号学大纲"的长文中提出来的，几乎与现代符号学创始人索绪尔、皮尔斯、韦尔比等同时期独立提出来（遗憾的是此议并未像西方学者那样发展成一门学科体系）。我们不拟对符号学进行深入讨论，仅以此说明语言学者扩展语言研究的趋向，同时证明传统语言概念需要拓展的倾向。

二、人类特殊实践活动领域的拓展会形成特殊语言能力的需要

产生特殊语言的根源是社会现实的需要，如聋哑人交流的需要产生了手语，视障者交流的需要产生了盲文，人机交流的需要产生了计算机语言。

社会的发展、科学技术的进步、特殊实践领域的开拓还会导致新的特殊语言的产生，促使人们形成新的特殊语言能力。

例如，当代生物学已证实，生物的遗传物质是DNA（脱氧核糖核酸）及相关的RNA（核糖核酸），承载着遗传信息的是基因（gene）。基因

---

① 赵毅衡.符号学原理与推演[M].南京：南京大学出版社，2016：12.

是遗传的基本单位，是DNA或RNA内编码基因产物（RNA或蛋白质）的合成的核苷酸序列。遗传密码（genetic codon），是一组规则，将DNA或RNA序列以三个核苷酸为一组的密码子转译为蛋白质的氨基酸序列，用于蛋白质合成。

千万种生物的遗传基因并不神秘，它们是DNA中的四种碱基序列（腺嘌呤A，鸟膘呤G，胸腺嘧啶T，胞嘧啶C），A与T，G与C互补配对，构成了基因中的二进制代码，控制着生命的所有过程。人类约有两万个左右的基因，约有30亿个碱基序列的信息。汉语"基因"一词是由中国遗传学奠基人之一谈家桢先生创译的，可以说是译词信、达、雅的典范。人类的语言能力从根源上说，DNA的遗传信息在很大程度上起着决定作用，因为人类语言器官系统的结构由遗传基因决定。

如果我们把语言与遗传密码相比较，会发现二者有许多类似之处：四种碱基相当于字母，密码子相当于单词，密码子排列程序相当于按一定语法造出的句子即基因，基因组相当于篇章，人类基因组就是一部"天书"。"人类基因组计划"（Human Genome Project）是一项规模宏大、跨国跨学科的科学探索工程，目标是绘制人类基因组图谱。该计划1990年启动至2005年基本完成，具有生命科学的里程碑意义。此外，克隆技术（clone technology）已应用于家畜繁殖。

著名语言学家史蒂芬·平克指出，除语言外，"自然界中另一个重要的离散组合系统是DNA的遗传密码。在DNA中，4种核苷酸组合成64种密码子（codons），而这64种密码子则可以串联成无限数量的不同基因。许多生物学家都十分看重语法规则和基因组合之间的相似性。以遗传学术语为例，DNA序列中不但包含了'字母'（letters）和'标点'（punctuation），还可能是'回文'（palindromic）、'无义'（meaningless）或者'同义'（synonymous），或被'转录'（transcribed）和翻译（translated），甚至可以被储存于'文库'（libraries）中。免疫学家尼尔·耶尼（Niels Jerne）发表的诺贝尔奖演说的题目就是《免疫系统的生成语法》（The Generative Grammar of the Immune System）"。[①]

我们可以大胆的预测，在基因组学中会产生"基因语言"，这种阐释基因的特殊语言包括两个方面：一是关于基因研究的科学和技术的术语体系（已经形成），二是解码遗传密码的特有"语言"体系（正在形成）。基因语言不仅用于揭示、解释基因奥秘，还用于"基因编辑"的创作。这种创作在未来人类生活中可能会有些"惊天地，泣鬼神"。

在社会发展中，类似基因组学的领域还会不断产生，相应的特殊语言也会形成，并由此萌生特殊语言能力的需要。

三、高新技术会促进人类特殊语言能力的改变与发展

当代科技发展日新月异，其特征是多学科原理的融合与多种技术的集成，及在此基础上的高智慧的发明创造。这在人类语言能力器官系统缺陷问题上，已有了不少突破。

在耳聋这一问题上，经过一百多年的努力，科技界已制造出了"人工耳蜗"（Artificial cochlear）。这是一种电子装置，通过体外言语处理器将声音转换为一定编码形式的电信号，通过植入耳内的电极系统直接兴奋听神经来恢复或重建聋人的听觉功能，并已进入医疗实用。

对于盲人，已有人造视网膜技术（Artificial retina）在失明者视网膜下无线植入纳米级薄膜，诱导视网膜接受光刺激，以治疗一些特定的视网膜疾病，使人获得"第二视力"。这项技术也有几十年历史了，因较耳聋问题复杂，还在研发进程中。

对于不能说话的哑人，也有人工语音合成的人工语音技术（speech synthesis）出现，著名英国物理学家霍金（Stephen William Hawing）晚年的学术报告就是通过人工语言合成技术进行的，因为他患了渐冻症不能说话。

上述技术如果成熟和普及，会改变聋人、盲人和哑人的认知世界和与

---

① [美]史蒂芬·平克.语言本能[M].欧阳明亮，译.杭州：浙江人民出版社，2015：78.

人交流的方式，可预见的是手语和盲文也就不需要了。

另一项需要高度关注的科技领域是人工智能。人工智能通过计算机硬件和软件系统可以替代和扩展人类许多大脑的功能，对人类语言能力有深刻而广泛的影响。

2022年Open AI公司发布了Chat GPT（Chat Generative Pretrained Transformer）程序软件，是用人工智能技术驱动的自然语言处理工具。该软件可以使计算机真正像人类一样与人聊天交流，还可以代替人工撰写邮件、视频脚本、帮助人写作业、写文章、翻译外文、写诗歌，甚至编写代码程序、生成图像、智能客服。它连接大量的语料库的功能，使其几乎具备了"上知天文，下知地理"的知识能力，其语言理解和文本生成功能使其具有了与人及时交流互动的言语对话能力和写作、创作能力。

Chat GPT的出现，从深层次上说，是计算机语言的智能化发展，是网络信息技术的应用，凸显了计算机语言的重要性。这可能要求我们不能囿于传统语言观念，排斥计算机语言作为一种特殊语言的见解，需要正视这种"语言"的研究。

另外，Chat GPT的广泛使用也有导致人类自然语言能力退化的危险倾向。根据"用进废退"原理，人的大脑在过分使用智能化工具后，会有心智衰退的可能，所以各国学校和一些学术期刊禁止学生和作者使用Chat GPT做作业和写论文。

语言、语言能力的概念需要适度的扩展，但不能过度扩展。本章讨论的是与普通、自然语言相伴生、共生、类似语言的现象，这一领域值得专门研究和探讨。

所谓特殊语言及特殊语言能力指的是形形色色的与语言及语言能力相关的现象，概括起来看，可粗略地分类如下：

1.一般自然语言或常规语言基础上的变异或特化，如速记、隐语、唇语、密码、世界语等。

2.依靠其他感知觉渠道获取信息和交流信息的方式，如手语、盲文。

3.一般语言混合其他符号系统的文化形态，如网络语言、宗教语等。

4.与一般自然语言有类似特征的专门科技领域的符号系统，如计算机语言、基因语言。计算机语言是人机交流的人工符号系统，基因语言是对自然生物遗传信息的解读理解、阐释和再创作，这二者是不是一种语言，尚需学术讨论，人们暂时把二者称之为"语言"。

5.伴随言语活动、对言语效果有直接影响的非语言行为，如表情、身势等。

一般的、自然的语言符号是人类语言能力的根本、核心、主体，其他类似语言及语言共生、伴生的符号系统对言语能力起协同、辅助、增强的作用，常常是不可缺少的。

除本章讨论的具体形态外，古代的烽火、号角、鸣锣击鼓、旗帜、图腾及现当代的交通标志、示意图形、Logo等也都有一定的语言功能，这有待于今后更加系统的研究。

第十二章 翻译能力

"译"的历史源远流长，几乎同语言本身一样古老。

翻译事业涉及政治、经济、军事、教育、文学艺术、科学技术、宗教等方方面面，与人类社会历史的发展息息相关，已成为各个国家和民族的一项社会事业。译的能力既是各行各业相关人士的语言能力，也是国家语言能力的重要组成部分。

为此，我们有必要对译的本质、广义翻译、翻译能力构成、译著评价、翻译理论等问题进行多学科综合性的探讨。

第一节 译的本质

一、译的含义

如果用一句话简明扼要地概括译的含义，我们试把译的本质概括为：在一定语境中，不同主体间在信息交流过程中对意义的理解与意义不同符号表现形式转换的过程。

（一）主体

首先，我们需阐明"主体"这一概念，主体（main body；main part；principal part；subject）在哲学上指对客体有认识和实践能力的人。在"译"

这一活动中，指使用不同语种语言的个人及群体。由于不同语种及语种背后的文化造成了不同族群间交流上的天然障碍，就需要懂两种及两种以上语言及文化的"译者"进行语种及文化间的相互转换，通常称之为"翻译"（translation；interpretation），并把翻译简单地定义为"把一种语言信息转变成另一种语言信息的行为"，还包括"将一种相对陌生的表达方式，转换成相对熟悉的表达方式的过程"（百度百科·翻译词条）。"《周礼》中的'象胥'，就是四方译官之总称。《礼记·王制》提到'五方之民，言语不通'，为了'达其志，通其欲'，各方都有专人，而'北方曰译'。后来，佛经译者在'译'字前加'翻'，成为'翻译'一词，一直流传到今天。"（百度百科·翻译词条）"翻译"一词较之"译"一词，还有交互转换的含义。

一般把要翻译的话语（文本作品、口语、言论等）称之为"源头语言"（德国学者称之为Ausgangssprache，英美学者称之为Original或Source Language），把译成的语言称为"目的语言"（德语Zielsprache，英语Target Language）。

从本质上说，翻译是人类的信息转换与传播行为，这一行为的主体至少有三：源头语言的作者（在此章中我们暂称之为"言者"）、把源头语言转换为目的语言的工作者（我们暂称为"译者"）、接受目的语言用以理解源头语言意义的受众（暂称之为"听者"）。听者不限于耳听，还包括阅读、观看、模仿、动作等。从广义上说，主体主要指人，以人为中心，此外还应包括智能化的物（如电脑、AI、精密仪器等），以及有一定心理机能的动物，这需要另外的专门讨论了。

（二）信息

信息（information）泛指人类社会传播的一切内容，是世界主客观事物之间普遍联系的一种形式。信息论奠基人香农（C.E.shannon）认为"信息是用来消除不确定性的东西"；控制论创始人维纳（Norbert Wienner）认为信息是人们在适应外部世界，并使这种适应反作用于外部世界过程中，同外部世界进行交换的内容和名称。比较概括的定义是，信息是对客观世界中各种事物的运动状态和变化的反映，是客观事物之间相互联系和相互作用的表征，表现的是客观事物运动状态和变化的实质内容。

从人类生存角度看，信息是人类生存中适应世界和改造世界（维纳所言的反作用于外部世界）的智能化工具。人是主体，信息源起于人类对事物的认知（尤其是在社会劳动中的认知），加之伴随的情绪情感，以及行动的意向、计划、意志，构成了信息的"内容"或者说"意义"，这些内容和意义用一定的符号形式物化，就形成了"信息"。也就是说，信息是在信号基础上形成的，经过主体的心智活动和实践活动形成意义，再以物化的符号予以承载，使信息具有了不同主体间的可感知功能、交流和传播功能，以及为决策提供资料的功能。

从这个意义上说，人类的语言就是人类社会承载信息的最主要的物化形式。当词、句、篇章承载某种确切的意义时，就可被视为信息，人类的语言功能就是获取信息、理解信息意义、加工处理和使用信息的能力，并进而构成适应世界和改造世界的能力。译就是信息承载形式的变换。

（三）意义

意义一词具有多重含义：一是指主体的人对事物的认识，赋予对象事物的含义（meaning）。二是指人类以符号形式传递和交流的精神内容（content）。三是指名声、声誉（good reputation or name）。四是指事物的价值和重要性（significance；importance）。五是指人生追求、希望的指向，含有人的情感因素（sense；bearing）。意义也是信息的内涵或深层因素。

在译学中，不少学者认为翻译就是翻译意义。"意义在翻译中极其重要，一直以来，译者总是从意义出发，在语义的范围内进行转换活动。因此，著名翻译家尤金·奈达（Eugene A.Nida）从意义角度给出翻译的定义：翻译即是翻译意义（Translation means translating meaning）。对翻译下定义时，翻译大家都倾向于把原文意义（信息）的传达当作翻译的根本任务，认为意义是翻译活动致力于传达的东西，是翻译的核心和根本。"[①]

（四）交流

交流（communication；exchange；interaction）是主体之间（个人与个人、个人与群体、群体与群体）物质（资源、商品等）与精神（文化、意识形态）的相互交换、互通有无、相互学习、相互传播过程，也是相互联系、相互作用的过程。世界上一切事物都不能孤立存在，交流是一种必然现象。

译是以语言为信息承载的文化交流不可缺少的环节，是意义（思想、精神、知识等）得以传播的保证。

宗教经典的翻译、自然科学理论与工程技术的翻译、社会政治思想及社会科学的翻译、文学艺术翻译等推动了人类社会宏观文明的进步，对各个国家、各个民族的生存发展都有深刻的影响。如我国现当代自然科学与技术的发展，很大程度上源于国外先进科技成果的译入，那些留学归国的学者把外文外语转换为中文中语，为我国科学技术的发展做出了杰出贡献。

交流，尤其是信息交流的需要产生了翻译的需要，并构成了翻译的宏观语境。

（五）理解

理解（understand；comprehend；apprehend；follow；grasp；perceive），是人的大脑运用已有知识对未知事物或新事物进行认知分析，获取对事物本质性认识的过程。理解能力是翻译能力的核心要素。

"语言理解是根据语言输入（语音或文本）和语境信息获得意义的心理过程，是人类交流过程的重要组成部分。""为了理解说话者的意图，人们不仅需要整合语言内部信息，还要整合语境信息，如有关交流环境、交流者的信息等。此外，语言理解还有一般认知过程的参与和支持，如

---

① 张政，王赟.翻译学导论[M].北京：清华大学出版社，2018：27.

执行控制、心理理论等。"① 关于语言理解的认知机制，有许多理论和学说，其中关于语篇理解的认知过程，Van Dijk 和 Kintsch 1983 年提出了一个"建构 — 整合模型"。该模型认为："理解过程不仅以输入信息为基础，还考虑了与理解者的目的、知识之间的交互，即关注语篇命题如何激活知识，以及如何得到语篇和知识的一个综合表征。"② 该模型认为，在语篇理解过程中，读者会建立三个层级的语篇表征：表层表征（surface representation）、文本基础表征（textbase representation）、情境模型（situation model）。

在语用学中，明确指出了对话意义的理解，不是机械地按照词典释义进行的，语境和推理起着重要作用。"事实上，理解交际语境中的词汇意义往往需要交际者参照词汇的基本意义（词典列出的意义），结合语境因素，运用推理，才能真正把握说话人使用该词实际表达的意义。"③

综合上述见解，我们认为理解是把握符号意义的过程，这一过程以人脑的语言神经网络活动为生理机制，经由思维推理等心智过程，在一定语境中对一定话语的综合认识过程。

（六）符号

符号（symbol），第一是一种表征物或象征物，用来指称和代表某一确定事物；第二是承载交流双方发出信息的载体。符号包括以任何形式通过感觉来显示意义的全部现象（语言就是人类最大的、根本性的、复杂的符号系统），一方面它是意义的载体，是精神外化的呈现，另一方面它具有被感知的客观形式。

符号与意义是相互依存的，"意义必须使用符号才能表达，符号的用途是表达意义。反过来说，没有意义可以不用符号表达，也没有不表达意义的符号"。"一个意义包括发出（表达）与接收（解释）这两个基本环节，

---

① 杨玉芳.语言理解 —— 认知过程和神经基础 [M].北京：科学出版社，2020：28.

② 杨玉芳.语言理解 —— 认知过程和神经基础 [M].北京：科学出版社，2020：35.

③ 陈新仁，等.语用学与外语教学 [M].北京：外语教学与研究出版社，2013：26.

这两个环节都必须用符号才能完成。"① 符号学已日益成为一门显学。

符号的主要功能是表述和理解功能、传达功能和思维工具功能，及在此基础上形成的交际功能、文化功能、行为指导功能等。

（七）转换

转换（conversion），意为改变、改换，从一种能量形式变成另一种能量形式。在译学中，指从一种语言的话语经由译者的劳动转变成另一种语言话语的过程。广义的转换是指由一种符号形式改变为另一种符号形式的过程。

转换的轴心是意义的理解。译者首先要对A种形式符号系统表达的意义进行充分的理解，然后将理解的意义再以B种形式符号系统表述出来。

转换的主客观条件基础：一是意义的可译性，二是译者两种符号系统的精通能力，三是译的需要（价值性），四是译的环境（主要是语境）。

（八）环境

这里环境主要指"语境"（context；language environment），"语用学中对语境的界定很宽，可以包括以下层面：情景或物理层面、社交层面、心智层面和语言层面"。② 话语的意义只有在一定语境中才能被充分理解，通过语境条件中的推理，可以使我们理解言者话语的"话外之义"和他的真实意图，尤其是一段话语的片段，只有在上下文的内在语境分析中，才能得到正确的理解。

"语用学作为语言学研究领域中的新兴学科，其典型特征之一是将语境和语言使用者在言语交际中的作用纳入语言分析之中，典型特征之二是认为交际不仅涉及编码和解码，在有些情况下会更多地依赖于受原则支配的推理。这在很大程度上解释了为什么说话人的意思有时候被部分地甚或错误地解读，并因此引起误解。"③ 在翻译行业中，由于缺乏语境的知识和

① 赵毅衡.符号学——原理与推演[M].南京：南京大学出版社，2016：2.

② 陈新仁，等.语用学与外语教学[M].北京：外语教学与研究出版社，2013：4.

③ 陈新仁，等.语用学与外语教学[M].北京：外语教学与研究出版社，2013：6.

语境中的"推理"，造成的误译屡见不鲜。

二、译链

译是一个过程，这一过程包括不同的主体、不同的环节、不同的产物，形成一个链式结构，我们试将其概括为图12-1：

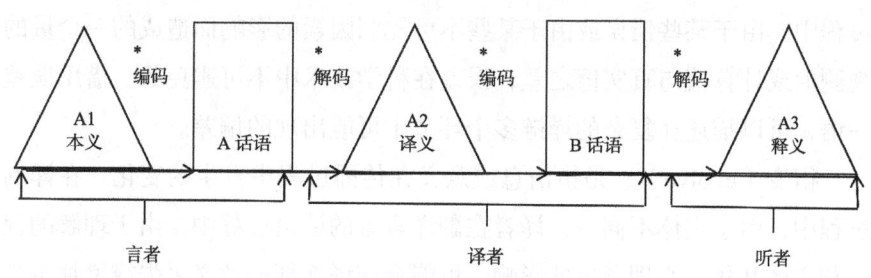

图12-1 译链示意图

1.主体

译链中的主体有三：言者、译者、听者。言者为话语A（源语言）的创作者，译者是转换者，听者是受众，听不仅包括声音的接收，也包括读。

2.意义A1、A2、A3

意义有三种形态：本义A1是言者要表达的内容；译义A2是译者对言者表达内容的理解，释义A3是听者对译者阐述内容A2的理解。

3.A符号话语、B符号话语

A符号话语是言者的口头言语、书面言语用A符号系统形成的作品，用以凝固要表达的意义，可被他人感知、可传播、可保存。

B符号话语是译者对言者话语本义的理解，用B符号系统予以再表达的作品，也具有凝固性、可感知性、可传播性、可保存性。

4.编码、译码及*

编码是用某一系统的符号表达意义。对语言符号来说，是遵循某种语言的词法、语法及文体规则而进行的言说或写作。解码是对已有话语或文本的解读与理解，形成与言者欲表达意义一致或相近的意义结构。

*号表示在这一环节，在一定范围内可以有、可能有多种多样的编码和解码方式，在表达意义基本不变的情况下，供言者、译者、听者选择使用。

5.误差与衍变

误差（errors）是统计测量学术语，指在测量、计算或观察一个量的过程中，由于某些错误或由于某些不可控制因素的影响而造成的一个量的观测值或计算值与真实值之差，误差在科学技术中不可避免的。借用误差一语，可以描述在复杂的译链多个环节中可能出现的偏差。

衍变（evolve），是指信息或意义在传播过程中发生的变化。在译的过程中，由于主体不同一，译者在翻译言者的话语过程中，由于理解的程度和主体文化、心理背景的影响，可能会使译文部分意义丢失或增加本义没有的内容，甚至可能曲解、误解本义。在听者接受译文话语过程中，这种衍变会更加扩大，所以有"一千个读者就有一千个哈姆雷特"的说法。

在译的过程中，衍变是造成翻译误差的主要原因，也是误差的主要表现形式。

第二节　广义翻译

从译的本质看，人们用符号表达意义和理解意义的过程，均可视之为翻译。由此，在人们社会文化活动中，涉及翻译的范围十分广泛，翻译的概念也需要适度的拓展。

一、传统翻译领域

（一）翻译的内容领域

1.宗教翻译

在人类文化发展史上，宗教经典的翻译占有重要地位。宗教经典翻译不仅传播了宗教教义，还对译入国家和民族的思想文化、语言文字、文学艺术等方面产生了深刻的影响。其中圣经翻译和佛经翻译最为典型。

《圣经》是犹太教和基督教的共同经典，从古代至现代《圣经》一直被广泛翻译，据估计世界上有一千八百多种语言的译本，翻译时长达数千年。

佛教是与基督教、伊斯兰教并称的世界三大宗教之一，很早就传入中国。"中国古代佛经翻译兴起于汉魏，盛于隋唐，延续到宋元，持续约一千年。佛经翻译对中国的宗教体系和思想体系产生了巨大影响，……中国的语言、文字、文化更是经由翻译得到了极大的丰富。"[①]

2.自然科学技术翻译

各国自然科学和技术的发展，与科学技术重大发现和重大发明的翻译传播有直接关系。众多学者认为："翻译使不同语言承载的不同知识成为世界公共财富。一部人类文明史就是一部知识翻译史。"我国现当代自然科学和技术科学体系的发展中，国外科技文献、情报、资料的译入功不可没。

3.哲学社会科学的翻译

与自然科学和技术的翻译促进了科技事业发展一样，哲学与社会科学翻译更是传播了先进的哲学思想、政治思想，促进了一系列社会科学学科的发展。近现代最典型的是马克思主义的哲学、政治经济学、科学社会主义思想的翻译传播，中华人民共和国的成立与马克思列宁主义经典文献的译入息息相关。马克思主义与中国革命实践相结合产生的毛泽东思想，经过多种语言的翻译向全世界传播，对国际政治、国际关系产生了深刻的影响。

---

① 张政，王赟.翻译学导论[M].北京：清华大学出版社，2018：7.

4.文学艺术的翻译

文学名著的翻译使各国人们分享了人类文化艺术的瑰宝，促进了译入国文化艺术、语言文字的发展。

5.国家国际关系、国际事务的翻译

翻译为国家关系的建立和发展、国际间政治与经济贸易事务的处理所必须。随着全球化格局的形成，翻译业日益凸显其交际桥梁功能。

（二）翻译的职业领域

翻译如此重要，就形成了诸多翻译职业岗位，从劳动形式上看主要有口译和笔译两种类型。

口译是在人际交流语境中进行口头语言的即时翻译，要求译者具有源语言和目的语言的双重语言能力，还要具备译语内容的专业知识和较高的学术水平。口译劳动特点是要求译者注意力高度集中、思维敏捷、反应迅速，是一种高强度的脑力和口力劳动，所以口译职业门槛较高。

口译分为"同声传译"（simultaneous）和"交替口译"（interpretation）。同声传译用于较大规模的学术会议、会晤谈判、广播电视等。据估计，现在95%的国际会议采用了同声传译，要求译者具备很强的专业知识和翻译能力。交替口译用于小规模的外交会晤、双边谈判、记者采访、新闻发布、访问考察等场合，劳动强度不亚于同声传译。

笔译又称书面语翻译，主要是对各种文本的翻译，如外文著作、论文、报告、新闻、商务资料、信函的翻译，应用范围较之口译更为广泛。具体职业岗位主要在新闻出版业、科学技术机构及国家机关外事文献部门、工业商业外交文本处理等方面。笔译需要译者有深厚的文化素养和专业知识，翻译过程需较大的阅读量，译作需要经过细致的审稿和校对。

学校教育的外国语教学是一种特殊类型的翻译职业。从本质上说，外语教学是实施语言教育，培养学生的某种外语能力；从形式上说，则要求外语教师精通两种语言，在教学过程中使两种语言进行多种形式的互相转换。除学校外语教学外，社会语言培训机构也进行着类似的工作，并与其他学科、行业专业知识相结合。

二、翻译领域的拓展

人们通常把翻译定义为国际间不同语种间的互译，称之为语际翻译，事实上翻译事业的主体也在于此。我们认为，在此基础上，一个国家内部不同语种间的互译和同一语种内部不同语言形式的互译（语内翻译）也应受到重视。

（一）国家内部不同语种的互译

世界上大多数国家内部，由于社会历史发展的原因，会存在多种民族语言，形成明确的官方语言（或国家通用语）与民族语言共同存在的局面。有的国家官方语言也不止一种，如印度除了印地语、英语作为第一、第二官方语言外，还承认其他14种邦语言作为那些邦的官方语言。我国以汉语普通话作为官方语言外，还存在几十种少数民族语言文字。

为此，一个国家内部由于社会运行的需要，就需进行不同语种的互译，主要包括：

1.国家通用语言文字←→少数民族语言文字

2.少数民族语言文字←→少数民族语言文字

国家内部不同语种间的互译，关系到民族团结问题和保护语言文化多样性问题。在推广普及国家通用语言文字的同时，对少数民族的语言文化也要给以足够的重视和尊重。

（二）同一种语言内部的互译

任何一种语言文字都有一个漫长的历史发展历程，这是语言纵向历时性发展过程，由于自然环境、社会环境、语言环境的变迁、人类代际的不断交替，现代的大多数人不懂古代的言语了，尽管现代语言保留着该种语言的历史文化基因。

在一种语言文字发展历程中，又由于种种原因，产生了多种多样的地域方言和社会方言，"三里不同俗，五里不同音""十里一风俗，百里一方言"。如我国南北方言差距之大，北方人听南方方言与听外国话差不多。

这就产生了方言互译的需要。

归纳起来看，同一种语言内部的互译主要有以下几种：

1.古文今译

古文今译是指将古代话语的文本翻译为现代话语的文本，使当代人了解古人的思想观念、历史真相、文学创作、科技贡献，以达到"古为今用"的目的。

尽管经过了无数次战火变乱，损毁佚失，我国古代流传下来的文献资料仍然浩如烟海。这些古代文献除了作为文史研究资料外，还仍然有不少哲学、社会科学、自然科学、文学艺术的思想精华，值得挖掘弘扬。例如，我国最早的医学典籍《黄帝内经》，构建了中医学的基本理论体系，从整体观上论述医学，呈现了自然、生物、心理、社会的"整体医学模式"，这一模式仍然是当代医学努力的方向。此外，《黄帝内经》除医学理论外，还记载了古代哲学、天文学、气象学、物候学、生物学、地理学、数学、社会学、心理学、音律学等多学科知识和成果，至今仍有一定的学术价值。这样一部宝贵的古代文献不值得古文今译、很好的诠释吗？

国际上，其他文明古国的文化传承也存在同样的需要。

2.其他语言内译

（1）国家通用语言与地域方言的互译。

（2）地域方言与地域方言的互译。

（3）行业术语与通俗语言的互译。

行业术语或学科术语的通俗解释，也是一种翻译，一般表现为科学理论和技术知识的普及上，简称"科普"，科普具有重要的社会意义。例如，医学术语："三高""肿瘤""放疗""化疗"等，随着大众对健康的关注而日益通俗化（尽管大众对这类术语的理解不是那么全面、准确、深刻）。

三、人机协同翻译

传统上，翻译是人的智力劳动，而且是高强度的劳动，尤其是同声传译。但人类自古就想方设法用机械帮助甚至替代自己的劳动，并形成新的生产力，既减少了人力消耗，又大大提高了生产效率。

机器翻译（machine translation）起始于20世纪三四十年代，至今已走过八十多年曲折而漫长的发展道路。在当代计算机网络技术、人工智能技术及其他技术集成支撑下，机器翻译，或称自动翻译，已进入了广泛实用化阶段。例如，"百度翻译"上线十多年，翻译质量较高，日均翻译量已超千亿字符，为众多企事业单位和个人提供了有效翻译服务。类似的研发项目众多，有百花齐放之势。

机器翻译，是利用计算机网络信息技术将一种自然语言（源语言）转换为另一种自然语言（目标语言）的过程，既是人工智能技术的终极目标之一，也是提高政治、经济、文化、科技诸方面交流效率的现代化工具。

虽然从外部表现上，机器翻译替代了相当一部分人工翻译，节省了人力，但在机器翻译的软硬件研发上，诸多国家的研究机构汇聚了计算机专家、语言学家、心理学家、逻辑学家、数学家的智慧劳动，同时还有众多企业家、投资者投入了巨量研发经费给以经济保障，使机器翻译进入了商用阶段，这一趋势还将持续下去。

虽然机器翻译被称为自动翻译，但笔者认为，把人工翻译与机器翻译对立起来，或者认为机器翻译可完全取代人工翻译的观点是片面的、极端化的错误认识。正确的观点应该是人工翻译和机器翻译相互依存、相得益彰，形成人机协同翻译的新型的翻译能力。

四、人物交流的译机制

我们通常把信息交流定义在人际交往范围内，实际上广义的信息交流应该是各种不同智能性系统之间相互作用的机制，其中包括人—机交流和人—动物交流，并以"译"为机制。

（一）人—机交互作用的译机制

智能机械或机械智能将成为21世纪和下一世纪人类社会生活的主题之一，人—机相互作用、协同活动问题会成为众多学科和技术的综合课题。人机相互作用的信息翻译机制值得我们深入探讨。

人机交互、人机互动（Human-Machine Interaction）已形成一门研究系统与用户之间交互关系的学问。系统可以是各种各样的机器，尤其是计算机化的系统软件（由此，人机互动也常称之为Human-Computer Interaction）。人与计算机之间传递、交换信息的媒介和对话接口，是人机界面（Human-Computer Interface），主要有键盘、显示屏、鼠标、各种模式识别设备及打印机等执行设备。人机界面设计源起于不断提高的系统的可用性、方便性和常规语言的操作性。

人与计算机之间的对话语言有不同层次，主要的是程序设计语言，在自然语言与机器语言之间存在多层次的"译码"过程，可以说"译"是智能性机器的基本调控机制。

机器语言（machine language）是唯一不必经过翻译而由计算机直接识别的语言，在机器语言基础上形成的汇编语言（Assembly Language）必须经过翻译，转变为机器语言，才能被计算机执行。在汇编语言基础上形成的高级程序语言，则使计算机操作接近了自然语言阶段。当然其中的翻译过程是不可缺少的程序。

人机互动语言应该是一种人工语言，是由机械设计者、制造者预设的翻译系统。随着人工智能（AI）理论和技术的发展，使人与机的交流更方便地在自然语言水平上进行，大大提高了人类各种能力的水平。如机器翻译技术的不断智能化，使传统翻译工作劳动强度显著降低、劳动效率显著提高、劳动产品质量不断提升。

（二）人—动物信息交流的译机制

在人类社会发展史上，形成了人与动物生存的共同体。从生物学上说，人也是一种动物，是一种"语言动物"；从心理学上说，动物也具有心理，那些进化水平较高的动物有了一定的心智机能。动物有没有自己的语言？动物能学会人类语言吗？人与动物怎样交流信息？这些问题引起了许多科学家的研究兴趣。

1.动物语言（Animal Language）

许多生物学家根据事实的观察和分析，认为动物也有"语言"。动物语言指的是动物之间交流信息的方式，包括动物发出的各种声音、特殊的气味（信息素）、行为动作（如蜜蜂传达蜜源信息的舞蹈动作）等。

许多动物都有自己种群的语言系统，例如高智商的海豚就有自己的语言体系，生物学家丹尼斯·赫辛（Denise L.Herzis）经过数十年对海豚的研究，发现海豚可以互相表达复杂的思想和行为活动的计划，有对话和会议讨论行为。经过艰巨、长期的研究，丹尼斯还破解了许多海豚语言，并通过翻译器使人与海豚进行简易的对话。还有研究发现，不同种海豚之间也可以交流，逆戟鲸竟然像人类一样有声音学习能力。

那些试图教会黑猩猩学会人类语言的研究者，不论结果如何，他们都忽略了动物有自己信息交流的系统符号能力的事实。

2.人类语言与动物语言的简单互译

在畜力为生产力重要因素的时代，人类与马、牛、驴、骡共同从事生产劳动，就产生了人与家畜信息交流的需要，家畜可以理解人类简单的指令性语言，人类也可以通过家畜的叫声、体态、情绪理解家畜的需要。

而与人类生活更密切相关的动物，如犬、猫、鹦鹉等，似乎能够听懂更多的人类话语，并能理解人类的情绪与情感，如"义犬救人"的事例并不鲜见，许多"聪明的狗"成了人们的宠物，俨然有了家庭成员的身份。

这种人类语言与动物语言的互译关系可以简单地图示如下：

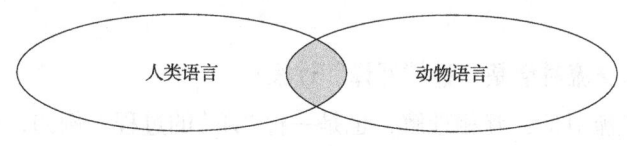

图12-2 人类语言与动物语言的简单互译

用人类语言的标准看，动物没有语言，动物互相之间的信息传递只是一种信号传递。但从生理学上说，无论是人类的语言还是动物信号都是系统化的条件反射，都具有第二信号系统的本质特征。

五、"译"是自然界智慧性系统互动的普遍规律

自然界最高级的智慧系统是人及人类社会。进言之，人的智慧器官是人脑，虽然当代社会"电脑"的若干功能远远强于人脑，但电脑却是以人脑心智活动为核心的创作成果。人脑把握世界以及人脑与人脑的沟通的根本机制是符号的创制及符号联结和符号互译（这可参见符号学基础理论的讨论）。语言文字是人类最重要、最大的符号系统，掌握和运用这一符号系统是人类的根本性能力之一，其中译能力更为关键。

广义地看，译是人类心智活动和信息交流的根本机制，这可从以下几方面予以证明：

1. "意义"的产生与物化

意义，从语言学上说是词义、语义，从逻辑学上说是概念的内涵，从符号学上说，是符号"所指"，从心理学上说是人类认识事物、伴随情感、能动意向的心智活动成果，从哲学上说是从感性认识上升到理性认识的成果，从社会学上说是事物对人类生活价值的评判。

符号则是意义的物化形式，是人脑对意义的把握方式。

意义是在人依赖其心智机能与环境客观事物相互作用中产生的，用符号承载意义或表征意义，可以视为一种"译"的过程。意义在相当大程度上与客观事物的本质有认识上的同一性，但用何种符号物化或标示则有诸多可能性或可选择性，如国家这一概念，可用汉语"国家"表示，也可用英语（Country）示之，还可用日语こっか、俄语Государство、Страна表示。

2. 人际交流对话是一种"互译"过程

甲乙交流对话，互相理解，也是一种"译"的过程。例如，甲言："咱们明天去黄河边吧。"乙译：时间 —— 明天，地点 —— 黄河边，行为计划 —— 咱们去，隐义：征求意见、商量。无论是甲编码发出声音流，还是乙译码接收声音流，都是一个"译"的过程：对甲来说，要把一个计划意念"译"为对方可感知的声音流，乙则负责这一声音流的解码，理解甲之意图，做出肯定或否定的回答，再让甲去理解。

3.话语释义的译过程

我们常常遇到对同一话语产生不同释义的现象，即在"译"的过程中产生理解差异的现象。如对同一本书，读者万千，但所读之意各不相同：有的深知原著者之意，有的不知所云，有的多加己意甚至曲解原意。在学校中，教材和教师讲授是相同的，但学习者常常所得各不相同。这些现象皆因"译读"的不确定造成，可以说，所有理解，都是译读者附加自身色彩的再创造。

用自己的语言译读（听）他人的话语是人际信息交流的基本言语机制。

人类为什么要创制和使用符号，尤其是语言符号呢？这是人类为了适应环境生存而发展出来的智慧行为，是主客观世界相互作用的媒介。如以"山"为例，面对环境中的一座山，人可以通过视知觉看到山，通过攀爬体验山，通过获取资源而感恩山，但这种认知比较艰难，于是就用作画的方式使山成为一幅画挂在墙上，这就把山初步符号化了，并在心理上形成了表征。因为画还是认识上难以把握，于是就产生了"山"的发音和"山"的文字，并在思维上形成了对所有山的概括认识（地面上由土石构成的隆起部分）。使用语言符号可以使原始物象产生的"心像"简约化、使抽象概念认识物化、使复杂的脑力劳动最小成本化、使心理信息传播方便迅速快捷化，从而使语言文字形成了智慧的工具。

由于可以用各种各样的符号承载心智成果，就产生了多种多样的语言文字，而且即使用同一种语言文字表达同一心智成果，也会产生多种多样的表达方式，形成多种多样的话语。对话语的理解是话语形成的逆过程，不同的人会产生各种各样的理解，虽然对意义的理解大体上是相同的，但不可避免地产生理解的差异和偏差。这就是人类语言信息传递过程的译机制，是信息产生、物化、传递、理解的根本机制。

凡是智慧性系统（包括人、动物、智能机器），只要运用了符号系统，就必然要运用到译机制。译过程的不确定性（如前述表达和理解的多样性）一方面增加了意义（心智成果）的变异，另一方面则为人的创造性提供了表现的空间和机会。如在教育上，《论语·述而》中说："不愤不启，不悱不发。举一隅不以三隅反，则不复也。"

第三节　翻译能力

无论是广义的翻译还是狭义的翻译，都需要主体的人具备相应的心理行为能力方能完成，这一能力就是翻译能力，或简称译能力（Translation and interpretation ability）。

一、译者

译者是具备翻译能力并能胜任翻译工作的人，或者具体一点说，译者是把一种语言或符号体系译成另一种语言或符号体系的人。

关于译者的形象，两千多年来，中外出现了诸多关于译者的比喻说法，诸如"舌人""媒婆""译匠""'一仆二主'之'仆人'""叛逆者""戴着镣铐的舞者""文化搬运工""翻译机器"，等等，构成了丰富的译者形象谱系。德莱顿也说："译者是原作者的奴隶，只能在别人的庄园里劳动，给葡萄追肥整技，然后酿出的酒属于主人的。"[①] 这些说法过分夸张了译者工作的被动性和约束性，没有深刻揭示译者劳动的真正价值。

译者是翻译活动的关键主体，具有桥梁性和枢纽性，是"译链"的关键环节人物。从社会发展上看，译者是异域文化的译入者、本土文化的译出者，推动了社会文化的全面发展，是文化发展的功臣之一；从职业角色上看，译者使人际不同语言、不同符号体系的交流成为可能，并在交际活动中发挥着媒介人、中间人、协调人的作用；从所译内容演变上看，译者是本义的理解者、译义的建构者、释义的引导者。

随着全球化的发展进程，当代教育也走向了国际化的道路，表现为各国学校普遍开设了外国语课程，学习外国语的人数非常之多；国际教育交流已经成为常态，留学生成为学校受教育者的组成部分；专家学者及工程技术人员的外国语水平普遍较高，国际交流日益频繁。在这一发展趋势

---

① 张政，王赟.翻译学导论[M].北京：清华大学出版社，2018：283.

中，许多人在语种能力上成了双语人，自己成了自己的翻译，我们可将之称为"自译者"。相应的外国语教学研究已成为一个蓬勃发展的研究领域。高水平的自译者大多为某一领域的专家学者，如唐代著名宗教翻译家玄奘，历尽艰辛从古印度取回梵文经典后，呕心沥血，历时十六载翻译佛经，而他本人就是佛教大能，其佛教信念宣讲，折服了佛教发源地的僧侣。现当代许多高水平译著大多出自学术大家之手。

与"自译者"相近的译者类型是"变译者"。变译是"翻译变体"的简称，关于变译的理论被誉为"中国原创性译论"，创建者为黄忠廉教授。变译理论源于科技文献翻译"多、快、好、省"的现实需要，"一些重要文献需要采取全译，但更多情况下，译者在汲取原作精髓的前提下，对其进行摘译、编译、综述等变通处理，能够帮助国内科技人员快速了解国际前沿的科技动态"。"八大变通策略（增、减、编、述、缩、并、改、仿），衍生出12种变译方法（摘译、编译、译述、缩译、综译、述评、译评、译写、改译、阐译、参译、仿作）。"（余承法、黄忠廉，2023，P1–11）变译者的身份角色超出了传统译者的互译角色，在传统翻译基础上，以翻译内容为根据，对外文文献进行了加工改造，产生了新作，以满足现实需要是一种新的译者工作方式。

二、翻译能力的构成

译者的翻译能力是译者的综合素养，包括多种基本能力和人格品质。我们试把翻译能力区分为直接构成部分和间接构成部分。

（一）翻译能力的直接构成部分

1.双语或多语能力

这是翻译能力的基础、核心要素，即多语种能力，至少为水平较高的母语能力和一种外语能力，或者说两种及两种以上符号系统的精通水平。除少数自幼生活于双语环境而具备双语能力的人之外，大多数译者都是以母语或第一语言能力为主、为基础而学习获得第二语言能力。从心智活动机能上说，译者大多以母语或第一语言进行言语思维。

真正掌握第二语言，是一件很困难的事，达到母语水平者少之又少。"绝大多数译者并非真正具有双语能力 —— 两种语言都是自己的母语"，"翻译主体身处两个语言系统，但这两个语言系统以一种不平等的方式在其身上共存。这种不平等首先体现为习得上的不平等，其次表现为两个语言系统本身的不平等。因此，我们使用的'双语'概念往往是对翻译主体在语言层面一种理想性的描述。"① 对此，只有依靠译者对两种语言的不断对比学习和在翻译实践中不断地经验积累才能得到解决。

2. 多元文化素养

语言的背景是文化，实现两种语言的互译就是实现两种文化的交流与互通。这就要求译者对两种语言的背景文化都有很好的了解，包括历史、社会、经济、政治、科技、文学艺术、习俗等诸方面。

3. 专业知识与术语能力

除了一般人际交往与文化交流之外，大多数翻译事项都是专业性质的信息交流，表现为多种多样的行业性、学科性、技术领域性的专业形态。这就要求译者也具有一定的专业分工，某一专业领域的译者更需具备相应专业的基本知识和术语能力、行话能力。一些高端学术领域的翻译任务需要译者达到专家的业务水平才能完成。若译者专业水平不高，译作质量就会出现种种误译，这样的事例并不少见。

4. 双语语用能力

一般认为语用能力（pragmatic ability）是说话者根据意图、情境及听者调整话语内容和表达方式，听者则须根据对方言语理解其意图，判断信息的真意并及时反馈。对于译者来说，则是根据语境的认知，对双方交流目的和内容的判断，灵活地进行有效的互译工作。

双语知识和双语技能是翻译能力的基础，语用能力则是翻译能力有效性的保证。对译者来说，语用能力包括译入语的语用、译出语的语用、双语变换关系的语用等。

---

① 张政，王赟. 翻译学导论[M]. 北京：清华大学出版社，2018：288.

5.智能翻译技术的使用能力

在翻译工作中使用当代计算机网络信息技术，尤其是人工智能技术，已经大势所趋。掌握相应设备和技术的使用能力是当代译者必须具备的一项基本能力。

（二）翻译能力的间接构成部分

1.交际能力

口译译者面对交流双方人员，与双方人员打交道，所以需具备一定的人际交往能力，并在双方人员交流过程中，起到适当的交流氛围、交流进程及不同意见协调的调节作用。

2.心理动力

译者需要具备一定的工作热情。"众所周知，翻译是一项艰苦的工作，需要强大的精神动力作为支撑，需要译者花费时间、心血去完成。"① 对于重大文本的翻译来说，持之以恒、一丝不苟地完成工作，需要很强的意志力，并在翻译过程中具有主动性、能动性和创造性。

3.品德与职业道德

作为社会精英人才的译者，其人格体现于他（她）的实际工作之中。品德作为人格的重要组成部分，对译者的翻译能力起着间接但又是基础性的作用。

个人品德又具体体现在译者的职业道德之中。职业道德表现在多个方面，如忠实地译出原文或原话语的本义，不擅自减少、曲解或诠释本义，就是一条基本的职业道德要求。对服务双方的保密性内容不泄密，不向外透露服务方的隐私也是职业道德的基本要求。

凡是翻译大家，他们具有的良好品德和职业道德是有目共睹的。

4.翻译实践能力

实践能力是具体做事的能力，主要表现在翻译项目的选择、工作计划的制订、集体翻译工作的组织及分工合作、完成翻译任务之方法策略的运

---

① 张政，王赟.翻译学导论[M].北京：清华大学出版社，2018：286.

用、工作成果的恰当处理诸方面。此外，实践能力还体现为经验积累、工作经历、工作业绩等方面。

（三）翻译能力构成的示意图

归纳前述讨论，我们可以把翻译能力的构成因素图示为图12-3：

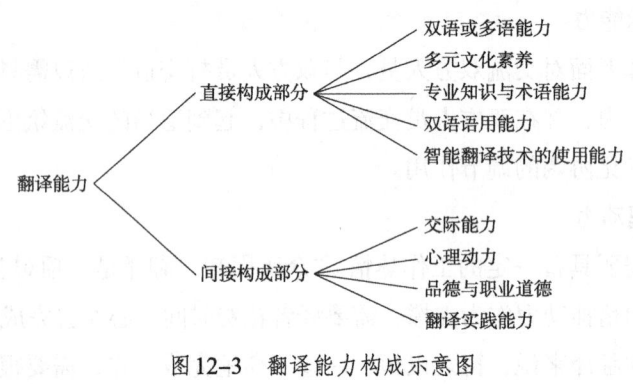

图12-3　翻译能力构成示意图

三、译作评价

翻译能力的强弱、水平高低需通过一定的可观测指标来予以评定，这可观测的指标就是对译者的劳动成果，如译文作品、口译话语等进行价值判断。译者劳动的成果以物化的形式反映着译者的翻译能力水平、个性特征，以及由此产生的社会影响。

在翻译界，流行着译作"信达雅"的评价准则。"信""达""雅"是由我国清末新兴启蒙思想家严复提出来的，他在翻译自称为"达尔文的斗犬"的英国著名学者赫胥黎的演讲稿为《天演论》的"译例言"中提出："译事三难：信、达、雅。求其信，已大难矣！顾信矣，不达，虽译，犹不译也，则达尚焉。"一般认为，"信"指译义不悖原文，要准确、不偏离、不遗漏、不随意增减；"达"指译文通顺明白，用目的语清晰表达译义，达到对原文原义的理解；"雅"指译文有一定文采，简明优雅，有一定艺术性。信达雅的译事标准，在我国翻译界产生了深刻影响，至今不衰。

从"译链"角度看，信是译义与本义的一致性程度，达是把译义编码为目的语话语的通达程度，雅是译作的语言艺术水平。信达雅的译作评价原则通俗易懂，切合翻译的基本规律，尽管标准概括程度较高，尚需进一步具体化和量化，但作为指导原则仍有长久的生命力。

若由信达雅原则进而推论，我们认为"真善美"可以与之相匹配。"真"是译作真正反映了原作的本义，"善"是善于理解和善于表达，"美"是译作有美学特征，尤其体现在外文文学作品的翻译上。与"真善美"反义的是"伪恶丑"或"假恶丑"，在翻译界虽然是极少数，但译作未达真义，词语中西混合，言不及义甚至曲解，表达混乱不知所云的译作也屡见不鲜。

译作评价可能有两种方式：最主要的方式是同行评价，尤其是翻译大家的认真点评和同行的批评指正；其次是译作经由历史性的检验证明，或者是翻译事项的实效证明（如口译水平会在双方互相充分理解，达成一致意向的结果中得到肯定）。

在高等院校和科研院所中的业绩评定中，译作常常得不到充分肯定，认为译作是他人著作的翻版。这种倾向忽视了翻译劳动的艰苦性和重要译作的社会文化意义，应予以改正。

四、译的学问

翻译是一项复杂的智力劳动，涉及因素众多，引起了诸多学科的关注，形成了关于译的专门学问领域。

（一）翻译学

翻译学（translation studies；translatology）简称译学，兴盛于20世纪50年代以后。一般认为翻译学是研究翻译的本质、规律、方法、艺术的学科，研究内容主要包括翻译史、翻译的基本理论、翻译的原则与方法、翻译的标准与评价、具体翻译类型的特点与要求、翻译的艺术性、翻译人员应具备的素养才能及培养提高的途径、翻译大家人物研究、翻译事业的发展等。

关于翻译学，我国已经有较多专著和教材出版，例如《翻译学：作为独立学科的求索与发展》（谭载喜，2017）、《翻译学导论》（张政，王赟，2018）、《翻译学概论》（许钧，穆雷，2009）、《翻译与语言哲学》（刘宓庆，2001）、《中西翻译简史》（谢天振，2010）、《中国翻译简史》（马祖毅，2004）、《中国译学史》（陈祖康，2011），等等。

（二）翻译学的直接相关学科

与翻译学直接相关的学科有语用学、对比语言学、认知语言学、比较文学等。

（三）翻译学的间接相关学科

1.哲学：哲学引领翻译的理论研究方向，语言哲学直接指导和启示翻译学的研究。

2.语言学：语言学是翻译学的基础，可以把翻译学视为语言学的一个应用分支。

3.符号学：符号学的基本理论是翻译学的理论基础。

4.心理学：语言认知、言语思维、理解推论等研究，直接揭示着翻译的心理机制。

5.教育学：尤其是第二语言教学或外国语教学研究，直接关系到翻译人才、翻译能力的培养教育问题。

此外，社会学、人类学、民族学、传播学等也与翻译学有一定的关系。当代计算机网络信息技术学科更与机器翻译、人工智能翻译有密切关系，是翻译学不可忽视的技术领域。

综上所述，可以说翻译活动和翻译能力需要多学科的综合研究。翻译能力是译者的内在心智能力，也是译者的外在职业能力，关于翻译能力的构成、运行机制、培养教育、水平评价等问题尚需更加深入的研究。

翻译能力一语，既指译者的个人才能，也指国家语言能力的翻译事业能力。

第十三章　语言艺术能力

艺术，是具有魔幻性的概念及事物。从古至今，艺术伴随着人类社会的发展而发展。艺术所指非常广泛，比较公认的是艺术有八大门类：文学、音乐、舞蹈、绘画、雕塑、戏剧、建筑、影视等。还有学者根据塑造形象的不同方式和使用的物质材料来区分，"把艺术分为造型艺术、表演艺术、语言艺术和综合艺术。这种分类法，强调了艺术作品求得物化形象的物质手段，比较符合艺术种类发展的历史"[①]。此外，艺术概念还渗透在人类生活的方方面面，如领导艺术、教学艺术、家居艺术、餐饮艺术等。

语言艺术是人类艺术总体中的重要组成部分，是人类文化的瑰宝，在人类精神文化生活中起着特殊的作用。所以，语言艺术及其核心要素——语言艺术能力，值得我们探讨深究。

第一节　语言艺术

一、语言艺术的含义

语言艺术（Language arts）是运用语言创造审美形象的一种艺术形式。具体一些说，是作者运用语言创造性地表达和传达某一确切主题，产生言

---

① 毕桂发.文学原理教程[M].北京：中国书籍出版社，1996：46.

语形象作品的一种艺术劳动，既是一种思想、情感、意义等主题内涵交流的方式，也是一种审美表达方式。语言艺术通过文字、声音以演说、戏剧、诗歌、小说等多种多样的具体体裁展现出来，具有独特的审美价值和艺术魅力。语言艺术的作品是人类文化宝库的重要组成部分，是人类精神生活不可缺少的"食粮"。

语言艺术有三个方面的所指：第一是指运用语言进行创造性地言语过程，是一种特殊的脑力劳动以及言说表演劳动（口力劳动）。第二是指运用语言进行言语的方法、手段、技能、技巧，以及多种多样表达的"格式"。第三是指经由脑力劳动和表演劳动形成的物化产品，如古今中外的文学经典著作、史诗、影视精品等，是艺术劳动的智慧结晶。

二、语言艺术的特点

相比较其他艺术类型，语言艺术有其独特的功能和特点。

1.语言形象的间接性

语言这一符号系统，虽然没有绘画、雕塑那样的实物形象，但通过作者"语言直观"的生动描绘，使万事万物的形象"隐藏在白纸黑字"和"绘声绘色的言说"之中。

语言艺术形象的间接性体现在两个方面：一是作者以语言表达有丰富内涵的艺术形象。二是"读者必须通过语言密码的破译，进行想象和联想，才能在自己的头脑中间重现形象。这样的艺术形象就有很强的观念形态性和再创造性。它呈现在读者的头脑之中，既依靠作家用语言作真切生动的描绘，又要靠欣赏者的积极想象，进行再创造"①。

语言形象的间接性，要求作者具有很强的表达能力，也要求欣赏者具有较高的理解能力和想象能力。

2.巨大的内容容纳性

由于语言本身具有强大的符号功能，使其可以突破时间、空间、主题

---

① 毕桂发.文学原理教程[M].北京：中国书籍出版社，1996：49.

的限制，从而全面地反映人类生活的广阔时空领域和复杂多彩的人间事物，较之其他艺术类型，具有不可比拟的艺术表现力。

这一特点被古人形容为"观古今于须臾，抚四海于一瞬"（陆机，《文赋》），"寂然凝虑，思接千载；悄然动容，视通万里"（刘勰：《文心雕龙·神思》），所以有学者认为"语言几乎可描绘一切，表现一切"。可以说，语言的艺术运用可容天下所有人和事。

3.深刻的心理刻画性

尽管我们每个人都有自己的内心世界，但心理是看不见、摸不着的存在。虽然各种艺术类型都试图描绘人的内心世界，但大多是间接的、推测性的。而语言艺术既可描写心理活动的外在表现：喜、怒、哀、乐，也可以描写内在心理活动：所思所想、理想梦想、意识潜意识等。

语言艺术塑造的典型形象，通过题材情节，可以揭示人性、人格和人内心深处的心理密码。所以有一种说法是：科学用抽象概念反映世界的本质，文学艺术用形象反映世界的本质。

4.强大的艺术黏合性

在综合艺术中，如戏剧、电影、电视等，语言把人物、事件、动作、背景等"黏合"在一起；"诗中有画，画中有诗"，把视觉艺术与意境言说结合在了一起。"剧本""脚本"成为戏剧、舞蹈、影视、音乐等艺术类型的灵魂。

三、语言艺术的三个维度

维度（dimension）一词在以下的讨论中的含义是因素、要素及其相互关系。我们试把语言艺术分析为三个维度：主体维度、能力维度、作品维度。

（一）主体维度

主体维度即人的维度、是在艺术活动中扮演不同角色的人。人是一切人类事物的活动主体。

在语言艺术中，主体主要有三个：作者、表演者、欣赏者，此外还有各种各样的辅助者。

作者是语言艺术作品的创作者，作品包括多种多样的文学体裁和表演艺术类型。作者创作作品，第一需要有进行创作的素质因素，即创作能力，创作能力是使一个人成为作者的根本性、内在性的前提条件。第二是创作劳动，这种劳动是一种艰苦的智力劳动，如曹雪芹创作《红楼梦》，"批阅10载，增删5次"，方成不朽之作。第三是创作产品，如小说、诗歌、散文、剧本等经典作品。

表演者通过演艺活动展示原创作品的人物和故事情节，是对原创作者作品的第二次创作。如电视连续剧《红楼梦》，就是由演员生动、形象地向观众演示了小说《红楼梦》的人物和故事情节，是编剧、导演、演员结合在一起，对原著的再创作。再如我国古老的口头讲说表演艺术形式"评书"（又称说书、讲书），评书艺人依据经典故事的文本，通过口头语言模拟人物、叙述情节、描写景象、评议事理等艺术手段，生动、通俗、形象地再现了文学作品的人物和故事，受到了广大听众的喜爱和欢迎。表演者的一个显著特点是把多种艺术形式结合为一体。

欣赏者，在传媒学中又称之为受众，是对艺术作品进行审美欣赏的个人和群体，一般指广大的人民群众。

（二）能力维度

在艺术活动中，主体维度中的人之所以居于不同角色地位，就在于他们具有不同的相关素质和能力，"打铁先要自身硬"，说的就是这个道理。能力维度是与主体维度相一致的人的素质、知识、技艺，以及相关的经验，具体为创作能力、演艺能力、审美欣赏能力三个方面。

创作能力是作者形成作品所需的能力，就本章而言是作者语言艺术创作能力；演艺能力是表演者就某一艺术形式完成二次创作的能力；审美欣赏能力是受众理解艺术作品，并予以欣赏评价而获得思想、情感、意志等收益的能力。

这三种能力互相联系、互相作用，如作者可根据欣赏者的反应修改自已的作品，表演者可根据对原作品的理解用不同的艺术方式展示原作品的内涵和形象，进行二次创作，二次创作的结果也会回馈给原作者，使原作更新和完善。例如，《三国演义》（又名《三国志演义》《三国志通俗演义》）是元末明初小说家罗贯中根据陈寿《三国志》和裴松之注解，经过艺术加工而成的中国古典四大名著之一。除了历史典籍《三国志》之外，罗贯中在创作过程中还吸收了有关三国故事的宋元话本、戏曲和轶事传闻的营养。此外，明末清初，毛宗岗又对《三国演义》已有版本整顿回目、修正文辞、改换诗文，也对这一名著的完善做出了贡献。而电视剧《三国演义》则是在小说基础上的二次创作。

（三）作品维度

作品是作者辛勤劳动的物化结晶。

作品的产生经历了一个比较复杂的形成过程，绝不是一蹴而就的产物。

一般来说，作品的创作过程需经以下诸环节：

1.时势

即主体维度存在的社会文化环境和时代形势，或者换句话说，是作者作为"社会关系的总和"中的一个节点而生活其中的具体历史时期的社会文化现实。时势是一切作品产生的根源、作品形成发展和完善的"土壤"、作品发挥社会影响的空间。

例如，中国历史上第一部纪传体通史《史记》，是西汉伟大的史学家、文学家、思想家司马迁（公元前145年或公元前135至约公元前87年）依其"究天人之际，通古今之变，成一家之言"的史识，撰写的"上至上古传说的黄帝时代，下至汉武帝太初四年"间共3000多年的历史著作，被鲁迅誉为"史家之绝唱，无韵之《离骚》"。其时势背景是中国封建社会历代王朝注重修史而形成的史志撰写的文化传统、史志文献的积累，以及司马迁之父司马谈的著史遗志、司马迁本人求学游历经验的积累、政治遭遇变故等诸因素的集合。

一百年前，绝不会有"他快速地浏览一下手机通话记录"的小说情节，当代小说也极少有"背束一剑"的描写，这些都是时势决定的。

2. 创意

在一定的历史时期，作者生活于一定的社会事态之中，由于多种原因而产生的创作冲动、创作意念，以及相关的"点子""构想""灵感"等皆可称之为创意，创意是一切创作的源头。

有学者认为，一切文艺创作发轫的起点和内在的动因是"意动"，即古代文论中所称的"意"，如《文心雕龙·神思》中说"言授于意"，《文心雕龙·原道》中进一步指出"心生而言立，言立而文明"。意是创作的动力，"作家的这种创造力是在心理世界进行的，能够把客观生活中的一些片段的、零乱的、陈旧的甚至是僵化的现象卷入到一种生命的涡流之中，在心理世界的涡流高速旋转之中经过过滤、分化、更新和锻造，源源不断地创作出新的艺术生命"①。

"意"还表现于创作中的"遣辞、选象、征声、选色成章"诸环节中，并进而构成作品的主题。

3. 初稿

初稿是作品正式发布前的中间形态，是几乎所有作品都要经过的生成过程，也被称为草稿、手稿。

初稿及与初稿相关的资料，是研究作者心路过程、作品主题形成、作品形象构造的重要文献资料，因此受到了学界的重视。非正式作品研究不仅在文学艺术研究中有特殊价值，在哲学及科学技术界也很有意义。例如，在哲学界，学者们注意到："成稿的著作所呈现的是作者完成了的系统思考，或者是其复杂思考过程的一个清楚而有结构的结果，相对于导致这个结果的那个过程来说，它要简单得多。而那些手稿，包括各种形式的文字，所体现的是思想家实时的运思，是思想的行为本身 —— 当然是能够以文字表达出来，以及愿意以文字表达出来的部分，是思想能够记录下来并且被记录下来的过程。"②

---

① 王克俭.文学创作心理学[M].北京：中央民族大学出版社，1997：171.
② 韩水法.从文本到思想[M].北京：北京大学出版社，2015，序P9.

4.定稿

定稿一般是公开出版的作品，是受众或欣赏者看到的成品。常常定稿后的作品还要经历不断地修改、补充和完善，这就使作品有了多种版本。

5.衍生作品

文本性的作品公开发表后，常被其他艺术形式进行再创作，再创作的作品被称之衍生作品。

如作家陈忠实创作的长篇小说《白鹿原》，历时六年方创作完成，1993年首次出版后，除被翻译为多国文字外，2001年被改编为同名秦腔戏，2002年被改编和绘画为同名连环画，2005年被改编为话剧，2007年被改编为现代交响舞剧，2012年电影《白鹿原》在全国上映，2017年电视剧《白鹿原》上映。

虽然这些衍生作品都冠之以《白鹿原》之名，但艺术形式已经不再是书面文字了，艺术形象变成了演员、绘画、影视场景，使原作品更加生动形象，使历史性的人物、故事又"活"过来了。这可被视为第二次创作。

四、语言艺术三维度关系的模式图

上述三维度的关系可见图13-1：

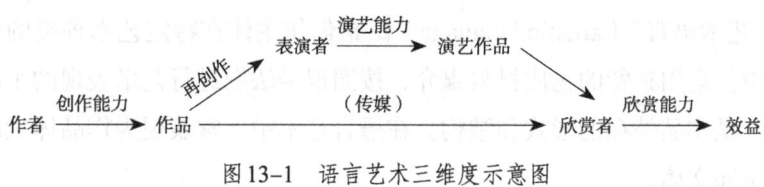

图13-1 语言艺术三维度示意图

示意图中的"再创作"指适合演艺形式的文本创作；"传媒"指语言艺术作品的传播方式；"效益"指作品对欣赏者影响的效果和欣赏者获得的收益。

五、语言艺术能力与语言艺术才能

语言艺术能力不是一种单一的能力，它包括不同性质的不同因素，以及不同因素的量化差异，我们可以从以下三方面讨论：

（一）从语言艺术三维度上看，语言艺术能力包括：

1.作者的创作能力及再创作能力。

2.表演者的演艺能力。

3.受众的欣赏与审美能力。

此外，还应包括间接，但又不可缺少的传媒媒介能力和专家学者的文学艺术批评能力。

（二）从心理语言学基础语言能力角度看

基础语言能力是一切专门语言能力的根本要素。专门语言能力，尤其是艺术语言能力，是基础语言能力的特化、专业化。

1.内部言语形象思维能力。

2.书面言语能力。

3.口头言语能力。

4.艺术语言能力。

"艺术语言"（artistic language）泛指创作主体在特定艺术种类的创造活动中，运用独特的物质材料媒介，按照审美法则进行艺术表现的手段和方法，是作品外在的形式和结构。在语言艺术中，常表现为作品体裁的格式和不同文体。

（三）能力水平的正态分布规律

正态分布（Normal distribution）的通俗含义是说在一个大的群体中，某一特征（如人的身高、体重、智商）在座标上两极端数量较少，中等数量占大多数的分布规律，是一种重要的描述统计方法。

具体到人的语言艺术能力，是指能力水平非常突出者、杰出者占少数，能力水平非常低的人也占少数，大多数人在中等平常水平区间内，这是很容易理解的，大多数人会写作，但成为著名作家的人少之又少。

在心理学关于能力的研究中，认为"顺利完成复杂的活动需要多种能力的完备结合，仅仅具备单一的能力是不够的。而多种能力的完备结合称为才能（competence）"，"天才（talent）是才能的高度发展，是各种能力的最完备的结合"①。由此，语言艺术能力的较好发展，就可以称之为语言艺术才能，顶尖的发展水平者可称之为语言艺术天才。按正态分布规律，具备语言艺术才能的人在数量上是较少的，而语言艺术天才则少之又少。

第二节　作者与作品

作者是语言艺术作品的创作者，作者创作艺术作品的内在条件是创作能力，创作能力在创作过程中得以发挥和运用，从而产生各种体裁的作品。作品是作者劳动的产物。

一、体裁与作品

（一）文学体裁及分类

语言艺术的现实形态主要体现为文学作品的多种艺术体裁上，体裁"是文学作品特定内容与特定形式有机统一所构成的一种体式，是由塑造形象的方式、语言运用及组织安排诸因素有机统一而呈现的表现文学作品内容的外部形态。一切文学作品的思想内容都要通过一定的体裁来表现，没有体裁的文学作品是不存在的"②。

① 陈中永，现代心理学[M].北京：中央民族大学出版社，2011：414-415.
② 毕桂发.文学原理教程[M].北京：中国书籍出版社，1996：54.

文学体裁是在人类文化发展长河中形成的，具有社会约定俗成性，是社会意识形态中具有规定性、公认性、规范性的语言艺术作品的格式。作者在创作作品的内容上可以千变万化，但在作品外部形态上必须选择社会形成共识的体裁方式。

当代文艺理论界通常把文学作品分成诗歌、小说、散文、戏剧文学四个基本类型。在文学史上，最早的文学作品体裁是诗歌和散文两大类，将讲究节奏韵律的语言作品称之为"韵文"，如诗、赋等。将不讲究节奏韵律的语言作品称之为"散文"，如散体文章、寓言、神话等。西方文学界比较流行的是把文学作品分为抒情类、叙事类、戏剧类三大类的三分法。

（二）诗人与诗歌

诗歌是世界上最古老的文学体裁，"无论是在中国还是在西方，诗歌的起源几乎和人类起源一样久远，在发展初期都与音乐相联系，并且都主要从表现情感为目的"①。在古代，诗与音乐、舞蹈结合在一起，统称为诗歌。"诗歌以高度集中的艺术概括，丰富的艺术想象，精粹、凝练的语言，将社会生活中的事件，人物与世人的特定感受和情绪融为一体，通过浓烈的情感抒发，集中、概括地反映社会本质。"②凝练的语言、韵律与音节、丰富的意向、充沛的情感、分行排列、富于音乐美是诗歌显著的特点。

诗歌具有多种社会功能，可概括为诗言志、诗言美、诗言史、诗言事、诗言情……。孔子评论诗歌时说："子曰：'小子，何莫学夫《诗》?《诗》可以兴，可以观，可以群，可以怨；迩之事父，远之事君；多识于鸟兽草木之名'。"(《论语·阳货》)换作现代话，是说诗歌可以抒情言志，可以观察社会与自然，可以结交朋友，也可以讽谏怨刺不平之事。

《诗经》是中国最早的一部诗歌总集，约成书于春秋中期，最早称之为《诗》，后称之为《诗经》。所收集的作品从西周初年至春秋时期，时间跨度约五六百年，内容丰富而广泛，是古代先人社会生活的一面镜子。

---

① 张政，王赟.翻译学导论[M].北京：清华大学出版社，2018：243.

② 张政，王赟.翻译学导论[M].北京：清华大学出版社，2018：245.

据说春秋时期流传下来的诗有3000首之多，后来只剩下311首（其中有六首笙诗有目无诗），分为《风》《雅》《颂》三部分。

《诗经》的作者可以分为两部分。第一部分是诗歌的原始作者，大多是没有记录姓名的民间作者，尤其是《风》中收集的作品大多来自民间歌谣。周代贵族中的文人也是作者群的一部分，他们的作品大多为《雅》和《颂》。第二部分是诗歌的搜集、整理编排、编纂者。相传周代设有采诗之官，每年春天，摇着木铎深入民间搜集歌谣，把能够反映民众欢乐疾苦的作品，整理后交给太师（负责音乐之官）谱曲，演唱给周天子听，作为施政参考。《诗经》的重要编纂者是孔子，到汉代将《诗》列入五经之中。

"诗人"（Poet）是指在诗歌创作上有创作才能和显著成就的作者，杰出的诗人是一个时代、一个民族文化的明星。"诗人"一词，战国时就有了，辞赋兴起之后，又有"辞人"一语，与诗人略有区别，至六朝以后，又把"上不类诗，下不类赋"的作者称之为"骚人"。诗人在古代是很受社会尊重的语言艺术家。

"史诗"（Epic Poem）是叙述英雄传说和重大历史事件的叙事长诗，多以古代英雄歌谣为基础，经集体创编而成，以口头传唱和文字记载两种方式流传下来。从哲学和美学高度看，史诗是民族精神的结晶，是人类在特定历史时代创造的艺术范本，是特定历史时代的产物。与其他诗歌不同的是，史诗具有较大篇幅，短的数百行，长的有几十万行。现当代已经很少有史诗创作了。

（三）作家与小说

按照文学理论的观点，"小说是通过完整的故事情节和具体环境描写来塑造人物形象，反映社会生活的一种文学样式"，"小说要求通过人物、情节和环境的具体描写，比较完整的多方面地反映错综复杂的社会生活。因此，人物、情节和环境是构成小说的三个重要因素"[①]。

上述定义是偏重于作品的学术定义，如果考虑到作者的主体作用和作

---

① 毕桂发.文学原理教程[M].北京：中国书籍出版社，1996：67-68.

品的产生过程，我们试把小说定义为：一定社会历史时期，作者以其生活经验、企盼希望、情感意志、内心省悟为基础的故事构造，并以口头和书面语的方式予以传播的作品。小说既具有人物、情节和环境的典型现实性，又具有虚构性、言语修辞艺术性和作者内心的主观体验性。

小说的作者可以分为两个层面。第一个层面是原始作者，作品大多是民间的故事、传说、传奇生活品味等。第二个层面是文化人的搜集素材、整理和创作。如以清代小说家蒲松龄创作文言短篇小说集《聊斋志异》（简称《聊斋》）为例：蒲松龄出生于书香世家，早年也曾想科举入仕，但屡试不第，只能以教书为生。他自幼便对民间的鬼神故事兴趣浓厚，据清人笔记《三借庐笔谈》：蒲松龄每晨起就在大道边铺席于地，并摆设烟茶，坐待过往行人，以搜集奇闻轶事，每听一事，回家后就加以粉饰润色成文。从22岁开始至40岁方将手稿结集成书，并一直修改完善，至作品成熟历时四十余年，倾注了他大半生精力。《聊斋》故事揭露了当时政治的腐败和统治阶级对人民的残酷压迫，宣扬了传统儒释道思想和民间因果报应思想，描写了男女主人公之间至死不渝的爱情，艺术特色鲜明，手法魔幻，一经问世就风行天下，至今余韵不衰。

优秀的小说作品具有强大的社会功能，如童话（Fairy Tale）至今常常用生动的故事伴随着孩子们入眠；《三国演义》《水浒传》《西游记》等小说老少咸宜，影响了一代又一代人；鲁迅的短篇小说深刻地揭露了社会、人性的本质；《钢铁是怎样炼成的》主人公保尔·柯察金曾成为苏联乃至全世界心怀共产主义理想的青年的偶像。这本小说是作者奥斯特洛夫斯基瘫痪卧床、双目失明，在病榻上历时三年完成的，故事取材于他的亲身经历。

（四）散文不散

作为一种文学体裁，散文（Prose；Essay）的含义走过了一条由宽渐窄的路子。最初，凡不押韵、不重排偶的"散体"文章作品均称之为散文，至唐朝时，散文既包括文学作品，也包括了非文学作品的政治、历史、哲学等著作，其含义仍然很宽泛。至现当代散文才专指一类与诗、小说、戏剧并列的文学作品。这类文学作品包括抒情短文、报告文学、小品文、杂文、札记、游记、传记、回忆录、随笔等，但随着其中若干种类的"自立门户"，散文的范围更日益缩小。当代主要流行抒情散文、叙人叙事散文、议论及哲理散文。

散文的特点主要有四：第一，取材广阔多样，我国著名散文家冰心写道："我们的前辈作家，拿散文来抒情，来说理，来歌颂，来讽刺，在短小的篇幅之中，有时'大题小做'，纳须弥于芥子，有时'小题大做'，从一粒砂来看一个世界，真是从心所欲，丰富多彩!"。[①] 第二，作品要写实，即具有写实的品格，要描述真人真事。第三，结构自由灵活，"形散神不散"。第四，语言简洁优美，隽永朴素。

由散文的特点所决定，散文的作者也十分广泛，既有专业的文学艺术工作者，也有各行各业有感而发的业余创作者，还有跨行业的创作者。

"报告文学"（Reportage）是一种介于文学与新闻之间的一种散文体裁，包括文艺性的通迅、速写、特写、专题调查研究报告、事件追踪分析等，是近代报刊业的产物，具有强大的社会影响力。报告文学的作者需具备新闻工作者和文学工作者两方面的才能，因为报告文学作品既具有新闻性又具有文学性。作品既要求不虚构的真实性，又具有艺术形象性、典型性和故事性。

茅盾先生认为："报告是我们这匆忙而变化的时代产生的特殊文学样式。读者大众急不可耐地要求知道生活在昨天所起的变化，作家迫切要求将社会上最新发生的现象（而这是差不多天天有的）解剖给读者大众看。刊物要有敏锐的时代感——这都是'报告'所由产生而且风靡的根因。"[②] 这一论断，当今仍有其生命力。

（五）编剧与剧本

编剧是创作剧本的作者，他们依靠对人世间具体人物和故事的深刻理解、丰富的艺术形象思维、娴熟的语言表达，创作出符合戏剧、电影、电

---

① 冰心.冰心论创作[M].上海：上海文艺出版社，1982：125.

② 茅盾.关于报告文学[J].时代报告，1980（1）.

视表演的文本作品。这些作品被称为剧本，"戏剧演出的脚本即剧本，就是我们所说的戏剧文学，它是戏剧这种综合艺术中的文学因素。剧本可供读者阅读，但更主要的是供舞台演出时使用"。电影和电视剧都属于"视觉艺术"，"影视文学即电影剧本和电视剧本，它们是为拍摄电影和电视剧服务的，是摄制影片或电视片的文学基础和文学蓝图"①。

剧本与其他语言艺术作品，如诗歌、小说等，不同的是，剧本不仅包括故事、人物、情节等内容方面，还要对形象表演提供"蓝图"指导，是对艺术表演的总设计与构造，是舞台艺术的立足之地，所以剧本又被称为"脚本"，是形象表演的深层核心因素和灵魂。

剧本要适应因文化传统而形成的不同表演艺术形式，为多种多样的艺术体裁服务，这些体裁包括话剧、歌剧、曲艺、小品、电视剧、电影等。

剧本的创作可以有不同的路径，我们试将其区分为三种路径。第一是原创，或称之为第一次创作，如现代著名话剧《雷雨》，就是剧作家曹禺20世纪30年代创作的一部描写一个带有浓厚封建色彩的资产阶级家庭的悲剧，是一部原创作品。《雷雨》情节扣人心弦，语言精练含蓄，人物各具特色，被誉为"中国话剧现实主义的基石"，"中国现代话剧成熟的里程碑"，是被翻译成各国语言文字最多的中国话剧，"是一部不但可以演，也可以读的作品"。第二是改编，即在已有文学作品基础上，按照表演艺术体裁的要求进行第二次创作。这种途径占据了戏剧、影视文学创作的主流，产生了大量的剧本作品，如戏剧、影视中《红楼梦》《三国演义》的各种各样的剧本。而且原剧本还可以改编为不同形式的新剧本，如话剧《雷雨》，就被改编成了多种版本的电影、电视剧、沪剧、黄梅戏、京剧、评弹，以及芭蕾舞和歌剧等。第三是历时性修改、补充、完善。

一部作品常常在被表演、欣赏过程中，不断得到艺术元素的补充、修改、完善，日臻成熟，而达到新的艺术高度。剧本之所以被称为"蓝图""脚本"，是因为表演者在表演过程中有很大的艺术创造性空间，他（她）们台词的创造性发挥成果可回馈于原剧本，使新剧本更加优美、完

---

① 毕桂发.文学原理教程[M].北京：中国书籍出版社，1996：87，99.

善。此外，欣赏者的批评意见也可以被吸纳用于剧本的完善。

二、书法、美术字、篆刻

文字书写几乎是人人都会的书面语言技能，但把文字写成美的作品，并得到文化界和社会大众的赏识和推崇的人并不多，这部分人被称为书法家，其作品流传于世，成了人类文学艺术宝藏的一个组成部分，也成了人们社会文化生活中常见的艺术类别。

从广义上说，书法是指书写文字的艺术，是文字美的艺术表现形式，是一种视觉的、二维形体的艺术。虽然大多数学者认为书法是汉字独有的书写艺术，但我们认为，所有文字的艺术性书写，并形成富有美感的作品，均为书法艺术，但其中汉字书法是最有艺术特色的领域，被称为中国书法。此外，还有蒙古文书法、阿拉伯文书法、英文书法等。

中国书法主要指汉字书法，由于汉字具有悠久历史，是表意的方块字，加之深厚的汉文化底蕴，使书法作者具有了广阔的创作空间，使汉字书法成了"无言的诗，无形的舞；无图的画，无声的乐"。汉字书法有几千年的历史，形成了篆书体、隶书体、楷书体、行书体、草书体等各具魅力的五种主要书体。书法还与诗、言、画密切结合为一体，形成了诗、书、画综合的作品类型。

书法创作能力是以一般的书写技能为基础，以传统文化的传承为底蕴，以临摹为主要途径，形成自成一家风格的艺术能力。"勤学苦练"是书法家形成杰出书法创作能力的主要道路。如著名草书大家怀素勤学苦练，写坏的毛笔笔头堆积如山，称之为"笔冢"，因常洗笔砚而使池水变黑，称之为"墨池"。在勤学苦练中，还会形成个人独有的见解和风格。据传说，书法家王羲之至53岁还认真临摹古人碑帖，达到痴迷程度，由于常在身上练习写字，时间一久，连自己的衣襟都划破了，晚上睡觉时还用手临空划字，不知不觉地在妻子身上划写起来，其妻子生气道："你怎么老在人家身上划呢？自家体，没了?"受"自家体"一语的启示，王羲之幡然醒悟，在学习已有名家碑帖手迹的基础上，"糅合各家之长，得千变万化之神"，书法自成一体，成了中国历史著名的大书法家。

与书法艺术非常相近的文字书写艺术是美术字（art word）和篆刻（seal cutting）。

"从书法的历史沿革来讲，它属于精英文化的一部分，尤其在古代，广大平民识字有限，很难在审美的层面上探究书法"。① 书法作品还具有个人性和独特性，这在一定程度上限制了书法作品的大众化。为此，美术字的字体艺术也就应运而生了。

美术字是艺术加工的实用字体，是指经过艺术加工、美化、装饰而成的一种文字书写艺术。由于美术字字体整齐、醒目、美观、易认，就成了社会政治、经济发展所必需的宣传工具之一，美术字的艺术感染力也起着美化人民生活的作用。由此，美术字被广泛应用于标语、广告、板报、印刷活体、会场布置、展览会、商品包装和装潢、书籍报纸杂志，甚至雕塑等方面。不仅汉字有各种各样的美术字，外国文字也有繁多的美术字体，如"花体英文"（ornamental penmanship）。

篆刻是一种传统的艺术形式，是书法和镌刻（包括凿、铸）相结合制作印章的艺术，源于古代印章的制作和使用，因中国古代印章多采用篆书入印而得名。

"印章早在春秋战国时期已成定势。古代的印章产生的原因，就是作为政治权利、凭证、信物的需要而出现的"，"而篆刻真正成为一门独立的审美艺术形式，正是与文人书画家的广泛使用有关。所谓'诗书画印四位一体'的说法，也是从这个时候开始的"。② 在当代，篆刻是一种小众艺术了，著名机构是创建于1904年的"西泠印社"。

---

① 李治平.中国书法[M].长沙：湖南大学出版社，2015：8.

② 李治平.中国书法[M].长沙：湖南大学出版社，2015：245.

第三节　表演者与演艺

在人类文化生活中，表演艺术得到了大众的喜爱和欢迎，构成了文化艺术的重要组成部分。在多种多样的表演艺术形式中，有相当大的一部分是靠演员的语言艺术能力实现的，值得我们探讨研究。

一、演员与表演才能

（一）演员（actor；actress；performer；player）

演员，是在多种艺术形式（戏曲、戏剧、电影、电视剧、舞蹈、曲艺等）中扮演一定角色的表演者，是具有特定艺术形式表演才能的人，也是一种谋生的职业类型，是一种特殊劳动的劳动者。

演员古已有之。广义地说，人生活于社会之中，都要"扮演"着不同的"角色"，所以在心理学中，人格（personality）一词的原义就是"面具"（拉丁文persona），人的社会行为都有一些表演特征。在社会文化生活中，随着文学与艺术的分门别类，演员专指那些行业化、职业化并有表演才能的人。在旧社会，演员社会地位比较低下，被称为"优伶""戏子"等。随着社会文明程度的不断提高，人们对文化娱乐活动需要的增加，演员的社会地位也日益提高，被视为"具有特殊才能的人"，杰出者被称为"明星"，并有众多青少年"追星"的社会现象存在，有些青少年的追星行为近乎疯狂。

演员的角色扮演是一种二次创作：通过人物形象的塑造把文本语言转换成形象语言，通过艺术语言展示人物和故事情节，引起观众的情感共鸣，获得美的享受。书面语言的剧本、脚本是表演的基础，在此基础上，演员通过自己创造出直观的艺术形象，创造性地表达剧本本义，形成新的作品。我们可以把演员的演出活动视为一种特殊的劳动，这种劳动是演员把自己作为劳动工具，通过艺术活动过程，产生艺术形象的产品。这种产品在一定条件下亦可成为"商品",所以艺术团体的主要活动是"商演"。

从语言能力角度看,演员的职业要求演员需具备多种基本的语言能力,如具备形象思维的内部语言能力,具备把语言艺术与其他艺术形式很好地结合起来的能力等。

(二)演艺与表演才能

与语言能力密切相关的表演艺术门类主要有歌曲、戏剧(尤其是话剧)、曲艺(如评书、相声等)等,戏剧、电影、电视等综合艺术形式中的台词,或者说角色的言语也非常重要。

演艺经过历史的发展,已经形成了约定俗成的程式化模式,演员的表演才能相应地也要程式化、模式化。例如,京剧,就在文学、表演、音乐、舞台美术等各个方面都形成了一套规范化的艺术表现形式,如唱腔的"二黄""西皮",角色的"生、旦、净、丑、杂、武、流"等,成了京剧系统化的行业术语体系。

适应演艺要求的能力,就是相应的表演才能,是人类一般能力的具体化、特殊化、专业化。其中的语言艺术能力是人类一般语言能力的特殊化、专业化与艺术化的结果。

二、歌者与歌唱

《毛诗序》中说:"诗者,志之所之也,在心为志,发言为诗,情动于中而形于言,言之不足,故嗟叹之,嗟叹之不足,故咏歌之,咏歌之不足,不知手之舞之足之蹈之也"及"情发于声,声成文喟之音"。这是古人对言、诗、歌、舞皆是人类表达思想和情感方式的综合阐述,也是对语言艺术的概括。由此,"诗与歌的关系一直以来密不可分,甚至普遍认为诗即是歌,歌即是诗。在中国古代,不合乐称为诗,合乐称为歌,后世将两者统称为诗歌"。[1]

---

① 张政,王赟.翻译学导论[M].北京:清华大学出版社,2018:239.

简言之，歌是曲调形式的言说（唱着说），是人类普遍的、本能性的言说能力。歌者可以是儿童（儿歌、童谣）、可以是底层的劳苦大众（民谣、民歌、山歌、号子）、也可以是高雅艺术殿堂的歌唱家。杰出的歌唱家被称为"歌星"，被视为一个民族文化艺术的代表人物。几乎是人人都可以唱歌，都喜欢唱歌，都愿意听歌。当代各种歌曲体裁的划分、舞台艺术的高雅化都是在人类原始歌唱能力基础上的模式化、程式化和美学化。

歌者与歌唱也是一种二次创作过程：第一次创作是歌词的创作与给歌词谱曲的创作，称之为作词与作曲。第二次创作是具有歌唱才能的表演者，通过"唱"，实现歌曲的艺术形象化。唱是一种艺术劳动，演员以自身发音能力为基础，表达歌词的含义、抒发一定的情感，用美的形象感染听众，演唱的结果是第二次创作的作品。好的作品会被广泛传唱，甚至会成为一种流行的文化现象。

歌曲具有强大的社会功能，可以《国际歌》为例：

起来，饥寒交迫的奴隶，

起来，全世界受苦的人，

满腔的热血已经沸腾，

要为真理而斗争！

旧世界打个落花流水，

奴隶们，起来，起来！

不要说我们一无所有，

我们要做天下的主人！

……

这首"无产阶级的战歌"曾经风靡天下，成为一个波澜壮阔的社会革命运动时代的歌曲。

《国际歌》（L'Internationale）歌词是法国巴黎公社的领导者之一欧仁·鲍狄埃在巴黎公社1871年惨遭镇压和屠杀后，悲愤交加，心潮澎湃，热血沸腾，在一所破旧不堪的阁楼里，依据他头脑中孕育的一个宏伟构想创作出来的诗歌。1888年6月中旬，革命工人组织"工人之声"的指挥皮埃尔·狄盖特读到《国际歌》诗歌后，产生强烈共鸣，在破陋的风琴上，只用两天就创作出了《国际歌》的全部乐曲。这首歌传遍了全世界，传入中国后，最早译为《劳动歌》，1920年瞿秋白将之译为《国际歌》。

《国际歌》从歌名、歌词到曲调都体现了劳动者的共产主义理想和革命斗争精神，并有很高的大众艺术性，成了人类劳动者阶级文化的经典作品。也成了许多无产阶级政党和国家的党歌、国歌、会歌。

三、歌剧

歌剧（opera）是主要或完全以歌唱和音乐来形象地表达剧情的综合性艺术体裁，是用声乐和器乐表达戏剧作品内容，是音乐与诗歌、戏剧表演、舞蹈、舞台美术、服装服饰等结合为一体的艺术形式。

Opera一词源于拉丁语，是"作品"的复数形式，用于表述歌剧时，包括了独唱、重唱、合唱、对白、表演和舞蹈等多种艺术手段。

歌剧是"唱出来而不是说出来的戏剧"，源起于16世纪末意大利的佛罗伦萨，是古希腊戏剧剧场音乐，兴盛于17世纪。此后，传播遍及欧洲各国，形成了意大利歌剧、德语歌剧、法语歌剧、俄语歌剧、英语歌剧等。20世纪初中国出现了歌剧，20世纪40年代，《白毛女》的创作和演出，被认为是"标志着中国歌剧艺术经过长期的创造性探索之后找到了自己独特的发展道路，形成了自己的美学品格"。

歌剧是综合性舞台艺术，一台歌剧需要两次创作，第一次创作是编剧和作词作曲，第二次创作是有歌唱和表演艺术才能的演员舞台上的形象创作，两次创作的完美结合，形成了歌剧作品。

从内容上说，"歌剧是一部百科全书"，反映了波澜壮阔的历史故事、人性百态、人生悲喜。从形式上说，歌剧是西方传统艺术文化的重要组成部分，是"西方音乐的半壁江山"，对整个西方音乐的发展具有很大的推动作用。歌剧是建立在以"唱"为核心要素的语言艺术能力基础之上的文化形式，歌剧的创作，尤其是第一次创作，是人类语言能力艺术创作性的生动体现。

四、戏曲

戏曲是中国古代各类艺术的综合，起源于远古的原始仪式，雏形于秦，经汉代百戏、唐代参军戏、宋金诸宫调，到元杂剧、明代各声腔、清代昆曲与京剧，使我国成了戏曲大国。戏曲由文学、音乐、舞蹈、服饰、武术、杂技、雕塑、绘画结合在一起，经演员表演而形成，有360多个种类。

从语言艺术能力角度看，戏曲是"唱着说话"的艺术，有独唱、对唱、齐唱和帮腔等唱腔形式，唱腔与音乐构成"曲"，"说白"与"念白"起辅助作用，可以说，语言因素是戏剧的灵魂因素。

五、话剧

话剧（Drama）是以对话方式为主的戏剧形式，主要叙述手段为演员在台上无伴奏的对白或独白。剧本创作、导演、演员表演，以及少量的音乐、歌舞等是话剧的主要构成因素。话剧是19世纪末20世纪初由欧洲传入中国的，最初称之为"新剧""文明戏""爱美剧""白话剧"，截至1928年，经著名戏剧家洪深提议，将这种主要运用对话和动作表情来传情达意的戏剧样式定名为"话剧"。中华人民共和国成立后，著名的话剧有《龙须沟》《茶馆》《蔡文姬》《霓虹灯下的哨兵》等。近几十年兴起的"小品"亦可视为一种话剧的减缩版。

话剧中的话语是经过提炼加工的口语，具有个性化（性格化）、自然、精炼、生动、优美、流畅、富有表现力、通俗易懂等特点，易为广大人民群众所接受，是宣传教育、鼓舞斗志的重要工具，是语言艺术的直接体现方式。

话剧的语言能力，一是剧本创作能力，以作者的书面语言能力体现；二是演员的口语演艺能力，以思想的宣讲、感情的抒发、音调节奏的优美感染观众，引起观众的思想和情感上的共鸣。

六、相声与评书、快板

（一）相声

相声是中国"土生土长"的民间艺术，是一种大众喜欢的通俗语言艺术。因为缺乏专门的学术研究，它"可溯之源很长，可证之史甚短"。有关研究者认为，相声有着悠久的历史传统，是从古代"俳优"杂戏演化、分离出来的艺术形式。相声最早被称为"像生"和"象生"，以口技模拟"飞禽之啼，走兽之鸣"为特点，后经唐代军营的"弄参军"及宋代"象声"口技演化为"相声"，以艺术化的表演者言语言情言事言人为特点，雅俗共赏，老少咸宜。

相声演员通过相声作品，讲述一个故事、叙述一个事件、阐明一种观点，语言清晰、明亮、精炼、诙谐、口语化、使人发笑，讽刺社会不良现象，歌颂新人新事。相声以言说为主，穿插着演唱、拟声口技和舞台动作，表演形式有单口相声、对口相声、群口相声等。

相声演员需具有一人表演多种角色的本领，具有多方面的知识，在语言艺术能力上需把握"说、学、逗、唱"四种技巧。"说"被通俗地称之为"嘴皮子功夫"，要求演员说话利索、字眼清楚、口语化，发音洪亮、脆快、甜润，有一定的调子；"学"主要是会模仿，包括模仿各地的方言土语、动物及器物的发声、各种人物的神态身姿；"逗"是用一定的言语技巧使人发笑，包括讲笑话、滑稽问答、"甩包袱"等；"唱"则是吸收各种歌曲和地方戏的演唱因素，行话称之为"柳活儿"，有正唱、歪唱等。

相声演员的演艺才能大多是师徒传承，通过口授心传、口耳相传、演艺实践形成和发展起来的，是艺术化的口语表达能力。

（二）评书

评书是中国传统口头讲说表演艺术，是一种"口头文学"。评书又称说书、讲书、讲古、评词、评话等，考古出土文物中就有"说书俑"。追溯起来看，早在春秋时代就有说书的影子，战国时诸子百家游说诸侯，常常旁征博引，以及用故事或寓言做比喻，形成许多脍炙人口的成语，形成了早期的评书。唐代称之为"说话"，至宋代说书已比较流行，清代初期这种曲艺形式已经成熟。

评书艺人曾被称为"博君人"，因为他们能"博君一笑"。评书多为一人演说，演说内容多为历史朝代更迭及英雄征战和侠义故事的长篇大书。评书不需要复杂的舞台设施和道具，一人一桌一醒木足矣，主要通过口语化言语叙述情节、描写景象、模拟人物、评议事理等艺术手段，敷演历史及现代故事，满足社会大众好奇心理，引起思想和情感的共鸣，并领悟世事和人生的哲理。在历史上，各地的说书人以自己的母语方言对人说着不同的故事，因此评书又被视为一种方言文化。

评书并不是简单的说话，而是有一套口头言语技巧，并形成了相应的术语或行话："定场诗"用于开场白，"开脸儿"用于人物形象描述，"摆砌末"用于场景描述，"赋赞"用大段落对偶句式的骈体韵文表达感想和评议。在故事讲说结构上把紧要处、精彩处称之为"垛句""串口"，制造悬念使用"关子""扣子"。

评书的创作分为口头文学与书面文学两个方面。评书艺人所使用的文本叫做"册子"，是一部书的详细提纲，又称"梁子"，作者多佚名。演艺者依据册子进行二次创作，主体为口语表现，但在讲述方法、情节处理、评议是非上有很大的个性与创造性空间，言说技艺艺人间可互相借鉴，所以评书作品被称为"群体智慧的结晶"，也形成了评书口头文学与书面文学交错发展的形态。《三国演义》《水浒传》等古典名著最初都是说话的话本，经文人整理而成经典小说。而依据长篇小说创作评书脚本，则需要"评书笔法"的再创作，这种笔法包括"明笔、暗笔、伏笔、惊人笔、倒插笔、补笔、掩笔"等手法，同时也是"评书说法"。

评书演艺能力是演员多方面的艺术素养集成，曾有一首《西江月》给予了生动的描述："世间生意甚多，唯有说书难习。评叙说表非容易，千言万语需记。一要声音洪亮，二要顿挫迟疾。装文装武自己，好似一台大戏。"当代评书大家袁阔成、田连元、单田芳、刘兰芳等生动的评书演艺能力也证明了这一点。

（三）快板

快板是一种传统说唱艺术，由宋代贫民演唱的"莲花落"经由：沿街乞讨手段 —"撂地"卖艺 — 舞台演出的路径形成的民间艺术。快板早期称作"数来宝""顺口溜""流口辙""练子嘴"等，是一种似说似唱，曲词是句式比较规整的韵文，节奏感极强的俗语艺术。配合演唱的道具非常简单，是牛骨或串在一起的竹板，用于击打出节奏声响，配合演员的表演。

快板的创作是一个快捷、迅速的编、演、唱过程，艺人见景生情，口头即兴编词，看见什么说什么，随编随唱，可以一韵到底，也可变换辙韵，并运用"包袱""夸张""铺陈"等艺术手段，题材多样，可以叙事夸人，也可讲理抒情。演唱多为一人，也有两人或多人，分别称为单口快板、对口快板、群口快板。快板地方方言化后就形成了山东快书、陕西快板、天津快板、四川金钱板等。

快板虽然出生于旧社会底层的文化，但因其平民化、通俗化、简捷化，在解放战争中得到了发展壮大，在人民军队中发挥了战斗宣传作用，战士们编演出大量快板作品，抨击敌人、宣传革命、鼓舞士气。被誉为"快板大王"的毕革飞赞誉快板说："歌唱英雄唱胜利，批评具体又实际。拿它娱乐都欢喜，指导工作有意义。"中华人民共和国成立后，快板这种平民艺术也登上了文化艺术的大雅之堂。

我们可以看出，文学作品创作和多种演艺的二次创作构成了语言艺术的鲜活形态，展示了人类语言能力的艺术化发展成果，与诸多相关因素结合在一起，构筑了人类文化的艺术殿堂。

第四节　欣赏者与欣赏能力

"爱美之心，人皆有之"，虽是俗语，但也是客观事实。语言艺术的作品（尤其是小说、诗歌），像其他艺术品一样，只有得到欣赏者的理解、共鸣和赞誉，才能体现出其蕴含的价值。欣赏者既是作者作品的"市场"主体之一，也是作者创作的激励动力之一。欣赏是人类本能性的艺术鉴赏活动，这一活动的内隐条件则是欣赏者内在的欣赏能力，对于语言艺术作品的欣赏而言，就是语言艺术能力中的欣赏能力及审美能力。

一、欣赏的作用

由于语言艺术作品通过欣赏能够满足欣赏群体的多重心理需要和精神生活需要，使创作者的作品发挥出了独特的魅力。概括起来看，艺术作品的欣赏有以下作用：

（一）体验广阔的人生

"面对文学作品，读者的心灵上天入地，出入六合，心游万仞，精骛八极，视通万里，观古今于须臾，抚四海于一瞬。"① 体验自己的人生，体验他人的人生，被认为是"人类与生俱来的一种强烈的精神欲求"。体验自己的人生是自然而然的事情，而体验他人的人生则是一件很困难的事，这一困难恰恰被文学这一语言艺术解决了。语言艺术作品凝结了作者对人物、时间、场景的构念和情感的表达，读者通过阅读、聆听、观看使自己进入作品的艺术构造之中，"欣赏者可以借助作品展开想象的翅膀，尽情地徜徉、沉醉与古今中外的人生场景中，了解彼时彼地的生活，参与那里的矛盾和斗争，体验各色人物的思想感情，追索人物的心路历程，探究生活的底蕴奥秘"②。

（二）有助于自我认识与自我发现

充分、客观地认识自我是人类认知活动的天然需要，但认识自己并不是一件容易的事，所以"人贵有自知之明"。认识和发现自我有多种方式

---

① 毕桂发.文学原理教程[M].北京：中国书籍出版社，1996：301.

② 毕桂发.文学原理教程[M].北京：中国书籍出版社，1996：300.

和途径，而语言艺术作品的欣赏则是一条重要途径。

作品的人物、故事、情节、场景的形象描述，构成了欣赏者进行把自己与虚构形象进行比较的"镜子"，通过对镜像的欣赏，可能会发现"自己尚不知道的自己"。

（三）在欣赏中学习，在欣赏中获得心理和精神动力

在欣赏语言艺术作品中，可以学习知识（历史知识、民俗人文知识、社会学知识、语言知识、写作知识等），学习为人处世，学习自我人格完善，以及学习艺术形象的优秀特点。

好的诗歌、歌曲、小说、戏剧也会激励受众的生活热情，憧憬未来理想的生活，度过生活的低谷。俗话说"榜样的力量是无穷的，精神的力量是伟大的"，而文学艺术作品中的艺术形象恰恰是具有美学特征的榜样，曲折复杂的故事情节、不惧艰难险阻的拼搏奋斗事迹、在矛盾冲突中体现真善美和人性美，都给人以积极、正面的精神力量。例如，对《国际歌》的鼓动力量，1930年7月，伟人毛泽东创作词《蝶恋花·从汀州向长沙》中写道："国际悲歌歌一曲，狂飙为我从天落。"

（四）获取生理、心理、精神愉悦

人类从本能上有获得身体、精神、心情、思想、情感上轻松、愉悦、喜悦、和谐的欲望，有审美的内在需要，这就产生了各种各样的文化娱乐活动，其中语言艺术尤为显耀。

对此，学者写道："文学欣赏活动中主体的心理愉悦是可以分为不同层次的。首先是生理层次的愉悦（快感）。这主要是语言文字的声音、节奏、韵律形成的音乐美所激起的生理 — 心理体验。其次是心灵层次的愉悦，主要指的是情绪情感的激动、心灵的震颤等。最后是精神层次的愉悦 —— 这是最深沉、最深刻层次的愉悦，是'形而上'的愉悦，它主要是指对于人生、历史、宇宙的本体和生命的彻悟。"[①]

---

① 毕桂发.文学原理教程[M].北京：中国书籍出版社，1996：305.

语言艺术作品经由欣赏能力，可以满足人们休闲、娱乐、好奇的需要，也可以满足人们雅好、审美、理想的需要。

二、欣赏群体的分类及欣赏能力

欣赏者群体可以按照不同的标准分类。如按年龄、性别、职业、文化水平、专业等均可把欣赏者分为不同的群组。但对于语言艺术作品的欣赏而言，按文化水平，或者说受教育程度较为适宜。按这个标准可以把欣赏者分为四类。[①]

（一）初等文化群体

这是一个庞大的群体，从受教育程度看，是小学毕业或未毕业，具有初步阅读能力的人。

这个群体还应分为两类：第一类是未成年人群体，主要是幼儿园大班儿童和小学生，他们主要是在接受学校教育中，在课堂、课外活动和家庭生活中接受有计划或无计划的审美教育（美育），快速发展着欣赏能力。童话、儿歌、故事等语言艺术作品是欣赏的主要材料，欣赏能力具有幼稚、天真、直观、鲜活的特点。

第二类是成年人群体，欣赏活动主要是为了消遣、娱乐、休息，调节单调枯燥的生活。欣赏能力的特点是喜欢大众性、通俗性题材的作品，如家庭、伦理、道德、现实社会问题的作品，以及传奇、武侠、侦探、言情等体裁的作品，喜欢娱乐性、趣味性、消遣性强的作品，也是口头语言艺术（如评书）的主要听众。

（二）中等文化群体

这一群体主要是受过中等教育（初中、高中、中专）的人，从欣赏能力看，具备了文学初步知识，形象思维和抽象思维能力均有较高发展，既

---

① 毕桂发.文学原理教程[M].北京：中国书籍出版社，1996：309-312.

关注语言艺术作品的艺术性、美学性，又关注作品的思想性和理论性，既喜欢通俗文学作品，又喜欢严肃的"纯文学"作品，对作品的欣赏，已超越了作品的外表层次而深入思想意蕴层次。欣赏的动机和目的，除消遣娱乐外，更追求对社会、人生的探索、寻求精神慰藉和自我人格的完善修养。他们对作品的评价以作品的思想性，即作品内容的思想深度、是否具有启发性为主要标准，除对作品进行直接评价外，还对作者进行间接评价。

（三）高等文化群体

随着高等教育大众化、普及化的大趋势，越来越多的人接受了多种类型的高等教育，他（她）们构成了语言艺术作品的高层次欣赏者群体。

这一群体的欣赏能力具有以下特点：

1.欣赏动机复杂而多样，基本上摆脱了寻求浅层次的感官享受和功利性很强的社会认知倾向，追求陶冶情操、发展个性、完善人格、审美享受、对人生意义和人生价值的思索等更高欣赏目标。

2.选择欣赏作品的标准偏重于作品思想性是否深刻、艺术表现是否成熟、格调是否高雅、启迪性是否很强等方面，对古今中外古典作品和现当代优秀作品情有独钟。

3.能在原作品基础上进行"再创造"，不仅对作品深层次底蕴有很好的理解，而且能在原作品基础上挖掘出原作者都没有想到的"意外之意"，对作品做出自己的演绎和创见。

（四）文艺专门家群体

这一群体包括语言艺术作品的作者、演艺者，文学理论的研究者，语言学学者，文学评论批评家，报纸杂志出版家及文学编辑，以及从事相关专业教学的教育工作者。

这一群体的欣赏能力远超大众水平，在评价作品时，思想性、艺术性、娱乐性、学术性并重，是观察语言艺术创作活动的"法眼"。其中文艺批评家是作者（包括演艺者）与欣赏者（读者、观众）之间的"桥梁"。

文学批评是一种文学性与学术性相统一的活动，是"不断运动着的美学"。

第五节　语言艺术才能的发现与培养

　　语言能力是大众的，几乎人人都具备；语言艺术能力相对来说是"中"众的，虽然几乎人人都可具备，但杰出者不多；语言艺术才能是小众的，虽然新秀层出不穷，但达"星级"者不多，是人类文化艺术的宝贵人才。为此，我们有必要对艺术才能的性质、发现和培养进行比较深入的探讨。

一、语言艺术能力的性质

（一）心智能力的特化

　　大众和心理学家曾经一度给予人的智力（量化指标叫智商，IQ）狂热性的关注，但冷静下来发现，人类的社会生活更需要的是具体的能力。对此，英国心理学家斯皮尔曼（C.Spearman）根据智力测验研究中的发现，提出了能力二因素学说，能力由两种因素构成：一种是普遍因素（G因素），是人的基本心理潜能，渗透于人的各种活动中；另一种是特殊因素（S因素），是保证人们完成某些特定的作业或活动顺利进行的能力，G因素与S因素密切结合在一起。

　　在二因素说基础上，学者们在能力分类上提出了一般能力和特殊能力概念。一般能力是人在各种各样活动中都需要的能力，如观察力、想象力、抽象概括力、推理能力、创造力等；特殊能力是在专业活动中所需要的特有能力。"一般能力是特殊能力的重要组成部分。人的一般听觉能力既存在于音乐能力中，也存在于言语能力中。没有听觉的一般能力的发展，就不可能发展音乐和言语听觉的能力。另方面，特殊能力的发展又有助于一般能力的发展。例如音乐能力的发展会提高一般的听觉能力，并进而影响言语听觉能力的发展。"①

依据上述学说，我们可以说，人以一般心智能力为核心发展出了一般语言能力，一般语言能力的艺术化发展形成了语言艺术能力，语言艺术能力的完备发展形成了语言艺术作品创作、语言艺术作品演艺的内在、深层次、根本性的因素。

（二）潜在能力的实现

"能力"概念所指包含着两个方面，一是指人的潜在发展可能，二是指能力已达到的水平，又被称为"成就"或实际能力、实际才能。能力的这两个方面互生共存，但在人的才能发展前期，以潜在能力为主，在取得成就的过程中和过程后，则以实际能力为主。在心理学中，前者又被称为"液态能力"，后者被称为"晶态能力"。语言艺术能力也表现为潜在能力和实际能力并存的形态，并不断相互转化。

（三）语言艺术能力的三个层次

之所以不能人人成为大家公认的语言艺术家，是由多方面原因造成的，其中一个重要原因就是语言艺术才能是由多层次的能力特性决定的。概括起来看，语言艺术能力有三个层次：

1.生理心理层次

诸多语言艺术体裁取决于演艺者的生理条件，如歌者的音乐发声能力就很大程度上是由先天性发音器官和后天发音技巧决定的，不少人唱歌时"五音不全"（唱歌时走音跑调），还有的甚至是"噪声像破锣"，而歌唱艺术家的发音能力大多圆润委婉动听、吐字清晰，给听众的影响甚至是"余音绕梁，三日不绝"。在表演艺术中，演员的相貌、身材等生理条件，是被观众欣赏的重要因素。在小说创作中，对人物的形象描写也占有重要地位。此外，获得生理心理层次上的欢愉也是欣赏活动的动机之一。

生理心理层次上的语言艺术能力有一定的先天性或遗传性，加之独一

---

① 彭聃龄.普通心理学[M].北京：北京师范大学出版社，1988：541.

无二的生理性，就产生了艺术才能是"天赋"的观念。

2.心理精神层次

诗歌、小说、散文、报告文学等体裁的创作，源于创作者的艺术想象力、情感意志的冲动力、语言艺术技能的熟稔运用能力。

心理精神层次的语言艺术能力体现在作者对待外部世界和内心世界两个方面：对待外部世界，作者依靠其敏锐的观察力和透视力，观察世界、社会、事物的现实状态，形成对世间事物，尤其是对人性、人心的深刻理解，产生相应的思想、意识；对待内心世界则是构建自己的价值观、自我观，产生发自内心的情绪和情感，构建明晰的理想愿景，在此基础上通过语言这一工具、言语的劳动过程、写作出影响他人的话语作品。例如，文学家、思想家、中国现代文学奠基人之一的鲁迅先生，原本学医，在意识到医人之身的有限性和医人之心的迫切性后弃医从文，以笔代伐，创作出著名的白话小说和大量杂文，对中国社会文化起到了深远的影响。就源头来说，一是他对旧中国社会的入骨观察，二是他想用文学作品唤醒大众变革意识的强烈愿望，三是他深厚的中国文化功底和娴熟的语言艺术。

3.美学哲理层次

对语言艺术的现实形态达到深入本质的理解，并提出哲理性的美学见解，预测和指导艺术实践的发展方向，就达到了语言艺术能力的美学哲理层面。

"美学的渊源可以追溯到原始社会。人类美学的产生，与人类的起源一样古老。自从原始人类通过劳动最终摆脱了动物的状态，开始懂得装饰自己、娱乐自己，出现了最早的原始艺术活动时起，人类的审美观念和最初的美学思想便已开始形成。"[①]从美学哲理层面看待艺术的本质，并提出理论主张，古已有之，如老子的"大音希声"、孔子的"尽善尽美"、孟子的"充实之为美"、庄子的"天地有大美"、荀子的"崇其美，扬其善"等。

语言艺术能力的这一层面，并不是高不可攀的，举凡作者、演艺者、

---

① 陈中永.元心理学[M].北京：九州出版社，2022：319.

欣赏者在作品创作、作品欣赏过程中，产生的顿悟、领悟、真知灼见等都是这一艺术能力层面的具体体现。

二、语言艺术才能的发现

首先，我们需要承认，语言艺术能力（包括其他艺术能力）人与人之间存在较大差异，而且这种差异很早就存在于人的潜在能力状态中了。及早地发现才能杰出者予以扶持与培养，使拔尖人才脱颖而出，对文学艺术事业的发展是相当重要的。

（一）经验性发现

即在学习、工作、社会活动、生活中，由老师、业界权威、家长发现和选拔语言艺术多方面的人才苗子，予以关注和培养。这种人才选拔方式是历史悠久的、常用多用的、经验性的途径。

经验性地选拔人才，优点是便捷、真实、比较可靠，缺点是选拔若缺乏人才发现的"慧眼"，会埋没人才或与人才失之交臂。对此，唐代韩愈的《马说》中有言："世有伯乐，然后有千里马。千里马常有，而伯乐不常有。故虽有名马，祗辱于奴隶人之手，骈死于槽枥之间，不以千里称也。"

（二）能力倾向测验

西方教育与心理测量学中，除了智力测验外，还在专门能力测验上进行了大量研究，港台心理学界把专门能力的潜在可能称之为性向（aptitude），"吾人可将性向视为个体在某类特殊性心智活动上所具有之潜力，它有利于其在该方面之学习成就或技能发展"[①]。性向测验主要用于教育建议和特殊人才的选拔。语言能力（包括语言艺术能力）也是一种性向，除了各种各样的语文考试、艺术类入学考试（简称艺考）外，针对语

---

① 葛树人.心理测验学[M].桂冠图书股份有限公司，1990：483.

言艺术能力的性向测验尚比较稀少。

三、语言艺术才能的培养

语言艺术才能的培养有三条途径：

（一）传统的师徒制培养模式

师徒制是一种古老的文化、技艺、技能的传承方式，也是一种非常有效的教与学方式，几千年来曾为各行各业人才培养而广泛运用。师徒制是师傅和徒弟之间建立授道传艺的师生关系，同时师傅也对徒弟品德、才艺、事业发展负责任。

在语言艺术和表演艺术领域，如唱歌、戏曲、相声、评书诸艺术门类中，师徒制至今仍然存在。

（二）学校专业教育

诸多艺术类学校和普通高校的艺术类院系，都有语言艺术方面的专业设置，培养社会所需的各种语言艺术人才。

（三）自学成才

很多小说、诗歌、影视文学的作者，并没有高学历和高学位，而是自学、自悟、自练，发展自己的语言艺术才能，创作出了脍炙人口的好作品。如作家沈从文，小学毕业；巴金，中学毕业。曾被称为"赵本山御用编剧"的何庆魁，农村户口，只有初中学历，也没有任何职称，编剧作品硕果累累，有的作品被大学教材选用。《三体》作者刘慈欣毕业于水利水电学院，职业是工程师，业余写作，成了著名的科幻作家，被誉为当代中国科幻小说的代表人物。

第十四章　语言美德

在人类历史文化长河中，美德（Virtue）自古就吸引了先贤大哲们的关注，同时也是芸芸众生集体潜意识中的强烈期望。

语言是人类的本质属性之一，语言美德也构成了人类美德的重要组成部分。"一种美德是什么呢？这是一种起作用的，或者能够起作用的力量。……美德就是能力，而且是特有的能力"。[①] 依此推论，语言美德也是一种能力，是具有美德品性的人类语言能力。

第一节　语言美德概述

一、美德

一般认为，美德是指那些被普遍认为具有道德价值、积极意义的品德和行为，是人类道德意识的核心，是人类文明进步的基础。简言之，美德是人类美好的道德品质。

美德源于人的本质属性——人性，人性是人类与动物相分离的根本标志。人从动物进化而来，动物的兽性依然存在，但被人类社会理性文明改造了，纳入人类文明之中。如吃东西是人和动物都不可缺少的行为，但

---

① [法]孔特·斯蓬维尔.人类的十八种美德[M].吴岳添，译.北京：中央编译出版社，2006，序.

人类发明了用火熟化食物，进而形成饮食文化，优雅就餐，分享食物，不浪费一粒粮食，就是一种美德。

　　人性不断地文明化，就形成了人道性，人道性进而文化化形成了以向善为核心的道德认识、道德情感、道德行为及道德意识，良好的道德品质被认为是美德。对此，有学者写道："美德因此产生在人类化（作为生物学现象）和人道化（作为文化需要）的交叉点上，这是我们人道的存在和行动的方式，也就是（既然在这个意义上人道主义是一种价值）我们正确地行动的能力。蒙田说'再也没有比人行事的正确和妥善更动人和正当的了'。这就是美德。"① 由此，可以说美德是一种被广泛推崇的人性品质。

　　美德观念古已有之。在中国，夏、商、周时代发源的中国传统道德文化，如礼制和孝道等礼乐文明，就蕴含了浓厚的美德观念；古希腊的"三贤"（苏格拉底、柏拉图、亚里士多德）都关注过人类美德问题，并有关于美德思想的阐述。时至现当代，美德仍然是不同政治制度的国家、不同语言文化的民族、各个社会阶层的人民大众高度关注的问题，也是学者和教育工作者们津津乐道的课题。美德内涵随时代而变迁，所以有学者认为："一切美德都是历史的。"

　　关于美德的具体内容（也称之为德目）见解纷呈，所列项目有多有少，有古有今，有广有窄，有浅有深，因时代而不同。如在中国传统文化中，把美德概括为八种德行：孝、悌、忠、信、礼、义、廉、耻；西方传统文化中的七美德说（The Seven Holy Virtues）：诚信（Faith）、希望（Hope）、慈善（Charity）、正义（Justice）、勇敢（Fortitude）、节制（Temperance）、宽容（Prudence）。现当代学者把人类美德概括为21项：礼貌、忠诚、明智（智慧）、节制、勇气、正义、慷慨、怜悯、仁爱、感激感恩、谦虚、单纯、宽容、纯洁、温和、真诚、幽默、爱情、勤奋、坚韧不拔、积极的人生态度等。实际上，在广阔无垠的人类生活中，凡是美好的心理与行为品质皆可列入美德范畴之中。

---

　　① [法]孔特·斯蓬维尔.人类的十八种美德[M].吴岳添，译.北京：中央编译出版社，2006，序.

二、语言美德

根据美德的本质，我们可以推论出语言美德的定义：语言美德就是用语言艺术性地反映和凝结人类的真、善、美（Truth、goodness and beauty）及人性的光辉，形象生动地用口头语言或书面语言体现大众的道德企盼和先进的社会价值观，并予以传播和阐释的语言行动能力。

用通俗的话说，语言美德就是用语言做善事、做造福大众的事、做有益于人类社会美好发展的事。因为语言本身是一种工具、手段、机制，既可用于做弘扬人类美德的事，也可以做"伪丑恶"的事，前者为语言美德，后者为语言暴力（下一章予以专门讨论）。再简洁一些说，语言美德就是有道德的人言说美好的话语，言说美好的事情。

（一）语言美德的主体与客体

语言美德存在于人与人之间的言语交流、言语互动的人际关系之中，因此语言美德的主体是具有不同社会角色的人，具体可分为话语创作者、话语欣赏者、话语批评者，以及相关的辅助参与者。话语创作者，如作家、诗人、科学家、学者及各行各业的劳动者；话语欣赏者为创作者以外的读者、听众、学习者；话语批评者包括行业、领域、专业的权威人士和广大的受众。

语言美德的客体是物化的话语作品，如小说、诗歌、论文、专著等，也包括民谣、谚语、神话、传奇等，更包括主体间的对话、交谈、辩论、评说等言谈过程。语言美德的客体承载着语言美德的内容，物化着语言美德的精神，使语言美德得以交流、传播、传承和保存。

需要特别指出的是，一个主体对自己而言，是一个有内心世界的生理躯体，但对其他主体而言又是一个外在的客体，我们把这个现象称之为"主体之间互为客体"。从这一意义上说，主体之间的关系也是客体之间的关系，语言美德在这一关系中表现为"我为人人，人人为我"。

就语言美德而言，客体是主体的创造物，是主体之间沟通的桥梁，而主体内心世界的建构在相当大程度上取决于对客体的理解和对其内在精神的吸纳。主体与客体的相互作用构成语言美德的行为形态。

（二）语言美德的内部因素

语言美德主体：美德语言的创作者和欣赏者，需具备一系列的内在因素，才能形成语言美德能力。

这些内部因素可以罗列如下：

1."超我"性的思想能力（关于超我的概念可参见弗洛伊德的心理学著作）。

2.品德，即社会道德价值和道德规范在一个人身上内化形成的个性特征，也是个体社会行为的内部调节机制。

3.娴熟的语言运用能力，包括词汇的丰富性、言说的艺术性、语义的道德性、作品的美学性等。

4.语言作品的欣赏与审美能力。

5.语言创作的内在动力。

关于创作动力，既有一个人内在的心志动力，也有外部的环境动力。古人的"三立说"（或"三不朽"说）可以为语言美德主体的内部动力提供一定的解释。

三立说出自《左传·襄公二十四年》："太上有立德，其次有立功，其次有立言，虽久不废，此之为三不朽。"三立说的立德、立功、立言可以理解为人生的三个最高标准，也是成功人生的三部曲：修养完善的道德品行，建立伟大的功勋业绩，创立独到的论说言辞。关于"立言"，唐代学者孔颖达疏曰："立言，谓言得其要，理足可传，其身既没，其言尚存。""立言"本身就是人类的一种美德，立言动机构成了语言美德的重要内在动力。

（三）语言美德的外部因素

每个人及每个组织都必然地生存于人类社会的当代环境之中，都是环境构成的一分子。所以我们讨论任何问题都离不开这一环境，美德及语言美德问题也不例外。

1.人类社会发展的本质追求

人类最基本的需求是生存，在此基础上追求更美好的生活，以万年计的人类发展史本质如此。追求是有目标的，在人性和人道发展上就出现了"真善美"的目标和标准。在学界也出现了"人学"（Hominology）学科，继承古代先贤们的有关思想，致力于人的本质、人的形成和进化、人的存在和发展、人的现代图景和未来等问题的研究。

在探讨人创造"人的世界"问题时，我国学者提出了追求"利、真、善、美"等价值观的人类整体利益的诉求，认为"利、真、善、美是人类生存和发展的基本形态和共同主题，它们共同构成了人类生活和人类世界的基本轮廓，表现了人类共同的价值取向和最高的理想追求"。"利、真、善、美的和谐统一，就是人与自然、人与社会、人与自我、天道（物道）与人道的美妙合一，是人以全面的、合理的方式对世界的本质和自己的本质的占有、创造、欣赏、观照。正是这种统一，使世界成为人的世界，人则成为世界的人。然而，这种统一随时都有破裂的可能，因为与利、真、善、美始终相随的还有害、假、恶、丑。因此，我们生活于其中的这个现实世界，不但有体现着利、真、善、美及统一的世界，而且同时还有表现着害、假、恶、丑的反人世界——即异态化世界。"①

这段精彩的论述，阐明了一切人类美德的根基，也是语言美德的根源和宏观背景，离开这一根源和背景讨论语言美德只能是表面的、肤浅的、琐碎的议论。

2.文化传承与文化创新

文化传承像生物体的遗传一样，使文化的精髓得以传递和更新发展，构成了语言美德的文化之根和文化之源。古代先贤们留给后世的文献中，有许多思想、见解、体悟至今仍然历久弥新，闪耀着人类智慧的光芒，如"三立说"中的"立言"仍然是广大知识分子应该追求的美德。

随着社会历史的发展，语言和言语也在不断发生变化，美德思想也发生着变化，语言美德在传承的基础上，也要不断创新，不断推陈出新。

---

① 王永昌.走向人的世界[M].北京：中国工人出版社，1991：248–260.

3.时代的呼唤

语言美德具有时代历史性。

当代人类世界物质文明得到了极大的发展，多数人摆脱了为生存而挣扎生活的艰苦状态，层出不穷的新技术改变了人们的生活，但精神文明常常滞后于物质文明的发展。许多传统文化中的美德日益暗淡，"利"的过度追求有时泯灭了良善人性。在人类语言能力方面，随着精神文明的滞后发展，语言能力有一些萎缩的趋势，美德、语言美德成了比较稀缺的资源。

这种状态，呼唤着人类重新高度重视美德问题，尤其在文化界，更需要语言美德的血液。

（四）语言美德的鲜活状态

在相关研究中，用"德目"一词表示德行的要项，如在阐述美德时把人类美德分为七种、八种、十种，甚至几十种，这一模式也适用于语言美德研究和探讨。

语言美德在现实语言生活中有多种多样的鲜活表现形态，既有不朽名著的传世，也有人际交流中的温言良语；既有林林总总众多学科的抽象术语，又有文学艺术绘声绘色的形象语言。这些鲜活的语言美德现象正是我们需要关注的重点，并用"德目"予以适当概括。

在本章第二节中，我们将进行语言"德目"具体讨论。

（五）语言美德的功效

概括起来说，语言美德有以下主要功能与作用：

1.运用语言（在理性层面上说，必须运用语言）反映人类对真善美的追求，并使这种追求语言物化。

2.有助于促进社会人际和谐，压抑语言恶行。

3.有益于文学艺术、科学技术、意识形态等人类精神文化的和谐发展与传播。

4.引导人们加强自身的品德和美学修养，促进人格完善，追求高雅精神生活。

5.促进语言本身的词汇丰富，语法灵活，提高人的言语表达艺术，层出不穷地创作出美好的语言作品。

第二节　语言美德的具体形态

语言美德可以区分为若干德目，并体现为种种现实形态。划分德目尚无明确的标准，本节试做经验性、探索性讨论。

一、著述传世

著述传世在古代称之为"立言"，就是用书面语言表达、凝练、记载有价值的思想见解、史实、经验等，形成物化的文本作品用于收藏、交流、传播，亦可称之为"著书立说"，是人类文化积累、传承的重要途径之一，也是人的美德之一。

（一）立言说

"立言"有两层含义。第一层含义是立论，即独立自主地提出某种见解或主张，大者如创立某一学说，微者如某一论点、意见、心得；第二层含义是用语言文字，尤其是文字，使所立之论成为精要可传的言论文本。精彩的名言名句，作为口头语言，也可为大众广泛传诵。立言与立德、立功有内在联系，唐代学者孔颖达说："立德，谓创制垂法，博施济众；立功，谓拯厄除难，功济于时；立言，谓言得其要，理足可传。"如果一个人品德良好，又做出有功德的事，并能把自己的经验凝练总结，以流畅的文笔写作出来，然后流传于世，这是最理想的了。但遗憾的是，常常德高望重的人、功勋卓著的人不愿言、不善言，这就需要擅长文笔的人据实创作了。创作也是一种"立功"，作品影响后世，即是"立德"。

中国历代先贤都把立言视为自己的历史使命，内在动力是"为天地立心，为生民立命，为万世开太平"，志不可谓不大。值得注意的是，许多著述传世的人，大作常在其遭受挫折、承受厄运时撰成：周文王被拘禁在羑里时推演出了《周易》；孔子受困回鲁后编出了《春秋》；屈原被放逐后创作了《离骚》；左丘明失明后写出《国语》；孙膑被砍去了膝盖骨，编著出了《孙膑兵法》；吕不韦被贬放到蜀地，有《吕氏春秋》问世；司马迁宫刑后写出《史记》……。所以古代、近代的传世之作都成了中华传统优秀文化的一分子，其精华益世经久不衰。

立言说还暗示着"人人可立言、事事可立言"的含义，虽是一种理想，但可成为大众的一种美德追求。

（二）著述类别

按照科学门类和内容领域，我们可以把著述分为六大类别。

1.哲学社会科学类

这一类别包括哲学和诸多社会科学学科（也称文科学科、人文社会科学），在中文语境中具有学科性与政治意识形态性的双重属性，在内容上既包括以"学"为名的学术研究成果（如政治学、经济学、法学、历史学、社会学等），也包括关于时政、具体现实问题的文献，还常常有二者结合的作品。

如我国西汉时学者恒宽所著的《盐铁论》，是一部根据汉昭帝时召开的一次关于政治、经济、军事、外交、文化的一场辩论会的会议记录"推衍"整理而成的著作，共10卷60篇，体裁为对话体散文，这是公元前的事情了。该书总结了汉武帝时期财经政策的利弊和引发的社会矛盾，反映了"贤良文学派"和政府官员的经济思想冲突，关注了民生疾苦问题。该书"体例统一，风格一致，结构严密，通晓畅达，在经济思想史和文学史上都具有重要价值"。在当代经济学界推崇西方经济学思想时，许多人忘记了我国两千年前的这部综合性经济著作。

被誉为马克思主义最厚重、最丰富、"工人阶级的圣经"的《资本论》，是卡尔·马克思1867—1894年创作出版的政治经济学巨著，理论跨越了经济、政治、哲学等多个领域。为写作《资本论》，据说马克思阅读了2000多册有关著作，收集了4000多种报纸杂志，以及英国官方会议文件、蓝皮书，写的各种摘录、手稿、提纲、札记等达100多本。

在哲学社会科学领域类似的传世之作浩如烟海、不胜枚举。这些著作求真于人类社会发展的根本发展趋向，关注全人类的福祉，并有语言的艺术性运用，具有历史的不朽性，是语言美德的生动体现。

2.文学艺术类

在语言艺术能力一章我们对这类传世之作已有讨论。

文学艺术类作品用形象思维和语言形象描述了形形色色的人物、生活万象和戏剧性故事情节，贴近大众生活，易为大众理解，丰富了大众的精神生活。

文学艺术常与史志密切结合，这类著作既具有历史学特征，又具有文学艺术学特性，如英雄史诗、演义、传记等。

3.自然科学类

自然科学（Natural Science）是以观察和实验的经验证据为基础、对自然现象进行描述、理解、阐释和预测的诸学科，如物理学、化学、生物学等，均以研究自然界的物质形态、结构、性质和运动规律为宗旨。自然科学著作、论文、研究报告等，是一个时期科学家经过艰辛的探索，对物质世界逐步接近真理认识的书面总结，承前启后，使人类从感性世界进入理性抽象的世界，并用于人类适应自然环境生存，改造自然环境而创造人化世界。撰写对自然界真理性认识的著作，并传之于世，是一件大功德的事，在效用上也是一件大善之事，语言作品问世也是一件大美之事。

以《物种起源》（On the origin of species）为例，该著作是英国生物学家查尔斯·达尔文积20多年对古生物学、生物地理学、形态学、胚胎学和分类学等众多领域的大量研究资料而写出的巨著，出版于1859年。从"立言"角度看，达尔文明确了以自然选择为中心的生物进化思想，从变异性、遗传性、人工选择、生存竞争、适应等方面论证了物种起源和生物界的多样性与同一性。

通俗一些说，《物种起源》告诉我们，人不是神创造的，近点说，是由类人猿进化而来的，被戏称为"人是由猴子变来的"。同理，万种生物皆是进化的结果。

《物种起源》一经问世，就引起了社会的轰动，此后该著作更是引起了整个人类思想的巨大革命，在世界历史进程中有着广泛和深远的影响，是一部划时代的科学巨著。1882年达尔文因病去世，被安葬在牛顿墓旁。

4. 技术科学与工程技术类

可以说，我们的现代化生活建立在丛丛簇簇的技术学科与工程技术之上。

从古至今，这类著作和文章以关乎国运民生而成为著作者的功德，这类著述不那么多姿多彩，引人注目，而是低调的语言美德体现。

以"农书"为例，因为"农业是中华古文明存在和发展的物质基础，历朝历代，上至官府，下至平民，都十分重视农业生产技术经验的总结和推广"（百度百科·农书）。在此文化背景下，在北魏末年（533 — 544）农学家贾思勰的《齐民要术》即已问世。据估计，中国古代农书有500多种，对农业的稳定发展和技术传播做出了贡献。

5. 综合科学类

世界上所有事物都是浑然一体的，科学诸学科都是对其某一属性或某一侧面进行的专门研究，这是不能解决人类面临的综合性难题的，为此将多学科的理论与方法综合起来，对某一特定综合难题进行综合研究的综合科学也就兴起了，如空间科学、海洋科学、环境科学、材料科学等。

其实医学（Medicine）也是一门关于芸芸众生生命健康的综合科学，从古至今，传世之作源源不断，《黄帝内经》和《希波克拉底全集》代表了中、西医学的巅峰之作。

6. 生活应用类

对人们日常生活中的衣、食、住、行，柴、米、油、盐、酱、醋、茶，以及古玩、玉器等兴趣爱好，进行系统经验总结，缀之成书，传之于世，也是语言美德具体表现的领域。

例如，《茶经》是世界上第一部关于茶的著作。唐代陆羽21岁起，先是游历考察、亲身体验、系统研究，47岁方完成《茶经》著作，前后历时26年（大约公元761—764年）。《茶经》语言具有浓郁的色彩美，对茶叶和品鉴行为的描写达到了审美境界，用恰当生动的具象引领读者进入想象空间。语言形式简洁干净、言简意赅、修辞手法多样。截至2021年，估计《茶经》的译本已达13种以上，该书对茶文化的兴起与发展功不可没。

（三）著述能力

传世之作的产生依靠的是立言者的著述能力。著述能力是一种复合能力或才能，仅仅把著述能力理解为写作能力是狭隘的。

首先，我们需对传世之作的产生过程进行简略的分解：

源头动力→原始资料→系统整理形成思想→语言表达→作品完成→传之于世→后世评价

在这一过程中，可以概括出著述能力的基本要素：

1.著述动因、动机与意志。

2.原始资料获取能力。

3.资料整理与研究能力。

4.思想能力。

5.语言表达能力。

6.作品修改完善能力。

虽然语言表达能力（主要是写作能力）并不代表著述能力的全部，但却是著述过程的关键环节。对此，有一种现象可以作为反证，即一部分学者的"茶壶煮饺子"现象，就是有资料、有想法，却由于写作这一环节的薄弱，形不成好的作品，甚至产生不了作品。

当然，还有一种不好的文化倾向是有价值的著述作品"秘不外传"，如劳动技艺的"窍门"、特效药品的配方、深入某些现象本质的真知灼见等，使许多宝贵的经验遗失了，或没有造福大众。倡导人类美德，尤其是语言美德，是克服这一倾向的措施之一。

二、术语抽象

词及词组本身就有概括事物属性的功能，"'概括性'是语义的重要属性。'概括'的意思也就是类的抽象。无论是词语的意义（词义）还是句子的意义（句义）都是概括的，或至少是相对概括的"[①]。词、词义在语言学中进行了比较充分的研究，当词语被用于指称抽象的概念，并用于专门领域时，就产生了术语。术语大大减少了普通词语意义的模糊性、歧义性、非理性意义，具有明确的概念专义，这些概念大多是抽象概念，是智力劳动的结果。

为什么说"术语抽象"是一种语言美德呢？这是因为术语凝结了对事物的抽象认识和理论见解，概括了人们改造环境的技能、技艺和技巧，提供了专业同行间的便捷交流工具。可以说，术语支撑起了所有科学门类、技术领域和专门行业的运行，并具有一定的艺术性和美学性，及不断接近事物本质的真理性。新字、新词、新术语的不断产生，标志着文化和科技的繁荣。

典型的术语抽象是人类创造的"数字语言"（Digital Language），这是一种高度抽象的人工符号系统，主要由文字语言、符号语言、图形语言构成。文字语言主要是概念定义严密、揭示事物本质属性的体系完整规范的术语体系；符号指义简明、书写方便，集中表达数学内容，公式将量化关系融入形式之中，方便运算与思考；图形揭示事物的形体抽象本质，表现直观，有助于记忆和思考及解决问题。数学语言具有准确性、逻辑性、简洁性和专业性，是许多基础学科、技术学科，以及社会学科的研究、思维、表达的工具。

三、谆谆教诲

谆谆教诲（Be lecture）是在家庭子女教育、学校教育、师徒教育中

---

① 沈阳.语言学常识十五讲[M].北京：北京大学出版社，2005：208.

教育者教育品德、教育态度、教育方式、教育内容的综合表现，是师德中的语言美德。

谆谆教诲的本义是恳切、耐心地教导、诱导，是具有为师地位的施教者运用语言的教导方式。这一教导方式源于施教者"诲人不倦"的教育态度，《论语·述而》中言："学而不厌，诲人不倦，何有于我哉！"施教者的耐心、不厌倦的释疑、解惑、授道，使学习者"学而不厌"，达到教育的最佳效果。谆谆教诲存在于多种教育关系中：家庭中的父母及长辈对子女的教导、学校中教师对学生的教导、行业中师傅对徒弟的教导等。

谆谆教诲反映了教育者利他性、无功利性的道德品质，"付出、付出、再付出"的价值指向。这种教育语言美德可以建立父母长辈与子女晚辈、教师与学生、师傅与徒弟之间温情、持久的人际情感关系，为受教育者奠定终身良好发展的基础。

谆谆教诲还表现在"反哺"行为中。每个人都要步入老年，老年人心智逐步衰退，体力下降，严重者有痴呆倾向，患病者脾气暴躁，这时候子女反过来，要用耐心、细致、不厌烦的态度与老人交流说话并叮嘱老年人注意生活中的种种细节，践行孝道美德。其中经常性的见面言语交流尤为重要。几十年前的一首《常回家看看》，打动了无数人的心弦。

四、良言温语

"良言一句三冬暖，恶语伤人六月寒"是一句流传甚广的民间谚语，被收录于明代的儿童启蒙读物《增广贤文》中。这一谚语是说充满善意的话能给人情感上的温暖，并给人以勇气和力量，使寒冷的冬天都不那么冷了。而有恶意的言语，即使在炎热的六月也会给人带来犹如严冬般的伤害和打击。这句谚语还强调人们应该学会用"爱语"去结交善缘，常常一句同情和理解的话语会给需要的人带来巨大的安慰和鼓舞，而恶言恶语常会像一把刀子一样深深地伤害到他人的心灵。

在语用学中关于言语行为（speech acts）的研究中，认为语句应分为表述句（constatives）和施为句（performatives），言语行为就是直接或间接地行事的话语。换句话说，许多话语具有施事功能或行事功能。"言语行为这一概念的提出使人们认识到，要真正理解话语，只进行句子结构的逻辑——语义分析，只求确定它的真假值是远远不够的，因为话语本身可以是一种言语行为。言语行为不仅是'言有所述'，而且是'言有所为'，甚至是'言有后果'。"[1]"三冬暖"和"六月寒"就是良言与恶语的不同言后之果。

在医患交流和心理咨询中特别需要良言温语式的谈话交流。患者因病大多心情沉重，思维焦虑，期盼医者的宝贵意见，这就特别需要医者和蔼的态度，有温度的语言，予以解释和阐明治疗路径。对于心理咨询、心理辅导、心理治疗、心理危机干预的心理健康维护工作者来说，理性开导、聆听倾诉、善意劝说、用温和的语气、打开求助者心扉是根本性的职业技能和职业道德。

在日常生活中，家人之间、亲朋之间也需要大量的良言温语。即使是陌生人，在需要帮助时，安慰话和鼓劲话也很宝贵。

五、忠言逆耳

忠言逆耳一语最早出自战国《韩非子·外储说左上》："夫良药苦于口，而智者劝而饮之，知其入而已己疾也；忠言拂于耳，而明主听之，知其可以致功也。"古义是臣劝君的建议，后来指正真的劝告，虽然听起来"不顺耳"，但有利于听者改正缺点错误，做出正确的行动决策。忠，本义是忠诚、尽心竭力，是忠言逆耳的源头与基础，逆耳，是听者起初的心里不舒服及反感。

"良药苦口利于病，忠言逆耳利于行"简缩为成语"忠言逆耳"。其当代演绎则是"批评与自我批评"，成为政党组织和国家机关的一种传统作风，是自我纠错及自我思想建设的机制。批评是指出某人、某事的缺点和错误，并进行分析和提出改正意见与建议。批评被誉为"一次善意的批

---

① 何自然，冉永平.新编语用学概论[M].北京：北京大学出版社，2009：146.

评是一朵花"。

相近的概念是"谏言"与"诤言"。谏言一般指下级对上级的规劝和建议，古时常用于君臣之间，现在不常用了；诤言是指直言告诫和规劝的话，英语为 forthright admonition。

从道德修养角度看，言者要"忠诚"（这是中西方文化中都推崇的美德之一），出自善意和公心，要勇敢，有敢说话的勇气，语意直指痛点；听者要虚心，有"兼听"（兼听则明，偏听则暗）的胸怀和姿态，克服"逆耳"的不适感，排斥"花言巧语""巧言令色"及"甜言蜜语"的蛊惑。

六、媒体正义之声

媒体（media）泛指电视、广播、报纸、期刊、互联网、手机、广告等传播信息的媒介，具有新闻报道、监督时政与纠正不良现象、传承文明、引导大众等功能。媒体人，是媒体从业人员，包括记者、主播、电视编导、编剧、主持人等，其中记者被誉称为"无冕之王"。

媒体人肩负着重大的社会责任，要有很好的职业素养和职业道德。这就要求他（她）们语言报道真实，有一定的独立话语权，不屈从权势、财势及其他势力的压力，报道全面，具有全心全意为人民服务，忠于祖国、忠于人民、忠于党的立场。

媒体人以正义之心创作的好作品，如及时、真实报道重大新闻事件、对热门社会现象做深入分析、对关乎老百姓利益的事件深度调查报告、对黑暗内幕的揭露、对丑陋现象的抨击等，就是媒体美德、媒体人语言美德的具体体现。社会的健康发展、民众的权益保障、对当权者及权力机构的监督等都需要媒体的正义之声。

近年"新媒体"（new media）的兴起，使媒体进入了大众媒体和个人媒体阶段，许多人可以通过网络发表自己的言论和观点，通过平台展示给受众，其中不乏优秀的具有语言美德的作品。

七、陶冶情操

情操（sentient；the mind and the spirit），是由感情和思想综合形成的稳定的心理状态，是对情绪的自觉意识，是高级的情感，具有理智性和高尚性。情操有三种类型：1.道德情操，是由道德评价产生的情感体验，是文明社会的文明表现，是一个人有文明教养的表现。2.理智情操，是对真理的热爱，对新事物的好奇心，对未知事物的求知欲和探究欲。3.美的情操，是审美的情感体验。情操是社会文明的重要标志，也是国家和民族整体精神素养的体现。

陶冶情操是指人利用外部条件的熏陶和自身的学习、行动获得精神状态向善、向美的过程。在外部条件中，优秀的语言作品非常重要，是陶冶情操的重要资源，当人以自己的语言理解和欣赏能力，汲取语言作品精华时，情操就自然而然地形成和提高了。阅读、吟诵、听讲、思考等是获取作品精华的主要方式。

例如，优秀的诗歌作品具有认识、教育、审美三大功能。关于诗歌的社会功能，《毛诗大序》概括说："故正得失，动天地，感鬼神，莫近于诗。先王是以经夫妇，成孝敬，厚人伦，美教化，移风俗。"[①]创作出感化人、察天观地的作品，是创作者的语言美德；吟诗诵典、情感共鸣、欣赏品鉴、内化于心是受众的语言美德。

八、欢愉大众

人类在本性上追求成功、快乐、愉悦，这从原始人类欢庆收获、劳累后休息、舒缓紧张、欣赏美饰时就开始了。当代大众已经摆脱了原始感官的欢乐追求，进化到了文明和文化形态的精神欢愉需求。满足这种人类内在需求的方式多种多样，其中运用语言创造的作品，或者以语言为主的艺术演艺占据了主导地位。

---

① 毛亨.毛诗大序[M].上海：上海古籍出版社，2013：10.

反映人类真、善、美本性的语言作品，如小说、诗歌、历史演义、故事、童话，以及以言语为主要因素的歌唱、相声、小品、戏剧等，用直观形象使大众得到文学艺术的享受。好的作品会"脍炙人口"，好的言语表演会"万人空巷"。

通俗性和大众性的学术著作、科学著作、科幻作品也会受到大众的欢迎。如在新中国成立过程中，20世纪30年代哲学家艾思奇（1910—1966）创作的《大众哲学》，用最通俗的笔法、日常谈话的体裁，融化了哲学的专门理论，使大众读者不必费很大气力就能够接受，被称为"人民的哲学家"。据传言，《大众哲学》曾"让毛泽东爱不释手、让蒋介石余悸犹存"。著名科普作家高士其（1905—1988）与艾思奇为莫逆之交，创作的《细菌的衣食住行》《虎烈拉》（霍乱）、《寄给肺结核病贫苦大众的一封信》等一系列作品深受大众喜爱。高士其还被誉为"科学诗之父"，因为他"具有诗人和科学家的两重品格"，懂诗、懂科学。他创作了一百多首科学诗，诗中有科学，科学中有诗，语言生动活泼，朗朗上口，精炼隽永，可惜的是这样的作品当代少见了。

九、文风与文采

（一）文风

良好的文风，有文采的文风是重要的语言美德之一。所谓文风（Style of writing），是写作者的内在思想作风在文章中的体现，或者说文风是文章体现的思想作风，是写作中具有某种倾向性的社会风气；同时，也指文章的风格、使用语言文字的作风。

从社会政治角度看，尤其是公文，"盖文章，经国之大业"，文风折射的是党风、政风，从一个侧面反映着治党理政的能力和水平。早在1942年抗日战争时期，伟人毛泽东就发表了《反对党八股》的讲演，"以毒攻毒"，列出了党八股的"八大罪状"：1.空话连篇，言之无物；2.装腔作势，借以吓人；3.无的放矢，不看对象；4.语言无味，像个瘪三；5.甲乙丙丁，开中药铺；6.不负责任，到处害人；7.流毒全党，妨害革命；8.传播出去，祸国殃民。①措辞不可谓不严厉，分析不可谓不深刻。虽然在《反对党八股》中没有明确列出文风应有的语言美德标准，但我们可以从党八股的反面总结出如下标准：1.言之有物，真正有理有据；2.语气亲和大众；3.有的放矢，目标明确；4.讲究文采，向群众学习语言；5.不拘泥格式，不罗列资料；6.高度负责的精神；7.文章要多次修改，尽量短而精；8.慎重传播，重视反馈影响。

时至今日，类似于"党八股"的文风还少吗？文风具有时代性和传染性，故称之为"风"。

也有学者提出了优良文风的要求：1.清新，用语新颖，不落俗套。2.平易质朴，真切深刻。3.讲究文采，词汇丰富，论述出色。4.简捷明快，一语破的。5.适当含蓄，意在言外，引而不发。6.自然朴素，生动率真，平白如话。

在文体学（stylistics）中，英语 style 的内容有三层：1.文体；2.语域；3.风格。"文体指说话或写作的格调，它随时变化，由非正式到十分正式，看具体情景、对象、地点、语题等因素而定。语域指一个特定群体所用的特殊语言变体，……风格指特有的说话或写作方式。"② 这一观点可以作为研究文风的学术基础。

（二）文采

汉语"文采"一词有多种含义，与语言能力有关的含义有三：一是指辞藻雅丽，文章华美；二指文辞；三指文学才华。这些都与优美的语言表现方式有关。其中文学才华主要指作者的文学素养和文学艺术表达能力。

文采的评价标准，有人归纳了三点：1.富含哲理，耐人寻味。2.富于变化，错落有致。3.节奏感强，朗朗上口。还有人从表现手法角度把斐然的文采概括为"六美"：1.整齐美，句式整齐匀称，多用"整句"。2.错落美，灵活自由地变换句子的长短和结构。3.丰富美，词汇丰富多变，表达

---

① 毛泽东.毛泽东选集（第三卷）[M].北京：人民出版社，1991：811-840.

② 刘世生，朱瑞青.文体学概论[M].北京：北京大学出版社，2006：4.

方式丰富多变。4.韵律美，语言铿锵、朗朗上口，文如乐曲。5.意象美，用语言描绘出美的形象和情感。6.意境美，主观感情与客观环境相结合，创设出美的意境。

提高文采的手法多种多样，主要有：

1.修辞方法：修辞的作用是使语言生动、形象。主要有排比、比喻、拟人、对偶（对仗）、通感（移用）等。

2.发挥想象和联想：想象和联想是思维的基本方式，也是写作的基本能力。

3.巧用动词：选择、锤炼动词，做到"一字传神"。

4.巧用句式：肯定句、否定句、主动句、被动句、倒装句、疑问句、感叹句等句式灵活运用，使语句整齐，节奏感强。

5.引用名言警句、成语。"名言警句是前人精心锤炼出来的，有极强的生命力与时空穿透力"，恰到好处地引用，会起到"画龙点睛"的效果。成语凝结了历史典故，浓缩了论点、论据与论证，也会使话语有"一语中的"的效果。

6.巧用重复，适当排比。

7.注重节奏，模仿音乐美，全章如曲，抑扬和谐。

文采，通俗形象地说，犹如"语言烹饪术"，同样的食材，有的人做出色、香、味俱全的美食，有的人做出的饭菜却粗陋不堪难以入口。使作品具有优美的文采，既是语言美德，也是作者高超语言艺术能力的体现。

十、歌颂

"歌功颂德"一语当代有点贬义了，主要是由于个别文化人缺少原则的吹捧与浮夸。但从本质上看，凡是对人民、对国家、对民族做出贡献之"功"，各行各业各阶层具有高尚品德的人物，以及所为的真善美之事，均应受到尊敬、赞扬，并以语言作品予以歌颂。歌颂的目的：一是为全社会，尤其是青少年后代树立学习的榜样和行为示范的楷模；二是后人对先人的功德贡献表达感恩之心（感恩也是人类美德之一）；三是艺术化的歌颂作品，可以丰富人类精神文化的宝库，为人类的精神生活长期提供正能量。

这种运用语言和言语艺术歌颂为人类社会良好发展做出贡献的人物和事迹，其创作动机、创作过程、作品及作品影响可合称之为语言美德。

历史上的"史诗"（Epic Poem）就是叙述英雄传说或重大历史事件的长诗赞颂作品，多为集体编创，是人类最早的精神产品。例如，古希腊盲诗人荷马（公元前800年—公元前600年）为作者代表人物创作的史诗《伊利亚特》（Ilias，Iliad），达24卷15693行，通过叙述"特洛伊战争"几十天的故事，赞颂了希腊英雄阿喀琉斯及其传奇故事。《荷马史诗》被认为是古希腊最重要的精神财富之一，是西方文明源头不可缺少的一环，对后世文学艺术的发展有深远的影响。

《格萨尔》源起于古代藏族氏族社会，成型于约公元前3世纪至公元6世纪之间，是流传于我国西部少数民族地区的史诗，是全球规模最大的英雄史诗，共有120多部，100多万诗行，2000多万字的作品。《格萨尔》讲述了传说中的岭国雄狮国王格萨尔的故事，赞颂他以惊人的毅力及神奇的力量征战四方、抑强扶弱造福族群的事迹。该史诗熔铸了神话、民歌、格言俚语，具有雄浑壮丽、多姿多彩的艺术风格，2009年被列入联合国教科文组织人类非物质文化遗产代表作名录，是许多代人创作的成果。

在中华人民共和国的成立过程中，涌现出了伟大的革命领袖群体和千千万万个英雄人物，人们自发地赞颂他们的功德，最具代表性的作品是歌曲《东方红》。《三大纪律八项注意》既是革命军队的纪律要求，也是品德要求，这首歌传唱于军中及干部队伍之中，为整肃军风军纪、政风政纪立下了大功。

十一、祝福与期盼

不论什么样的民族文化，在许多场合人们都爱听爱说吉利的话，一方面反映了言者的祝福、赞美，另一方面反映了听者的愉悦和期盼。这些场合包括婚礼、节日、喜庆之事、添丁增口、乔迁新居等。

（一）吉祥语

吉祥语（Auspicious Language），也称之为"吉利话""吉祥话"，是具有美好愿景的语言表达，主要用于向他人或自己表示祝福，期望带来好运。吉祥语在言语交际中具有动力功能和安慰功能，增强人际间的情感互动。从深层次上看，吉祥语反映了人们对平安、健康、富裕和幸福的向往，体现了人们对生活的热爱和对未来的期望。

吉祥语常有夸张的成分，并有一定的规则。许多场合所用的吉祥语已经格式化、成语化，如五谷丰登、万寿无疆、寿如南山、百年偕老、金榜题名等。

吉祥语也可以是一段话，类似散文：每天都是新的；笑容每天都是真的；问候每天都是纯的；祝福每句都是深的；愿你开心快乐！吉祥语除了口头言语外，还有多种表达方式，如春联、匾额、楹联、人的名字、企业名称、商标，以及文人给自己取的别名"字"、书房名（如净心斋）等。商品名也多用吉祥语，如茶叶名有数百个，著名的如龙井、翠螺、金坛雀舌等。

（二）祈祷

祈祷（pray）原义是信仰宗教的人向神默告自己的愿望，祈求免祸降福，也是一种宗教仪式。祈祷的来源可以追溯到古代人类对神灵和自然力量的信仰和敬畏。在基督教中，祈祷通常是在教堂或其他神圣的地方举行；在佛教中，祈祷也是一种修行方式，旨在通过念诵经文和祈愿来净化自己的心灵和提高自己的修行水平。

广义的祈祷，除上述宗教性向神祝告求福外，也在节日庆典、个人的重要时刻（如结婚、生子、应考等）为自己加油打气，希望一切顺利，或在他人遭遇不幸事件时，为受灾者祈求平安与康复。

（三）自我语言暗示

暗示（imply, cue）是一种自然而然的语言影响，可以唤起人一系列的观念或动作。在心理学中，暗示就是人对某些认识不加批判地、潜意识地接受，如直接谈话可以产生观念的联想。不断重复的暗示可以使人的心理和生理发生变化。自我暗示是自己把某种观念用话语暗示给自己。暗示分为积极暗示和消极暗示。

语言具有很强的暗示功能，积极的、励志的、自我语言暗示（如"我能行！""我一定能把这件事做好！""无论结果是什么，我们终将成为更优秀的自己！"等）能潜移默化地增强一个人的自信心和意志力。语言的这种功能，被认为是"一种神奇的力量"。

第三节 语言美德的修养

美德是人类社会过去、现在、未来的一项永恒的追求，是社会道德建设的闪光点。语言美德修养是社会美德建设的重要组成部分，也是社会美德建设的重要任务。

一、社会语言美德建设

语言本身就是一种社会现象，虽然它以个人的语言能力为依托，但个人语言能力要被社会、民族、国家的整个大环境决定和制约。除了政治、经济、文化等方面的环境要项之外，语言文化环境对语言美德有直接影响。所以，语言美德建设首先是全社会的精神文明建设。物质文明是精神文明建设的基础，精神文明是人类美德建设的基础，美德建设则是语言美德建设的基础。这些基础关系是可逆的，而且只有在可逆的反作用关系中，才能体现出语言美德的良好社会价值，使语言美德在满足人类普遍需要的过程中发出它的光和热。这就需要占社会主导地位的意识形态的关注，需要执政政党和政权的努力，需要全民的参与。

在语言文化环境方面，正确的文风引导是语言美德建设的重要举措。

对此，在20世纪40年代，伟大领袖毛泽东同志就提出了"反对主观主义以整顿学风，反对宗派主义以整顿党风，反对党八股以整顿文风"的号召，指出："学风和文风也都是党的作风，都是党风。只要我们党的作风完全正派了，全国人民就会跟我们学。"并对"党八股"深恶痛绝，说："党八股是藏垢纳污的东西，是主观主义和宗派主义的一种表现。它是害人的，不利于革命的，我们必须肃清它。"① 社会语言美德建设应该是在与语言暴力、语言腐败、语言颓废的斗争中进行的。

关于语言美德修养的主体和客体，有三个方面：

1.作者与创作过程，主要是作者自身的品德修养和创作过程中的道德行为。

2.作品与作品的道德内涵、美学特征、艺术性。

3.受众与评论家及他们在一定道德水平上的欣赏、审美能力和批评水平。

社会语言美德建设依赖于众多个人的语言美德修养，个人语言美德修养也会为社会语言美德建设贡献力量。

二、语言美德的个人修养

语言美德是由言者创造出来的，是人类美德的语言表现。因此，语言美德创造者的能力和素养是一个关键因素。这些能力和素养需要个人的学习、内省和投身文化创作活动才能形成。我们试把个人修养归纳为以下四个方面：

（一）思想修养

思想觉悟是人类美德的内在根本因素，语言美德也不例外。思想包括正确、先进的世界观、人生观和价值观，以及正确的政治立场。立场就是站在哪个阶层、哪个群体利益角度说话的问题。思想要具有时代性、针对

---

① 毛泽东.毛泽东选集（第三卷）[M].北京：人民出版社，1991：812，827.

性、智慧性、深刻性、结构性，才能创作出好的作品。

创作者应该首先是一个思想者，针对具体问题要有自己的认识和见解，然后产生"立言"的动机，进入言说过程。思想修养既要学习哲学、科学的理论知识，也要学习社会具体事物的具体知识。既要学会抽象逻辑思维，也要学会具体形象思维，并重视灵感、直觉、顿悟思维。思想是语言美德的内核。

（二）品德修养

"立言"先需"立德"，无论是作者、欣赏者或受众都要加强自身的品德修养，才能在作品创作和作品欣赏中体现语言美德。

品德是社会道德在个人身上的体现，"道德是由社会舆论和内心驱使来支持的、反映一定群体共同价值的社会行为规范的总和"，"品德，即道德品质，也称德性或品性，是个体依据一定的道德行为准则行动时所表现出来的稳固的倾向与特征"[①]。

品德修养需从四方面进行：第一是道德认识，即对社会道德规范的内涵和意义的认知。第二是道德情感，包括公正感、责任感、义务感、自尊心、羞耻心、友谊感、同情心等。第三是道德意志，自觉地用道德动机压抑不道德的动机，克服种种外部诱惑和内心的矛盾。第四是道德行为，即以道德心做道德事。

（三）语言素养

语言素养是语言能力经年累月不断积累的结果，是思想、情感、见解、意图形成优秀作品的桥梁和物化机制。语言素养是语言知识的艺术性运用，是表达能力和理解能力技能技巧的总和。

语言素养的提高，重点在以下几个基本能力的提高上：

1.不断丰富词汇，具有个人可灵活使用的"语料库"（Corpora）或者"个人心理辞典"。

---

① 莫雷.教育心理学[M].北京：教育科学出版社，2007：224-225.

2.善于"造句"，造句是一项基本功，是在小学就开始培养的语言能力，"造"一词非常生动传神，为创造之义。必要的个人"语句库"（statement library；statement repertory）需要建立，因为模仿是语言学习的重要方式。

3.谋篇布局能力，在下笔之前先构思文章的主旨以及结构，一般来说，人的思想格局决定着作品内涵的格局。

4.文风文采：自然而然地、恰如其分地运用修辞手法，养成良好的文风及个人语言风格。

（四）创作实践

创作实践：第一是创作主题领域的实践体验和生活体验，例如为大众创作作品就首先要深入群众中去，甚至要"同吃同住同劳动"，获得可靠的直接经验。第二是不辞辛苦地搜集素材、资料与文献，获得大量第一手资料及素材。第三是以开阔的思路、开拓的精神进行框架设计、制定写作提纲、大纲。第四是拓荒性地起草草稿，草稿可能常常需要推倒重来，形成初稿后，也需要不厌其烦地反复多次修改。这些过程都是作品读者或观众看不到的辛勤劳动。凝结作者辛苦劳动的作品才能感染受众，使受众获得知识、见解和启发，并得到语言美的欣赏和享受。

语言美德是人类美德的语言物化形式，是语言作品内在的精神气质，其具体表现（或称德目）尚待广泛的观察和深入的剖析。从实践层面看，语言美德也是艺术地运用语言"立功"和"立德"，这既是全人类文明健康发展的需要，也是一个人立足于世的需要。

第十五章　语言暴力

　　暴力（violence）是事物相互作用的一种极端形态，是一种具有破坏性的力量。大自然存在暴力现象（如宇宙大爆炸、星球碰撞），人类社会更是从古至今都存在暴力冲突。暴力是人类社会矛盾冲突运动的极端形态，并广泛存在于人类生活的多个方面。

　　暴力是一种力量，对于有能动性的系统结构（如人、人群、组织机构）来说也是一种能力。人类的文明（相对于野蛮）在本质上就是抑制人际间的暴力倾向，减少暴力冲突，追求和平，但也常常需要"以暴制暴"。

　　对于人类社会的人际间暴力现象而言，语言具有其特有的功能：第一，语言在人际交流中的善意沟通功能，良好的交际沟通会在一定程度上减少人际间的误解和暴力冲突（如许多事可以通过谈判而不是通过拳头来解决）。第二，语言也可以用作人际矛盾冲突的工具，使言语行为和恶意话语具有暴力特性，对这类现象我们称之为语言暴力（Language Violence）。第三，语言作品记载了人类暴力冲突的历史（如战争史著作、兵法著作），反映冲突中的人和事（如英雄史诗、历史演义）。语言还直接参与战争，如宣传战、心理战中的语言运用，由此产生了军事语言学及国防语言能力研究。

　　语言暴力广泛存在于人们的社会生活中，常给人造成身心、精神上以及社会利益上的伤害，降低人类的文化与文明的水平。我们有必要对其外在表现、内在本质和应对措施进行探讨。

第一节　显性语言暴力

这种语言暴力是一种暴力外显的言语冲突、言语攻击、言语伤害行为。

一、骂与脏话

（一）骂的暴力性质

骂（scold）是人际矛盾冲突中的语言攻击、愤怒情绪的发泄行为。从暴力程度上看，最强的是用恶言恶语以及脏话攻击或辱骂他人，较弱的是用严厉、侮辱性的语气斥责或者责备他人。骂是一种整体言语行为：愤怒的骂者用吼、高声、脏话急促地攻击他人，伴随着恼怒的表情和攻击性身体姿势（如瞪眼、跳脚、张牙舞爪）。

骂的行为主体具有不同的社会地位关系：1.骂者与被骂者双方具有同等社会地位或势力水平，则双方皆为骂者与挨骂者，骂的行为是"对骂"和"互骂"，常在"吵架"中体现。2.骂者的地位、势力远高于挨骂者，如长辈对晚辈、权高者对权低者、强者对弱者、有理者对犯错者等，在这一关系中，挨骂者一般是不能反骂回去的，只能默默承受。

辱骂可能造成人生理、心理、精神及人格与名誉的伤害。一个著名的历史故事是"诸葛亮骂王朗"，《骂王朗》是根据《三国演义》第九十三回《姜伯约归降孔明　武乡侯骂死王朗》的情节改编而成的京剧唱段。故事情节是诸葛亮领军蜀汉一方与曹魏一方对垒，王朗为曹魏一方的军师，原属汉朝老臣，年已七十有六，"自诩口才便给，欲以一席话折服武侯"，但与诸葛亮对话时，反被诸葛亮披露其不光彩历史，"尽情丑诋"，使王朗"理屈词穷，气塞胸膛，撞死于马下"。

看看孔明所用词汇有多大杀伤力：关于汉帝政权乱象是"因庙堂之上，朽木为官；殿陛之间，禽兽食禄。狼心狗行之辈，滚滚当道；奴颜婢膝之徒，纷纷秉政"；至于王朗个人，则是"反助逆贼，同谋篡位！罪恶深重，天地不容！天下之人，愿食汝肉！""皓首匹夫，苍髯老贼！"理亏加之王朗年事已高，又很要面子，骂人能力远低于孔明，就被"骂"死了。

即使当代社会，由于吵架互骂，猝死者有之，精神失常者有之，血压升高、呼吸短促、心理应激者就更多了。而"骂名"一旦形成并流传，则对一个人、一个组织甚至一个政党，都会造成声誉受损和大众对其认知的"贬义标签"。

（二）脏话

脏话（profanity），又称"粗口"，是对不堪入耳的粗俗词汇的总称，是一种不文明，甚至反文明的语言文化，古今中外都存在，是骂过程中常用、多用的语言工具。

脏话的种类比较多，主要的有：1.借用天灾、神力咒人，如"天杀的（God damn it）""天打雷劈"。2.以宗亲、血亲关系喻示，如"我是你祖宗""你个孙子样、龟儿子"。3.以生殖器官、性行为、色情文化、人的生理排泄物喻示。4.以野兽、家畜、家禽比喻，如狼心狗肺、王八蛋、滚蛋、熊样、犊子、羔子。5.以行凶暴力行为威胁，如挨千刀的、生啖汝肉。6.以社会犯罪分子及"下贱"职业身份喻人，如贼、妓、大烟鬼。7.以突发灾难事件咒骂，如摔死你、撞死你、撑死你。

脏话常用来进行人身攻击、宣泄不满及恶劣情绪。脏话常常轻而易举地引发他人的受辱感，并易进而引发肢体冲突。

（三）笑骂

笑骂常常是关系比较亲密的人，用玩笑、逗乐的语气进行的骂，也常常是长辈或高权位者用溺爱的语气骂子女或者下属，这种骂具有增进伙伴友谊、增强亲情、调节交际气氛的作用。如"这小王八羔子，翅膀硬了啊！"实际上把自己也骂了进去。还有的人说话常常带着脏话的口头禅，并成了习惯，有加强语气和口语表达生动的作用，如北京口语方言"特么的"（是"他妈的"进化型）。

二、造谣与谣言

与辱骂明显的语言攻击不同，造谣（start a rumor；fabricate）是造谣者怀着破坏、诋毁等伤害动机，利用大众所知有限、缺乏真实信息，但又迫切想获取有关信息的心理，编造似真实假、虚构事实，并伪装成权威信息，通过各种途径散布这些信息，由此造成恶果的行为，恶意编造的假话被称为谣言（rumor；canard；groundless allegation）。

谣言的危害表现在多个方面：1.利用掩盖事实真相的假消息误导公众思想和行动决策，欺骗不明真相的人。2.损害被攻击的个人、组织甚至国家的名誉和声誉。3.某些谣言会造成群体恐慌和混乱，威胁社会稳定和安全。4.破坏人际间的相互信任和合作。5.破坏经济的健康发展，如损害民族经济品牌，造成股市动荡等。

谣言无好言，但它把造谣者的恶意用似真、合理、理性的话语掩盖起来，有时听起来似乎是好话，具有很强的迷惑性、误导性，以及煽动性。情节严重的造谣与谣言构成了犯罪，在许多国家的法律中都是不允许的。

与谣言做斗争的就是"辟谣"（Refute the rumor；Deny the rumor；Give the lie to the rumor），即反驳谣言、否认谣言、告知真相揭露谣言。

三、诬陷与诽谤

诬陷（frame-up）是在一定社会制度的组织体系内人际矛盾冲突的语言暴力方式之一，也是人类中少数恶人的恶行之一。诬陷是指针对特定他人，伪造或虚构事实，捏造罪状，向政府机关和其他有关部门告发，或以其他方式散播，刻意陷害他人或损害他人人格尊严及名誉，以言语冤枉他人的恶劣行为。

诬陷在社会生活中时有所见、时有所闻。有的是机关单位内部以揭发为名的恶意举报、告密；有的是司法机关内极少数人的贪赃枉法、冤假错案；有的是打击报复，制造"莫须有"罪名，等等。

诬陷践踏了人类公平正义、实事求是的价值观，情节严重者已构成犯罪。古人即提出了对诬陷者治罪的呼吁，如明·李贽在《德业儒臣前论》中言："今夫造为谤言，诬陷一家者，其罪诛。"当代多国法律中也有惩罚诬陷和诽谤的条文。

诽谤（to slander）当代指以不实之词、贬损性言论毁人名誉与声誉，冤枉好人、诋毁好事的语言攻击行为。汉语"诽谤"一词原为褒义，战国时期齐国国君齐威王（公元前378—320年）励精图治，虚心纳谏，立"诽谤之木"于市，上挂木牌，"国人隶农，百官商贾"均可对时政评论进言，已达政治开明、整顿吏治的目的。齐威王还扩建了稷下学宫，实行"不任职而论国事""不治而议论""无官守，无言责"的方针，使得儒、道、名、法、墨、阴阳、小说、纵横、兵家等各学派聚集一堂，展开辩论，相互吸纳，共同发展，世称"百家争鸣"。

很遗憾的是，随着政风的衰败，诽谤之木越立越高，逐渐人不可及，书牌进言之事成了笑谈，后世"诽谤"一词成了贬义词，甚至是罪名之一。

诬陷与诽谤具有相同之处，也有区别之处。相同之处均是以语言恶意对他人攻击，伤害他人，情节严重者均可入刑。不同之处在于诬陷多为向权力机构告发，借权力及法律纪律之手达到害人的目的；诽谤则偏重于散播恶意言论，借众人之口，达到"搞臭"别人的目的。语言在诬陷与诽谤始作俑者手里成了害人祸事的工具，虽然没有骂人那样表观的语言粗俗特点，但其伤害他人的效果更为阴险毒辣。

四、恐吓

恐吓（terror；menace；terrify；threaten；intimidate）。"恐"是一种心理状态，是对可能的威胁、危害、不可知后果产生的应激情绪反应，表现为害怕、畏惧、惊恐。恐吓，则是用言辞使人产生恐惧状态，以达到"不战而屈人之兵"的目的。

一般来说，实施恐吓者是有优势地位，有能力产生恐吓所言行为的一方，被恐吓者是弱势地位一方，欲尽力避免可能的危险，但又常常无能为力。恐吓的危害是制造恐慌心理，渲染恐怖氛围，影响被恐吓者的思想意识和行为决策，甚至"不战而降"。恐吓行为有多种实际表现，小可以是成年人（尤其是父母）吓唬小孩，大可以是霸权国家对弱势国家的言战外交手段。

恐吓言语不像辱骂那样简单粗暴，是对可能发生事件的陈述，但其危害效果远强于辱骂。

五、羞辱

羞辱（humiliation；shame；dishonor；disgrace）是某些具有明显恶意或隐藏恶意，以及不正常心态的人针对他人的失误、短处、缺陷，以及内在的自尊心、羞耻心、名誉感为靶子予以不适当的言论评论（常伴有侮辱性的动作），以达到伤害别人，满足自己不健康心理欲望的言语行为。

羞辱他人多为"刻薄之人"所为，存在于家庭教育、学校教育、等级管理、市井生活、敌对冲突之中。如父母批评孩子，在《初刻拍案惊奇》卷二十中"那老子信了婆子的凌濛初言语，带水带浆的羞辱毁骂了儿子几次"；《商君书·算地》中写道："羞辱劳苦者，民之所恶也"。羞辱的伤害程度取决于被羞辱者的心理承受能力。承受力较弱者受到伤害较重，并可能产生暴力回击行为，或是痛苦抑郁精神失常，甚至自残自杀；承受力强者，不与应激，甚至一笑而过。著名典故还是《三国演义》中的故事，诸葛亮为了早日击败司马懿，送给了司马懿一套女性衣服和一封信，想以此来羞辱司马懿，让司马懿愤怒冲昏头脑，前来与蜀军决战。但司马懿表面气愤，详细了解诸葛亮的工作繁重程度和饮食状况后，知其不久于世，笑纳女衣，佯为请旨，更拒不出战，使诸葛亮无可奈何，不久就去世了。

具体的羞辱方式还包括讽刺、挖苦、揭短。

（一）讽刺

讽刺（satire）的本义是指用比喻、夸张等手法对人或事进行揭露、批评；用讥笑和嘲讽笔法描写敌对的、落后的事物；用讥讽的眼神和嘲笑的语气对他人说话。表现上，常为婉言隐语，《周礼》言："三刺，事叙相达，若针之通结矣。"讽刺也是文学创作中的表现手法之一，指用讥刺或嘲讽的笔法，描写种种值得批评的社会生活现象。鲁迅在《且介亭杂文二集·什么是"讽刺"?》中写道："一个作者，用了精炼的，或者简直有些夸张的笔墨——但自然也必须是艺术的——写出或一群人的或一面的真实来，这被写的一群人，就称这作品为'讽刺'。'讽刺'的生命是真实；不是曾有的事实，但必须是会有的实情。"

讽刺具有双向功能：一是善意的批评功能，即用艺术的手法对某些错误、弱点、不良现象进行揭露、批评，使大众明白事理，使受批评者纠错改正。二是恶意的羞辱功能，对他人的正直善行冷嘲热讽，对他人的缺点、失误进行貌似批评，实则对其人格、自尊心的诋毁和丑化。这后一种功能实则是一种语言暴力行为，其害处是干扰被讽刺者战胜困难和挫折的意志，制造误导群体舆论的不良氛围。

（二）挖苦

挖苦（speak sarcastically or ironically）与讽刺近义，但从词义上说，讽刺一般是以婉言隐语对人或对事进行批评，是中性词；挖苦是用刻薄的话讥笑人，常是非常不礼貌和心态不好的人说出的"风凉话"及"损"人话，是贬义词。就本章讨论而言，挖苦也是对被挖苦者的一种有伤害性的语言攻击。

"苦"是被挖苦者的短处，有缺陷的地方，是心理上敏感和难受的地方。"挖"则是挖苦者带有恶意的揭示和宣扬行为，是很明显地用语言奚落别人，满足自己内心不良情绪发泄需要。若教师挖苦学生，则易打击学生的上进心；父母挖苦子女，则易劣化亲情氛围；同事之间的挖苦，易导致人际关系的矛盾和冲突。挖苦不是一种好的语言行为，有很大的羞辱性。

（三）揭短

揭短（disclose sb's shortcomings）是将别人的短处揭露出来，公之于众。因为每个人都有长处和短处，每件事都有疵瑕、纰漏和令人不满意之处，善意的批评指正是需要的，但用以打击他人的荣誉心、痛心之处，则是恶意的语言攻击了。揭短不受人欢迎，因此《金瓶梅词话》第八十六回中言："你打人休打脸，骂人休揭短。"

这个"短"除了缺点、短处之外，还常常是人心理上的"伤疤"，伤疤不断被揭开，会使人受到血淋淋的伤害，这也是揭短的邪恶之处。

六、网络暴力

网络暴力（Cyber Violence）实质上是一种舆论暴力，是社会语言暴力在网络中的延伸，是一种危害严重、影响恶劣的语言攻击。

网络暴力是指网暴者借助互联网这一载体，使用语言文字，加之图片、视频等手段对受害者（特定个人、特定群体、组织机构）进行造谣、侮辱、谩骂、诽谤抨击、恶意评论，以及发表煽动性言论，营造舆论"滚雪球效应"和"流瀑效应"，贬损他人人格、损害他人名誉，侵犯他人隐私权、人身安全权，严重干扰他人正常生活的不道德甚至违法乱纪的行为。网络暴力扰乱了网络秩序，破坏了网络文化生态，影响了社会公众安全感；网络暴力还会导致受害者"社会性死亡"，个别受害者甚至精神失常，自杀身亡；网络暴力对企业信誉、商品名誉的损害会导致受害方重大经济损失，因而扰乱市场经济秩序。可以说，网络暴力在信息化社会是一颗毒瘤。

（一）网暴者

实施网暴的都有哪些人呢？是一些与他人有矛盾的人，有利益争端的人，有无端羡慕嫉妒恨的人，有发泄不满情绪的人，有闲的无聊的人……，他们利用网络的匿名性、虚拟性、迅速传播性和技术性发表言论，而且图文并茂，很容易突破道德底线，情绪化地表达自己的意见，易形成群体舆情，损害被网暴者的利益。

1.幕后黑手

是别有用心的个人或组织，有目的、有计划、有策略地策划、推动网络舆情，攻击他人或其他组织。他们常常并不会公开露面，但在许多网络暴力事件中可以发现他们的踪影。这些人或组织用心险恶，隐匿性强，舆论利用能力也比较强。

2.网络暴力团体

是由一群网络暴力者组成的正式或非正式的组织，他们常针对某个特定目标持续进行攻击和威胁，他们常常是收钱办事的团伙。

3.水军

水军（Spammers）是网络中伪装成普通网民针对特定人或特定事，被雇用的网络写手，又称之为"网络枪手"，他们的"作品"常常是掩盖事实真相、混淆视听、有意误导大众的言论。这部分人比较多。网络暴力事件常由于他们推波助澜而成汹涌之势。

4.网络大V

"网络大V"是在社交网络上拥有大量"粉丝"，有很大影响力和话语权的人，类似于民间的"意见领袖"。他们可以发表正面意见，为正义呼吁，也可以导向舆论攻击，形成网络暴力。当某些网络大V的声音成为主流意见，形成强大的舆论合力时，网络暴力事件就在所难免地发生了。

5.盲从者

有一些无所事事的人，尤其是年轻人，"从众"心理很强，对网络言论常常盲从，往往针对素不相识的人和风马牛不相及的事情，任情随意地发表不负责任的评价言论，或以讹传讹，无形中成为网暴的帮凶，他们也被网络平台称之为"垃圾用户"。

（二）网暴手段

1.粗鲁的辱骂攻击，恶语诅咒，侮辱他人。

2.发表虚假言论，编造假新闻引发恶意攻击。

3.恶意评价他人和时事。

4.非理性人肉搜索，暴露个人隐私。

5.网络欺凌，对某一目标进行持续的、有目的、有计划的攻击、恐吓、诽谤。

6.道德审判，截取、拼凑、包装片面的事实，虚伪地站在道德制高点上，对他人，尤其是公众人物进行丑化的道德评判。

7.嫁接图片，以助伪言；借助视频，放大影响。

（三）网络暴力的治理

据有关机构的《2023年中国互联网发展状况统计报告》显示，截至2023年6月，中国网民已达10.51亿～10.79亿人，网络已成当代人社会生活的组成部分，智能手机成为人的重要"体外器官"。在这一网络时代，网络暴力已成为网络文化中的一颗毒瘤，必须加以治理。对此，有人认为：网络水军治理是一场没有硝烟的战争。

由于网络信息的浩瀚性、瞬变性、匿名性，网络暴力的受害者面临侵害人确认难、侵害证据搜集难、维权成本极高等困难，决定了网暴治理的艰难性。第一个层面，政府管理部门需从网络精神文明建设和法律法规制定两方面进行网暴治理；第二个层面是网络企业从平台管理、技术措施上予以网暴预防和管控上下功夫；第三是网民加强道德修养，培养对网暴的维权意识和抵抗能力、免疫能力和反击化解能力。

第二节　隐性语言暴力

隐性语言暴力是那些表面上看起来有文化、有文采，甚至让人听起来很舒服，但包藏祸心的言语攻击行为。

一、丑化宣传

媒体的正义之声是一种语言美德，媒体的恶意丑化言论则是一种语言暴力。对此，美国传播学学者沃纳丁·赛弗林写道："两次世界大战之间的几十年内，人们对大众媒介所具有的无比威力日渐生了一种惧怕心理"，当时，流行起一种视大众媒介为"皮下注射针"或"子弹"的形象观念，"这种观念认为媒介对于所能达到的每一个人都有直接的、立即的和强有力的效果。这与三四十年代心理学研究的成果'刺激—反映'论是相一致的"。[①]

典型的案例是政治家利用"广播"这一语言传播手段达到政治目的，比较正面的是20世纪30年代，美国总统罗斯福越过敌对的新闻界与国会，通过广播直接向美国人民发表了一系列"炉边谈话"（Fireside chats），有力地推动了当时美国政治、经济、军事难题的解决。罗斯福的一句名言是："我一定让普通工人也能听得懂我的演讲。"反面的例子是欧洲的阿道夫·希特勒，他为了征服全球，把广播和集会演讲用于煽动种族仇恨、鼓吹战争狂热。他的言论动员造成了对犹太人的血腥屠杀，导致第二次世界大战的爆发。

时至今日，由于计算机互联网信息技术的发展，新闻媒介的手段更为现代化，利用媒体进行语言暴力活动也有了新的表现。

从国际关系上看，互有敌意的国家，大多利用国内媒体机构对目标国进行丑化宣传，如放大对方国家的负面新闻、政策失误、落后状态等，造成他们国内民众对目标国的反感和敌视。因为对于普通大众来说，很难真正到目标国访问和旅行，无法查证媒体言论的真伪，久而久之，会导致两国人民的心理隔阂，甚至仇视。这在本质上是对敌意国家的非武装攻击。在中国古代军事学中早就有"用兵之道，攻心为上，攻城为下。心战为上，兵战为下"的思想（《三国志·蜀志·马谡传》）。

从国内政治关系上看，政治竞争、竞选竞争、经济竞争、文化竞争中敌意双方也常常以丑化宣传为手段，互相抹黑对方，借以争取民众的支持。丑化宣传有时会造成受害方严重的损失，例如在所谓"商战"的环境中，利用对方奶产品中的不当添加问题，铺天盖地地宣扬其危害，用极端受害者案例以点带面，不遗余力地进行舆论攻击，导致"沾边"即罪的扩大化影响，几乎摧毁了整个民族本土奶业。揭露、控诉黑心企业的违法犯

① ［美］沃纳丁·赛弗林，小詹姆斯·W坦卡特.传播学的起源、研究与应用[M].陈韵昭，译.福州：福建人民出版社，1985：195.

罪行为是正确的、正义的，但恶意夸大危害，制造恐慌情绪，破坏商业生态，不禁让人怀疑始作俑者是否有故意破坏民族经济的险恶用心了。

在对待传承几千年的中医药文化上，也存在类似的现象。我们承认，由于古代科学技术水平的局限，中医药文化中存在纰缪之处，但个别所谓"反伪斗士"戴着"科学"的面具"著书立说"，以非常不科学的逻辑攻击中医思想和中医药文化，误导大众，不禁让人怀疑其背后的资本黑手和让民众"数典忘祖"的险恶用心。

二、诱惑与教唆

诱惑与教唆都是"糖衣"包裹着的"炮弹"，害人于无形，尤其在青少年成长时期危害更大，不得不防。

（一）诱惑

诱惑（temptation）是利用人类内在的欲求（包括物质和精神的）用贴近人心的话语蛊惑人心，并引导人以不正当手段达到获取目的的行为。言语诱惑与教育中"循循善诱"的语言美德相反，多以甜言蜜语的方式，迷惑受害者的理智与意志，导致错误行为甚至犯罪。

当前社会中，一些诈骗团伙常以"话术"为手段，诱惑老年人购买假冒伪劣保健品、投资理财等，造成老年人的财产损失，已成为一种社会公害。话术本来是一种说话的技能技巧，但被不法分子娴熟运用，形成诸多套路，成了欺骗受害者的有力工具，其外在形式类似良言善语，动人心弦，内在深藏着骗人财色的丑恶动机，是一种特殊形式的语言暴力。

在青少年社群中，不良团伙头目利用人际间正常的伙伴关系花言巧语引诱心智尚未成熟的少年少女吸毒、酗酒、辍学也不罕见。一些不良文学读物在诱惑青少年走上歧途的过程中也起到了推波助澜的作用，所以历朝历代都有对不良读物"禁书"的举措。

（二）教唆

教唆（instigate）指怂恿指使、诱导唆使他人做坏事。在法律上，教唆罪（guilt of instigation to crime）是指以劝说、利诱、授意、怂恿、收买、威胁等方法，将自己的犯罪意图灌输给本来没有犯罪意图的人，致使其按教唆人的犯罪意图实施犯罪，教唆人即构成教唆犯罪。

教唆多以言语方式实现，是有不良企图的人利用言语诱使他人实现其企图的行为，身心发展不健康的青少年是被教唆的主要群体。无论教唆人的具体目的如何，教唆青少年做坏事，都是摧毁社会新生一代成长的隐蔽的暴力行为。

"拱火"是一种更加隐蔽的教唆行为，指拱火人利用别人的已有矛盾用言行促使双方发火或使火气更大，从而激发进一步的矛盾冲突。拱火人多为心地不善良、想看别人笑话、有坐收渔利企图的人；被拱火人多为不良情绪压抑、理智减弱的人。与拱火类似的是别有用心人的"挑拨离间"行为，有心人挑起是非争端，制造矛盾，使别人闹不团结甚至冲突、决裂。挑拨离间原指说没有根据的话，现在多指在别人背后散布谣言，污蔑、中伤他人。

（三）暴力题材作品

暴力题材作品是指描写暴力行为的文学艺术作品，或者说是以人类暴力行为为题材的文学艺术作品，所用题材包括小说、戏剧、电影、电视节目、娱乐节目，以及图画、连环画、动画等。有些以动物为主人公的作品也常有动物厮杀、吞噬等血腥场景。

由于这类作品具有感官刺激性，所以具有了对读者、观众的吸引力，有一定的娱乐性。但是，这类作品对青少年来说也具有刺激暴力倾向和行为模仿的暗示作用，具有一定的教唆性。因此，许多国家都制定法律限制这类作品的出版以及影视作品的播出。

三、说谎与谎言

说谎（Lie）是人类人际交流中的普遍现象。斯大林曾说过："世界上没有人人都不信的谎言，也没有一句谎言都不信或只相信谎言的人。"小至儿童有"小孩撒谎"，大至成人中"撒谎成性"的极端者，还有"善意的谎言""美丽的谎言"。

说谎与谎言是人在知道事实的前提下，刻意隐瞒真相并提供与事实不符的语言信息交流行为，即说谎话。

说谎有多种不同的形态：

1.儿童因怕受到惩罚而掩盖事实撒谎。

2.成人为了善良的目的而撒谎，如不告诉老人已发生的噩耗，不告诉家里病人真正的病情（如患癌）等。

3.人际间的聊天和闲谈中，常真话中夹杂着假话，如女性为了炫耀或取悦对方而撒谎，男性常为了自吹自擂而撒谎。

4.为了骗人而撒谎，有目的性地说假话为自己谋取利益，如把真实的事情说成不真实的事情，把"不存在的事"说成令听众相信是"存在的事"，把"歪理邪说"说成是真理奥秘等。

5.由于撒谎成性、说谎成瘾而成为一种心理疾病。

出于欺骗、愚弄、误导为目的的谎言是一种隐性语言暴力，这种谎言隐瞒了事实真相，易导致听众的不理智行为，造成切身利益的损失，甚至造成社会的动荡不安。例如，"世界末日学说"认为2012年12月21日是地球文明终结、人类社会灭亡的日子，就是一种宗教谎言。这一谎言导致了多起恶性事件的发生，如日本的"奥姆真理教"认为用屠杀的方法可加速世界末日的到来，在日本东京地铁站施放沙林毒气造成多人死亡；还有多个国家的宗教团体组织集体自杀，盼望加速迎来世界末日。谣言在本质上也是一种谎言。

四、语言腐败

（一）语言腐败是什么？

语言腐败（Language corruption）是一种披着合法或华丽语言外衣，具有丑恶本质的隐蔽型语言暴力。北大教授张维迎认为："所谓语言腐败，是指人们出于经济的、政治的、意识形态的目的，随意改变词汇的含义，甚至赋予它们与原来的意思完全不同的含义，忽悠民众，操纵人心。语言腐败的典型形式是冠恶行以美名，或冠善行以恶名。"[①]

语言腐败已成为政治哲学中的经典术语之一。早在1946年，英国作家乔治·奥威尔在一篇文章中提出了这一概念，在他的作品《一九八四》中提出了许多经典的例子：专门制造假新闻的部门被冠名为"真理部"；监督、逮捕和迫害政治异己人士的秘密警察被冠名为"友爱部"；发动战争的部门被冠名为"和平部"。其实，语言腐败现象自古有之，至近现代演变成了社会公害之一。同时，反对语言腐败也早已有之，如孔子早就提出"名不正，则言不顺，言不顺，则事不成"。反语言腐败就是要正名，恢复语言词汇本来的含义。

语言腐败的主体在政治生活中主要是一部分有"有话语权"的人，在新闻舆论中是一部分职业道德败坏的媒体人，还有一大部分是受社会风气影响和盲目从众的群众。语言腐败的"作品"主要是曲解正常的词汇意义，或者是借用、编造所谓新词、新术语。例如某项经济指标增长放缓或下滑，称之为"负增长"；把一些变革、革新，甚至一些倒行逆施的行为冠名为"改革""革命"等。

（二）语言腐败的领域

语言腐败本质上是用谎言伪装成真知，用华丽辞藻和术语掩盖其非理性的阴暗企图。表现为"用不经定义的标签代替本质，用好恶代替思辨，

---

① 张维迎.警惕语言腐败.2012年4月21日在中国绿色公司年会上的演讲,《和讯网》评论,2012.

以话语的强势代替说理，用扭曲的意思反过来歪曲字面意思"。

语言腐败存在于诸多领域：

1.政治生活中的语言腐败

人民论坛网2019年7月31日有一篇《警惕语言腐败污染政治生态》的文章，主要论点是"说话假大空，也是一种'腐败'"，认为语言腐败是不良政治生态的典型表现。"就政治领域的语言腐败而言，其突出特征就是官员语言行为的'假大空'，在工作中说假话、报假情，对自己自吹自擂，对别人阿谀奉承；对问题视而不见，对成绩夸大溢美，形式主义和官僚主义盛行。"语言腐败是一种"软腐败"，"语言已不是正常交流沟通、传递真实信息、解决实际问题的工具，而是追求个人私欲、逢迎庸俗关系、热衷表面文章的一种手段"[①]。

官员语言腐败的主要类型有空洞式、吹捧式、掩盖式、奇谈式等类型，其共同属性是隐蔽性、广泛性、腐蚀性。

2.学术研究中的语言腐败

学术研究下导民众智识，上达部门决策，不可谓不重要。但"学术不端"（亦称学术腐败）屡禁不止，愈演愈烈，其中一项重要表现就是语言不端。网络上曾流传过"国家养那些只会'整词儿'的专家有什么用!"的文章，虽有托名之嫌，但其中论点也很有值得重视之处。所谓"整词儿"是说经济学界的一种文风、一种方法模式，"为什么'整词儿'？因为要'显得深奥'。用大家或领导过去没有听说过的'词儿'以表现自己的研究是深刻的、学问是渊博的"，但整完词并没有有价值的问题解决方案，仅是一堆"新词儿"而已。

此外，在自然科学和技术科学中，名词术语直接引入外语（主要是英语缩写），中外文混杂，语句中的语法不中不西、中西混合也是常见的现象了。

3.媒体广告中的语言腐败

媒体报道中，为了吸引读者眼球，文章低俗老套，被称为"标题党"；

---

① 负杰.警惕语言腐败污染政治生态[J]人民论坛网，2019.4.31.https://baijiahao.baidu.com/s?id=1640532998104858087&wfr=spider&for=pc.

广告无端夸大商品的性能和功能，甚至含有威胁的成分，误导大众，牟取暴利。例如把很严肃的科技术语"纳米""量子""硒"用于商品宣传中，用"X白金""X黄金"夸大商品形象。

4.网络文化中的语言腐败

网络语言中的新词新语、热词活梗层出不穷，积极的方面是活跃了网络文化的气氛，刺激了网民的创造性，增加了网络的娱乐性；消极的方面则是破坏了语言的正常功能和自然语言的规则，助长了网络暴力的形成。

5.日常口语中的语言腐败

一些很好的词语，随着社会文化中庸俗化的倾向，变了内涵，变了味道，甚至成了很不雅的脏话，而一些脏话则穿上了比较文雅的外衣流行之。

一个典型的例子是"同志"一词的使用。

同志（英文Comrade；俄文товарищ）一词有神圣的含义，指志同道合者。春秋时期，左丘明在《国语·晋语四》中对同志一词解释为："同德则同心，同心则同志。"在中国古代，同志与先生、长者、君等词的含义一样，都是含有敬意的称呼。

新中国成立前后，同志一词的使用源于苏联的影响。在中国共产党历史上，多次强调党内要互称同志，1978年，党的十一届三中全会公报中重申："党内一律互称同志，不要叫官衔"；2016年，明确要求"坚持党内民主平等的同志关系，党内一律称同志"。

但时至今日，在相当大的群体中，同志一词的含义是Gay，"男同""女同"与骂人差不多。这样的例子还有"美女""老板""小姐"等。

（三）语言腐败的危害

政治上的危害。"假大空""报喜不报忧""讲成绩敲锣打鼓震天响，讲问题讳莫如深绕道走"等语言腐败现象，常使决策者看不到事实真相，有可能错误决策，贻国误事，同时百姓困难不能准确上达，不被关注，这会损害政府和权力机构的公信力，易失民心。

社会道德的损害。语言腐败本质上是说假话、说谎话、这突破了人类道德的底线，对社会道德的损害是无法计算的。

语言功能的破坏。语言词汇应有普遍认可的特定含义，语言腐败意味着同一词汇在不同人的心目中有不同的含义，言语变成了"文字游戏"，破坏了语言的正常交流功能，导致人类智力的退化。

扭曲人际关系。无节制的歌功颂德，对上级权威人士的阿谀奉承，对低俗的谄媚迎合，对社会底层的鄙视和恶言粗语都严重地扭曲了正常的社会人际关系，降低了社会文明程度。

文化上的危害。语言腐败破坏了社会精神文明的建设，造成种种社会不良风气：在严肃的科学研究中制造"学术垃圾"；在教育上产生"毒教材"；在校园中教师的讽刺、挖苦、羞辱会伤害学生的自尊心和人格。

第三节　语言暴力的深层机制

语言暴力虽然不及武力暴力那样惨烈，有着语言文明的外衣，但其仍然具有暴力的属性，其伤害性有时不亚于武力暴力。语言暴力不简单地、单纯地是一个语言问题，而是由诸多内部因素和外部因素综合互动的结果。

一、语言暴力的多因素模型

我们试将语言暴力的内、外因素及相互关系归纳为模式图15-1：

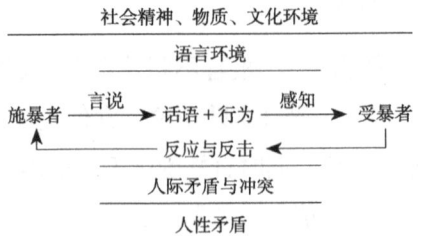

图15-1　语言暴力的内外部因素模型

二、语言暴力的关键因素

世界上矛盾无处不在，无时不在，这就需要人们不停地面对矛盾和解决矛盾。人际冲突是人际矛盾的具体表现，用语言来作为冲突的武器，就形成了语言暴力，其关键因素涉及多个方面。

1.语言暴力的宏观环境

社会宏观环境是语言暴力存在的空间和土壤。在不同的时代，受国家之间的关系、国家政治、经济与文化状态，人民大众的经济生活和文化水平等宏观环境因素的决定性影响，语言暴力会有多少、强弱、种类的不同。

如国家间敌对性很强时，骂战是必然的；不符合民众利益甚至损害群众利益的政策、执法，是会挨骂的；生活困难、贫穷导致家庭内部和邻里关系的紧张，打架和辱骂会增加很多；网络管理不善，网暴事件就会层出不穷，等等。从这一角度看，语言暴力是社会矛盾的反映，是人际关系冲突的工具。

2.语言条件

语言暴力的所有参与主体：施暴者、受暴者、相关参与者，都在同一语种、同一语境中有差不多的语言熟稔程度。否则，再粗鲁的辱骂也是"鸡同鸭讲""对牛弹琴"。

3.施暴者的心因与社会角色

施暴者的心因是指其发泄负面情绪，攻击伤害他人、谋取心理满足感的内在动机和欲望；社会角色是指施暴者的权势地位、力量和能力。如一个教师经常羞辱一部分学生，从心因上说，好一点是"恨铁不成钢"，坏一点则是"师道尊严"的滥用，其社会角色是学校教育制度中规定的教育主导者、管理者的角色地位，换句话说，他（她）有骂的权能，学生是不能反骂的。同样，家庭生活中，父母对子女的打骂也是父母在家庭中的强势地位决定的。当然这些都是教育者教育能力低下的表现。

4.受暴者的心因与抵抗能力

首先是受暴者对暴力语言的理解和诠释，人是以自我意识为特征的，所以诠释因人而异，并与其人格特征密切相联系。一般来说，人都有自尊心、荣誉心、羞耻心，在受到暴力语言刺激下，大多会产生负面情绪，感受到伤害。

对暴力语言的反应，因人因事因时而各不相同：有的人会产生强烈的愤怒情绪，不仅以语言反击，甚至会引起肢体反应，引发人际间暴力冲突，脾气暴躁人格特征的人尤其如此；有的人会感到强烈的受辱、委曲、无奈、伤心，在自尊心、虚荣心受到伤害时，会产生悲愤、抑郁等消极反应，一些人格有内向、懦弱特征的人会由于暴力语言导致精神失常，甚至自杀；年老体弱患病在身的人会因暴力语言而导致猝死。

对暴力语言的反应差异与人的心理弹性（Resilience）、抗挫折能力的强弱直接相关。抗挫折能力强的人，常以理性对待他人的语言攻击，不作偏差性语言理解（不钻牛角尖），很少过激反应。

5.人性的复杂性

人类暴力，包括语言暴力，如果逐层追溯其根源，可能是：社会矛盾冲突→人际矛盾冲突→人性矛盾冲突。

人性中的丑恶、贪婪、情欲，导致了行为的卑鄙、阴险、暴戾，构成了语言暴力的深层动因，是人性性恶的表现。

关于人性的性善与性恶，已经争论了几千年，我们认为不能偏执性善性恶某一极端。人性是具有光明一面和阴暗一面的统一体，当人和事偏向于光明一面时，在语言上表现为语言美德；当人和事偏向于阴暗一面时，在语言上表现为语言暴力。

再深而究之，人性之善恶植根于"利"上，"所谓功利，简单地说，就是功效和利益。比较确切地说，功利是在实践活动过程中外部世界（主要是被改造的客体）向主体人生成和呈现出来的某种有实际功能、效用的"价值关系"，"功利主义者往往无节制地使用'功利'概念。例如他们一般都把财富、金钱、权利、名誉、声望、幸福、快乐等纳入'功利'范畴"。[①] 损害他人、社会的利益，追逐个人的私利，即为"恶"；互惠互利、

---

① 王永昌.走向人的世界[M].北京：中国工人出版社，1991：166.

助于他人和社会的利益则为"善"。

语言本身就是人类在维持生存和发展的"谋利"实践中发展出来的一种方法、手段和工具，在用于为大多数人谋取利益的人和事时，就表现为语言美德；在用于不择手段、损害他人乃至多数人利益而谋取私利时，就表现为语言的暴力。

当然，语言暴力也是一个矛盾统一体，不能简单地评价为假、丑、恶，在正义的舆论战中，也是有力的武器之一。

第四节　语言暴力的治理

"惩恶扬善、除暴安良"是建设和谐社会的基本方略，因为语言暴力有着多方面的危害，所以必须列入治理之列。由于语言暴力有多种存在形态，所以对其治理也需要一项系统工程。种种语言暴力的针对性治理，我们不能一一述及，仅能择其要者予以讨论。

一、语言暴力的法律惩治

严重危害他人合法权益、造成严重后果的语言暴力行为，会受到《中华人民共和国民法典》《中华人民共和国刑法》《中华人民共和国治安管理处罚法》等相关法律的惩治。例如，诽谤行为严重构成犯罪的，可予以自诉刑事立案；恐吓、侮辱他人可处拘留和罚款，导致严重后果的可追究刑事责任；教唆他人犯罪的构成教唆罪，是一种严重的犯罪行为；辱骂、侮辱、造谣、侵犯隐私等都可能构成寻衅滋事罪。

语言暴力的法律惩治是对严重语言暴力行为"以暴制暴"的有效措施，在维护公民权益、维护社会秩序、打击黑恶势力违法犯罪等方面发挥着重要作用。

二、机关文风建设

毛泽东同志对"党八股"文风深恶痛绝，强调文风也是党风。因为"假大空"等文风是一种隐性语言暴力，对于国家机关与大众关系来说，其危害性不可低估。

"语言腐败"在当代有愈演愈烈之势，并蔓延到了人文社会科学领域。语言腐败也是一种隐性语言暴力，可造成权力机关的公信力下降、意识形态领域的混乱、管理决策的失误。在人文社会科学领域，语言腐败实质上是一种学术腐败。例如，一些学者未经严肃的学术研究，只凭自己个人的情绪性极端见解，就发表带有哗众取宠性的公开言论，在一定程度上伤害了公众感情，甚至是社会底层的利益，使"专家"这一美好的名称成了贬义词，被谐音为"砖家"，甚至有"天上打雷劈专家"的情感发泄。虽然这样的专家学者人数很少，但对学术精英群体造成了形象的损害。

在农村的政策宣传标语口号上，应忌用暴力性质的话语。那些看起来粗鲁恐吓性的标语口号，在一定程度上会损害基层政府的形象，甚至违反政策的本义和相关的法律。

三、网络言论管理与网络文化建设

网络管理（Network Management）这一术语是指对网络硬件、软件和人力的使用诸方面的综合和协调管理，包括对网络资源的监视、测试、配置、分析、控制、维护和维修等，偏重于网络硬件和软件的技术管理，对网络上承载的内容管理尚未受到足够重视。

针对网络暴力的实际，网络管理者应加强言论管理，对具有明显网络暴力特征的言论须加以技术手段的控制，网站和平台的所有者和管理人员有责任控制网络暴力的产生、扩散和蔓延。当然，网络管理也不能走向无节制的禁言和删帖。

网络文化建设是预防和消除网络暴力的根本性措施，属于社会精神文明建设的组成部分，需要全体网民的参与。

除了明显的网络暴力语言行为外，那种大量的"炒作"（Speculation）、广告软文（Advertorial）、跟风评论、低劣文章等"言语信息垃圾"，也是一种隐性语言暴力。这种信息垃圾浪费了广大网民的时间和注意力，浪费了宝贵的网络正常功能资源，应予以抑制和禁止。

四、家庭语言暴力的抑制

家庭语言暴力是指家庭成员之间矛盾冲突时的互骂、辱骂、斥责、贬损等语言行为，以长辈对晚辈的责骂、夫妻之间吵架互骂为多。家庭语言暴力的特点是以亲情为背景，"床头吵架，床尾和"是常态，但若语言伤害长期积累，也可能产生家庭悲剧。成人之间的语言暴力行为对年幼儿童也常造成心理和精神上的阴影。成人之间产生矛盾发生争吵几乎是不可避免的，但应抑制情绪过激，不说脏话，不揭短，不说绝情的话。

由于多年严厉计划生育政策的实施，生育数量减少，养育成本升高，"盼子成龙、盼女成凤"已成大众心态，打骂孩子的现象几乎销声匿迹，但溺爱孩子成为新的常态。过度地表扬、赞赏孩子，对孩子缺点错误纵容而不严肃批评指正，则可能对孩子构成隐性的语言暴力，导致的恶果可能是：孩子自以为是，不懂礼貌用语的使用；家庭条件好的孩子嘲笑、讥讽、羞辱家庭条件差的孩子；不知感恩，认为所有人都应宠着他，等等。这种对儿童过度溺爱的语言氛围，对儿童健全人格的培育实质上是一种伤害，而且影响长久。

在家庭教育中，良好的教育语言和对孩子语言能力的培养是一件万万不可忽视的事情。

五、学校教育语言的师德规范

教师教育学生的语言应该是理性、和蔼、温情的言说，但在一些学校中，个别教师说话语言粗暴、凌厉、经常怒不可遏，不顾及学生的自尊心，予以训斥、责骂、讽刺和嘲笑。如"你笨死了!""你没什么前途!""你的智商真的让我怀疑人类智商的水平!",等等。这些带有暴力性质的教育语言会伤害学生的心理和精神健康,有的会给学生造成长久的心理阴影。有一段话说得好:"有一种暴力,不会给孩子留下伤痕,却能毁掉他的一生,这种暴力叫作语言暴力。"

教师的语言反映着教师的道德素养,是师德的外部表现之一。所以,加强教师的师德修养是消除教育语言暴力的根本性措施。学校也应该对教师语言行为有明文规范。

另外需引起注意的是在学校中的校园霸凌、校园欺凌(School bullying)行为中,学生之间强势方通过蓄意或者恶意的肢体、语言及网络等手段实施欺压、侮辱,造成弱势方人身伤害、财产损失、精神损害,其中语言暴力是主要的欺凌方式。校园欺凌危害甚大,加强学校管理和品德教育是主要应对措施。极个别的学生背后给老师起"绰号"、诋毁教师,甚至诬陷教师、丑化教师也是应该制止的学生语言暴力行为。

六、社区邻里矛盾纠纷的理性化解

邻里人际关系友好和睦一般是社区、乡邻生活的常态,但矛盾是无处不在的,生活中总有一些矛盾导致人际冲突,这种冲突多以争吵为开端,然后上升到语言暴力攻击,进而肢体冲突,甚至发生恶性刑事案件。语言暴力是邻里矛盾冲突的非理性解决方式,也是矛盾冲突的主要表达形式。

建立邻里矛盾的理性化解机制是消除语言暴力的重要措施:一是矛盾双方用理性克制情绪冲动,尽可能用讲道理的方式解决问题;二是由社区或邻里的"调节人"做矛盾双方的"说和"工作;三是讲究法治,难以调和的矛盾可以诉诸法庭解决;四是旁观者要起缓和、劝说工作,而不是作幸灾乐祸的看客,更不能"拱火"(现实中拱火的人不少),拱火是一种挑拨、激化冲突不道德行为,是一种伴生的语言暴力。

七、媒体舆论的导向示范

舆论（Public Opinion）简单地说，就是较大规模的公众言论；确切一些说，舆论是公众就某个特定话题或者事件公开表达的观点、态度和信念的集合体，是一定时间内一定规模的群体具有的趋同一致的看法。深言之，舆论是社会心理的反映，是一种社会知觉和集体意识，是社会评价的一部分，是一种群体语言的力量。

舆论，从其所起的作用上看，可分为积极舆论和恶意舆论两种类型：积极舆论可以启发人、唤醒人、教育人、鼓舞人和振奋人。舆论还可以作为社会监督的方式，甚至推动相关政策的制定、修改，以及相关法律的立法和调整。恶意舆论，具有语言暴力性质，常有错误目的或别有用心的企图，误导公众社会认知，对特定个人或群体造成心理伤害、名誉损失和其他合法利益的损失，严重者会扰乱社会秩序，破坏安定团结的局面。这两种类型的舆论都可以形成巨大的思想和行为的力量，是社会语言能力的暴力体现。

从舆论的发起人上看，舆论有官方舆论和民间舆论，二者有时一致有时不一致。网络自媒体的使用和民众口耳相传是民间舆论的主要方式。官方舆论则是主流媒体起主导作用和引导作用。个别媒体人有实施语言攻击的主观故意，常会发表捕风捉影、恶意猜测、有意误导的言论，意在引发恶意舆论。我们常看到"舆论反转现象"（Opinion reversal），就是对恶意舆论的纠正，舆论反转打了始作俑者和盲从者的脸。

对于治理语言暴力，媒体一是要在舆论上起积极引导作用，尤其是官方媒体要起导向、示范作用，二是要用积极正面的舆论反制和压制恶意舆论，及时澄清事实真相，揭露不良言辞的丑恶面目，明确人们正确的立场和观点。

语言美德和语言暴力都是人类语言能力在社会活动中的表现，所以二者应该是社会语言学、语言心理学研究的课题，美学、社会学、普通语言学，以及文学、教育学、文化人类学等构成研究的宏观学术背景。从研究方法上看，需要抽象理论研究与实际语言现象的考察相结合。从价值观角度说，需要利、真、善、美的研究与害、假、恶、丑的研究相对照。研究结果要运用到追求语言美德、反对语言暴力的实践中。

第十六章　语言能力障碍

　　语言能力障碍多种多样，发生于言语过程的各个环节，存在于言语生活的方方面面。其中多种语言障碍严重影响着人们的正常语言生活。所以，语言能力障碍问题是一个重要的现实问题。从学术角度看，这一问题的探讨涉及诸多学科，是一个综合性研究领域。

第一节　语言能力障碍概述

　　语言能力障碍（Language impairment；Language barrier；Language handicap）简称为语言障碍（Language disorder），是人类在语言能力获得、语言能力发育、语言功能发挥、社会语言生活中发生的故障、阻碍、功能紊乱、病症等。从客观存在的形态上看，我们可以把语言障碍分成两大类别：第一类是天然语言障碍，即自然形态的语言障碍。例如，千姿百态的世界各种语种之间，如不经学习，或没学会，则以A语种为母语的人根本听不懂B语种为母语的人说的话，这是一种语际间天然的语言屏障。即使在同一语种内部，常常古今语言、不同方言（包括地域方言和社会方言）之间，也互相听不懂对方说的是什么，这是一种难度弱于语际语言障碍的语内语言障碍。即使在同一方言内部，许多土话（Local dialect）也互相听不懂，行业术语、学科术语也有类似的特点。第二类语言障碍，我们称之为"病理性语言能力障碍"，是指相对于常态语言能力或健康语言能力而言的疾病性语言能力障碍，如儿童语言能力发育迟缓、各种失语症等，这是本章主要讨论研究的问题。

一、语言能力障碍的定义

从学理层面上看，不同的学术领域对语言障碍有着自己学科视角的定义，不同定义对语言障碍现象的不同侧面都有比较深刻的见解。

（一）语言学视角

从语言学视角看，凡是语音、语义、语法、语用、语言表达、语言认知上发生异常或在语言发展上有迟缓或异常者皆可算作是一种语言障碍。

从个体语言能力上看，"个体在把自己特定的概念或信息依语言系统的规则来传递时有障碍或个体在判读即接受信息上有障碍，此种障碍是与高层次的脑神经系统功能的障碍有关"。[①]

（二）心理学视角

心理学认为语言是以脑为中心的一种心理机能，是人际交流的最重要符号运用方式。所以从言语的心理过程上看，信息输入性言语过程（听、读）、脑内言语信息加工过程（言语思维）、信息输出性言语过程（说、写）中出现任何功能失调（未能、失能、弱能、紊乱等）均为语言能力障碍。

（三）教育学视角

"语言是教育之水"，从语言能力形成和发展上说，教育的一项重要任务是通过教学，使学生掌握语言知识和技能，并运用这些知识和技能解决各种各样的问题，也就是让学生形成较好的语言能力。那么在这一过程中出现的困难和问题，就是教育上的语言障碍问题。

---

① 百度·语言障碍词条.

在教育学视野中，语言障碍有两个领域：一是普通教育中的语言障碍，二是特殊教育中的语言障碍。广义的特殊教育是运用特殊的方法、设备和措施对特殊的对象进行的教育；狭义的特殊教育是指对有身心缺陷的人，如视障人、听障人、智障人、肢残和畸形人等，以及"问题儿童"所进行的教育，其中语言能力障碍学生的教育构成了特殊教育的重要组成部分，如盲人学校、聋人学校、语言障碍儿童训练中心等。

普通教育或常规学校教育中的语言障碍主要指学生语言能力未达到教育目标和标准的问题，本质上是一种学习障碍，表现为听、说、读、写诸能力和人际交流等方面的缺点、错误、弱点上。

（四）社会学视角

在社会运行层面看，语言障碍是语言的社会功能不正常，社会语言能力下降、衰落、变异，是社会语言的病态。主要表现为：1.不同社会阶层或不同社会组织在社会方言上分化严重，各说各话，信息沟通不畅。2.不良社会语言活动增多，如语言暴力增加、谣言流行、语言腐败、语言污染等。3.优秀传统文化的语言传承不良，掌握古代、近代语言文化者渐少，时有"数典忘祖"现象等。

（五）医学视角

在医学中，语言障碍是"语言障碍症"的简称，是一种病症名称。其含义主要有三：（1）因生理器官残疾或受到伤害，导致的语言能力损伤。如耳聋者丧失语言听力，盲者丧失语言视力，大脑皮层语言中枢受到损伤的失语症等。（2）4~6岁儿童语言能力发育迟滞和异常。（3）因其他疾病导致的语言能力失常，如脑梗患者的后遗症，不能说话、吐字不清，精神病患者的"谵言妄语"等。

（六）综合观点

概括起来看，我们认为语言能力障碍是由多种原因导致的人的语言能力在多个层面、多种场合、有多种表现的不能正常行使语言功能的状态，或者说是语言能力的病理形态。

二、语言能力障碍的分类

（一）分类标准

对多种多样的语言障碍现实形态，可以按不同的标准进行分类，以便于我们发现问题和解决问题。

1.按主体分类

按人来分类，包括年龄、健康状态、社会角色等特征分类。

按年龄：可分为儿童语言障碍、成人语言障碍、老年语言障碍。其中儿童语言能力习得迟滞、迟缓受到了高度重视；老年语言能力衰退、病态问题，由于老龄社会的到来，而日益受到重视。

按健全状态：可分为残疾人语言障碍、疾病患者语言障碍、健康人语言障碍等。

按社会角色：如学生语言障碍、职业语言能力障碍、权力机关语言障碍等。

2.按言语过程分类

有言语感受障碍（听、读方面）、言语信息加工障碍（理解、想象、推理等）、言语表达障碍（说、写、译方面）。

3.按语言能力结构层次分类

我们已经对语言能力结构进行了比较详细的讨论，已知语言能力分为不同的层次，按不同层次考察语言障碍，是对语言能力障碍的系统化、结构化分类，这是本章采用的分类方法。

（二）按能力结构的四层次分类

根据人类语言能力的系统结构，可把语言障碍分为四类：

1.生理性语言能力障碍。

2.心理/行为性语言能力障碍。

3.社会性语言能力障碍。

4.综合性语言能力障碍。

对前三项类别本章要进行分节详述，综合性问题则穿插讨论。

三、研究语言能力障碍的意义

研究语言能力障碍的意义主要体现在三个方面：

（一）学术意义

对语言、语言能力的研究，大多是对语言正常状态的一般性质研究，我们可以称之为正方向研究；而通过语言异常状态的特殊性质研究，对于探讨语言学问题、语言能力的内在机制则是一种反方向研究，反向研究可以助力正向研究。所以，对语言能力障碍的系统研究，对语言学、心理语言学、语言教育学、社会语言学都有基本理论研究的学术价值。

（二）现实意义

语言障碍多种多样，受其困扰的人数众多，因此克服语言障碍困扰（甚至是疾病）就成了一项社会现实需要。系统深入的语言障碍研究可以为弥补语言能力缺陷、受损语言能力的康复、迟滞语言能力的发展以及语言病症的治疗提供学术性指导。

例如，"口吃"（stutter）这一语言障碍全世界共有约8000万人，其中中国有1300万～1400万人，口吃比例约占总人口数的1%，广泛分布于各个地区、各个阶层、各年龄阶段。所以从学术上研究口吃问题，其意义不言自明。至于语言能力结构存在薄弱环节者更是不计其数，几乎人人都有。

（三）技术意义

无论是天然性语言障碍，还是病理性语言障碍，都有用当代信息技术、传感技术、教育技术解决问题的需要。因此，语言能力障碍研究可为相关语言高新技术的开发、运用提供基础理论的支持。

第二节　生理性语言能力障碍

生理性语言能力障碍是由于言语器官的结构和功能发生病变，或生理缺陷、功能紊乱发生的语言障碍。主要有两类，一类是感官、运动器官问题造成的语言障碍，另一类是脑皮层语言中枢问题造成的语言障碍。

一、器官性语言障碍

这类障碍是由于感觉器官和发音器官的障碍导致的语言障碍。

（一）盲

盲人（blind）是指视觉有障碍的人，是眼球或视神经有疾病或受到意外伤害而导致双目失明或单目失明的人。在来源上分为先天盲人与后天盲人；在程度上分为全盲、半盲及弱视（低于正常视力60%）。

从语言和言语活动上看，先天性盲人由于没有经历过任何对颜色的体验，所以他们没有真正的颜色概念，而后天性盲人由于曾有过颜色的体验，所以他们有真正的颜色概念。

盲人的主要语言障碍是不能正常阅读书面语言材料和看到说话人的表情，但他们大多听力正常。由于口语表达能力正常，他们可以从事唱戏、翻译、调音律、弹拨乐器、写作等语言职业工作。为了解决阅读和写作的问题，人们发明了盲文，这在特殊语言能力一章中已有讨论。

世界卫生组织估计全世界有盲人4000万～4500万，低视力者是盲人的三倍，约1.4亿人。我国曾在20世纪80年代进行过视力残疾状况调查，全国有视力残疾患者近1300万人，其中盲约550万人，低视力约750万人。有估计说，我国每年会出现盲人大约45万人，低视力者135万人，即约每分钟就会出现一个盲人，三个低视力患者，这是一个很严峻的问题。

克服视觉语言障碍除盲文外，针对视障治疗的技术也不断进步。另外，在教育上提高视障人士的语言能力也很重要，可以促进他们就业和社会地位的提高。有突出成就的盲人也不鲜见，如著名的盲人歌手雷·查尔斯、民间艺术家《二泉映月》作者和表演者盲人阿炳、美国作家萝拉和海伦·凯勒等。

（二）聋

聋人（deaf）是听力因先天遗传或后天听觉器官及听神经和脑神经中枢受到伤害的听力障碍者。我国大约有2700多万听障人，包括弱听、重听、老化聋等。

听障人的语言障碍主要是听不见他人的口头言语，聋哑人不仅听不见他人言语，大多由于听觉障碍导致无法学习语言，而不能说话。

聋有全聋、弱听、重听、老化聋等不同程度。全聋是没有听觉；弱听是轻度听觉障碍，是听觉减弱现象，一般只能听到音量高于26分贝的声音而听不到微弱的声音（如轻声谈话）；重听是存在残余听力的人，听力在90分贝以下；老化聋，在疾病名称上是"老年性听力衰退"，是指听觉器官随着年龄增长而不断老化所引起的对声音的感受性降低现象。此外，长期饮酒、吸烟、动脉硬化、生活噪声、情绪紧张等也会损伤听觉器官，引起不同程度的耳聋。

解决聋人语言障碍的主要方法是在聋人群体内以及与他们生活密切相关的正常人之间使用"手语"，所以他们又被称为"手语族"。

聋和哑之间并没有必然关系，真正的既聋又哑者是少数，大多是因聋而错过语言学习的关键期而不会说话。"口语训练"就是采用一定的教学措施而让聋人学会说话，由此学会说话的聋者被称为"启音人"。聋人学会说话、阅读、写作者并不鲜见。

弱听、重听、老化聋、病理聋等，只是在口语交流上出现困难，并未丧失正常的语言能力，可以通过配戴助听器、药物治疗等方式予以解决。

（三）哑

"哑"指不能通过发音器官说话，症状永久者被称为哑巴（dumb person），哑巴一词多少有歧视和侮辱之意。"嗓子哑"则是临时性病症。

造成哑的原因分为先天性和后天性两类：先天性原因有基因遗传和发音器官发育不良等；后天性原因主要是声带损伤、中枢神经异常或精神疾病等造成的发音器官的功能障碍，以及由于喉癌等疾病切除了发音器官。

所谓"十聋九哑"，多是由于聋而导致的语言学习缺失造成的，所以聋哑常联用，称之为聋哑人。

哑人的交际手段也是手语。由于咽喉发炎等疾病造成的噪声嘶哑，甚至是说不出话来，是暂时性发音障碍，随着疾病的治愈而痊愈。后天发音器官损坏的患者，只是丧失了口语能力，听力、阅读能力、写作能力仍然存在。

（四）大舌头

大舌头（Large tongue）是一种口语病，表现为言语吐字不清，发音不准确。具体症状有的是单音系的字音说不清楚，有的是较多音系的字音说不清楚，还有的是所有音系的字音说不清楚。按语流障碍程度可分为轻度患者、中度患者、重度患者。

从形成原因上看有两类，一类是生理原因，另一类是学习原因。生理原因主要有：1.遗传因素，如父母、近亲里有大舌头。2.先天性生理发育不良，有各种畸形，如先天性腭裂。3.发音器官有疾病、生理有缺陷，如舌根粗大、过扁宽、过厚、舌系带过短等。4.发音器官出现器质性病变。5.舌系带强直、声带痉挛、咬肌痉挛等。

后天学习原因造成大舌头现象主要有：1.后天性构音障碍，表现为说话时声母运动不到位，导致韵母独立发音，造成发音失真。还有的是气流排除方式错误（嘴出气窜到了鼻腔里），以及舌面音发到了舌的两侧，或舌部运动差等。2.对发音不准的错误认识，把后天语言学习形成的错误习惯，误认为是先天的。例如，两岁左右的幼儿多数发音都不是很准确，随着时间的推移，大多数儿童会走上正确发音的道路，但约有1%的儿童没有达到正确的发音，部分声母不准确，形成了构音障碍，延续这种2～3岁的发音习惯，久而久之形成了发音方法的错误条件反射，就成了大舌头。

大舌头这一语言障碍，患者易受到伙伴、同学的嘲笑，自尊心受到伤害，还影响到口语表达的清晰准确，使口语表达能力降低。幸运的是在医学界已有了治疗大舌头的多种方法和技术，也引起了家庭幼儿教育的关注，并发展出了多种矫治方法。

二、脑中枢性语言障碍

人脑的特定部位损伤或机能失调能引起言语障碍，在临床上被称为"脑损伤性失语症"（aphasia），简称失语症。

（一）什么是失语症？

对此，《百度百科·失语症》词条作了很好的阐述："是指与语言功能有关的脑组织的病变，如脑卒中、脑外伤、脑肿瘤、脑部炎症等，造成患者对人类进行交际符号系统的理解和表达能力的损害，尤其是语音、词汇、语法等成分，语言结构和语言的内容与意义的理解和表达障碍，以及作为语言基础的语言认知过程的减退和功能的损害。这种损害表现为不同程度的听说读写的功能障碍。由于失语症是对符号言语的理解和表达障碍，因此也包括与符号系统有关的其他系统障碍，如应用手势进行交流的能力。"

对于大多数人（约占95%）来说，大脑左半球为语言优势半球，所以造成失语症的脑损害也多为左半球。

按《波士顿失语诊断测验》（BDAE）的评定标准，失语症的程度可分为6级：

0级：缺乏有意义的言语或听理解能力。

1级：言语交流有不连续、不完整的表达，听理解有困难。

2级：可进行熟悉话题的交流，对陌生话题交流有困难。

3级：可讨论日常话题，但理解力减弱，某些话题交流有困难。

4级：言语流利，但有理解障碍。

5级：有极少的可分辨的言语障碍。

至于失语症患者的人数，尚缺乏比较准确的统计，大致估计需以千万计。据流行病学研究，我国每年脑卒中发病率为1.5‰，按脑卒中存活者中5%以上存在失语症推算，我国每年至少新增约21万失语症患者。这仅是对一种脑损伤病的估计。

（二）失语症的分类

根据脑损伤和功能失调的不同，可把失语症分类如下：

1.运动性失语症

"这种失语症主要是因Broca区受损引起的。它的特点是：患者能理解他人的语言但不能用言语同别人对话，有的患者虽能发音但不能构成语言"（李新旺，1992，P246）。此外，研究发现，优势脑侧半球下回后部（从前上额叶到前顶叶区域的皮质，包括岛叶和周围sylivian皮质上缘）都与运动性失语症相关。

（1）Broca失语：说话中的连词、代词等减少或缺失（电报语式），流利性、命名、复述和书写功能受损。

（2）构音失用：参与构音的运动器官协调障碍，如呼吸（构音不清）、清晰度（构音障碍）、情感性语调（失韵症）等。

（3）缄默症：无任何言语，理解完好，书写相对保留。

2.感觉性失语症

主要损伤部位是脑皮层颞上回后部（颞叶、顶叶后部，枕叶侧面），听觉正常，但听不懂别人和自己的话。

（1）Weinick失语：有说话能力，但话语荒谬、混乱、经常答非所问，书写词不达意。说话大量错语、新造词混合在一起，还有杂乱语、奇特语。

（2）纯字聋：言语听觉理解受损，而说话、阅读理解相对保留。

（3）失读伴失写：阅读理解、书写受损，而口语较少受影响。

3.完全性失语

也称作"球性失语症"、严重"混合性失语症"。患者脑皮层较大的损伤，左侧脑半球多个脑回损害伤。患者语言功能各个方面都受到严重伤害，无任何语言活动，理解能力丧失。

4.命名性失语症

常见脑病变位于脑颞中回和角回。主要症状是物体命名困难，字面错误或语意错误。一般认为，命名性失语症是由于大脑两种信号系统的活动分离造成的。

5.传导性失语症

脑损伤部位是左侧颞叶或顶叶上部（可能是前后语言区域联系纤维受损），在表达方面能进行流利的会话，但语言错乱，伴有音素性错语障碍，复述与自发言语命名、读词均表现为错误，但对文字和音声理解都较好。

6.丘脑性失语

脑损伤部位是与语言区连接的后丘脑核。一般能简单回答问题和叙述病史，复述正常或轻度障碍，有明显的命名障碍，语意性错词较多。

7.失读症和失写症

失读症（alexia）的表现为不能认识和理解书写的或印刷的字词、符号、字母及色彩，不能识别视觉信号的语义含义，与大脑优势半球内侧枕额脑回损害有关。

失读症对3～6岁儿童的影响称之为"诵读困难症"，指儿童在学习阅读、朗诵、书写、发音时比同龄孩子困难的现象，是影响儿童身心健康和学习能力的病征，与儿童脑功能异常、遗传、妊娠期伤害、疾病、药物副作用，以及心理、环境因素都有关。

失写症（agraphia）是脑损害和脑功能紊乱引起原有的书写功能受损或丧失。不同部位脑损伤可导致不同形式的失写症。失写症患者不能以书写形式表达思想，与大脑优势半球额叶中部后侧脑回部的运动性书写中枢损害有关。

Benson等1985年根据临床和神经心理学特征，将失写症分为三大类：失语性失写、非失语性失写、过写症。近年随着信息技术的发展，有学者把因汉字拼音输入依赖造成的手写汉字能力显著下降，称之为"电脑失写症"，认为是在信息化时代的"全民失写症"。

失读症与失写症常被一起作为"视觉性说示不能"的症状。

8.其他

失语症多种多样，难以详述，除上述比较典型的病症外，还有其他失语症现象存在。

第三节　心理/行为性语言能力障碍

心理与行为性语言能力障碍是由于人的基本心理和行为问题导致的语言障碍，主要有：1.儿童语言能力障碍。2.精神功能紊乱语言障碍。3.社交语言能力障碍。4.语言能力结构缺陷障碍等。对于个人语言能力来说，心理/行为性语言能力障碍既是其他心理行为障碍导致的结果，也是严重影响其他心理与行为功能的重要因素。

一、儿童语言能力障碍

儿童发育早期是儿童语言学习的关键时期。一般认为，1~2岁是语言的敏感期，2~3岁是语言的爆发期，3~6.5岁是语言中词汇逐渐增多、语法规则形成的阶段。儿童期语言能力的发展对一个人一生的语言能力都有影响，所以这一时期发生的语言能力障碍不仅会影响儿童的理解和表达，还会影响日后的阅读和书写，甚至影响孩子的认知能力、社会适应能力等。早期发现儿童语言能力的障碍，针对性地实施补救康复措施，是一件很重要的事情。

（一）语言能力发育迟缓

儿童语言发育迟缓（speech delay）被认为是一种疾病，分为两类：一类是由于智力低下、听力障碍、构音器官疾病、中枢神经系统疾病等引起的语言发育迟缓；另一类是无以上明确原因而出现的语言发育明显延迟现象，称之为"特发性语言发育障碍"或"发育性语言迟缓"（developmental language disorder）。

"特发性语言障碍，临床上分为表达性语言障碍和感受性语言障碍两种。前者能理解语言但不能表达，后者对语言的理解和表达受到限制。当患儿开始学语时，语言缺陷即显示出来，小儿可发出一些音节，但不能组成词。记不住普通的词，词汇十分贫乏，不能用完整的句子去描述他所需要的东西，因此语句十分生涩难懂。患儿对语言学习的学习速度很慢，常比正常儿童慢2~3倍，语言明显落后，如1岁多尚不能叫爸爸、妈妈，4岁尚不能说完整的句子等。"[①] 特发性语言发育障碍儿童在入学后会出现心理障碍问题（焦虑、抑郁、退缩、违拗等）和学习困难（如阅读、理解和计算困难）。

语言发育迟缓的发病率较高，据有关资料估计，英国7岁以下的语言发育迟缓比例在2%~16%；加拿大幼儿园阶段的儿童发生的比例在8%左右；美国3~17岁儿童有语言障碍的比率在3.3%左右。据有关统计，我国儿童语言障碍比例达6%~9%，个别地区甚至达到12%。

针对儿童语言发育迟缓，在治疗和康复上，医学界和特殊教育界一直在不懈努力，并取得了很大进展。在家庭教育方面，大多数父母摆脱了"孩子就是说话迟一些而已"的观念，对语言发言迟缓问题引起了高度关注，并求助于专门的矫正治疗机构。

（二）口吃

口吃（stuttering），俗称"结巴""磕巴"，古称"謇吃"，是一种语言障碍。表现为超过3个月在说话过程中频繁出现非自愿的声音、音节或

---

① 百度百科·语言发育迟缓词条.

单词的重复、延长或卡壳。该症状常见于儿童期，成人也可能会发生。口吃还有许多不被他人观察到的表现，如对特定音素（通常为辅音）、字和词的恐惧，对特定情景的恐惧、焦虑、紧张、害羞和言语中的"失控"感觉。

在临床上，把口吃的结构区分为三个层面：

1.口吃的核心行为即口吃的核心症状：说话中有过多的、无法自控的语言重复、拖长和卡顿。

2.口吃的附加行为是患者为了逃避和摆脱口吃的核心行为所表现出的各种不正常动作，如眨眼、跺脚、清喉咙、面部抽搐等。

3.口吃心理包含情感和认知两个方面，主要心理特征有：（1）恐惧心理，对说话、交际恐惧，想逃避说话、逃避交际、掩饰自己的口吃。（2）悲观心理，因为口吃遇到的挫折较多，对前途感到无望，并由此加剧口吃症状，形成恶性循环。（3）消极情绪。（4）精神萎靡，缺乏斗志、意志薄弱，对生活丧失信心。

口吃还可能导致性格缺陷和行为畸形。

造成口吃的原因比较复杂，涉及遗传因素、神经生理异常、语言中枢发育不良、生理疾病、心理疾病、学习模仿和暗示（学别人的结巴以为趣事，结果自己也成了结巴）等，是非常复杂的语言失调症。

关于口吃的矫正，医学界已发明了许多方法和技术，但效果还有待于进一步提高。矫正口吃最关键的因素是患者自己的觉悟和持之以恒的努力。传说中的一个典型案例是古希腊德摩斯梯尼的故事，他出生于公元前384年，天生口吃，嗓音微弱，讲话讲不清楚，还非常害怕当众讲话。但他立志要成为全希腊最棒的演说家。为此，他做了两件事：一是为了克服口吃，每天嘴里含着石头子练习说话；二是为增强自己说话的音量，每天登高对着惊涛拍岸的大海演练说话。当然他也在文化素养上下了功夫，历经12年，终于成为雅典最具雄辩力的演说家。德摩斯梯尼被誉为"最有据可查的人类励志界鼻祖"。

（三）阅读障碍

阅读障碍（Dyslexia）是学龄儿童中常见的一种学习障碍，约占儿童学习障碍的4/5。在临床上，分为两类：一类是获得性阅读障碍（Acquired dyslexia），是指先天或后天的脑损伤以及相关视听觉障碍造成的阅读困难；另一类是发展性阅读障碍（Developmental dyslexia，简称DD），是指智力正常的儿童在发展过程中没有明显的神经或器质性伤害，而阅读水平显著落后于其相应的智力水平或生理年龄的现象。本节讨论的主要是DD。阅读障碍的发病率约为5%~18%，男孩高于女孩。有证据显示，阅读障碍是一种长期持续的存在状态，而不是短暂的发育性迟缓。

阅读障碍的临床表现因文字语种不同而不同，在字母书写系统中（如英文），早期症状表现为背诵字母、说出字母正确名称、词的分节、读音的分析及分类等障碍。后期症状表现为口语阅读能力不足，如朗读时遗漏字、加字、念错字，朗读速度慢；阅读理解存在缺陷，不能回忆起所读的内容，不能从听读的资料中得出结论或推论。在汉字系统中，常表现为音调念错、串音、多音字读错、读错两个字组成的词中的一个字等。

据观察，阅读障碍一般于婴儿期或童年期起病，6~7岁明显。有时阅读障碍在低年级时可被代偿，9岁之后才明显加重。阅读障碍可持续到成人期。

对阅读障碍的病因与发病机制有多方面的研究，如行为研究、脑神经研究、遗传研究等。[①] 在矫正治疗上，也有多方面的探索，主要方法有行为干预、认知—行为干预、神经系统功能训练、生化与药物治疗等。

根据一些名人轶事，产生了一种虽不严格但很有趣的观点："有读写障碍的孩子智力正常或超长，有的甚至是天才。"例如，人类历史上罕见的"全才"达·芬奇，就是一位读写障碍症的"患者"。此外，还有毕加索、乔布斯、约翰·列侬、法拉第等也有读写障碍。最近的例子是2019年诺贝尔化学奖的获得者约翰·古迪纳夫，他是有史以来获诺奖年龄最大

---

① 王久菊，毕鸿燕，卫垌圻，等.发展性阅读障碍的产生机制——从行为到遗传研究[J].生物化学与生物物理进展，2008.35（7）：729-734.

的人。他自己透露，18岁上大学后发现了患有阅读障碍症，从哲学、文学专业转学数学、物理，并取得斐然的成就。但这些并不是具有普遍意义的结论，对儿童阅读障碍患者还应积极干预和治疗。

二、精神紊乱性语言障碍

精神紊乱是指以人的心理机制为基础的精神活动障碍。"精神障碍（mental disorder）又称精神疾病（mental illness），是指在各种因素的作用下（包括各种生物学因素、社会心理因素等）造成大脑功能失调，而出现感知、思维、情感、行为、意志以及智力等精神运动方面的异常，需要用医学方法进行治疗的一类疾病。由于对精神疾病存在着一定程度的社会偏见，所以在精神疾病的称呼上，目前以使用精神障碍为好"。[①] 民间通俗、并带有贬义的说法是"精神病""疯子"。

精神障碍，按WHO的《国际疾病分类第10版》（ICD-10），把精神与行为障碍分为11类，表明了精神障碍多种多样，病因也多种多样。

概括起来看，可以说几乎所有种类的精神障碍都有言语活动的异常。这可以证明，所有的正常言语功能都要以正常的心理与精神功能为基础。反之，正常的精神功能也以正常的言语能力为重要因素。

精神障碍导致的言语异常有多种表现。如"癔症性失语"，是由于惊吓而导致癔症发作的后遗症之一，表现为突然不能说话，说话没有声音，但听力和声带正常。癔症性失语是一类重大生活事件的强烈内心冲突及情感体验引起的精神、神经障碍。媒体上曾有"女服务员被狗追咬严重惊吓，至今不能开口说话"的报道。

"孤独症"（autism）又称自闭症或孤独性障碍，是一种广泛性发育障碍，严重者长期处于自我的环境中，长时间不与人说话交流，会导致患者不会说话。有些严重的抑郁症患者也有类似情况。

而躁狂症（mania）患者则言语增多，思维联想加快，一句接一句，

---

① 王祖承.精神病学[M].北京：人民卫生出版社，2002：1.

"出口成章、滔滔不绝"，内容丰富，诙谐幽默，夸大妄想；还有的则是无休止的谩骂、诅咒，言语凌乱、胡言乱语、行为紊乱。

患精神障碍的人是很不幸的，需要全社会的关爱，而且当代针对性的医疗方法和技术也在不断发展。值得注意的是，语言暴力也可能造成心理脆弱、心理弹性不足者的精神障碍。

三、低情商综合症

情商，全称情绪商数（Emotional Quotient，EQ），是情绪智力、情绪智慧的量化指标，但在通常应用中已经把它视为一种能力的名词。情商与传统智商概念相对应，是调节控制自己的情绪、觉察理解他人情绪、用言语和行动恰如其分地处理复杂人际关系、建立人际感情的能力。情商也被称为社会性智力（social intelligence）、人际智力（inter personal intelligence）。有人认为，情商是一种能力，是一种技巧，是一种创造，是个人生活成功的关键因素，价值无量。

情商有高有低，因人而异。高情商者自知、自控、自励，通情达理，善于与人和谐相处，大脑的逻辑思维部分和情绪情感部分相辅相成，有"人缘"。低情商者自我意识差，缺乏自信，意志力弱，好依赖他人，说话和做事考虑别人的感受少，要么胆小怕事，要么好发脾气，心理承受能力差，悲观情绪常占主导地位，大脑的逻辑思维部分与情绪部分常相分离（如"说话不过脑子"）。一般情商较低者"人缘"都比较差。

所谓"低情商综合症"表现为两个方面：

（一）社交障碍（Social barrier）

1.社交动机障碍：表现为不愿与人交往、不敢交往、不能交往。

2.社交焦虑障碍：表现为社交恐惧症（social phobia）、社交焦虑失协症（SAD）等。

3.社交功能障碍：不善交际、不会交际、不善于表达。

（二）语用能力障碍

不善于在不同的语境中运用恰当的语言表达方式。用通俗的话说，人应该"到什么山唱什么歌"，在不同的场合说符合该场合人际氛围的话。有个笑话是说一人去一添丁人家道贺，众人皆是说祝贺的话、祝福的话，他却说这个孩子是要死的，引发众怒。从哲学层面说，人都是要死的，这个孩子是人，所以这个孩子是要死的，在逻辑上是成立的。但在庆生这一场合，说这种话，是情商极低的表现。

"不会说话"是对这类现象的通常说法，不是说这种人没有语言能力，而是说他情商低，缺乏语用能力。当然，那种"见人说人话，见鬼说鬼话"，语言谄媚、奉承、巴结、虚伪，也是被人唾弃的，是不健康情商的表现。

四、著述能力障碍

著述能力障碍是指在高校教师、学术研究人员、富有成功经验人士群体中一部分人的"立言"障碍，俗称为"茶壶煮饺子"现象。主要表现是：他们学术功底比较深厚，能够从事科学实验或学术探讨工作并取得一定的新进展，但不能撰写高质量的论文、研究报告，尤其是长篇大论的专著、学科或专门领域的系统总结、全面综观性的著作，著作能力弱成为他们学术生涯的瓶颈。在文学艺术创作领域也存在类似情况；在学校教育领域，作文能力较差、学业论文水平较低，更是常见的现象。此外，在众多生产实践领域，许多好的成功经验和技术经验，得不到很好的文字化总结和著述传世，无形中使人们的智慧结晶未能产生更大的社会效益，湮没于历史长河之中。

导致著述能力障碍的原因可能存在于著述过程各个环节之中：

1.思维/思想能力弱，不同领域的著述需要不同的思维/思想能力，如学术领域需要很强的抽象逻辑思维能力，文学艺术领域需要生动的形象思维能力。思维和思想活动的产物是观点、论点、学说、理论等，这是一切著述所要表达的意义内核，是需语言物化的精神产品。

2.缺乏科学研究方法的掌握和娴熟运用，导致搜集第一手资料不充分、缺条理，以及分析资料得出结论的能力弱。当代学术课题如未经系统的、可靠的科学方法的研究，是产生不出接近真理的认识成果的。

3.著述计划能力缺欠，如在著述动力上较弱、著述动机不强；有怕劳累和畏难情绪；没有掌握制订工作计划、构思框架、提纲的方法和技术；以及缺欠明确逻辑结构和组织材料的能力。

4.语言物化能力弱，即语言表达能力欠缺。主要有遣词造句的基本功不扎实，不会篇章谋划，缺乏文字表达技巧等。从这一关键环节说，无论是理工类、社科类以及文学艺术的学生，都应接受良好的语文教育，都要在基础语言能力的各个方面下功夫。

5.公开发表及传播障碍。有的是不掌握特定期刊的文章规范（尽管有些八股化）而被拒稿；有的是公开发表及出版渠道不通畅，高额的"论文版面费"和"著作出版费"无情地扼杀了一些可能的传世之作问世。这迫使人们要发展"学术社交能力"和著述作品的"市场运作能力"。

克服著述能力障碍的应对方法可能有以下几个方面：

1.要充分认识到著述能力是学术研究能力、文学创作能力的重要组成部分。

2.加强语言基本能力的学习和训练，认识到这是一项"基本功"。

3.注重著述流程的指导教育和学习，"明师指导"很重要。

4.大量的著述实践是最好的学习方式之一，通过由小至大、由短至长、由易而难、由普而专的大量练习实践，可有效提高人的写作、著述能力。

第四节　社会性语言能力障碍

一、概念界定

社会语言能力（Sociolinguistic Competences）有两方面的释义：《中国人民大学英语能力标准网》上定义的社会语言能力，认为社会语言能力是交际语言能力的组成部分，"是指从社会的角度应用语言的能力及其相关知识。主要包括表明社会关系的标志性词语、礼仪规则、智慧语、语体与方言。社会语言能力是基本语言能力的拓展，也是在社会交际中正确使用语言必须掌握的能力"。还有人认为："社会语言能力是指一个人在社交交往中运用语言的能力，包括口头表达、听力理解、语言的运用等方面。"上述见解是以学习者个人能力角度定义社会语言能力的。

在本章中，我们从国家语言能力研究的视角出发，给社会语言能力的定义是：在某一历史时期的社会生活中，全社会或社会主要群体的语言能力形态，及重要的社会语言现象（尤其是存在的问题）。这是从社会宏观层面对语言问题的讨论。社会语言能力是国家（民族）语言能力的组成部分，是一种群体语言形态的描述。

社会性语言能力障碍是社会语言能力中存在的问题，或者说是社会语言能力的病态现象，其对社会语言能力的发展、提高起阻碍、迟滞作用，并对社会健康发展有多方面直接、间接的消极影响，甚至是危害。

社会语言能力的这两种定义并不矛盾，在个体语言能力及语言教学中以第一种定义为主；在对社会宏观语言生活研究时，则以第二种定义为主。宏观的社会语言能力形态以无数个体的微观社会语言能力所构成，个体的微观能力形态则受到社会宏观形态的制约和规定。语言的交际交流功能只有在群体内、群体间相互作用过程中才能实现，这是不言而喻的。

二、网络失语症

计算机网络信息技术成了当前的时代技术特征，给社会方方面面带来了技术变革，给人们的生活带来了无数的便利，不懂和不会运用这一技术的人，被称为"当代文盲"。但与许多科学技术进步一样，这也是一把"双刃剑"，撇开"黑客"这一高智商、高技术的危害外，当代计算机网络信息技术也给人类的语言能力造成了多方面的伤害，这种伤害被称为网络失语症（Network aphasia）。

（一）电脑失写症（computer-induced agraphia）

计算机的键盘输入是人与机器交流的重要方式，越来越多的人习惯了键盘输入，被称为"键盘手"或"电脑手"（智能手机上的输入也类似），"敲字如飞"代替了传统的笔画书写，由此产生了一种新的失写症，并有蔓延之势。

电脑失写症是长年累月键盘输入操作的结果，使人淡化和暂时遗忘了手动书写，当用笔写字时常"提笔忘字"，对大量常用汉字失写，而且手写文字潦草难以辨认，错别字较多，常常在书写时自觉不自觉地使用网络语言或网络符号。

关于电脑失写症的机制，有学者认为，由于长期在计算机键盘上敲字，缺少笔迹的书写感和印痕感，对大脑的语言中枢产生不了刺激作用，从而造成了失写现象。也是键盘操作长时间的大量单调重复的操作造成了大脑皮层对于书写文字功能的暂时遗忘。有研究认为，书写训练对培养人的思维能力，形成良好的行为方式，获得文字字体美感受是十分关键的，是电脑操作无法取代的。所以，书写能力是学校教育不可缺少的基本语言能力教育。

幸运的是电脑失写症不是器质性缺陷造成的永久伤害，可以通过有意识的书写训练得到矫正，使人恢复到原来的书写能力水平。

（二）网络表达失语症

网络表达失语症，简称网络失语症，是由于长期使用网络，受负面网络文化的影响，导致的语言能力受损问题。例如，2019年，中国青年报社会调查中心联合问卷网对2002名受访者调查，76.5%的受访者"感觉自己的语言越来越贫乏"。

网络表达失语症的主要表现是"文字失语症"，即语言表达能力弱化，在需要进行逻辑完整、复杂长篇的表达时，常会"宕机"；由于长期受网络环境的影响，使人主动或被动地在网络社交平台，并延伸至社会生活中，过度使用网络"雷词""热词"等流行符号进行社交活动并沉迷其中，结果是逐渐弱化甚至丧失自主运用文字表达的能力；张口难言、词不达意，组织语言能力衰退，无法运用语言清楚地表达自己的思想、情绪和观点，应有的正常语言应用系统遭受冲击和损坏。

从内在机制上看，文字失语症是词义泛化、弱化、娱乐化、从众化的后果之一。主要原因是网络流行语生存周期短暂，"雷词""热词""热梗"层出不穷，更新迭代速度很快，通过"造词"等"围观"的网民获得参与和表达的快感与满足感，使正常的词语词义贬值，词义转换，破坏了自然语言存在的环境，紊乱了原有的语言应用功能，造成了文字表达自我生成能力的丢失。例如，"伞兵"一词曾被频频使用，其拼音缩写与不文明词语相同，在网络语境中，一个表示光荣身份的名词就变成了某些人谩骂攻击他人的"谐音梗"，实在令人不齿。

加强网络文化精神文明建设，提高网民文化素养、批评网络语言不良倾向等，是预防网络语言表达失语症的有效措施。

（三）网络信息技术文盲族

最新的"文盲"定义将文盲分为三类：第一类是不能读书识字的人。第二类是不能识别现代社会符号（如地图、曲线图、分类标志）的人。第三类是不能使用计算机学习、交流和管理的人。第三类就是本文所指的"网络信息技术文盲族"，他们不仅不会使用计算机，也不会使用智能手机（或其他智能终端）适应现代化的信息生活。将其列入网络失语，是指他们要么没有计算机等终端设备，或有设备而不愿学习和使用之，由此造成的与当代计算机网络信息技术的隔离，以及在网络文化生活中的无法言语，是一种社会性语言障碍。

这类网络失语的群体主要是老年人（60岁及以上老年群体），据有关统计，他们有近一半人不会上网。由于不会使用网络，给他们带来的生活困难主要有：买东西不方便、办事及缴费很困难、看病挂号买药难、难以与家人朋友联系、难以买到火车票飞机票、打车难、理财难，以及缺少休闲娱乐活动等，更不要说在网络平台上发表意见和见解了。

这一问题的解决，一是促进老年人的学习，与时俱进地使用现代信息技术设备；二是信息技术设备研发对老年人友好化、简易化。

（四）AI技术的隐患

人工智能（AI）技术是高科技中的高科技，它代替人脑行使了多种智能劳动。有人把AI技术的优点总结了五条：1.强大的创新性，AI技术可以分析巨量数据，并提取出潜在的模式和趋势，帮助人脑进行预测和决策。2.复杂智力劳动的自动化，节省大量人力资源和劳动时间。3.更高精度和准确性的智力劳动。4.代替人从事重复、烦琐和耗时的工作任务，提高工作效率和生产效率。5.提供新的商业模式和工作机会，如自动化流程、个性化推荐、预测分析等。

至于AI技术的负面影响，可能有四条：1.隐私泄露和信息安全风险。2.造成若干岗位的就业压力，机器代替了人工。3.可能产生不完备决策。4.AI设计者的偏见和歧视观念可能渗入AI机制中。

上述AI技术优点和缺点的分析都没有注意到AI技术对人类语言能力和心智能力的可能影响，尤其是负面影响。

AI技术的一项重要应用就是代替人进行写作和文本创作，包括新闻稿件、论文、小说、作业、脚本等。在这方面适当地应用AI技术是可以的，但是如果大量使用甚至滥用，就可能导致人类写作和创作能力的萎缩，进而造成人类智能的退化，这是非常令人担忧的隐患。写作、创作是人语言能力的美好运用，与人的思维、思想能力协同共存，与人的情感、意志、人格密切相关，所以写作能力的萎缩、衰退和无能，其危害是不言而喻的。

为此，在学校教育中，尤其是基础教育阶段，限制相关AI技术的使用是正确的，高校教育也是如此。

三、社会阅读能力的颓态

（一）阅读与阅读能力

阅读是主体（阅读者）对读物的认知、理解、吸收和应用的复杂心智过程。阅读作为人类社会的一种重要活动，是人类特有的、最普遍、最持久的学习行为。阅读是现代文明社会人们不可或缺的智能活动，是人们从事学习和工作的重要途径和手段之一。从个人生活来说，阅读也是人生的一部分。

阅读能力是指完成对读物的阅读所需的本领，包括认读能力、理解能力、评价能力、鉴赏能力、应用能力和阅读技巧等。阅读能力必须经由学习而获得，并在阅读活动中得到发展。阅读具有多重社会功能，在教育方面，可以夸张地说"孩子的阅读能力，是一个国家的核心竞争力"。

社会阅读能力，是一个时期全体社会成员阅读活动质和量的总形态（可以分为不同群体进行考查），是国家语言能力的重要组成部分。社会阅读又称之为大众阅读、全民阅读，是学习型社会的必然选择和重要标志。社会阅读能力障碍是指大众阅读、全民阅读中存在的困难和问题。

（二）社会阅读能力的颓态

有一种夸张的、悲观的说法是"现在人们普遍不读书了"，不仅是普通的大众，就是教师、学者、大学生也读书少了。虽然这种说法不那么准确，但反映了当代社会大众阅读的颓态，这种颓态表现在阅读数量和阅读质量两个方面。

1.世界年人均阅读量排名

有一些不那么权威的数据，给世界上若干国家年人均阅读数量排了个名，虽然我们不能用这样的数据进行专题研究，但可从中看到一些趋势性的征兆。

第一名 以色列及犹太族人群，年人均读书量60～64本。

第二名 俄罗斯55本。

第三名 美国46～50本。

第四名 德国47本。

第五名 奥地利43本。

第六名 日本40本。

第七名 印度30本。

第八名 法国20本。

第九名 韩国11本。

中国年人均阅读量4.35～5本。

对此，我国网民的见解是：（1）中国人口基数大，群体结构复杂，用人均数字反映读书量不太恰当。（2）以上数据是以纸质图书量进行的估算，没有反映网络阅读和电子书的阅读量。（3）数字单调，没有反映读物的种类，可能某些国家的卡通画册也计算在内了。但不论怎么说，我国的大众阅读数量是比较低的。

2.阅读质量的颓化倾向

高质量的阅读应该是"好读书、读好书、读书好"，作者提供给大众的读物应该是"书好读"，优秀的读物与优秀的读者构成"全民阅读"的主旋律。

但令人遗憾的是当代读书不仅量少，阅读还有"碎片化""浅肤化""读图化""娱乐化"倾向。

（1）碎片化阅读

碎片化阅读是新媒体融合语境中产生的阅读方式，其含义有二：一是指传统意义的阅读方式，人们利用生活中的碎片化时间，见缝插针式地对碎片化内容的阅读；二是指通过手机浏览新闻资讯、分享朋友圈感兴趣的内容、订阅及下载一些阅读类APP等进行不完整的、断断续续的阅读模式。生活压力和快节奏导致了人们时间的碎片化，时间的碎片化导致了阅读的碎片化，阅读形式的碎片化又加速了碎片化阅读的演化。

碎片化阅读的优点是使阅读本身变得全民化、普及化，使阅读简易化、轻松化，在海量的信息面前，越来越多的人倾向于选择轻松、有趣、吸引眼球的内容。不断更新的信息和随时随地皆可阅读的特点，满足着人们对海量信息和娱乐内容的低成本、即时性、互动性的获取，以及分享与传播的需求，做到"足不出户便可知天下事"。

碎片化阅读的弊端是易使读者产生惰性阅读思维，阅读浅而广，没有时间进行深入思考，过度的碎片化会导致读者头脑浅薄化，沉溺于短暂心理快感而无系统化、逻辑化的真正阅读收益，明显降低对内容真伪性的辨识能力和正确与错误的批判能力。

（2）浅阅读

与碎片化阅读相伴生，浅阅读是指阅读停留在文字表面，没有深入理解和思考内容的阅读方式。这种阅读往往不能获得对读物的深层次理解和启示，无法真正吸收知识和体验内涵。浅阅读常常用流行读物代替经典著作的阅读，用浏览泛读代替精读细读。

（3）"读图时代"

"读图时代"是指随着科学技术的发展和生活节奏的加快，现代人自愿或被迫进入的一个时代，时代特点是认为文字已经不能满足人们对知识和信息的渴求，需要用图片不断刺激眼球，激发求知欲，触动人们麻木的神经。读图时代概念源起于19世纪美国报业的竞争，他们利用煽动性的大幅彩色照片、绚丽刺眼的色彩、滑稽肤浅的内容冲击读者的眼球，文字从"王者"变成了"懦夫"，沦落为图片的"注释"。进入信息化时代，网络、电影、电视、书籍中的图像就更多了，使"图文并茂"走向了以图为主的极端。

图片有其作为信息媒介的优点，但对其极端化使用会造成人类语言能力的衰退，减弱语言文字赋予人们的抽象逻辑思维能力，使人的思想肤浅化和幼稚化。

（4）娱乐化

社会阅读中的一个明显倾向是追求娱乐，所以通俗、有戏剧性的文学读物和"八卦新闻"（gossip news）深受大众欢迎，并占据了社会阅读总量的相当大比例。而专业性强、晦涩难懂、"费脑"的读物，除了"专业成瘾"人士和受一定外力强迫（如完成学业、解决专业问题）的读者外，是难以成为大众阅读主流的。而那些越来越厚的大部头著作，也常令人生畏。这是一种大众自然心态。

但过分追求阅读娱乐化，对广大读者而言读物难以起到开启心智、提升素养的作用，沉溺其中会消耗宝贵的阅读时间和精力。

四、发表、出版障碍

发表论文难、出版著作难是一些作者群体遇到的困难，除了一部分论文稿、书稿未达出刊和出版机构标准外，还有相当大一部分较好的论文稿和书稿没有得到发表和出版的机会，遭到埋没了，这无疑是人类智力劳动成果的浪费。

究其原因，可能有二：一是经济原因，在市场化环境中，书刊出版机构要讲两个效益，即社会效益和经济效益，当他们偏重经济效益时，则相当一部分小众读者需要的文章、著作就会难以发表和出版。二是发表和出版能力问题，作者群庞大而刊物发表文章数量有限、出版社出版书籍数量有限，则相当一部分文章和著作难以发表和出版。例如，许多高校要求研究生在读期间需公开发表论文，截至2023年底，我国在读博士研究生61.2万人，在读硕士研究生309.75万人，而据《中国科技期刊发展蓝皮书（2023）》的数据，现有科技期刊5163种，即使全部发表研究生论文，又能发表多少篇论文呢？何况这些期刊的论文作者群主体并不是研究生。

上述两个原因交织在一起，就造成了发表和出版的客观障碍，尽管国家有关部门采取了相应对策（如设立博士论文出版基金），但这一障碍在相当长一段时间内还会存在。

第五节 语言病理学

一、术语辨析

针对语言能力障碍（尤其是生理性、心理行为性语言障碍）的专门科学研究和医学治疗的学科已经发展起来了，若干学科术语名称相近而又有所区别。主要、常用的学科名称是"语言病理学"（Speech-Language Pathology），是一门综合性学科；与之近同的是"病理语言学"（Pathological Linguistics），偏重于医学医疗研究；更加偏重治疗研究的则是"语言治疗学"（Language Therapy）。此外，也有人把语言病理学称为"言语病理学"，强调了语言障碍的言语机制。本着通行、习惯、包容的原则，我们认为"语言病理学"可以涵盖各相关不同名称学科的内容。

二、语言病理学的主要研究内容

1. 学科性质

语言病理学是一门跨语言学、心理学、教育学、神经生理学、生物学、认知科学、工程学、医学等多个学科领域的综合性交叉学科。该学科目标是发现人类沟通行为及其障碍的原理与本质，一方面通过对语言障碍患者的异常语言现象的研究，用以认识和掌握正常语言习得、产出和理解过程；另一方面是探索言语异常过程的病理学原理，并依此为基础研究相应的治疗康复方法。因此这门学科具有临床科学的性质。

病理语言学（pathological linguistics）则是运用医学技术和语言学的方法研究，治疗语言功能紊乱和言语障碍的学科，又称临床语言学，也有学者认为病理语言学就是神经语言学。可以说病理语言学是语言病理学涵盖的一个方面。

2.研究领域

根据美国言语听力协会（AHSA）1994年公布的学科划分，语言病理学的研究领域包括：语言病理学相关基础学科、语言障碍的神经学、发展性语言障碍、获得性语言障碍、语音障碍、共鸣障碍、流利障碍、听力障碍、吞咽障碍和语言工程学等。

主要研究方向有：

（1）临床语音与听力学方向。

（2）语言习得与语言障碍方向。

（3）语言病理的认知神经研究方向。

（4）自闭症障碍及治疗方向。

病理语言学主要研究失语症的描述、分类，各种言语失调的病因分析，以及言语矫治（各种失语症、失说症、失写症、口吃等的诊治）等。

三、社会语言病态问题

从学科发展形态看，语言病理学主要研究生理性、心理性、行为性的语言障碍问题，偏向于临床医学，涉及社会性语言障碍的研究很少。而"社会语言病态"是客观存在的现象，包括语言暴力、语言腐败、语言污染、不良文风、语言能力衰退、语言教育低效等广泛的语言能力不健康状态，即病态。这一领域的问题也应该引起学界重视，并进行系统的研究。

例如，"语言污染"（Language Pollution）就是一种社会语言病态，主要指传统的语言文字在使用中受到不规范的字、词、句及思维模式或恶意思想行为等主、客观因素的破坏，造成传统语言错、乱、脏、假、恶、丑等现象。造成语言污染的主观原因主要有崇洋、媚俗、效鼙、护短、泄愤等，客观原因主要有外语影响、方言影响、网络语言影响、广告影响、习俗影响等。

从社会意义上看，语言病理学关注的是患者群体的问题，社会语言病态则是一个时期中一个国家、一个民族的全社会问题，涉及国家主体文化、政治经济运行、社会稳定、人才教育培养等国家大计。

　　社会语言病态问题也需要多学科的交叉研究，主要相关学科有社会学、人类学与民族学、语言学、政治经济学、教育学、文学艺术等。这一领域的研究在很大程度上属于社会意识形态和社会文化的研究。

第十七章　个性语言能力

从哲学原理上说，共性和个性是一切事物固有的本性，即每一事物既有共性又有个性，人类语言能力也不例外。

共性是事物的普遍性质，个性是一事物区别于其他事物的特殊性质。个性体现并丰富着共性，共性只能在个性中存在，任何共性只能大至包括个性，任何个性不能完全被包括在共性之中。共性和个性在一定条件下会互相转化。

语言能力也是共性与个性的统一体，我们既要研究其共性，这是本书的主体，也要研究其个性，这是本章的主题。

第一节　个性语言能力的内涵

一、个性

个性是一个内涵非常丰富而又复杂的概念。哲学上的共性个性原理阐述的是世界上一切事物的存在形态特征，从研究语言能力角度上说，个性是人类的个性，是人性的存在形态特征。

"就像人是多学科研究对象一样，人的个性也是哲学、心理学、社会学、教育学、生理学、伦理学，以及美学、文学、历史学、法学和医学等诸多学科共同研究的课题。"个性的客观基础是个体，即一个一个的自然人，像一切生物由细胞构成一样，人类的基本构成单元就是个人，个性就是社会化的自然人个体的属性。"个体可以指自然个体，也可以指社会个体。前者是纯粹的自然物，后者指具有自然的、社会的全部固有特点的具体的人。人的个性指的是社会个体。人首先是作为个体诞生于世的，人一开始是自然个体，即'偶然个体'（马克思语），然后是社会个体，亦即具有一定社会共同性、群体性的人。具有个性的人是自然性与社会性的统一体。"①

人的个性是自然性与社会性的统一、独特性与共同性的统一、稳定性与可变性的统一。在个性语言能力研究中，我们更关注个性的独特性。"独特性是个性的基本内核，它给人以特色，使一个人与其他人区别开来。"② 从表观上看，"每个人使用语言的方式都是独特性的"③。

与个性有关的英文有personality、individuality、characteristics、identity等，其中personality汉译为"人格"，在心理学中基本等同于个性，最为常用；characteristics汉译为特征、特质，常用于具体化地描述人格特质或个性；individuality常用于描述个体独特性。

在本章中，我们会常用到"个人"（person）这一概念，其含义包括独一无二的自然人个体、社会化的个体，具有生理、心理、社会意识综合结构的个体。

二、个性语言能力

个性语言能力是个性化的语言能力，或者说是个人化的语言能力。也可以说，个性语言能力是人类共性语言能力的个性化、个人化。

语言是一种社会存在，它本身就是共性与个性的统一体。因为语言的共性，才有了对语言本质和规律进行研究的语言学，以及认知语言学和心

---

① 刘文霞.个性教育论[M].呼和浩特：内蒙古大学出版社，1997：17，26.

② 刘文霞.个性教育论[M].呼和浩特：内蒙古大学出版社，1997：26.

③ [美]詹姆斯·彭尼贝克（James W.Pennebaker）.语言风格的秘密[M].刘珊，译.北京：机械工业出版社，2018：4.

理语言学等；因为语言的共性，才使不同语种间的语际翻译成为可能，才使同一语种内的交流、交际成为可能。一切语言又是个性的，有个性才有了形态各异的语种，如汉语、英语、阿拉伯语等，并形成了绚丽多彩的民族语言文化。同样，使言语具有生命活力的语言能力也是共性与个性的统一体。语言的社会性决定了语言能力的共性，具备语言能力是自然人社会化为社会人的标志。人类的个体性（个人是人类群体构成的最基本"细胞"）决定着人类语言能力的个性，表现为个人语言能力。宏观的民族语言能力、国家语言能力、社会语言能力、群体语言能力的最基本单位是个人语言能力、个性化的语言能力。

个性最大的特点是独特性，从共时性上看，"世界上没有完全相同的两片树叶"，从历时性上看，"人不能两次踏进同一条河流"。个性语言能力也是这样，每个人都有自己独特的语言能力，而且是独一无二的。每个人的语言能力从婴幼儿时期，经历少年期、青年期、中年期、老年期，都在不断发生变化，都有些"今天不同于昨天"。

从个性结构上说，"个性不是单因素的简单存在物，而是由体力、精力、认知、情感、意志、兴趣、气质、性格、能力、知识、技能、经验、思想品德、信念、世界观等众多因素，通过相互联系、相互渗透、相互作用、相互制约而有机形成的系统"。① 概括地说，个性由生理因素亚系统、心理因素亚系统、社会因素亚系统构成。这众多因素对人的语言能力都有直接、间接的影响，造成了在语言功能上人与人之间多种多样的个别差异。这种多方面、多样性的语言差异，共同凝结为个人语言能力的外在个性色彩。这是本章关注的焦点。

三、研究个性语言能力的意义

1.学术意义

一切学科的研究都是通过个性认知共性，再通过共性更好地认知个

---

① 刘文霞.个性教育论[M].呼和浩特：内蒙古大学出版社，1997：27.

性。对语言能力来说，对个性语言能力的研究会使我们更好地认识人类语言能力的本质和内在活动机制。个性语言能力研究会使语言学研究者和学习者的视野更加开阔，从抽象、枯燥的理论知识放眼于丰富多彩、生机勃勃的语言现实。

2.教育意义

语言、语文教学的目的是使一个一个的具体的人，形成他们良好的语言能力，除了班级制的集体教学外，针对具体个人的独特情况，进行灵活的个别教学和个别指导，就是"因材施教"或"个性化教学"。所以对个性语言能力的认识是因材施教或个性化教学的前提和基础。

3.认知他人认知自己

通过个性语言能力的研究，可以帮助我们通过别人的语言使用风格发现他人的社会角色、社会地位、人格特点（内在的性格、情绪），以及识别作品的作者、了解团体、公司和社区的特点。

我们常通过他人作为镜子认识自己。通过对照别人的语言个人特色以及他们对我们的言语评论，可以使我们认识自己的性格、心智能力和语言能力，并通过模仿他人而提升我们自己。

4.技术意义

如声音、笔迹的独特性可用于人的身份证明和书面证据的法律鉴定。

第二节　语言个人化

语言以社会形态存在，其本质属性是社会性，不依某一个人的意志为转移。语言能力（狭义的）以个人能力形态存在，具有鲜明的个性色彩。所谓"语言个人化"，就是具体的个人（张三、李四、王五、约翰、玛丽……）学会某一社会性语言，掌握和使用这一语言，形成个人语言能力，使社会性语言成为有生命的语言能力。这一过程也是语言的"内化"过程，通过语言能力清楚、明白、有效地表达个人内在的思想、感情和意志，则是个人语言的"外化"过程。可以说："语言是大家的，使用则是个人的。"

语言的社会形态与个人形态的关系可以图示为17-1：

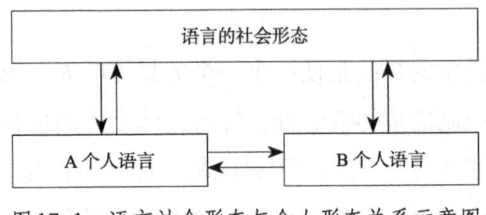

图17-1　语言社会形态与个人形态关系示意图

语言个人化以后，由于人的个性，使人的语言能力在共性的基础上产生了许多独一无二的特征，我们择其要者予以讨论。

一、声纹

声纹（Voiceprint）是指每个人独特的发声特点及发声模式，类似指纹一样，故称之为声纹。其当代定义是：用电声学仪器显示的携带言语信息的声波频谱。

声纹有两个特征：1.特定性，每个人的声纹图谱都有特点，因为人的发声器官在尺寸和形态及功能等方面存在很大的差异，而且每个人的发声方式或发声习惯也是独一无二的。2.稳定性，声纹具有相对稳定性，成年以后，人的声音可保持长期稳定不变，即使说话者试图模仿他人的声音和语气，尽管模仿得惟妙惟肖，其声纹也始终不变。

由于人的发声具有特定性和稳定性，所以在理论上，它同指纹一样具有身份识别（识别个人）的作用。基于声纹信息来探索人类身份的生物特征识别技术（或说话人识别技术）称之为"声纹识别技术"（Voiceprint Recognition），分为基于语图仪的人工识别系统和基于计算机的自动识别系统两类。

当代声纹识别技术已发展成了一种依赖高端仪器设备的高端技术，专业化程度很高，我们不予深入讨论了。

实际上，"辨声之举，自古有之"，人类很早就知道声音人各不同，仅凭听觉器官的分辨能力就可以"闻声知人"，而且这种能力在婴幼儿时就形成了（如婴儿据声音识别母亲）。以语音作为身份认证的手段，最早可追溯到17世纪60年代英国查尔斯一世之死的案件审判中。1945年，美国Bell实验室的L.G.Kessta首次提出声纹概念并用于为战争服务，后应用于公安司法等领域。

声纹又被称为"语音身份证"，当代主要应用于金融安全、公共安全、社保生存认证、互联网身份认证，以及国防军事通信侦听诸方面。声纹识别技术仍在发展中。

二、笔迹

笔迹（Handwriting；autography；Chirography）是每个人书写的文字所特有的形体特点，以及具有个性特点的文字书写作品（如书法作品）。是人类书面语言形体的个性化表现之一。

书写是人脑、心理、动作、环境条件等多因素的协同活动，是"手脑联动"的活动。笔迹是这种复杂协同活动的产物，并且非常个人化。一方面，笔迹是人脑一系列条件反射活动物化的结果，所以内在的脑神经活动类型对笔迹有直接影响，所以有人说"笔迹就是脑迹"。另一方面，人的生理状态（如内分泌系统的动态）、心理状态（如情绪）、个性（如性格、气质、能力）等都会影响到笔迹特点的形成。所以还有人认为"笔迹是人内心世界的无意识流露，是被传递到手指上的无意识思想，写字时的每一笔每一画都能反映出书写人的独特的个性"。人的笔迹是一种相对稳定的书写习惯，但随着年龄的增长也发生着变化。

对笔迹个性特点的关注古已有之，如西汉末期杨雄说："书，心画也，心画形而人之邪正为焉。"清代刘熙在《艺概》中说："书，如也，如其学，如其志，如其才，总之曰，如其人而已。"即"字如其人"。西方16世纪开始了笔迹学（graphology）研究，1872年，法国人米雄出版了《笔迹学体系》一书。人们对笔迹的关注有两种类型：一是书法作品，偏重于艺术性；二是手写稿，偏重于用笔迹作为线索，推测个人的思想品德、人品、个性、身心状态，如"从笔迹看性格"，并发展出了一门"笔相学"。但笔相学缺乏当代科学的规范性，加之一些过度的笔迹推测，被学界批评为是一门"伪科学"。

现代社会生活中，笔迹常用于司法及法律鉴定以及商业认证等，称之为"笔迹鉴定"（handwriting verrification），并已经形成了一套比较成熟的技术。随着信息化时代的到来，人们越来越习惯于"键盘输入"，手写越来越少，除书法界外笔迹心理分析就越来越淡化了。但书写这一语言行为大概率永远不会消失。

三、词义个人化

语言能力有多个维度，其中主要的是形式维度和内容维度，形式维度包括听说读写译思等，内容维度则是某一语种词、句、段、篇章，以及语法、语用等。这些维度都必须个人化（外在的社会性的语言形态内化为特定个人的内在语言形态）才能形成人类的语言能力，其中最基础的就是词义个人化。

在语言学中早就注意到了词义的复合性，"词义从整体的类型划分，一种就是'理性意义'，即表达人们对主客观世界的事物和现象的反映；还有一种是'非理性意义'，即表达说话人的主观情感、态度以及语体风格等方面的内容"。"词的非理性意义是附着在词的理性意义之上的，因而又叫作词义的'附加色彩'"①。

无论是词的理性意义，还是词的非理性意义，个人化以后，人与人之间都有差异，理性词义差异可能小一些（人与人之间在义项把握上还是不同的），非理性词义，或词的附加色释，则可能因人而异、各不相同、千差万别。

---

① 沈阳.语言学常识十五讲[M].北京：北京大学出版社，2005：216–217.

　　词的附加色彩主要有三种：1.感情与情绪色彩，即在词语的理性意义之外产生的主观态度和情感体验。据此，在语言学中把词分成褒义、中性、贬义三类，如"团结"（褒义）、"联结"（中性）、"勾结"（贬义），这是词语相对固化的感情色彩。其实在不同的语境中，以及个人不同的心境中，几乎每个词语都有临时性的感情色彩。例如，一般认为"天""地"是中性词，但是在抒发一个人的感慨时，"苍天啊！大地啊！"中的天、地二词都有很强的情绪性。2.语体色彩，语体是由于交际环境不同导致的表达形式不同，一般分为口语、书面语、通用语，如"脑袋、头颅、头"就是对同一事物的不同语体的使用。3.形象色彩，是指由词内部的组成成分所引起的对事物视觉形象、听觉形象及其他感觉形象的联想。例如，"痒"是一种皮肤感觉，"心里痒痒"则是对心绪骚动的形象化表述。

　　词义个人化的范围要比上述词的要素分析宽广得多，几乎一个人形成每一个词义把握时，都既有该词大众共性的理解，又有其个人独一无二的词义附加，形成每个人个性化的词义系统。例如，"山"这一词，除了其汉字的象形因素外，住在平原地区的人，其心目中的山比较模糊、图片化，住在山区的人，其山的含义不仅是层层峦峦的鲜明形象，而且与特定的山相联系，如泰山、黄山，及他小时候生活的南山、东山等。同时在用山这个词时，可能会有意识无意识地联想到关于山的直接体验，如"山路崎岖"的艰难，或"靠山吃山"的感恩心态。

　　词义个人化的形成机制，一是对每一个词个人都需要用一定的个人经验去认知、记住词义，二是任何词义（包括抽象的和具体的）的把握可能都与人原始的"心像"相联系，如"负数"这一抽象概念就可能与欠钱、欠物、损耗等体验相联系。

四、理解主观化

　　理解主观化是指听、读者对言说者的话语作品理解的个人化，是在群体共性理解基础上个人的独特理解。一般来说，言说者的言说过程是一个主观过程，他（她）要把自己的思想认识、情感体验、活动意图，物化为口头言语或书面言语，以用于传达给他人或纪录保存下来，这种主观性的话语对听、读者来说则是一种外在的客体。所谓理解，是听、读者经过主体的心智活动过程，获得对言说者内在意图的认识，并伴随着对客体话语的评价、情绪情感体验等心理附加反应。由于听、读者人各相异，就导致了理解的无数种差异。

对此，有一句名言"一千人眼中有一千个哈姆雷特"（There are a thousand Hamlets in a thousand people's eyes）可予以说明。《哈姆雷特》是英国剧作家威廉·莎士比亚（Willian Shakespeare）1599—1602年创作的一部著名悲剧作品，影响深远，艺术性极高，使每个观众或者读者对该部作品都会产生自己独特的理解和感受，因此每个人的心中都会形成一个独一无二的哈姆雷特（Humlet）形象。

其实，这种千差万别的理解是建立在一定共性理解基础之上的个人化理解。不论人们怎样理解哈姆雷特，都不会把他与西班牙作家塞万提斯·萨维德拉1605—1615年创作的长篇反骑士小说《堂吉诃德》中的主人公混为一谈。

严重的理解主观化可能会造成人际间的误解和对作品的误读，误解还可能导致人际冲突，误读可能导致思想的偏差。

五、个人语言风格

个人语言风格是语言风格（Style of language；Locution）之一种，是一个人在使用语言进行言说、写作、交际时形成的具有很高稳定性的独特特点，具有类似"指纹""声纹"的性质，我们可尝试将之视为"文纹"。

个人语言风格与人的个性具有内在的相互关系，个性是个人语言风格的根基，个人语言风格是个性的语言表现。对此，美国心理学家、语言学家詹姆斯·彭尼贝克（James W.Pennebaker）专门撰写了《语言风格的秘密——语言如何透露人们的性格、情感和社交关系》（2018）一书，对他的研究进行了系统的阐述。

彭尼贝克认为："人的一生使用的语言就像是指纹。渐渐地，这些语言可以用来确定他们的身份，甚至是他们的背景"，"说话内容应该与说话风格区分开来。更进一步，词汇可以反映语言风格，而语言风格可以揭示一个人的性格、社会关系和心理状态。"① 他还认为，人们把他们个性的一部分融合在了自己的写作风格中，人的说话和写作方式能够显示一个人的个性、年龄、性别、社会阶层、压力水平、心理活动和社会关系。

在研究语言风格中，彭尼贝克采用的语言分析方法中，重点是用词风格，认为"用词风格是心理的钥匙"。他把词分为实义词和功能词（风格词）两类：实义词包括名词、规则动词和行为动词、大多数修饰语，如形容词和副词；风格词（功能词），是自身没有含义，是连接和组织实义词的词汇，主要有代词、冠词、介词、助动词、否定词、连词、数量词、常用副词等。这些风格词或功能词非常重要，但数量不多。据估计，普通说英语的人所具备的词汇量可达10万多个词，与语言风格相关的词只占0.04%，余者皆为实义词，但在实际话语中这些风格词却占了所使用的英文词汇的一半还多（55%）。

这些风格词几乎在使用语言的场合中无处不在，但又是一种隐性词汇，多是"让人们脱口而出并总被遗忘的小词"，虽然数量很少，却占据了人们所听、所读和所说词汇的很大一部分。风格词短而隐性，有脑皮层神经活动的基础，但"非常非常社会化"，并体现着一定的思维方式和社会文化。

我们认为，无论是内在的听、说、读、写、译、思，还是外在的词、句、篇章都有个人语言风格的色彩，有的人比较鲜明，有的人不那么鲜明；无论在实义词的使用上，还是功能词的使用上，都有个性的内在因素起作用，但功能词更能表现个人的语言风格。

六、私人语言

私人语言（Private Language）源于哲学家维根特斯坦的语言哲学研究，

① [美]詹姆斯·彭尼贝克（James W.Pennebaker）.语言风格的秘密[M].刘珊，译.北京：机械工业出版社，2018：22.

简义是指某一个体创造的只有他自己能懂的语言，这种语言里的词汇指向只有他自己才能知道的东西。

维根特斯坦（Ludwig Josef Johann Wittgenstein，1889—1951），生于奥地利，逝于英国剑桥郡。他认为私人语言是一种个体创作并仅由该个体理解的独特语言系统，这种语言的特点在于它的使用者能够通过这种方式与自己进行有效的沟通，但由于其内容只对说话者本人有意义，其他人无法理解和掌握这种语言。后来的研究者扩大了私人语言的范围，如艾耶尔认为私人语言可以是在一个小范围内交流中使用的一种语言，如家庭内部的昵称或者特定的职业群体使用的暗语。由此，私人语言可以被理解为一种个体化的语言系统，它允许说话者在无需他人理解的情况下与自己沟通。

2003年，我国全国科学技术名词审定委员会审定公布"私人语言"为自然辩证法名词之一。

虽然维根特斯坦的语言哲学研究比较玄奥，但"私人语言"也早已引起其他学科学者的关注，如心理学中研究语言与思维的关系时，提出了"内部言语""言语思维"的概念；语言学家斯蒂芬·平克提出了"心语""心理辞典""心理语法"的观念。在本章中，我们讨论个性语言能力，除了可以感受到的个人语言能力特色表现外，不可否认地还存在内在的、不易感受到的个人独特的内在语言能力，私人语言即是其一。

第三节　语言能力的心理生态

生态（ecology）一词的应用越来越频繁，并用于多个领域。在自然科学中指生物在一定的自然环境中生存和发展的状态，也指生物的生理特性和生活习性，是同种生物个体和异种生物个体与环境其他因素的共生关系；在文学上，也指事物的生动的意态和显现出的美好姿态。在本节讨论中，是指个性语言能力生存的多层次环境形态。

一、语言能力的多层次生态

归纳起来看，语言能力存在于显而易见的四个层次的生态环境中：

1.自然物质环境：这是一切事物存在的客观生态，包括自然物质生态（日、月、山川、气象、季节等）和人化物质生态（人类创造的一切），语言能力是人化世界中的奇葩。

2.社会环境生态：语言是人类社会约定俗成的信息符号，社会环境是个体语言能力的决定性生态条件。什么语种、怎样运用语言、用语言做什么事都是社会生态决定的。

3.个人实践活动中的语言行为：人是社会关系的总合，个人是社会生活的主体，每个人都具有一定的社会角色地位，而且是独一无二的、特定的生活主体，语言能力和语言行为构成一个人社会角色活动的要素之一，个人实践活动是语言能力的直接、外在的生态环境。

4.个体内在的心理生态：个人语言能力依靠个性结构中诸要素的存在而存在，个性中的诸要素是语言能力的心理生态环境。这种心理生态是内在的、深层的、隐藏的，对语言能力起直接决定性作用的内因条件。心理生态的构成要素比较多，相互作用的关系比较复杂，需给以专门讨论。

二、个性语言能力的心理生态要素

从本质上说，言语是一种心理功能，心理生态既是语言能力形成的基础，又是语言能力得以存在和发挥作用的条件，也是语言能力个性化的来源。这可以从人的全面发展和个性心理结构两个方面来考察。

（一）人的全面发展

人的全面发展是全社会的一种理想和企盼，虽然真正实现颇难，但人们一直在努力，这主要体现在国家的教育方针上，就是德、智、体、美、劳的全面发展。相应的教育措施是德育（以思想政治教育为主导）、智育（文化知识与理性能力教育）、体育、美育（美的创造与欣赏）、劳动教育。

个性语言能力是渗透在德、智、体、美、劳诸方面不可缺少的工具性、承载性、能力性的基本要素，没有这一要素，全面发展几乎是不可能的。反之，思想品德构成语言能力的价值品质，学业智力构成了语言能力的内容内涵，良好的体质和生理机能提供了语言能力的机体保障，美学素养增加了语言能力的艺术色彩，劳动（广义的）为语言能力开拓了广阔的语用空间。

个性语言能力的发展也应该是个人全面发展的任务之一，也是个人全面发展的条件之一。

（二）个性心理结构生态要素

个人独一无二的语言特点是从哪里来的呢？主要是由个性心理结构的独特性产生的。

1.智力、情商、意志力

（1）智力是对人心智机能的笼统描述，在心理学中又将其分析为若干种基本的心理过程，或者说智力由若干种基本能力构成。这些基本能力主要有：感知能力（接受和处理外界和身体内部的信息，如语言听力、阅读能力）、观察能力（有目的、有意识、有计划地考察）、注意力、思维能力、记忆能力等。

思维能力是信息加工处理的方式方法，是智力的核心。本书多处已提及，语言能力最深层次的核心要素就是思维能力。其中语言理解主要依赖思维，通过思维形成的思想观念，是语言表达的内容根源。

此外，语言学习和语言运用过程，离不开记忆力和注意力，词汇、语法、句型的形成是记忆的成果；言说、交谈、理解由注意力提供了心智活动组织保障。

反之，语言能力也构成了智力的组成部分，在心理测量学的智力测验中，明确地把一部分智力命名为"语言智力"或"言语智力"。在思维的研究中，无论是逻辑推理还是形象再现都离不开语言的运用，被称为"言语思维""心语"。语言文字的掌握也是开启心智的过程。

（2）情商虽然还不是具有严格意义的心理学术语，但其基本含义与语言能力密切相联系，尤其是在处理人际关系、建立人际情感联系方面，情商高低直接决定了语言能力的效能。在语言障碍一章中，我们论及了"低情商综合症"，即通常指那些"不会说话"的人，属于语用学领域中的语言能力缺陷。

文学艺术创作活动中，抒发作者个人或一个群体的情绪，几乎是文艺作品的生命。如"爱情"这一高级情感几乎是文学作品永恒的主题。好的文学艺术作品会引起受众的"情感共鸣"，能否引起这种共鸣，是作品是否成功的标志之一。

（3）意志力包括构想、计划、行动策略选择与运用、克服困难、坚持与勤奋等复杂过程，是语言能力转变为语言行为并产生语言作品的内部动力和外化机制。言语活动，尤其是著述活动，是耗费精力、跨越坎坷的"劳动"，需要很强的志向、不畏惧、胆识、顽强、抗挫折等意志品质。

2.气质、性格、兴趣

气质（temperament）是个体心理活动的动力特征，受先天生物学因素影响而具有先天性，具有相对的稳定性和一定的可变性。言语和话语透露着一个人的气质，如《三国演义》中刘备大多是"温言厚语"，诸葛亮的"睿言智语"，张飞的"莽言怒语"，曹操的"诗言谲语"；《水浒传》中对一百多个人物"脾气""禀性"的语言刻画（既有作者的语言描述，又有人物的言说对白）。

"性格就是一个人的许多特征所组成的统一体，是人的心理面貌本质属性的独特结合，是人与人相互区别的主要方面。"① 性格（character）表现在个人对现实的态度和行为方式中，具有很强的稳定性和独特性，在个性中具有核心意义。典型性格特征的描绘，是作家创作出生动鲜明、有血有肉、栩栩如生人物形象的关键。性格也使人的语言能力具有了鲜明的个人色彩。

兴趣（interest）是指一个人力求认识某种事物或从事某种活动的心理

---

① 陈中永.现代心理学[M].北京：中央民族大学出版社，2011：449.

倾向，对某事物或活动的喜好及相关的情感体验。从社会价值评判角度看，兴趣有高尚、优雅和低级趣味的划分。对个性语言能力来说，人的兴趣起着动力、意向、"入迷"的作用。一个对语文有浓厚兴趣的学生，其语文学业成绩及语言能力发展水平大多高于对语文缺乏兴趣的学生。

3.知识、经验、技能

（1）知识是人类认识和实践活动的智慧结晶，是一切语言语义承载的内涵。无论是智力多么超常的人，若没有丰富的知识作为信息基础，都不会发挥其智力的功能。知识经常与语言结合为一体。一般在教育学中，常把知识分为陈述性知识和程序性知识两大类，陈述性知识（通常所称的书本知识、学科知识）大多以语言为载体，以文本为传承物质媒介。对于语言能力来说，还需要人在形成语言能力过程中掌握某种语言的具体知识，如词义记忆、造句语法、现实语用等。怎样发音、读词、表达还需要程序性语言知识。信息在本质上也是知识，不过更具有特定性、即时性和实践性的特点。知识有广有窄、有深有浅、有生有熟，就使人们的语言能力在词义把握和使用上千差万别，形成了个人语言特色。

路德维希·维特根斯坦在《逻辑哲学论》中写道："我的语言的界限意味着我的世界的界限"，其义颇为深奥，但也从一个侧面揭示了知识与语言的密切关系。

（2）经验是一个人历时性的生活体验、生活经历，每个人生存于世，都有其独一无二的经验历程。经验是人语言能力产生和发展的土壤，学习和使用语言的经验经过概括化、自动化、潜意识化就形成了语言能力。反之，经验也常以话语的方式凝练，如"一日之计在于晨，一年之计在于春""话到嘴边留三分""细节决定成败"等。

（3）技能包括心智技能和动作技能，都为人类生存所必需。相对于能力来说，技能是自动化、潜意识化的工具性程序，如写作是一个创造性活动过程，而书写则是一项已经形成习惯的、不需意识过度关注的、自动化的语言技能。技能多种多样，依靠学习而获得，通过练习或使用而得到提高，多种技能的联合运用就是能力。语言技能既包括心智方面，也包括动作方面，并与其他技能相结合。

三、心理生态要素间的相互关系

诸心理生态要素构成了人的内心世界，这些要素以个人的生存活动为中心，形成系统的动态平衡，这就是每一个人的精神状态，语言能力是这一系统中不可缺少的一员。

第一，心理生态要素是共生互生关系，互相依存。

第二，要素间是系统的嵌套关系，大系统由小系统构成，理智层面以非理智层面为基础，子系统间互相渗透，互相嵌套。例如，思维思想能力是语言能力的深层核心要素，而语言能力又是思维思想的物化机制，谁也离不开谁。记忆力是学习和运用语言的关键能力，而话语又是记忆的最佳形式。

第三，要素间的协同关系，一个要素的发展会促进其他要素的成长。例如，作者不断提高的情商（情绪性智力、人际关系智力）会有效提高他的语用能力和作品的情感内涵，反之，有效阅读优秀的文学作品也会提高读者的情商水平，产生同情心、道德感和美感。

第四，要素间也具有矛盾关系，形成相互制约、羁绊、障碍的状态。如内向性格压抑了语言交际功能的发挥，暴躁性人格易产生语言暴力行为，词汇贫乏限制了想象力，术语的混乱导致了逻辑思维的混乱，口吃导致自信心的降低，等等。

第五，语言能力内部诸要素也具有系统、动态、交织、互动的复杂关系，形成一个内部的生态系统。

第四节　语言人格特质

人格（personality）是个内容非常丰富的概念，在许多心理学者的著述中常将其与个性等同。"历史上人格的定义众多，Allport（1937）曾列出 50 种定义，包括罗列式、整合式、层次式、适应式和区别式的定义。"①
当代人格定义也不尽一致，如把人格略同于个人的概念："我们认为，人
格就是全部的身心组织，不但包括全部的内心世界，还包括全部的身
体。"②把身体看作人格的一部分，这是西方人格心理学界的普遍观点。还
有学者认为个性与人格二术语有内涵、外延交叉的部分，但二者所指还有
一定的区别，认为："作为契合常识的术语，人格更具有社会、社会心理
的特征，或者说揭示了个人心理整体结构的社会性动能。"③个性语言能力
是人格的组成部分之一，并构成人格的语言特征。

一、人格特质理论

人格特质理论（theory of personality trait）是人格理论之一，源起于
20 世纪 40 年代的美国心理学界。该理论认为，特质（trait）是决定个体行
为的基本特性，是人格的有效组成元素，人格是由诸多特质构成的，特质
也是测评人格所常用的单位。

特质论认为，特质是指人拥有的、影响行为的品质或特性，它们作为
一般化、稳定而持久的行为倾向而起作用，是一种神经心理结构。特质论
认为人格是由一组特质维度构成的，每个人在这些特质维度上有不同的表
现，从而把人格差异区分开来。

语言人格特质就是一个人的个性语言能力在语言学习、语言运用中所
形成的一种人格特质，这种特质一方面部分地反映着一个人的人格类型，
另一方面反映着语言能力的个人稳定的特色，我们可以选择典型特质予以
考察。

---

① 杨荣华.人格心理学探新[M].北京：中国社会科学出版社，2023：43.
② 杨荣华.人格心理学探新[M].北京：中国社会科学出版社，2023：45.
③ 陈中永.元心理学[M].北京：九州出版社，2022：47.

二、典型的人格语言特质

1.能言

能言者是具有较好语言表达能力的人，被形容为能言善辩，多指口头表达能力强的人。这种语言人格特质表现为善于言谈和辩论，口才好，"能说会道""对答如流""伶牙俐齿"。一个著名的典故是"诸葛亮舌战群儒"，出自章回小说《三国演义》第四十三回，讲述的故事是诸葛亮为联合孙权抵抗曹操的过程中，遭到东吴一群谋士目光短浅的责难和嘲讽，诸葛亮不畏群嘲，阐明大义，反驳短见，使"群儒"哑口无言，最终说服了孙权，使孙刘联盟共同抵抗曹操的局面得以形成。

能言还指书面语言表达能力强的人，俗称"笔杆子""能文"。包括创立学说并予以系统阐述的"立言"、鸿篇巨制的著述，也包括犀利文风的杂文写作、轻风细雨的散文创作等。当代社会运行普遍需要的施政报告、工作汇报、工作总结、讲话稿、会议纪要、公文往来等也需具有专业文秘能力的人来完成，这种书面语言才能也属于能言的范畴之中。

2.讷言

讷言有两层含义，一是指言谈迟钝，二是指说话谨慎，如《论语·里仁》语："君子欲讷于言而敏于行。"

讷言者多指口才不好的人，如"木讷寡言"。"木讷"指人质朴而不善辞令，反应迟钝，缺乏口才。在日常生活中，这种语言人格特质也被形容为"笨嘴拙舌""闷葫芦""寡言少语"。

当然说话慎重，不言浮华之语，应该是一种语言美德。

3.话痨

话痨是指说话特别多，没完没了的人格特质。具有这种语言人格特质的人有不同的言语表现。一种是喜欢交谈，口才好，性格开朗的人，也被称为"话匣子"；一种是话痨，整天说话唠唠叨叨，磨磨叽叽，没完没了；还有另一种被称为"隐性话痨"，指刚接触时很腼腆，不爱说话的人，但随着时间的推移，其实是个话痨，即在熟悉的人中，说话很多，与陌生人则说话较少。

话痨在人的童年期即已出现，如"四岁的小话痨"。有的人随着年龄的增长，社会性智力日趋成熟，则话痨行为明显减轻；还有的人则形成了比较固定的人格特质，终生说话都比较多。严重的话痨在人际交往中常引起对方的心理不适，甚至反感，降低对方对其人格的评价。

一般来说，话痨不是一种心理疾病，但当一个人倾诉过度，自我表述过多，沉浸于自说自话，伴随轻度的躁狂、抑郁、缺乏安全感时，则有心理疾病的倾向了，也是一种病态人格特质。

4. 长舌

长舌一语古已有之，在《诗经·大雅·瞻卬》中言："如有长舌，维厉之阶！乱匪降自天，生自妇人"，被后人简缩为成语"长舌妇"。长舌妇原指爱搬弄是非、好说闲话、好进谗言的妇人，后来泛指具有长舌语言人格特质的人，没有性别之分了。

具有长舌性格的人经常爱扯闲话，搬弄是非，在背后对别人说三道四，不是与人为善地议论别人。这种人经常把别人的隐私、痛点在人群中大肆宣传，甚至无中生有地传播假消息，挑拨离间，引发争端，给他人制造麻烦。

长舌的深层原因，有学者认为是长舌者在社交中寻求心理平衡的方式，是变相的哗众取宠，也是羡慕、嫉妒、幸灾乐祸心理的外在表现。

长舌是一种有害他人的言语行为，直接损害他人名誉，引发事端，所以古人说："谗搆之衅，必生于长舌"，"长舌为灾"；当代人说："长舌妇嘴巴如同长舌的毒蛇，不依不饶地咬住人不放。"在当代社会精神文明建设中应予以抨击、批评、纠正。

5. 毒舌

毒舌（poisonous words）的最早含义是有毒的舌头，是成语"赤口毒舌"的组成部分，形容言语恶毒，出口伤人，据考证最早出现在唐代卢仝的《月蚀》诗中，诗云："鸟为居停主人不觉察，贪向何人家，行赤口毒舌，毒虫头上却吃月，不啄杀。"进入日语后，"毒舌"（どくぜつ）一词指对他人说话时讽刺、刻薄的一种人物性格，或具有该性格的人。中文引用过来后，通常以毒舌一词表示一种性格属性，或者代指有毒舌属性的角色，或者将毒舌作为定语而产生衍生词语，如"毒舌女""毒舌评委""毒舌律师"等。

毒舌的原因比较多样，有的是天生的口无遮拦，有的是纯粹以讽刺他人为乐趣，有的是出于某种嫉妒心，还有的是对自己持有的条件而抱持某种优越感而对他人很毒舌等。经常的、习惯性毒舌行为会形成人的不良个性说话方式。

6.谄谀

谄谀（sweettalk；toady；flatter）一词含义有二：一是指阿谀奉承的言行；二是指擅长奉承和恭维他人而获得好处的人。"谄谀""阿谀""献媚""逢迎""巴结"都是谄谀的同义词或近义词。

谄谀一词古已有之，《荀子·修身》中言："谄谀我者，吾贼也"；《墨子·亲士》中言："谄谀在侧，善议障塞，则国危矣。"古人即已认识到了那些以浮夸言辞和行为取悦他人（君王、主子），谋求个人利益和地位的谄谀之人的危害，这些人被称为"谄谀之臣"。时至当代，谄谀之风和阿谀之人并不鲜见，尤其在对待上级、老板、权威人士时常见谄谀之言、谄谀之文。

擅长阿谀奉承的人会形成稳定的人格特质，在人格上被称为"有媚骨"的人。一般来说，人们大多爱听奉承的话、吹捧的话，对阿谀奉承的人有好感，这就为谄谀之风的流行提供了生存条件，但冷静睿智的权势者和理性的大众对谄谀言行是嗤之以鼻的。

第五节　个性语言能力的人口学变量

许多人口学变量与个性语言能力有直接关系，这些变量也构成了个性语言能力的特征因素，需一一分述之。

一、姓名

从词的分类上说，姓名属于专有名词（Proper Noun），表示特定的、独一无二的人。姓名是全世界人类都具有的语言文化形象，是具有个性的个人的语言文字标志，也是彰显个性的语言文字符号。姓名为每个人都具有且每日所见、每日所用的语言现象。姓名（surname；names），在汉语中也作"名氏"，即人的姓氏和名字。姓名是在语言产生以后才出现的，是人类为区分个体，给每个人特定的名称符号，是通过语言文字信息区别人群个体差异的标志。姓名为人际交往所必需。

"姓"字始见于商代甲骨文，由"女"与"生"会合示意，本义是"人所生"。姓最早产生于母系氏族社会，同姓的人有共同的女性祖先。氏是姓的分支，用来区别子孙之所由出生，同一姓下可以有不同的氏。"名"字也始见于商代甲骨文，本义为人或事物的名称。

"表字"又简称"字"，是在本名之外所起的表示德名或具有本名意义的名字，是与本名含义相关的别名，用于人际间相敬的称呼。如东汉时期的诸葛亮，姓诸葛，名亮，字孔明，号卧龙。近代画家张大千，姓张，名正权，字季爰，号大千。

"号"是中国古人于名、字之外的自称，如苏轼字子瞻，别号东坡居士，被现代人称之为苏东坡。号多为自己所起，也常由他人所起，与名、字无多少联系。号除被用作称呼外，还用作文章、书籍、字画的署名。起号之风，大概在春秋战国时就有了，如"老聃""鬼谷子"等。他人所起的"号"也叫外号、绰号、混号、浑号、诨号，常用于刻画人物相貌和性格特征，如"豹子头林冲""及时雨宋公明""浪里白条张顺"等。当代人的"笔名"也类似于号。

二、性别

从声音上区别男女是一条常识，即男性声音和女性声音有显著的区别；在表达方式上，受社会性别角色文化的影响，男女在语气和语言使用上也有区别。

造成男性女性语音差别的原因，主要是发音生理器官的差异。男性喉结较为突出，声带较长、较宽、较厚，声带平均长度约20毫米，音调基频平均约150赫兹，因而发出的声音较为低沉，声音能量高，传播比较远；女性的喉结相对较小，声带较短（平均约长15毫米）、较薄、较窄，音调基频在140～430赫兹（平均约280赫兹），发出的声音音调比较高，声音能量比较低，声音传递比较近。

7岁以前的儿童时期，男孩女孩嗓音差别不大，小学时有细微差别，青春期以后，随着性激素的分泌，男女儿童都会经历一个变声期，发声器官产生一系列变化。随着生理结构的变化，嗓音也由童声转变为成年人的嗓音，青春期以后，男性和女性的音域就被确定下来。在这个过程中，雄性激素（特别是睾酮）的分泌使发音器官变化明显，而雌性激素则作用不那么明显，使男性声音比女性声音更加粗犷、低沉、厚重，而女性声音更加尖高、清晰、柔和、细腻。

社会文化中对性别角色的期望会造成男性和女性在语言使用和表达方式上的区别。男性倾向于直接、明确的语言表达，声音有力，有权威和自信；女性则倾向于情感化的语言表达，声音温柔、柔和、亲切。在用语上，由于社会文化的影响，在性别上也有差异，如在日语中，男女用语就有显著的区别，有很多讲究。

三、年龄

年龄是指一个人从出生至资料登记时所经过的时间长度，也是人的生物体的生命历程和社会人生的经历，一个活着的个人总是处在一个确定的时间点上。

个性语言能力与年龄的关系，主要体现在语言的年龄特征上，即在一定年龄阶段语言能力发展变化的情况。语言能力有显著变化的年龄阶段主要有：

1.人的幼儿期（1～3岁）是语言发展的关键期，过了这段时期以后，一般很难习得完美的母语。也有人认为，语言发育的关键期是1～6岁。在这一时间段，语言能力的获得是一个比较自然的过程。

2.小学、初中、高中的基础教育阶段（6～16岁）是经由学校教育形成基础语文能力和基本学科术语能力阶段。

3.是接受高等教育（主要是青年期）形成专业语言能力的阶段，社会语言能力基本形成，专业术语能力也基本形成。

4.进入社会工作后，形成职业语言能力和成熟的社会语言能力。

5.65岁以后，进入老龄阶段，随着身体生理机能（尤其是脑的机能）的衰老，社会角色重要性的淡化（退位、退休），人的语言能力在许多方面也逐渐衰退。

此外，老年心脑血管疾病、发音器官疾病、心理精神疾病也会累及语言能力，形成语言障碍。

归纳起来看，人类个体语言能力经历一个终身发展变化的过程，而且人各不同。如老年人有的讷言寡语，有的则唠唠叨叨，正所谓"树老根多，人老话多"。研究语言能力的年龄特征也具有很强的应用价值。

四、民族

民族与语言的关系不是绝对一对一的关系。一般来说，一个民族都有自己的语言，但有时，一个民族群体可能使用数种不同的语言，也有可能不同的民族使用同一种语言。一个民族特有的语言，常被称为该民族个体的"母语"（mother tongue；native language）。与母语相近的一个概念是"第一语言"（first language），是一个人在婴儿期和幼年期自然学会的语言，通常是他的母语。

但第一语言与母语有时并不一致，许多生于其他民族地区的孩子，他们出生后并没有良好的母语环境，所以第一语言是其他民族的语言，这在人员迁徙、民族文化融合的大形势中，是一种常见的语言能力现象。第一语言构成了一个人终身的语言能力内核。

个性语言能力必然具有民族性，在一个民族文化（尤其是民族语言）

传承良好的情况下，尤其如此。民族传统、民族心理、民族历史、民族认同等都会成为个人语言能力的民族特色。

五、文化程度

文化程度常用受教育水平的学历、学位标示。对于个性语言能力来说，文化程度是一个人语言能力的内容领域及文化底蕴，常规学校教育之外的自学及实践领悟亦应包括在内。

从学校教育角度看，文化程度可分为初等、中等、高等三个水平；从内容类别上可划分为普通文化水平和专业文化水平；从知识面上可有广窄之分；从文化底蕴形态上，可有深厚与浅薄的不同。文化程度与受教育水平不是完全的对应关系，在语言能力上更是如此。

六、职业

广义的职业概念是指人的生存方式和生活方式，以及相应的社会角色、社会地位和社会关系。几乎一切职业都需要相应的职业语言能力，而个性语言能力也必然受到长期职业生涯的影响，使个人的语言活动具有了职业习惯特色。例如，长期从事教育工作的教师，其个性语言能力会自觉不自觉地具有了诲人不倦、循循善诱的特色，他们大多使用文明用语，很少说粗俗不堪的话；长期从事公安、司法、监狱管教工作的人，自觉不自觉地在言语活动中表现出了命令、严肃、严厉、少情感色彩、多训斥口气的职业特点。

职业中的职位还显示着一个人的社会角色和社会地位。如在建筑行业中，有的人是企业创建者或领导者（俗称老板），有的人是部门管理者（俗称工头），更多的人是体力劳动者（俗称苦力），他们尽管在同一个行业内，但在话题和语言风格上各不相同；再如政权机关的工作人员和被称为群众的"百姓"，有着不同的社会方言和言语风格，个别素养不够的"上位者"说话"颐指气张"，弥漫着"指点江山"的气势，久而久之，会造成官民的心理隔阂。

社会地位的不同，还在私有财富上产生出巨大差异，即"富人"和"穷人"的划分，他们在语言词汇和语气上也很不相同。例如，同是汽车品牌名，"劳斯莱斯"和"五菱宏光"，对富人和穷人有着不同的心理含义，对"五菱宏光"富人不以为意，穷人则视之为养家糊口的贵重财产。

职业及地位的不同，也导致社会人际关系的区别，由职业、地位相关、相近的人构成的非正式团体，俗称"圈子"，并有相应的"圈子文化"，这使圈子中的个人语言能力具有了圈子特色。

七、家庭

家庭（family）是一种以血缘为基础、具有情感纽带，以共同的住处、经济合作和繁衍后代为特征的社会基本单元。当代社会以异性恋血亲制度为特点的家庭为主，还出现了收养家庭、寄养家庭、单亲家庭、同性家庭等多样的家庭形态。家庭的主要功能是合作经济生产、再生产、社会化和儿童抚养、老年人赡养等。

家庭与人的语言能力有着不可分割的关系。一个人在受精卵形成那一刻开始，就获得了父母各半的遗传基因，这基因中就包括语言优势脑半球和发音器官、听器官等今后语言器官生长发育的蓝图，形成着语言学家史蒂芬·平克所说的"语言本能"（Language Instinct）。在怀孕期间，胎儿就经常受到父母的言语刺激，故有"胎教"一说。而对人的语言能力来说，最重要的就是在出生后至3岁的语言发展关键期，是获得第一语言能力的基础。家庭是儿童的第一语言环境，父母是儿童语言能力的最初教导者。不少种基因的缺陷会导致儿童语言能力发展的障碍，子女之间的遗传差异（包括异卵双生子女）也会导致语言能力的差异，尽管有时这种差异是细微的。

家庭儿童教养方式对儿童语言能力有直接的影响。例如，"专制型教养方式"，父母希望孩子唯命是从，如果孩子反抗，就会严厉惩罚，就会大大抑制儿童对自己愿望的积极表达，口才潜力受到压抑；家庭暴力，尤其是语言暴力，一种可能是导致儿童的少言寡语，另一种可能是增加儿童今后语言暴力的倾向。当代家庭教养方式以"溺爱"为主流，在孩子享受家庭亲人温暖的同时，也会使孩子抵抗语言挫折（如别人的批评、讽刺、辱骂）的能力大为降低。个性语言能力深受家庭环境的影响，这种影响是根本性的、长久的，使个人语言能力自觉不自觉地染上家庭的色彩。

八、其他人口学变量的影响

（一）童年及青少年生活地

许多人口统计中需要填写"籍贯""出生地""户口所在地""常住地"等信息，均与生活地域有关。居住地对人的语言能力的影响甚大，所以唐代诗人贺知章在《回乡偶书二首》中写道："少小离家老大回，乡音难改鬓毛衰。"在这诗句中，"乡音"就是地域方言的发音特点，一旦形成后，是难以改变的。

（二）社会人际关系

在社会人际关系中，亲属关系与朋友关系对人的语言能力有直接影响，比较亲近的长辈是晚辈语言学习的榜样，这种学习既是语言形式（表达方式）的学习，也是语言内容的学习。交往密切的伙伴和朋友，不仅在感情上有密切关系，在语言上也互相影响、互相学习，尤其在"俚语"的使用上更是如此。

（三）个人经历

文本性的个人经历，在求职时称之为"简历"，在人事档案中称之为"履历"。人的语言能力是在个人经历中形成和发展起来的，所以在个性语言能力中，常常透露出个人经历、阅历的痕迹，使个人语言能力有了独一无二的特色。

第十八章　语言能力的测量与评价

　　"考试"已成为当代社会的一项重要活动：入学考试、升级考试、毕业考试、入职考试、晋级考试、就业考试、资格证书考试……人一生总要经历若干次关键性考试，其中语言能力考试占有相当大的比重。此外，在学校、医院，以及特殊行业人才选拔（如飞行员）中，还有多种多样的心理测验，测验内容也多涉及语言能力方面。

　　关于考试和测验已经发展出了两门专门的学科：教育测量与评价学（亦有人提出建立"考试学"分支）、心理测量与评价学，都相对比较成熟。

　　人类语言能力，就个体来说是一种极其重要的心理行为能力；就教育来说，是人学得语言知识、言语技能的运用能力。对其进行定性与定量（尤其是定量）的评判，既是教育测量与评价的课题，也是心理测量与评价的课题，更是语言教育界评定教学成果、提高教学效率的应用性课题。

第一节　测量与评价的原理

一、质与量的统一性

　　一切事物都是质与量的统一，这是唯物辩证法的一个基本命题，也是一切事物客观存在的基本方式。

质（quality）是一事物区别于他事物的内在规定性，使这一事物之所以是这一事物而不是其他事物。事物的质是一个统一的整体，包括多方面的性质。事物在同其他事物发生关系时所表现出来的质称为属性，人是通过观察、分析事物的属性来认识事物质的。

量（quantity）是一事物区别于他事物的外在规定性，一事物在一定范围内量的变化不影响某物之为某物，这种变化范围的界限称之为度（measure），是保持质的稳定性的数量界限。同事物具有不同方面的质相对应，事物的量也有不同方面。把各种不同质的事物的量抽象出来进行单独研究，就产生了"纯数学"（pure mathematics）。

以上对质和量的诠释显得很抽象、枯燥，我们可以用"化学元素周期表"（Periodic table of elements）为例予以具体说明。众所周知，化学元素周期表是俄国化学家门捷列夫集化学界元素研究之大成，1869年发表的"揭示物质世界秘密"的里程碑式的研究成果，是按原子质量由小至大、核内质子数由少至多的元素排列表，其内在逻辑是"核内质子数=原子序数=核外电子数（层数）=核电荷数"。从哲学角度解析，元素是原子数目发生量变而导致元素质变的结果，如元素氢（符号H），常见的氢原子核只有一个质子，位列元素表第一位，是气体，而当核质子数为92时，则为核燃料铀（符号U），是当代贵金属之一。

质和量统一的规律，是一切测量和评价的前提。事物有量的性质，方可以测量；有质的性质，方可以评价。人类语言能力既有多方面质的规定性，又有多方面量的规定性，决定了其可测量评价性。

二、定性与定量的统一

定性与定量是一切科学研究的基本范式。定性研究（qualitative research）是确定事物本质属性的研究，定性的手段可以包括观测、实验和分析等，以此来考察研究对象是否具有这种或那种属性、特征以及它们之间是否有关系；定量研究（quantitative research）是指研究者事先建立假设并确定具有因果关系的各种变量，然后使用某些经过检测的工具对这些变量进行测量和数据分析，从而验证研究者预定的假设。定性研究主要采用的是文字语言的方式，对问题属性进行描述；定量研究主要采用的是数学语言，通过一系列的数据及不同种类数据之间的关系来对问题进行描述。

定性研究与定量研究的关系，学界有一种偏见性认识：定性研究主要用于社会科学研究，因为许多社会现象难以量化，研究者也不熟悉数学及数学方法，习惯于不那么量化的论述，具有较大个体主观性；定量方法或量化研究方法主要用于自然科学和技术科学研究，数学方法占有显著地位，由变量数量关系构成的数据统计表、方程、数学模型等成了研究结果的主要标志。

我们认为，定性与定量是不可分割的统一体，定性是定量的重要前提，没有正确定性的定量分析是毫无价值的（甚至纯属数字游戏），而定量的量化研究是进一步定性分析的根据，是说明事物本质属性的相对客观的指标。所以，定性研究与定量研究是相辅相成的关系，不能过于偏执地看待。

三、测量与评价的统一

测量（measure）是测量者按照一定的规则，采用一定的工具和方法，量化事物的某种属性，获得数据并对数据进行数学分析，用量化数据描述事物属性或揭示事物内在活动机制的认知活动过程。人类最原始，也是最简易的测量工具是手：伸开拇指与中指的长度作为"一拃"用来量长度；用十根手指头计数；用手抚摸物体测温度的冷热。而当代工程技术领域的测量则需要高端精密仪器设备才能进行。

测量活动的要素主要包括：测量者、被测量者（可以是物也可以是人）、测量工具、量化方法及计量单位、测量方法、测量的效度与信度、数据分析、测量误差。

其中测量的效度是指测量的正确性和有效性，信度是指测量的准确性和稳定性。测量误差是测量的数据与理论上的真值偏差的程度。一切测量都或多或少有测量的误差，人们想出多种办法减少测量的误差，或控制误差在可以接受的范围之内。

测量可分为实物测量和非实物测量两类，实物测量为大众所熟悉，非实物测量，如教育考试、心理测验等，则是本章讨论的主题。从实现测量的方式上看，可以分为直接测量（direct measurement）和间接测量（indirect measurement）。直接测量一般是用精确程度较高的仪器设备直接得到测量结果的方法，是无需通过数学模型的计算而通过测量直接得到结果的方法；间接测量是将一个被测量转化为若干可直接测量的量加以测量，再依据由定义或规律导出的关系式（称之为测量式）进行计算或作图得出测量结果的方法。

评价（evaluate；assessment）是按照一定目的，充分考虑到被评价事物有关的各种因素而制定出评价大纲，再依据各相关因素充分的第一手资料（尤其是量化资料）做出定性的价值判断的活动过程，也常被称之为"评估""评定"。测量是获得被评价事物相关因素第一手、比较客观准确的量化资料的重要方式。评价者可以是具有专家水平的个人，也可以是专业评价的团队或机构，还可以是与特定事物有关的大众；被评价者可以是人，也可以是具体事物，还可以是术语描述的抽象含义。

一切测量都或多或少有评价的含义，一切评价都或多或少有量化的成分。像测量误差不可完全避免一样，评价也会有误差，这种误差主要来源于评价者的主观性。

四、语言能力的测量与评价

（一）语言能力的测量学性质

1.语言能力有其独有的特殊性质，是人类为了适应环境（主要是社会环境）生存而发展出来的人体（尤其是人脑）功能、交际工具、心智工具，是思想感情、意志等精神活动产物的物化形式，兼具生理性、心理性、行为性、知识性、社会性。从量的方面说，语言能力是结构与功能的统一体，有构成要素的数量及要素间的内在关系，具有一定的拓扑性（topological）和要素维度性（dimensionality）。由此，人类语言能力是可测量和可评价的。语言能力的性质规定着量的变化范围和量的含义，语言能力量的特征说明着质的发展水平和实现人际间的比较。

2.语言能力的测量是非实物的测量

语言能力不是实物，不能像测量长度、高度、重量那样进行实物测量。但语言能力是人的一种属性，是客观存在的活动过程，我们可以依据关于语言能力的理论，对其进行定性定量的描述。

3.语言能力测量是间接测量

从语言能力结构和功能的讨论中，我们知道语言能力包括内在的、深层次的部分和外在的、表观层次的部分，因此我们可以通过外在的、可观测的言语行为的测量，推测其内在的、不可直接观测的部分，属于一种间接测量。如通过给定单词的造句任务，根据被试造出的句子的正确和错误，推测其词义掌握程度、语法能力等。

由于语言能力的结构与功能非常复杂，对其进行量化描述的数学工具尚难以适应这种复杂性，加之测评者追求快捷、便利、简易化的倾向，使语言能力测量达不到很精确、详细的水平。量化数据尚比较简陋、粗糙，有较大的模糊性，有时甚至有较大的测量误差和评定的主观性。

（二）语言能力测量的分类

从测评目的、测评对象、测评内容、测评形式几方面综合考虑，可以把语言能力测量与评价分为三类：

1.语言学习成绩评定

这类测评主要目的是考察语言学习者对某种语言的学习成就，一般为学校教育中语文学科课程的考试、各类升学的语言考试、毕业考试、有关资格证书考试等。"考试"（examination；test）是一种重要的测量方式，由有关机构（如政府部门的考试院）和教育者（如任课教师）根据教育测量学理论制订考试计划、考试大纲，编制包含多个试题的试卷，在确定的时间、地点组织考生作答，然后根据预定的量化标准评阅试卷，得出"考试分数"的量化结果，用于学习成绩的评定或升学、人才选拔的依据。这类考试，一般评判的是学习者学习的结果，是其实际语言能力水平具备情况，属于学业成就的考试。

2.语言学习能力测量

这类测量主要采用心理测验（mental test）的方法测量评定人的语言学习潜能、语言才能倾向、语言学习策略的掌握及语言人格特征等。心理测验是按照心理测量学原理编制的测量工具，大多经过了标准化，如著名智力测验比奈量表、韦克斯勒智力量表的言语智力测量。

与教育考试不同的是，心理测验的试题（测验项目）是稳定的，标准化的。因为在心理学中认为人的能力是相对稳定的，类似于性格、气质及其他个性心理特征。

考试除了成绩评定之外，也具有一定的潜在能力预测作用，所以大学的外国语专业录取新生时，会选择外语考数高的学生入学。

3.宏观语言能力状态测评

对国家语言能力、民族语言能力、社会群体语言能力的测评，一般采用综合评价的方式进行。评价大纲是包括评价要素（大多还要对要素分层分级）、权重、原始资料获取及量化方案的主体文件。这方面的测评尚不如语言考试、语言能力测验那样广泛使用，学术研究成果也不那么丰富。

（三）样本与总体

在统计学中，总体（population）是研究对象的全部个体的集合，在进行测量研究时，常常是难以全部研究或者没有必要全部研究的。为此，从总体中抽取具有代表性的若干个体，或若干元素进行研究，所抽取的部分就称之为样本（specimen）。

在语言能力测量中，样本有两方面的含义：一是人的取样，即选择群体中若干个人进行研究；二是考试内容或测验内容的取样，一份语文考试试卷不可能包括教科书的全部学习内容，只能是全部教学内容的代表性部分。同样，心理测验也不可能是反映某一心理机能的全部行为总体，只能选择一部分具有代表性、典型性的行为作为测试行为样本。

第二节　语言考试

教育测量学中的考试，根据标准化程度的不同，可分为标准化成就考试和教师自编试卷考试。"标准化成就测验是指测验的设计、编制、实施、评分及分数解释等一系列程序依据统一的标准"，"标准化成就测验一般用于甄选、安置及评估教学质量、教学进度等方面。"[①] 标准化考试多用"常模"（norm）作为分数比较的依据，参照点是群体平均分数和标准差（Standard deviation）。教师自编测验是参照标准化试卷的原理，由教师自行编制试卷在教学过程中进行的小型考试。

根据组织考试机构的权威性和正式程度，可以把语言考试分为国际语言考试、国家语言考试和教学语言考试三类。前两类多是标准化考试，后一类多为教师自编试卷考试。

一、国际语言考试

许多国家都有面向外国留学生、就业者、移民的标准化语言考试，用以评估他们适应该国教育、工作、生活的语言能力。这些考试大多是由政府部门委托专业考试机构编制和实施，用作招生、招工和批准移民的一项重要标准。

1.中国汉语水平考试

汉语水平考试（Hanyu Shuiping Kaoshi，简称HSK）是为测试母语非汉语者（包括外国人、华侨、华裔和中国少数民族考生）的汉语水平而设立的一项国际汉语能力标准化考试。HSK的管理机构是国家汉办和孔子学院总部，领导机构是中国教育部设立的"国家汉语水平考试委员会"。HSK考试地点在国外有530多个，分布于112个国家，国内考点有330多个，分布于71个城市。"十三五"期间，有近4000万人次参加了这一考试。

---

① 张敏强.教育测量学[M].北京：人民教育出版社，1998：47–48.

HSK是一项国际汉语能力标准化考试，重点考查汉语非第一语言的考生在生活、学习和工作中运用汉语进行交际的能力，实行统一命题、考试、阅卷、评分及分数解释，并统一颁发证书。最新定型的HSK共有六个等级，六级是最高等级。通过六级的考生可以轻松地理解听或读到的汉语信息，以口头或书面的形式用汉语流利地表达自己的见解。HSK一级至二级以听力、阅读试题为主；三级至六级包括听力、阅读、书写三方面试题，成绩报告包括听力、阅读、书写和总分四个分数。

HSK始于1984年原北京语言学院（现北京语言大学）成立的"汉语水平考试设计小组"，历时五年多，于1990年通过了国家教委组织的专家鉴定，1992年，由国家教委正式确定为国家级考试。

2.托福

托福的原名是Test of English as a Foreign Language，英文缩写为TOEFL，汉语有点惟妙惟肖地音译为托福。该考试通过听、说、读、写四个技能的试题，测评应考者在学术语言任务环境下的真实英语学术语言能力，可用于本科及研究生阶段的院校申请，并可用于若干国家的移民签证。

托福的举办机构是创建于1947年的世界最大的私立非营利性教育考试和评估机构Educational Testing Service，缩写为ETS，总部位于美国新泽西州劳伦斯镇。

托福考试方式有三种：托福网考、家庭版托福IBT考试和纸笔考试。

托福考试共分为听、说、读、写四个部分，每部分满分30分，共计总分120分。从2023年7月开始，考试时长由3小时缩短为2小时以内，并把写作题型改变为"学术讨论写作"（Writing for an Academic Discussion）。成绩有效期两年。

托福考试成绩被全球160多个国家超过12000所综合性大学、机构和学院认可，范围包括英国、美国、加拿大、澳大利亚、新西兰，以及整个欧洲和亚洲。

3.雅思

雅思的本名是International English Language Testing System，缩写为IELTS，汉译应为"国际英语测试系统"，缩写音译为雅思，是著名的国际性英语标准化水平考试之一。

雅思考试是为那些计划在以英语作为交流语言的国家和地区留学或就业的人们设置的英语语言考试，分为学术类测试（A类，Academic）和培训类测试（G类，General Training），考试方式有纸笔模式和机考模式。雅思考试于1989年设立，由英国文化教育协会、剑桥大学考试委员会和澳大利亚教育国际开发署共同管理。该考试在全球认可度较高，测试成绩已获得140多个国家和地区的1万多所院校机构的认可，每年有超过300万人次参加考试。

雅思的设计理念是"沟通为本，考以致用"，从听、说、读、写四方面进行考生英语语言运用能力的全面考核。考试内容兼具实用性和学术性，包括很多真实的国外学习和生活的场景。考试的特有模式是"人人对话"的口语考试模式，通过营造真实的情景体验，让考生和考官在自然的交流状态下，完成对英语能力的精准测评。考试结构为听力40分钟，阅读60分钟，写作60分钟，口语11～14分钟。考试成绩采用1～9分评分制，四个方面独立记分，总分是四方面评分的平均数，记分允许记半分。

4. 其他国际语言考试

许多国家都有面向留学或工作的外国人的语言考试，类似于英语托福、雅思考试。我们择其要者简介如下：

（1）德福考试

德福考试（Test Daf）是德语语言考试，面向以赴德留学为目的的外国学习德语者，或想证明自己德语语言水平的人。Test Daf的试题由德国Test Daf考试院集中命题、阅卷，在全球各专门的考试中心举行。Test Daf是一种基于大学生活环境中语言表达能力的标准化中、高级考试，5级为最高级。

（2）西班牙语（DELE）考试

DELE的全写是Diplomas de Español Como Lengua Extranjera英语是Diplomas of Spanish as a Foreign Language examination。该考试完全按照《欧洲语言教学与评估框架性共同标准》来设计考核内容和确定语言能力级别的。

（3）日本语能力测试

该考试英语名称为Japanese-Language Proficiency Test，缩写为JLPT，是由日本国际交流基金会及日本国际教育支援协会于1984年建立的一套较为完整的日语能力考试评价体系。考试内容包括日语语言知识（文字、词汇、语法）、阅读、听力等。

（4）俄语国家水平考试（ТРКИ）

该考试是俄罗斯联邦对外俄语能力等级考试，是考核母语非俄语的各界人士俄语能力水平的分级考试。考试题型包括笔试的语法、阅读、写作；听力（音频、视频）；口语，为考生与考官面对面的直接互动交流。

（5）法语水平考试

法语水平考试（Test d'Evaluation de Français，缩写TEF）由法国法语联盟总部负责出题、阅卷，通过其海外分部组织的法语水平考试，是法国教育部正式承认的一项语言考试，考试成绩可用于申请留学者的语言水平依据，也可以作为法国企业招聘海外员工的参考条件之一。该考试题型主要有口语理解、书面语理解、结构与词汇，以及书面表达和口头表达等。

（6）韩国语能力测试

韩国语能力测试（Korean Language Proficiency Test，缩写为KLPT），是由韩国语学会主管、韩国教育课程评价院主持的韩国语能力考试，考试结果为韩国教育部所认证。通过韩国语能力的测试，使合格者达到留学、就业等目的。

二、国内语言考试

考试源于古代中国，"中国是考试的故乡，早在西周时代就采用以射选士。影响较大的是公元606年，隋炀帝时代开始的封建科举制度。科举就是分科取士，即设科考试，根据学科考试的成绩去录用官吏""科举制度一直延续到1905年袁世凯奏请废除为止，共1300年的历史。它对世界各国公职人员的选拔、录用产生了极大的影响。"①19世纪随着西方资本主义社会生产力和科学技术的发展，教育测量与评价以一门学科的形式发展起来，考试成了教育界的重要事项，尤其是以教育统计学为基础的标准化考试发展最为迅速，被我国教育界引入后，逐步发展成了当代中国考试的格局，其中语言考试占有重要地位。

（一）高考语文

高考的全称是"普通高等学校招生全国统一考试"，简称"普通高考"或"高考"，是合格的高中毕业生或具有同等学力的考生参加的选拔性考试，涉及千家万户、一代又一代的青年学子。高考通行的考试科目有语文、数学、外语、综合，主要科目是语文、数学、外语，语文、外语都是关于语言能力的考试。

高考语文主要考查考生的语言基础、文学常识、古诗文、阅读理解写作能力以及语文知识运用等方面的汉语普通话语言能力。考卷一般有四道大题：第一道大题是现代文阅读，共35分；第二道大题是古文阅读，共35分；第三道大题是基础知识部分，共20分；第四道大题是作文，满分是60分。考卷题型主要有：填空题、单项选择题、多项写作题、改错题、语段阅读题、作文题等。在评分上，客观题采用机器评分，主观题（作文）由阅卷者评分。主观题评分有一定的阅卷者主观因素影响。

（二）高考外语

外语是高考中的三大主科之一，在考试成绩中的比重与语文、数学相同，都是150分。考试语种有六门：英语、俄语、日语、德语、法语、西班牙语，大多数考生选择英语考试。

（三）普通话水平测试

"普通话水平测试"字母缩写为PSC，是对应试人运用普通话的规范

① 金娣，王钢.教育评价与测量[M].北京：教育科学出版社，2007：34.

程度、熟练程度的口语考试。普通话水平等级分为三级六等，即一、二、三级，每个级别再分为甲乙两个等次，一级甲等为最高。评定的要点是应试人在运用普通话口语进行表达过程中所表现的语音、词汇、语法规范程度。2022年11月，教育部、国家语言文字工作委员会发布了《中小学生普通话水平测试等级标准及测试大纲（试行）》。

我国普通话水平测试是从1995年开始实行的。《普通话水平测试（PSC）大纲》及《普通话水平测试等级标准》由国家语言文字工作委员会颁布，2021年教育部颁布新修订的《普通话水平测试管理规定》。

应参加普通话水平测试的人员非常广泛，包括幼儿园、中小学教师，中等师范学校教师和高等院校文科教师，师范生，广播电台电视台的播音员和节目主持人，从事电影、电视剧、话剧表演和影视配音等工作的人员等。

（四）其他重要语言考试

1.初中学业水平考试

初中学业水平考试，简称中考，是检测初中在校生是否达到初中学业水平的水平性考试和高中选拔性考试。该考试把《义务教育课程设置实验方案》所设定的全部科目都纳入了考试范围，其中语文、英语为语言能力考试。

2.研究生入学考试

报考硕士学位研究生需参加"全国硕士研究生统一招生考试"，其中"外国语"是必考科目，并且全国统一命题。博士研究生的入学考试或审核中，外语也是必须考试或审核的科目。

3.专业英语考试

为检测本科英语专业教学大纲执行情况而进行的本科教学考试，主要有英语专业四、八级统测（Test for English Major，TEM）等。

三、语言教学考试

学校教育及培训教育中大量、频繁的考试是教学过程中任课教师（或教研组）命题的小测验、小考试，我们称为教学考试。这类考试是在课程教学过程中，任课教师根据局部教学目标、教材单元内容自行编制试卷进行的单元小测验、专题诊断测验，以及学年课程结束时的评定考试，在语文、外语教学中被普遍使用。

这类考试虽然不像国家组织的考试那样正规和兴师动众，考试分数意义重大，但却是课程教学的必要环节，具有多种促进学生学习、改进教师教学的功能。教师自编测验的能力是教师教育能力中不可缺少的组成部分，需要教师具备一定的教育测量学知识。

第三节　语言能力测量

一、教育测量与心理测量

教育测量主要是通过考试评价学习者的学习成就和已取得的实际作业表现能力（可观测的行为能力），间接地反映着教育者或教育机构的工作效率和工作成果，这已为大众所熟知。

心理测量主要是通过心理测验、量表测评被试者稳定的心理机能属性，这些属性是人外部作业能力和成绩的内在深层次心理因素。心理测验、量表的测试项目基本上是不变的、固定的（相对而言），而教育测验的测试项目是多变的、不固定的。所以比较规范、标准化的考试设计，都要有一个"题库"（item bank；question bank；test database），而心理测验一般没有题库。

语言能力是人经由学习获得的一种心理与行为能力，对其测量评价既需要教育测量（主要是考试），也需要心理测量（主要是心理测验），前者侧重于语言实能的测量，后者侧重于语言潜能的测量。

何为心理测量？何谓心理测验？我们认可下述定义："物质是可以测定的，心理能力也是可以测量的。将数学导入心理学，借助于一定的心理测量工具，对心理和行为进行数量的分析，称之为心理测量"；"心理测验是测量人类心理与行为个别差异的科学工具。测量智力（intelligence）、能力倾向（aptitude）、成就（achievement）、人格（personality）等心理特性中个别差异的程序总称，都叫作心理测验。"①

大众的关注点一直都在语言考试上，关于语言能力的心理测验缺乏专门的发展，尚待今后的开发和使用。

二、语言学习能力的测量

学习能力是人实现学习任务的个人内在条件，具有较大的稳定性和个人特色，是智力、意志力的具体化，增强学习能力犹如"釜底添薪"，对于语言学习来说更是如此。所以，有必要对语言学习能力进行测量评价。

（一）Carroll语言学能测验

语言学能（Language aptitude）是语言学习者完成语言学习任务的基本能力，著名的语言学能测验是心理学家Carroll和Sapon编制的"现代语言学能测验"（Modern Language Aptitude Test，MLAT）。该测验共有五个分测验，测量多种基本能力：

1.音素代码能力：对语言声音进行代码，以便把它们储存在记忆中的能力，与拼写能力和处理声音与符号关系的能力相联系。

2.语法敏感度：辨认词在句子中的语法功能的能力。

3.归纳性语言学习能力：辨认句型和结构的能力、辨认语言形式与语言意义之间联系的能力。

4.记械背记的学习能力：建立刺激与反应之间的联系，并能记住这一

---

① 凌文辁，方俐洛.心理与行为测量[M].北京：机械工业出版社，2003：44.

联系的能力。

5.互译能力：把外语与母语能迅速联系的外在翻译或心理内译的能力。

Carroll认为，这些构成语言学能的基本能力是相对独立的，语言学能是一种稳定的因素，也许是天生的，人为的努力很难改变一个人的学能。[①] 当然，这种观点尚值得商榷。

（二）Pimsleur语言学能量表

"皮姆斯勒语言学能量表"（Pimsleur's Language Aptitude Battery；PLAB）是20世纪60年代Pimsleur设计的语言学能测验，其最大特点是把智力、动机、兴趣等纳入了量表之中，这份量表适用于青少年学生，量表共有六个组成部分：

平均学分绩点（grade point average）

兴趣（interest）

词汇量（vocabulary）

语言分析（language analysis）

语音辨别（soud discrimination）

语音—符号互联（soud-symbol correspondence）

这六个部分主要测量语言学能的三种内在成分：

言语智力（verbal intelligence）

语言学习动力（motivation）

听力（auditory ability）

三、语言学习策略的观测要点

学习策略（learning strategy）是学习者获取知识、技能、形成实际能力过程中所运用的方法、技术和工具。有研究发现，优秀学习者都会较好

---

① Diane Larsen-Freeman，Michael H.Long：An Introduction to Second Language Acquisition Research[M].北京：外语教学与研究出版社，2000：167-168.

地运用学习策略，在语言学习中更是如此。

与语言学习能力有关的学习策略研究，以20世纪80年代O'Malley等学者对第二语言学习策略结构及测评研究为典型。O'Malley和Chamot等把学习策略分为元认知策略、认知策略、社会性策略三个部分：

（一）元认知策略（Metacognitive strategy）

1.先行组织结构（Advance organizers）。在学习活动之初，先提出一个一般性（或通俗性）、综合性的理论观念模型，用以概观地把握全部学习活动。

2.集中注意（Directed attention）。明确注意力集中于要学习的任务，并抵抗不相关的其他干扰。

3.选择性注意（Selective attention）。对需要特别注意的语言信息及其细节给予高度关注。

4.自我管理（Self-management）。明了有助于学习的条件并将自己置于这些条件之中。

5.预备（Advance preparation）。对要学习的语言任务做出分步学习计划。

6.自我监控（Self-monitoring）：注意到自己言语的发音、语法、用词的准确性和精确性，关注语境中言说的恰当性。

7.慢说话（Delayed production）。有意识地在充分理解之后再表达自己的意见。

8.自我评价（Self-evaluation）。反复核查自己语言学习的结果，并对其完整性和精确性做出自己的测度。

9.自我强化（Self-reinforcement）。当成功地完成一项语言学习任务后，自己奖励自己一番。

（二）认知策略（Cognitive strategies）

1.重复练习（Repetion）。模仿语言样板，多练习、复述或默读。

2.资料利用（Resourcing）。多使用所学语言的参考资料。

3.配合身体反应（Directed physical response）。把新词、新句学习与相应的身体反应结合起来。

4.译化（Translation）。运用第一语言为基础理解和言说第二语言。

5.组块化（Grouping）。根据某些特性把所学材料重新组合或分类、分组。

6.笔记（Note-taking）。把口语或文本的思想、要点、纲目、总结写出来。

7.推论（Deduction）。有意识地运用语法规则去理解或说第二种语言。

8.重组（Recombination）。把已知要素以新形式重新组织为重要的句子或段落。

9.意象（Imagery）。把新学语句与常见的形象、话语或语境联系起来。

10.听音标记（Auditory representation）。记住词、短语、句子的发音或近似发音。

11.词钥（Key word）。记第二语言新单词可以：（1）用第一语言中发音相同或近似的词来帮助记忆；（2）用单词间很容易回忆的形象关系记单词。

12.语境化（Contextualization）。把词或短语放入意义丰富的段落中记忆或理解。

13.阐释（Elaboration）。把新内容与已知观念联系起来，给新内容以较详细说明。

14.迁移（Transfer）。用过去已有的语言性及观念性知识去完成新的语言学习任务。

15.查阅（Inferencing）。用查阅适用资料来理解新知识、预测结果和填补知识（信息）缺欠。

16.问题澄清（Question for clarification）。向教师或原第二语言为母语者请教，举例说明自己不懂的问题。

（三）社会性策略（Social mediation）

合作（Cooperation）：与一个或多个伙伴共同活动，从而获得反馈、增加知识、模仿学习他人言语行为。

以上关于学习策略的结构分析，可以说是对学习方法面面俱到的项目罗列，可以作为语言学习能力的一个侧面，用作语言能力测量评价的要素维度，编制关于学习策略的问卷量表或观测纲要。

四、语言应试能力

在当代考试社会，学得好是前提，考得好是关键。但我们常常看到"学得好，没考好"的例证，这就有一个"应试能力"问题。

应试能力是一种结构比较复杂的能力，诸多因素及因果关系纵横交错，但在本质上是一个人在考试情境中（定地、定时、定规则）完成解答试题任务的心理素质、技能技巧、知识水平发挥、具体能力展示的集合。由于其结构的复杂性和多因素性，常常会造成考生实际才能与考试分数不一致的测量误差情况，这也是大众诟病"一考定终身"的原因。由此，关注应试能力问题，予以测量、评价和诊断，用于考试能力的培训、训练和提高是很有必要的。

以高考外语考试为例，一线教师们对考生的应试能力进行了系统的经验总结，并提出了适用、有效的指导建议，可以作为我们测评学生应试能力的参考框架：

（一）考试心态的调整

1.克服恐惧心理，有信心和勇气、不怕考试。
2.减轻压力，缓解紧张。
3.心态平和，不盲目自信，不期望过高，不粗心大意。

（二）听力技巧

1.争分夺秒读题干，根据题干内容预测听力材料内容，把握听力方向。

2.完成一道题后立刻转到下一道题的浏览及预测。

3.先听内容，再行答题，避免最早出现信息的"误导陷阱"。

4.笔脑共用，速记细节，可用自己懂的符号速记。

5.紧扣主题中心，果断判断，不留空白。

（三）完形填空解题技巧

1.跳读首尾句，判断材料体裁，相应回答。

2.把握填空语境，利用语法分析解题。

3.掌握"习语"，加强词语搭配能力、词语辨析能力、语境运用能力。

4.掌握固定句型。

5.利用复现信息，利用上下文关系。

6.必要的跳读填空。

7.明了材料内容的逻辑关系，根据逻辑意义推测答案。

8.综合利用多种线索解题，如背景常识、对比结构、平行结构、暗示、感情色彩等均可为做出正确答案提供帮助。

（四）阅读理解的必备能力

1.快速阅读和理解能力，阅读速度快、理解准确度高。

2.文章体裁辨析能力。

3.文章结构辨析能力。

4.归纳总结能力。

5.生词猜测能力。

6.长句分析能力。

7.综合推断能力。

8.陷阱识别能力。

（五）书面表达题答题要则

1.正确理解试题要求，答全试题内容要点。

2.根据试题提示，谋篇布局，做到成竹在胸。

与上述外语考试应答能力类似，高考语文的应答能力方面已经积累了更多经验和理论性研究，不再详述。

第四节　语言人格特质测评

一个不容置疑的事实，是每一个人的语言能力都是在具有人类语言共性基础上的个性语言能力，个性语言能力的相对稳定特征构成了人格的一系列特质（traits），成为人格的一个组成部分或一个侧面。为此，我们有必要从人格学（以人格心理学为中心）视角观察和测度人的语言能力，可以称之为"语言人格特质测评"。这对于帮助我们透视一个人的人格，为人才培养、选拔、使用提供参考依据是很有现实意义的。

一、人格特质测量的模式

"人格评估是人格研究中最为重要的工作之一。通过简便易行的评估手段进行人格测量和测查，不仅是基础理论研究的需要，而且在工业管理、教育及心理治疗中都有着广泛的应用意义。"[1]人格评估有四大类方法：访谈法、观察法、问卷法和投射测验。其中问卷法中的人格问卷（personality questionnairy）是揭示人格特质的重要工具。人格问卷多数为纸笔测验，在问卷中，问题（也称项目）、回答方法和记分方法、测量分数的解释方法都经过了标准化，尽可能地避免主试的个人观点和偏见对评价结果的影响。一般认为，问卷法是一种比访谈法、观察法、投射测验更

---

[1]　[美]Dennis Coon.心理学导论[M].郑刚，等译.北京：中国轻工业出版社，2004：609.

为客观的方法，在欧美心理学界占据主流地位。

以《明尼苏达多相人格量表》(Minnesota Multiphasic Personality Inventory, MMPI)为例，可见问卷法的概貌。

MMPI是由美国明尼苏达大学心理学家哈兹威(S.P.Hathaway)与精神科医生麦今利(J.C.Mckinley)于1940年编制的自我报告式包含多项人格特质的问卷量表，是一种纸—笔式人格测验，量表由10个临床量表（疑病、抑郁、癔症、病态人格、男性化—女性化、妄想狂、精神衰弱、精神分裂、轻躁狂、内外向）和4个效度量表（疑问量表、说谎量表、诈病量表、校正量表）组成，共566个题目，每个题目都是通俗的句子，可以做出"对""不对""无法回答"三种反应之一。这些题目都是经过心理测量学的程序选定的。

1989年出版了MMPI-2，经过60多年的不断修改完善，已被翻译成100多种文字，在几百个国家里进行了使用，相关研究文献数以万计，是世界上使用次数最多的人格测验之一。MMPI主要应用于精神科临床、人类行为研究、司法审判、犯罪调查、心理健康咨询与治疗、教育和职业选择诸领域，是心理咨询工作者和精神医学工作者必备的心理测验工具之一。

从现象分析、理论推导、经验总结诸角度出发，拟定人格特质名称、含义、外部表现等工作是量表编制的第一步；根据特质内涵，编写大众通俗话语的问卷题目是第二步；按照标准化测验编制问卷，经效度、信度、区分度等统计分析程序确定题目形成整体量表是第三步；第四步是测量结果的量化分析和定性解释，以及测量结果的使用。编制一份好的人格特质量表不是一件容易的事，如MMPI经过了几十年的发展才趋于成熟。

二、语言人格特质提要

语言能力的个性化、人格化会形成一系列比较稳定的语言特征，我们称之为语言人格特质，这些特质的综合状态是一个人语言能力的真实反映，并可用不同程度的数量化予以评价。

我们试将有重要意义的语言人格特质罗列如下：

（一）自然语言人格特质

包括年龄、性别、先天发音器官特点（声纹）、利手（右利手、左利手、双利手）等与语言相关的先天性生理因素。

从环境因素上说有两个决定性背景：一是家庭母语背景，决定了一个人的母语或第一语言的语种，及基础语言能力的获得过程；二是长期居住地的社会文化背景，决定了语言能力的地域方言特征和受教育的客观条件。

（二）语言德性

语言德性是社会道德规范和道德标准在一个人语言行为中的反映，可以通过真善美的语言美德一端至假恶丑的语言失德一端形成一条量化尺度，如经常性的语言暴力行为就是语言失德的典型表现。

（三）谎言与掩饰倾向

说谎，一般来说男女老幼都有过，但有的人说谎成为性格一部分时，则成为语言人格特质之一了，这一特质与语言美德之"真"是矛盾的。撒谎成性的人常常会失去周边人们的信任，并成为其人格的标志。当然，极端的不撒谎，凡事有一说一，有二说二也是情商过低的表现，也常会在人际交往中受到伤害。

掩饰自己的真实意图、掩盖自己令人尴尬的一面，也是人之常情，但过度的掩饰自己，会给人留下不交心、不说真话的印象。

在这一特质维度上，表现出了人的内心公开度，或者说言语的真伪度，极端的掩饰、谎言与极端的坦露、直白都不是语言能力的良好品质，都是语言能力不高的表现。

（四）能言—讷言

从少言寡语、木讷不善言辞到能言善辩、话语多多，可以形成一条量化的尺度。话语时间数量、话题数量、言说冲动强度等几个方面可以量化地评定这一语言人格特质，极端者如话痨或自闭。

（五）阅读与文化兴趣

阅读是现代社会人类的重要活动，从"爱读书的人"到"不爱读书的人"可以形成一条量化的尺度，主要指标是阅读习惯、阅读时间、阅读数量、阅读内容等。在阅读内容方面表现出了人的文化兴趣：大多数人都爱阅读语言艺术作品，如小说、诗歌、报告文学、人物传记等；也有的人对新闻、时事评论很感兴趣；少数人对非常专业的领域有兴趣，如哲学、自然学科、社会学科、工程技术等。

（六）笔力

笔力即书面语言表达能力，指能写、会写、写得好的程度。我们可以看到，人的口头表达能力与书面表达能力常常不一致，会说的人不一定会写，会写的人不一定能说。"笔杆子"都是笔力强的人。

（七）语言情商

语言情商有三层含义：一是言语的情绪性，有的人喜怒哀乐均溶于话语之中，并有语气、语调、言说速度，以及面部表情和身体姿势的明显表现，有的人则喜怒不形于色，冷静平和；二是言语的感情性，是人际关系的言语建设和言语表现，如"爱的语言""敬语"；三是语境适合性，说话因人、因事、因地制宜的能力，也是一种处理人情关系的语用能力。

（八）语意认知度

语义认知以听懂、听明白别人的话语意义为基础，以理解推理能力为深层核心，做到善知人意、"由言知言"、明了言外之意，进而"由言知人"。此特质也是一个人的聆听习惯，有些人经常听不完别人讲话，简单推断，在别人表达进程中就予以打断；还有的人反应木讷，自动删减别人的言语信息，甚至"断章取义"。除了口头语言之外，在书面语言理解上也有类似情况。

（九）词语丰富度

可以用贫乏 — 丰富的量化维度来量化人的词汇量、成语和典故的应用、表达方式是否多样化。这一特质与一个人的文化底蕴密切相关，是语言素养的重要组成部分，与思维的形象性、联想性、灵活性间接相关。

（十）语言艺术才能倾向

语言艺术能力人皆有之，但具语言艺术才能而出类拔萃者则是少数。语言艺术家以后天勤学苦练为主导，但都具有或多或少的天赋作为前提条件。语言艺术才能倾向就是指具备一定天赋能力和从事艺术职业基本要素的个性语言能力，是语言艺术事业人才选拔、招录，以及实施特长教育的测评项目。

（十一）语言能力障碍

多种多样的语言障碍（Language disability）不幸地落在某个人或某些人身上，也成为一种语言人格特质，如聋、哑、盲及口吃、大舌头等，这是不言自明的事实。

（十二）言语自觉性

言语自觉性又可称之为言语意识性（awareness），即知道自己要说什么、怎样说、听者反应如何的"元语言能力"，其深层心理因素是元认知、元思维。

以上语言人格特质都可以简单地用"弱 — 强"尺度予以量化。对一个人的这一特质系列进行测评的结果有三种可能：均强型、均弱型、有强有弱型，大多数人可能都是第三种类型。

三、语言商数

语言商数（Language Quotient），简称语商（LQ），是指一个人语言运用能力的总合，是一个人在整体语用有效性方面的品质，是一个人智商、情商、逆商、美商、德商、灵商的外在体现。该概念由我国语言教育专家李易真于2004年提出，他有很高的英语水平，有丰富的英语培训和口才培训的实践经验。

在心理测验中，最早使用商数表示量化测评结果的是智力测验，即流行于世的"智商"概念。智商的表示方法有两种：一是最早使用的比率智商，其公式为：

$$IQ = \frac{\text{智力年龄（MA）}}{\text{实足年龄（CA）}} \times 100$$

二是普遍使用的离差智商，其公式为：

$$IQ = 100+15Z, \quad Z = \frac{X-\overline{X}}{SD}$$

（注：Z为标准分数；X为测验原始分；$\overline{X}$为群体平均数；SD为标准差）

由于智商概念的日益大众化、通俗化，模仿其含义的商数表达也有滥筋之势，所谓"情商""德商"等皆是如此。

我们认为，就语言能力的量化评价而言，语商概念的提出有其积极意义：一是其简明扼要，容易理解，仅用语商高低即可对一个人的语言能力做出粗略判断；二是可用于比肩智商的重要性，让人们对语言能力予以重视；三是导向对语言能力定性与定量评价的方向，促进语言能力的数量化标志研究。

在语商具体内容上，李易真提出语商四层次（演讲口才、读写表达、性格习惯、魅力风采）、语商三力（表达力、表现力、表演力），以及"语商树"理论等，具有原创性和开拓性，以及实用性，值得学界重视和深入探讨。

第五节　语言能力评价的类型

测量评价的意义有二：一是用客观量化的测量结果帮助我们认知事物的本来面目；二是用客观量化的结果作依据，帮助我们做出各种决策。由于语言能力是一种结构和功能都比较复杂的事物，与人类的多种切身利益密切相关，就使语言能力评价具有了多种多样的类型，我们择其要者进行讨论。

一、评定性评价

评定性评价又称"总结性评价""终结性评价（summative evaluation）""水平考试"，是以预先设定的能力标准（在教育中体现为预定的教育目标或课程标准）作为尺度，测量被评价者学得的语言知识、技能、运用语言的能力水平，即达到预定标准的程度。

评定性评价的首要目的是为被评价者评定语言能力的水平，并提供成绩证明。这种类型的评价概括性水平较高，考试或测验内容涵盖语言能力的各个重要方面。

许多国际语言考试和国内语言考试在本质上都是这种类型的能力评定，如托福、雅思、英语四、六级考试、普通话测试等。学校教育中语文、外语课程的结业考试也是这种类型的测评。

从理论上说，评定性评价是一种"标准参照"测评，标准由专业机构或专家所拟定，考试成绩不一定是正态分布，有可能是一种正偏态（多数人成绩较好），也有可能是负偏态（多数人成绩较差）。在这一点上，不少人混淆了标准参照测验与常模测验的区别，认为任何考试成绩分布都是正态分布（两头小、中间大的分布形态），这对中小学课程结业考试、语言能力水平鉴定是不公正的，对考生的学习信心、学习兴趣也是有伤害的。

当然，评定性评价的结果也可用于预测学生今后学习成就倾向，作为招生录取的重要参考。

二、选拔性评价

选拔性评价是面对一个群体，选择最能胜任者的测评方式，一般都是在多数人中选拔少数人，其测量学本质是"常模参照"测评，参照基点是群体平均数，尺度是标准差，决策线是正态分布最右端的拟选择人数的分数点。通俗地说，选拔性评价就是"矬子里面拔大个""优中选优"。

最典型的是我国的高考，其中最重要的科目是语文、外语及其他科目的正确语言表达。在那高等教育资源匮乏的年代，录取人数很少（如1977年高考录取率仅为4.7%），考试选拔性极强，近年录取率大大提高（如2021年高考录取率92.9%），考试选拔性大大减弱，但名校竞争热度不减。高考对考生已有学业水平，尤其在实际能力上的评价并不完善，但迄今为止，尚被认为是不可替代的最公平录取方式。

此外，选拔性评价还用于职业人员招聘，如语言职业行业招聘，重点是考核求职者的职业语言能力；科学与技术部门的人才招聘，术语能力是显著要项；出国留学、培训、工作则外语能力是必须考核之项。

选拔性评价还被用于语言艺术人才的发现、选择、培养上，虽然没有高考那样正规的程序性测量评价，以艺人经验性评价为主，但事实证明这种选拔也是很有效的。

三、形成性评价

形成性评价（formative evaluation）又称"过程评价""发展性评价"，是在教学过程中及时了解学生的学习进程，发现教与学中存在的问题而进行的非正式考试、单元测验，以及学生的自我反思和教师的日常观察与督导等，目的是激励学生学习，帮助学生有效调控自己的学习过程，使学生获得成就感，增强自信心，以及发展合作精神等。

这一类的评价适用于语言教学，包括语文教学和外语教学，以及一对一的语言教学辅导，是培养语言能力的教育措施之一。

四、诊断性评价

诊断性评价（diagnostic evaluation）有两个领域：一是医学领域中对语言障碍诊断治疗；二是教育领域中对语言能力弱项、错项的发现和补教。

在"语言能力障碍"一章中，涉及生理性、生理心理性，以及心理与精神障碍导致的语言障碍，需要偏向于医学方面的测量和评估，并已经发展出了一系列病症诊断标准。另外，语言能力状态也是许多疾病诊断的指标之一。例如，"阿尔茨海默症"Alzheimer's disease，AD（俗称老年痴呆）的前兆表现之一就是语言障碍，表现为词语理解力减弱、言语冲动降低、失语等。

在教育领域中的诊断性评价有两方面含义：一是在教学前的准备性评价，目的是了解学生的已有基础、存在的问题，便于制定教育方案、因材施教；二是在教学过程中，发现存在的问题和问题的症结，以便于进行补救性教学。在语言教学中，常需针对学生在考试或测验中所犯错误进行分析，再针对性地予以纠正，亦属于诊断性评价，这在外语教学法中有专门的讨论，称之为错误分析理论（error analysis）。

错误分析理论源于美国语言学家C.Frices和R.Lado等提出的对比分析理论（Contrastive analysis），他们认为通过对学习者的母语（mother tongue）和目的语（target language）的对比研究，可以预见学习者在学习该目的语中可能会犯的错误。在此基础上，英国语言学家在20世纪60年代末提出了错误分析理论，并成为应用语言学的一个分支。

五、研究性评价

所谓"研究性评价"就是把测量、测验、量化分析等测量、评价方法和技术运用于探索语言、语言能力的内在机制和外在功能的科学研究之中，测量和评价既是研究的手段，也是对研究结果的评判。

研究性评价的运用主要体现于实验语言学和数理语言学之中。

实验语言学（Experimental Linguistics）是采用其他学科（如物理学、心理学、生理学）的方法和技术及原理测定语言的物理、心理、生理等特性的学科，主要方法是用仪器设备的测量获得定性定量的数据用于理论分析。如实验语言学的分支学科实验语音学（早期称为仪器语音学，instrumental phonetics）是用各种实验仪器来测量、分析语音的学科。这门学科是在传统语言学家凭借口耳来模仿语音并依靠音标对语言进行描写的基础上，利用能研究言语生理状况的医学器械和能测量、分析言语声音的物理学仪器研究语言，揭示出了许多未知的语音现象；实验语用学（experimental pragmatic）则是涉及语言学、哲学、心理学、认知科学和统计学等学科的新兴跨学科研究领域，其中测量方法、量化分析方法、实验方法是重要的研究方法与技术。

突出语言学量化研究的学科是"数理语言学"（Mathematical Linguistics）。该学科使语言学与现代数学、计算机科学、控制论以及人工智能等学科发生了密切的联系。数理语言学主要有三门分支学科：代数语言学、统计语言学、应用数理语言学。其中统计语言学（Statistical Linguistics）可用于研究语言单位出现的频率，如作家的用词频率、词长分布和句长分布，用以了解作家运用语言的风格；用信息论方法研究语言的熵和羡余度。①

实验语言学和数理语言学为人类语言能力的测量和评价研究提供了崭新的方法和工具。

---

① 刘颖.统计语言学[M].北京：清华大学出版社，2014：1.

结　语

　　本书主题是探讨人类的语言能力。从外观上看，几乎是人人都具有语言能力，时时事事都在运用语言能力，都有些令人"视而不见"了。从宏观上看，在人际互动和社会运行（包括一切国内事务和国际事务）中，语言能力绝不可缺少。从深层次透视角度看，人类语言能力是在先天本能基础上后天学习的结果，服务于人类其他本质性能力，且共生不可分割，如与智力、情感力、意志力及人格的关系，其中语言能力与人的思维、思想能力几乎融为一体，在这些关系中，人类语言能力的内在机制非常玄妙。概括起来看，语言能力的功能犹如佛教中的"千手观音"，几乎在人类社会的所有活动领域，都需要它帮助我们做各种各样的事情，并将结果文字化留存于世。

　　从学术研究角度观察，人类语言能力研究有成为独立研究领域的趋向。原因一是研究所需知识涉及学科众多：在理论知识方面关系密切的学科有哲学、逻辑学、符号学、语言学、术语学、心理学、生物学（遗传学、人体解剖生理学、脑科学）、社会学、历史学、人类学（民族学）、教育学，以及其他社会科学和自然科学学科和文学艺术；在技术科学方面，涉及医学、信息科学技术（计算机技术、信息加工技术、人工智能技术）、高端仪器设备等。原因二是从研究性质上看，语言能力研究既是理论研究，也是现实研究和实践应用研究，或者说既有纯学术研究的方面又有应用研究的方面。对于这种类型的课题，我们赞赏和推荐"以问题为中心"的研究模式，人类语言能力是研究的中心，研究方法是综合科学和交叉科学的方法。

从"问题域"的角度看，人类语言能力问题有不同层次的划分，从个人的个性语言能力、社会语言能力到国家语言能力；在结构与功能上，从听、说、读、写、译的外部言语行为到"普遍语法""心语""言语思维"的内在思维根源。在使用语言的社会实践活动领域看，有几乎无数种职业语言能力和层出不穷的术语体系。本书所论仅是这一巨大问题域中的若干问题而已，尚未充分讨论而又具有现实迫切需要的课题还有很多，我们择其要者予以列述：

一、语言能力教育问题

人类语言能力是学得的，是经过练习和语言运用得到发展的，所以如何通过有效的教育活动培养语言能力是一个重要的理论和实践问题。在这一领域已经有了大量文献，积累了丰富的实践经验，将这些学术成果和实践经验进一步系统化是很有必要的。

语言教育是一个学习者内因与教育者外因相互作用的过程，所以教育者怎么教，学习者怎么学，以及教与学所需的物质与文化环境怎么建设，都是值得深入探讨的课题。其中学习者的语言学习能力更是"授之以渔"的重点。

语言能力发展具有终身性，但最为关键的时期是幼儿期的家庭语言教育和小学阶段的书面语教育（识字、写字、阅读、造句等），青少年期以后则以术语能力培养为要，中年以职业语言能力为主。老年人仍然需要言语生活，要学习新词新句，并掌握与社会角色相适应的语用能力，预防语言障碍疾病的发生。

二、分行业的语言能力研究

现实中的语言能力都是社会生活中具体化的语言能力，抽象的语言能力只存在于相关学术研究之中。人类的实践活动领域是广阔的，并处于生生不息的不断更新之中，这就造成了社会不同行业的分工和不断的行业变迁。语言能力也相应地有行业的区分和行业的变迁，这种区分和变迁是语言能力在共性基础上的行业化或特殊化，这是分行业语言能力研究的客观前提。

例如，对于种类繁多的职业语言能力，我们虽然在第九章进行了概括性讨论，但远远没有深入和扩展到具体职业语言能力研究之中。对重点职业语言能力，尤其是语言性职业的能力有待于专门的研究。

一个特殊的领域是宗教语言及宗教语言能力问题，宗教语言的力量不可轻视。宗教是一种特殊的社会意识形态，它并没有随着社会生产力的发展和科学技术的进步而消逝，仍然深刻地影响着人们的思想观念和社会生活。所以对宗教语言的特点、宗教语言的力量有专门研究的必要。

在事关国家安全、国际关系处理上，军事语言能力和外交语言能力的研究更有现实意义，并需要军事专家、外交专家和语言学者、心理学者的协同工作予以深入探讨。

三、社会语言病态研究

在社会运行、社会事务、社会舆论、社会声音层面上研究群体性语言不健康现象（或称之为语言病态、语言障碍），揭示其内在原因和机制，提出纠正方法和措施，是社会语言能力研究的重要课题，具有很强的现实意义。

具体问题可能包括（但不限于）政治谎言研究，别有用心的舆论误导研究（如大量的商业"软文"Adertorial）、"八股式"文风、语言污染、青年人语言能力退化、病态语言人格特质增多或花样翻新等。

社会语言病态研究应该与社会语言美德研究相联系，弘扬语言美德本身就是对语言失德失范的抑制。

四、语言产业能力

所谓语言产业是从经济学的社会分工和产品生产、流通、效益视角定义的语言性工业、事业、服务业，并与创意产业密切相联系。与一般产业观念（物质产品生产、流通）不同的是，语言产业是指用语言作为物质形式的精神产品的生产和流通的业态，具体如印刷业、出版业、新闻媒体、翻译业、语言教育培训业、书刊报销售等。再延伸一些看，文学创作、语言性演艺、影视文学作品、广告宣传，以及近年出现的自媒体经营、网红带货、线上课程买卖等亦可包括在内。

语言产业能力是一个国家或地区在语言产业上形成的结构与功能，包括对国民经济做出贡献的能力、提供就业和创业机会的能力、产生社会效益和经济效益的能力，以及增加知名度等无形资产的能力。如以《读者》杂志为例，该刊物1980年12月由甘肃人民出版社成立丛刊编辑部开始，胡亚权和郑元绪等在一间6平方米的小屋中筹备创刊，1981年4月正式创刊，经过几十年的发展，现已成立"读者出版传媒股份有限公司"，截至2019年8月，《读者》杂志累计发行量超过20亿册，月发行量最高达132万份，被国家领导人誉为"大漠瑰宝"，被商务部列为知名品牌，成为甘肃省的文化标志之一。

五、语言高新技术能力

语言高新技术能力是把高端技术应用于人类语言活动而形成的人类新的语言能力，是当代社会人—机智能化协同的言语行为，并在语言产业上构成了一种新业态。

其主要方面有：

1.人工语言器官设备的制造与使用

如用于盲人复明的人工视觉技术、用于聋人的人工耳蜗技术及助听器使用、哑人的人工语音合成技术等，这些技术主要为治疗生理性语言障碍服务。

2.数字化与大数据技术的应用

数字化的大数据信息技术用于语言信息的收集、加工处理、贮存、检索，形成了自然语言处理（Natural Language Processing，NLP）的新领域。

3.语际交流的自动化

语种间的互译交流也正向着机器智能化翻译的方向不断努力，包括口语的互译和书面语的互译，使人们轻易跨越语种间的天然语言屏障，设备研发也向着小巧、可佩带方向努力。

4.语言作品的AI生成

人工智能技术的不断进步，使计算机代替人脑工作的种类不断增加，质量不断提高。如OpenAI公司研发的ChatGPT（Chat Generative Pretrained Transformer）就是用人工智能技术驱动的自然语言处理工具，除了真正像人类一样聊天外，还能完成撰写论文、诗歌、邮件、脚本、文案、翻译等工作，使一些语言职业工作者产生了有可能失业的担忧。可以预见的是，在需要专门写作能力和繁重创作劳动的职业中，人工智能技术的应用会导致人类语言能力的显著变革。

5.语言科学研究的理工设备与技术

第十八章提及的实验语言学和数理语言学的科学研究工作需要许多高端精密的仪器设备。对语言能力的内在机制的多因素研究也需要数理逻辑、复杂性统计分析等数学方法的应用。这些仪器、设备、方法技术的运用无疑会提高语言科学研究的能力。

我们确信，人类语言能力研究会成为一个富有魅力的、相对独立的研究领域。本书所论尚属于徘徊于这一领域边缘的尝试工作。

参考文献

国内作者文献

[1] 白学军，等.实现高效率学习的认知心理学基础研究[M].天津：天津科学技术出版社，2008.

[2] 毕桂发.文学原理教程[M].北京：中国书籍出版社，1996.

[3] 冰心.《关于散文》冰心论创作[M].上海：上海文艺出版社，1982.

[4] 陈灏珠，林果为.实用内科学[M].北京：人民卫生出版社，2009.

[5] 陈衡.科学研究的方法论[M].北京：科学出版社，1982.

[6] 陈江.逻辑学方法[M].呼和浩特：内蒙古人民出版社，2009.

[7] 陈新仁，等.语用学与外语教学[M].北京：外语教学与研究出版社，2013.

[8] 陈新夏，郑维川，张保生.思维学引论[M].长沙：湖南人民出版社，1988.

[9] 陈中永.现代心理学[M].北京：中央民族大学出版社，2011.

[10] 陈中永.元心理学[M].北京：九州出版社，2022.

[11] 陈仲庚，张雨新.人格心理学[M].沈阳：辽宁人民出版社，1986.

[12] 崔占玲.少数民族学生三语学习的心理学研究[M].广州：暨南大学出版社，2011.

[13] 戴曼纯.国家语言能力的缘起、界定与本质属性[J].外语界，2019（6）：36–44.

[14] 邓安文.密码学 —— 加密演算法[M].北京：中国水利水电出版

社，2006.

　　[15] 丁二苏.符号学与跨文化研究[M].上海：复旦大学出版社，2011.

　　[16] 董奇.学习的科学[M].北京：中国书籍出版社，1996.

　　[17] 封宗信.现代语言学流派概论[M].北京：北京大学出版社，2006.

　　[18] 葛树人.心理测验学[M].台北：桂冠图书股份有限公司，1990.

　　[19] 郭秀艳.内隐学习[M].上海：华东师范大学出版社，2003.

　　[20] 郭玉璞.神经病学[M].北京：人民卫生出版社，2006.

　　[21] 韩水法.从文本到思想[M].北京：北京大学出版社，2015.

　　[22] 国家语言文字工作委员会组编.中国语言文字事业发展报告
（2020）.北京：商务印书馆，2020：80-101.

　　[23] 何自然，冉永平.新编语用学概论[M].北京：北京大学出版社，
2009.

　　[24] 黄立鹤.当你老了，语言也会衰老吗 —— 老龄社会的语言问题
与我国老年语言学建设[N/OL].光明日报，2021-3-21[2021-04-06].https://
m.gmw.cn/baijia/2021-03/21/34702492.html.

　　[25] 姬建国，蒋楠.应用心理学[M].北京：中国人民大学出版社，
2007.

　　[26] 江铭虎.语言的ERP脑电认知[M].北京：清华大学出版社，2019.

　　[27] 金娣，王钢.教育评价与测量[M].北京：教育科学出版社，2007.

　　[28] 荆其诚，林仲贤.心理学概论[M].北京：科学出版社，1988.

　　[29] 劳动和社会保障部，国家质量监督检验检疫总局，国家统计局编
制.中华人民共和国职业分类大典[M].北京：中国劳动社会保障出版社，
1999，2015，2022.

　　[30] 李光，任定成.交叉科学导论[M].武汉：湖北人民出版社，1989.

　　[31] 李恒威，王小潞，唐孝威.表征、感受性和言语思维[J].浙江大学
学报（人文社会科学版），2008，38（5）：26.

　　[32] 李荣，等.中国语言地图集[M].香港：香港朗文（远东）有限公司，
1987

　　[33] 李新旺.生理心理学导论[M].郑州：河南大学出版社，1992.

[34] 李宇明.提升国家语言能力的若干思考[J].南开语言学刊，2011（1）：1–8.

[35] 李治平.中国书法[M].长沙：湖南大学出版社，2015.

[36] 联合国教科文组织国际教育发展委员会.学会生存 —— 世界教育的今天和明天[M].华东师范大学比较教育研究所，译.北京：教育科学出版社，1996.

[37] 梁晓波.经济原则指导下的国防语言能力建设 —— 战略与举措[J].中国外语，2019，16（4）：22–28.

[38] 廖美珍.语言学教程[M].西安：西北工业大学出版社，2020.

[39] 林崇德.我的心理学观[M].北京：商务印书馆，2008.

[40] 凌文轻，方俐洛.心理与行为测量[M].北京：机械工业出版社，2003.

[41] 刘豪兴，朱少华.人的社会化[M].上海：上海人民出版社，1993.

[42] 刘金花.儿童发展心理学[M].上海：华东师范大学出版社，1997.

[43] 刘青.中国术语学概论[M].北京：生活·读书·新知三联书店，1991.

[44] 刘世生，朱瑞青.文体学概论[M].北京：北京大学出版社，2006.

[45] 刘文霞.个性教育论[M].呼和浩特：内蒙古大学出版社，1997.

[46] 刘显国.说课艺术[M].北京：中国林业出版社，2000.

[47] 刘勰.文心雕龙·神思[M].文心雕龙注：卷六.北京：人民文学出版社，1978.

[48] 刘颖.统计语言学[M].北京：清华大学出版社，2014.

[49] 陆机.文赋[M]//中国历代文论选：一.上海：上海古籍出版社，1979.

[50] 毛亨.毛诗大序[M].上海：上海古籍出版社，2013.

[51] 毛泽东.反对党八股[M]//毛泽东选集：第三卷.北京：人民出版社，1991.

[52] 茅盾.关于报告文学，时代的报告[J].1980（1）.

[53] 莫雷.论学习理论[J].教育研究，1996（6）：46–53.

[54] 莫雷.教育心理学[M].北京：教育科学出版社，2007.

[55] 欧洲理事会文化合作教育委员会.欧洲语言共同参考框架.学习、教学、评估[M].刘俊，傅荣，主译.北京：外语教学与研究出版社，2008.

[56] 彭聃龄.普通心理学[M].北京：北京师范大学出版社，1988.

[57] 邵瑞珍.教育心理学[M].上海：上海教育出版社，1997.

[58] 沈德立.高效率学习的心理学研究[M].北京：教育科学出版社，2006.

[59] 沈阳.语言学常识十五讲[M].北京：北京大学出版社，2005.

[60] 舒志定.教师教育哲学[M].北京：北京大学出版社，2012.

[61] 苏金智，张强，杨亦鸣.国家语言能力：性质、构成和任务[J].语言科学，2019，18（5）：449-459.

[62] 王道俊，王汉澜.教育学[M].北京：人民教育出版社，1989.

[63] 王辉.全球治理视角下的国家语言能力[N].光明日报，2019（12）.

[64] 王久菊，毕鸿燕，卫垌圻，等.发展性阅读障碍的产生机制——从行为到遗传研究[J].生物化学与生物物理进展，2008，35（7）：729-734.

[65] 王克俭.文学创作心理学[M].北京：中央民族大学出版社，1997.

[66] 王寅.认知语言学[M].上海：上海外语教育出版社，2007.

[67] 王永昌.走向人的世界[M].北京：中国工人出版社，1991.

[68] 王永钊.教师书写技能与书面表达训练[M].上海：华东师范大学出版社，1995.

[69] 王祖承.精神病学[M].北京：人民卫生出版社，2002.

[70] 文秋芳.对"国家语言能力"的再解读——兼论中国国家语言70年的建设与发展[J].新疆师范大学学报（哲社版），2019，40（5）：57-67.

[71] 谢德民.论学习[M].北京：人民出版社，1992.

[72] 徐敏，郑贞，彭艳青.国防语言能力与素养分层描述[J].教育现代化，2019，6（75）：21-23.

[73] 杨荣华.人格心理学探新[M].北京：中国社会科学出版社，2023.

[74] 杨盛春.知识表征研究述评[J].科技情报开发与经济.2012，22（19）：145-147.

[75] 杨旭，李杰，张华主审.C语言程序设计教程[M].北京：时代出版传媒股份有限公司北京时代华文书局，2014.

[76] 杨玉芳.语言理解——认知过程和神经基础[M].北京：科学出版社，2020.

[77] 叶蜚声，徐通锵.语言学纲要[M].北京：北京大学出版社，1997.

[78] 叶澜.教育概论[M].北京：人民教育出版社，1991.

[79] 叶永烈.钱学森传[M].上海：上海交通大学出版社，2010.

[80] 余承法，黄忠廉.变译理论.中国原创性译论——黄忠廉教授访谈录[J].英语研究，2023（1）：1-11.

[81] 负杰.警惕语言腐败污染政治生态[J]人民论坛网，2019，4（31）.

[82] 袁金华.课堂教学论[M].南京：江苏教育出版社，1996.

[83] 张春兴.现代心理学[M].上海：上海人民出版社，1994.

[84] 张岱年，方克立.中国文化概论[M].北京：北京师范大学出版社，1994.

[85] 张和振.实用神经内科学[M].北京：中国科学技术出版社，2005.

[86] 张凯，薛嗣媛，周建设.语言智能技术发展与语言数据治理技术模式构建[J]，语言战略研究，2022（4）：36.

[87] 张敏强.教育测量学[M].北京：人民教育出版社，1998.

[88] 章启群.汉字与中国式思维——作为一个哲学的断想[J].语言战略研究，2023（2）：5.

[89] 张庆林.元认知的发展与主体教育[M].重庆：西南师范大学出版社，1997.

[90] 张日培.新中国语言文字事业的历程与成就[J]，语言战略研究，2020（5）：17-28.

[91] 张思宏.思维与思维方式[M].哈尔滨：黑龙江科学技术出版社，1987.

[92] 张素敏，等.语言迁移和概念性迁移：理论与实证[M].北京：科

学出版社，2021.

[93] 张天伟.国家语言能力指数体系完善与研究实践[J].语言战略研究，2021（5）：12-24.

[94] 张维迎.警惕语言腐败，2012年4月21日在中国绿色公司年会上的演讲.《和讯网》评论，2012.

[95] 张燕婴，译注.论语[M].北京：中华书局，2011.

[96] 张振兴.中国语言研究的两大战略导向[J].语言战略研究，2021（3）：1.

[97] 张政，王赟.翻译学导论[M].北京：清华大学出版社，2018.

[98] 赵杰，田晓黎.语言人类学[M].北京：民族出版社，2015.

[99] 赵毅衡.符号学——原理与推演（修订版）[M].南京：南京大学出版社，2016.

[100] 郑金州.教育通论[M].上海：华东师范大学出版社，2000.

[101] 朱智贤.心理学大辞典[M].北京：北京师范大学出版社，1989.

国外作者文献

[1] 卡尔·马克思.关于费尔巴哈的提纲[M]//马克思恩格斯全集：第三卷.北京：人民出版社，2006.

[2] 哈理·道.教学：一种表演艺术[M]//瞿葆奎，主编；李涵生，等选编；马立平，等译校.教育学文集·教师.北京：人民教育出版社，1986.

[3] 约翰·迪利（John Deely）.符号学基础[M].张祖建，译.北京：中国人民大学出版社，2012.

[4] 赫尔穆特·费尔伯.术语学、知识论和知识技术[M].邱碧华，译.北京：商务印书馆，2011.

[5] 阿·迈纳.方法论导论[M].王路，译.北京：生活·读书·新知三联书店，1991.

[6] 孔特·斯蓬维尔.人类的十八种美德[M].吴岳添，译.北京：中央编译出版社，2006.

[7] Raymond B.Cattell：Abilities — Their Structure，Growth，and Action.by Houghton Mifflin Company.1971.

[8] 赫伯特.A.西蒙.科学中的交叉科学研究[J].张铭，译.中国科学院院刊，1986（3）：233.

[9] 史蒂芬·平克.语言本能 —— 人类语言进化的奥秘[M].欧阳明亮，译.杭州：浙江人民出版社，2015.

[10] Dennis Coon.心理学导论[M].郑钢，等译.北京：中国轻工业出版社，2004

[11] J.M.索里，C.W.特尔福特.教育心理学[M].北京：人民教育出版社，1982.

[12] John Deeley.符号学基础[M].张祖建，译.北京：中国人民大学出版社，2012.

[13] Linda Campbell，Bruce Campbell，Dee Dickinson.多元智能教与学的策略[M].北京：中国轻工业出版社，2001.

[14] 卡拉·西格曼，伊丽莎白.生命全程发展心理学[M].陈英和，审译.北京：北京师范大学出版社，2009.

[15] 罗伯特·凯根.发展的自我[M].丰子木，译.杭州：浙江教育出版社，1999.

[16] 沃纳丁·赛弗林，小詹姆斯·W坦卡特.传播学的起源、研究与应用[M].陈韵昭，译.福州：福建人民出版社，1985.

[17] 皮亚杰.结构主义[M].倪连生，王琳，译.北京：商务印书馆，1986.

[18] A.P.鲁利亚.神经心理学原理[M].汪青，译.北京：科学出版社，1983.

[19] Bronwen Martin，Felizitas Ringham.Key Terms Semiotics，张凌，注.北京：外语教学与研究出版社，2016.

[20] 罗伯特·汤姆生.思维心理学[M].许卓松，译.福州：福建科学技术出版社，1985.

[21] Brecht，R. & walton，A.R.National Strategic PLanning in the Less

Commoly Taught Language[J].NLFLC Occasional paper，1993（ED367184）.

[22] Diane Larsen–Freeman，Michael H.Long：An Introdution to Second Language Acquisition Research[M].外语教学与研究出版社，2000.

[23] James W.Pennebaker.语言风格的秘密[M].刘珊，译.北京：机械工业出版社，2018.

[24] Stuart.C.Poole：An Introduction Linguistics[M].刘润清，导读.外语教学与研究出版社，2000.